复合地基桩处理技术

薛殿基　冯仲林　主编

中国建筑工业出版社

图书在版编目（CIP）数据

复合地基桩处理技术/薛殿基，冯仲林主编．—北京：中国建筑工业出版社，2011.6
ISBN 978-7-112-13050-4

Ⅰ.①复… Ⅱ.①薛…②冯… Ⅲ.①桩基础-人工地基-地基处理 Ⅳ.①TU472

中国版本图书馆 CIP 数据核字(2011)第 043614 号

责任编辑：丁洪良　李　阳
责任设计：张　虹
责任校对：王雪竹　陈晶晶

复合地基桩处理技术
薛殿基　冯仲林　主编
*
中国建筑工业出版社出版、发行（北京西郊百万庄）
各地新华书店、建筑书店经销
北京红光制版公司制版
北京建筑工业印刷厂印刷
*
开本：787×1092 毫米　1/16　印张：18½　字数：445 千字
2011 年 5 月第一版　2011 年 5 月第一次印刷
定价：**42.00** 元
ISBN 978-7-112-13050-4
(20396)

本书编著名单

主　编：薛殿基

副主编：冯仲林

参编人（以姓氏笔画为序）：

李孟然　杨　纪　张　奇

徐伟栋　韩卫娜　鲁玉忠

前言

随着楼房建设高度的不断增加和各项基本建设规模的增大，原有天然地基承载力就难以满足建筑物承载的需要。但是通过科学技术的发展使得人们能够对天然地基进行加固处理，使其达到工程建设的要求，于是“复合地基”这一技术词语越来越被广大工程技术人员所认识。复合地基是利用不同的技术手段对天然地基进行加固处理后所得到的人工地基，它比天然地基具有更大的承载能力。复合地基广泛用于水利、水电、公路、铁路、桥梁、房屋、矿山等工程建设中，从事各类基本建设的土建工程设计人员，必须全面了解复合地基的应用条件，熟练掌握它的设计技能，以适应技术发展和工程建设的需要。

本《复合地基桩处理技术》系作者根据多年的工程实践和经验积累，并查阅大量相关书籍和资料精心编写而成，面向广大设计人员，力求简明、易懂、完整、实用。本书较详细地介绍了各类复合地基桩处理技术的适应土层、工作原理、机械设备、施工程序、参数选定、计算方法，并列举了复合地基桩处理工程的设计实例，是一本极有参考价值的复合地基桩处理技术的综合资料。

本书注重于设计实用，针对性强，文字精练、资料丰富、内容较全面，具有较好的操作性和实用性，为设计人员提供了一个良好的复合地基桩处理技术设计工具，读者很容易从书中获得有效帮助，持有此书，可以完成各类型复合地基桩处理工程的设计任务，不仅可以作为各类建筑工程设计人员的工具书，也可以作为相关施工、研究、教学、管理、学习等方面人员的参考书。

本书编写的主要特点有：

1. 本书以《建筑地基处理技术规范》JGJ 79—2002 为基础，对该规范中所介绍的各种复合地基桩均实施了细化、分解、补充和扩展，涵盖了所有桩的技术要求，使读者能够有一个完整的认识。广大土建工程技术人员，无需翻阅更多的书，只需依照本书便可了解到各类复合地基桩的技术特点并进行各类复合地基设计，具有很好的实用性和可操作性。

2. 该书从最基本点开始，循序渐进地介绍了建筑地基概述、复合地基基本计算、各类复合地基桩技术、复合地基设计、复合地基计算、复合地基设计实例等，具有章节内容突出，便于阅读和理解的特点。

3. 书中分别介绍了各类复合地基桩的基本特性、作用原理、设计要求、计算方法、参数确定、施工机具、施工方法、质量控制等，并附有必要的插图和表格，文字精练、清晰，便于各桩互相对比。

4. 书中录入了《建筑地基处理技术规范》JGJ 79—2002 未涉及的几种微型混凝土桩，这些桩在工程实践中已广泛运用，收入书中便于读者在设计、施工、研究、学习中参考，有利于扩大对桩技术的认识和应用。

5. 书中还专门介绍了复合地基桩的抗水平侧压力作用，较详细叙述了基坑支护工程的设计方法，并有计算例题，可以帮助读者应用复合地基桩进行岸坡及基坑防护工程的设计与计算。

6. 书中列入了“复合地基设计”和“复合地基计算”的章节，内容系统完整，弥补了相关图书中没有完整计算方法的不足。

7. 本书按桩体材料构成的不同对桩进行了分类，从第 3 章到第 6 章分别介绍了不同桩的特性，有利于加强读者对各种桩的认识，更好地了解各种桩的个性、共性及差异。

8. 书中的设计计算实例，方法明确，步骤清晰，适用于各类复合地基计算，尤其对于需要进行详细计算的大中型工程有极好的参照作用。

本书共由 10 章构成，各章主要内容如下：

第 1 章“建筑地基概述”。本章简要介绍了天然地基与复合地基的区别和适应条件。读者通过本章学习，可以很清楚地了解、掌握复合地基的总体概念。

第 2 章“复合地基的基本计算”。本章集中论述了复合地基承载力和压缩变形的计算理论和计算方法，对重要计算公式进行了导出。读者通过本章学习，可以弄清复合地基桩的划分、作用原理、基本计算。

第 3 章“散体材料桩”。本章重点讨论了振冲桩、砂石桩等散体材料桩的区分、特性、计算公式、施工机具、施工方法及质量标准。

第 4 章“原位喷射搅拌桩”。本章重点讨论了浆液喷射搅拌桩、粉体喷射搅拌桩、高压喷射注浆桩等原位喷射搅拌桩的区分、特性、计算方法、施工机具、施工方法及质量标准。

第 5 章“夯实灰土类桩”。本章重点讨论了土挤密桩、灰土挤密桩、石灰桩、夯实水泥土桩及柱锤冲扩桩等夯实灰土类桩的区分、特性、计算公式、施工机具、施工方法及质量标准。

第 6 章“灌注振实类桩”。本章重点讨论了水泥粉煤灰碎石桩、小直径灌注混凝土桩、钢筋混凝土小预制桩、楔形钢筋混凝土短桩、花管高压注浆桩等灌注振实类桦的区分、特性、计算方法、施工机具、施工方法及质量标准。

第 7 章“复合地基设计”。本章阐述了复合地基设计准备、设计资料、设计程序、设计要求及主要计算参数，可供读者熟悉复合地基设计要求和方法。

第 8 章“复合地基计算”。本章深入探讨了复合地基的受力方式、计算步骤、计算方法，通过本章可以使读者系统掌握复合地基的计算过程与方法。

第 9 章“基坑开挖边坡支护设计”。本章专门讨论了复合地基桩的抗侧向水平力的作用原理与承载方法，通过本章能够使读者认识复合地基桩的抗水平力作用，可以熟练地把这项技术应用到基坑或岸坡防护工程中。本章还推荐了一项基坑支护专利技术，供读者参考。

第 10 章“计算实例”。本章完整展示了条形基础复合地基的计算、整体基础复合地基的计算及复合地基桩抗水平力的计算，可供读者在实用中参照。

赵飙同志对整书的图文合成进行了大量编排工作，在此表示深切感谢！

本书在编写过程中，得到了黄河勘测规划设计有限公司交通设计院院长、教授级高级工程师吴健同志的鼎力支持，作者尤为感谢！

如果本书能够在我国各项工程建设中发挥较好作用，能够为各位读者给予一些帮助，将是作者的最大安慰和愿望。由于水平所限，书中错误和不妥之处难免，敬请读者批评指正。

目　录

符　号　说　明

R_a——单桩竖向承载力（kN）；
q_{si}——桩周第 i 层土的侧阻力特征值（kPa）；
q_{sp}——天然土层桩的端阻力特征值（kPa）；
p——作用在复合地基上的平均压力（kPa）；
p_p——作用在桩体上的压力（kPa）；
p_c——作用在桩间土的压力（kPa）；
p_z——复合土层顶面的附加应力（kPa）；
p_{sz}——复合土层底面的附加应力（kPa）；
f_{cu}——与桩体配合比相同的室内加固土试块标准条件养护下的抗压强度平均值（kPa）；
f_p——桩体材料轴心抗压强度（kPa）；
f_k——天然土层承载力特征值（kPa）；
f_{spk}——复合地基单位面积承载力值（kPa）；
f_{pk}——桩体单位面积承载力值（kPa）；
Δp_i——第 i 层复合土层上附加应力增量（kPa）；
Δp_{ci}——复合地基中第 i 层桩间土的附加应力增量（kPa）；
Δp_{ki}——天然土层地基在上部荷载 p 的作用下第 i 层土上的附加应力增量（kPa）；
f_{sk}——桩间土单位面积承载力值（kPa）；
p_1——复合土层顶面（桩顶）作用应力（kPa）；
p_2——复合土层底面（桩底）作用应力（kPa）；
A_z——处理地基总面积（m^2）；
A——单桩承担的处理面积（m^2）；
A_c——单桩桩间土面积（m^2）；
A_p——单桩截面积（m^2）；
u_p——桩的周长（m）；
L——桩体的总长度（m）；
l_i——第 i 层复合土层的厚度（m）；
a——桩体布孔间距（m）；
n_p——复合地基总桩数；
n——桩长范围内所划分的土层数；
m——桩土面积置换率；
n_0——桩土应力分担比；
β——桩间土承载力折减系数；

μ_0 ——应力修正系数；

ξ——应力集中系数；

λ——应力减小系数；

ψ_s ——沉降计算经验系数；

E——天然地基的变形模量（MPa）；

E_{cp}——复合地基的变形模量（MPa）；

E_p——桩体的变形模量（MPa）；

E_c——桩间土的变形模量（MPa）；

E_i ——第 i 层复合土层的变形模量（MPa）；

E_{ci} ——复合地基中第 i 层桩间土的变形模量（MPa）；

E_k ——天然土层地基第 i 层土的变形模量（MPa）；

E_{si} ——实体基础底面以下第 i 层土的压缩模量（MPa）；

s ——复合地基总沉降量（mm）；

s_1 ——复合地基加固部分沉降量（mm）；

s_2 ——复合地基下卧层沉降量（mm）；

s_{lk} ——未加固地基在荷载 p 作用下相应厚度内的压缩量（mm）；

s' ——按分层总和法计算出的地基沉降量（mm）；

Δs_i ——压缩层内某一土层的计算沉降量（mm）；

p_0 ——对应于荷载效应准永久组合时的基础底面处的附加应力（kPa）；

z_i、z_{i-1} ——实体基础底面至第 i 层土、$i-1$ 层土底面的距离（m）；

$\bar{\alpha}_i$、$\bar{\alpha}_{i-1}$ ——实体基础底面计算点至第 i 层土、$i-1$ 层土底面范围内平均附加应力系数。

1 建筑地基概述

1.1 认识建筑地基

1.1.1 建筑地基的重要性

建筑地基是泛指承受其上建筑工程作用力的地基土层，建筑工程包括建筑物和建筑结构。规模相对较大、较复杂的建筑工程称为建筑物，建筑物由各类建筑构件所组成，如楼房、厂房、大坝、渠道、码头、公路、铁路、桥梁、矿山等都是建筑物；规模相对较小、较简单的建筑工程称为建筑结构，如水池、水塔、钢塔、排架、挡土墙等都是建筑结构。

无论何种建筑工程都要从地面建起，所以都存在一个建筑地基问题，建筑地基又称工程地基，是任何建筑工程都要首先面对的问题，由于地基不良或地基处理不好造成工程缺陷、裂缝、损坏、失事的事例为数不少。因此，建筑工程的相关各方——建设、勘察、设计、施工、监理等都十分重视这个问题，任何忽视都可能给建筑工程造成不良后果。

建筑地基决定着建筑工程的成败，对天然地基，如果土质均匀、整体性强、承载力高，必将对建筑物产生有利影响，确保建筑物的安全可靠，因而选择优良的天然地基做工程地基将是工程建设的关键所在。当然，不是所有的天然地基都是合乎要求的，对于不良天然地基，一定要针对不同情况采取不同对策，经过论证和比较，最终确定合理方案进行地基加固处理，使其达到工程要求，满足建设需要。

建筑工程设计前，要对地基进行工程地质勘探工作，以获得必要的相关地基资料。地质勘察部门提供的《工程地质报告》主要内容应包括（不限于此）：地质构造、地形地貌、地质年代和特性、水文地质条件、水质评价、不良地质情况、主要岩土指标（如承载力、重度、内摩擦角、黏聚力、摩擦系数等）、关键性地质问题、气象、地震、地基评价等。

正常情况下，不良地基可使建筑物产生严重变形甚至破坏，丧失使用功能。建筑物变形主要表现为竖向沉降和水平位移，这种变形可促使地层内部土体颗粒结构重新运动和排列组合，从而导致建筑物的下陷、倾斜、滑动、毁坏、倒塌等工程事故。下面介绍河南故县水库抛料钢栈桥发生严重沉降的工程实例（图 1.1-1），以说明不良地基对其工程建设的危害。

1978～1984 年在修建河南省洛河水系的故县水库时，山南砂石骨料加工厂的毛料堆场长 240m，宽 200m，场内设 8 号及 10 号两座抛料钢栈桥，两栈桥中心距 70m，堆料全宽 160m。单座钢栈桥共 14 跨，总长 207m，总高 19.5m，总宽 4.1m。由于事先未查明其地基为湿陷性黄土，使钢栈桥建成后的初期使用阶段，由于地表堆料、荷载加大、料堆含水下渗、地表雨水下渗等因素，地表面发生多条 1～3cm 宽的裂缝，使地基发生垂直和水平位移，钢栈桥顺山坡倾斜并逐步加重，最终造成钢栈桥不能使用。变形最严重的 8 号抛

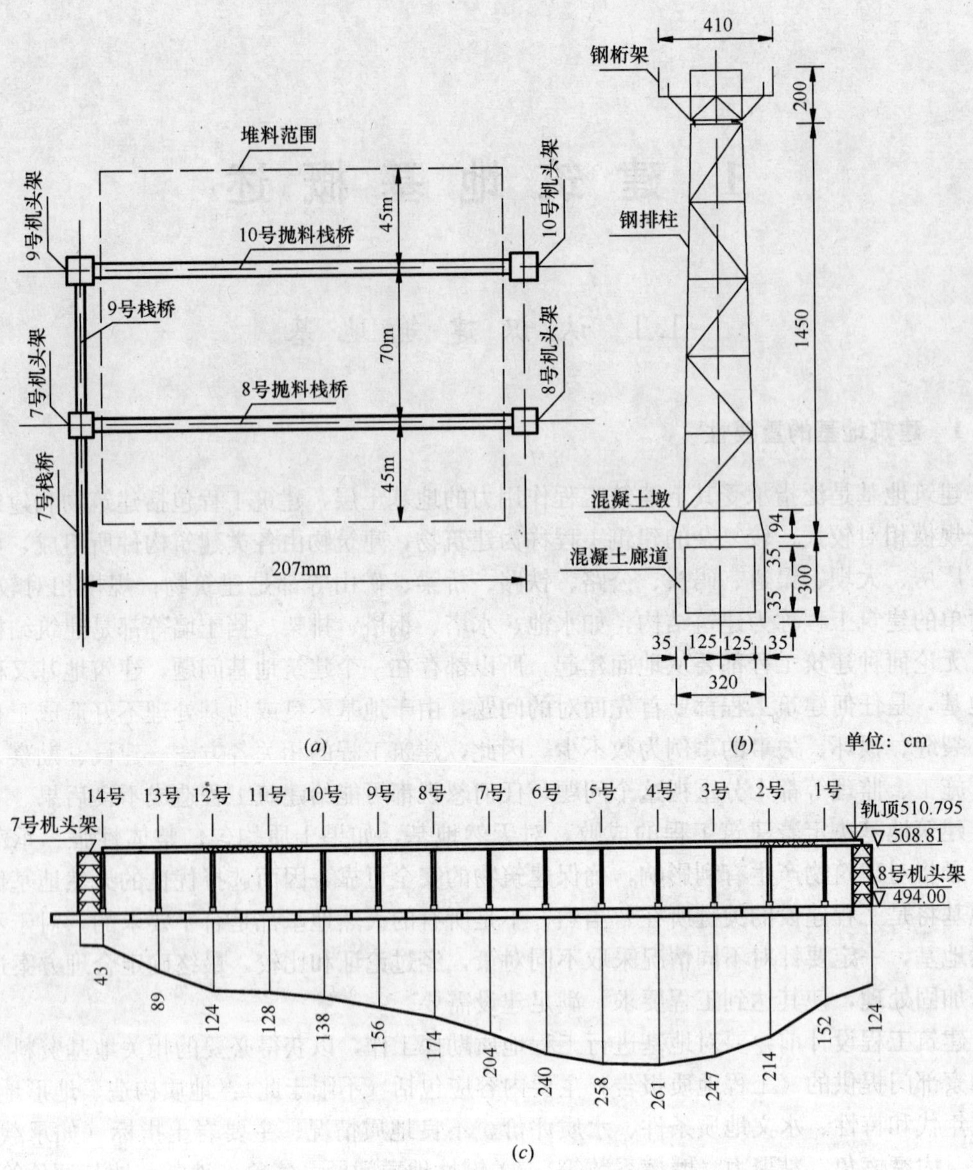

图 1.1-1 毛料堆场布置及 8 号栈桥变形实测图

(a) 毛料堆场平面布置图；(b) 栈桥剖面图；(c) 8 号栈桥竖直沉降实测曲线图

料钢栈桥具体发生过程是：8 号抛料钢栈桥于 1981 年 6 月建成投入使用，6 月 22 日发现变形，25 日观测，其钢栈桥的排架柱最大下沉量达 29.3 cm，最大偏斜量为 10.6 cm。此后变形日趋严重，到 1982 年 10 月不得不停止使用。10 月 6 日观测，其排架柱最大下沉量达 152cm，最大偏斜量为 46cm。经 1982 年 12 月对钢栈桥进行扶正加固处理，1983 年 1 月毛料堆场恢复砂石生产，又开始抛料堆载。因为湿陷性黄土沉降尚未结束，地基变形仍无终止，钢栈桥继续变形，到 1984 年 11 月 1 日观测，排架柱下沉量累计达 261cm，柱顶水平位移量达 55cm，致使钢栈桥终止运行，严重影响工程建设的顺利进行。由于湿陷性黄土地基变形，栈桥倾斜而终止使用，骨料难以满足工程需要，施工进度减慢，工程费用增多，严重干扰了国家建设计划，教训是深刻的。

1.1.2 岩土及地基分类

1.1.2.1 岩土分类

按照《建筑地基基础设计规范》GB 50007—2002 的规定，建筑地基的岩土分类为岩石、碎石土、砂土、粉土、黏性土和人工填土。

1）岩石

岩石应为颗粒间牢固联结，呈整体或具有节理裂隙的岩体。地质勘探时，作为建筑物地基，除应确定岩石的地质名称外，尚应划分其坚硬程度和完整程度。

岩石的坚硬程度根据岩块的饱和单轴抗压强度 f_{rk} 分为坚硬岩、较硬岩、较软岩、软岩和极软岩，见表 1.1-1。岩石的风化程度可分为未风化、微风化、中风化、强风化和全风化。岩体完整程度划分为完整、较完整、较破碎、破碎和极破碎，见表 1.1-2。

岩石坚硬程度的划分 **表 1.1-1**

坚硬程度类别	坚硬岩	较硬岩	较软岩	软　岩	极软岩
饱和单轴抗压强度标准值 f_{rk}（MPa）	$f_{rk}>60$	$60\geqslant f_{rk}>30$	$30\geqslant f_{rk}>15$	$15\geqslant f_{rk}>5$	$f_{rk}\leqslant 5$

岩体完整程度划分 **表 1.1-2**

完整程度等级	完　整	较完整	较破碎	破　碎	极破碎
完整性指数	>0.75	0.75～0.55	0.55～0.35	0.35～0.15	<0.15

注：完整性指数为岩体纵波波速与岩块纵波波速之比的平方。选定岩体、岩块测定波速时应有代表性。

2）碎石土

碎石土为粒径大于 2mm 的颗粒含量超过全重 50%的土。碎石土可按表 1.1-3 分为漂石、块石、卵石、碎石、圆砾和角砾。碎石土的密实度，可按表 1.1-4 分为松散、稍密、中密、密实。

碎 石 土 的 分 类 **表 1.1-3**

土的名称	颗粒形状	粒 组 含 量
漂石	圆形及亚圆形为主	粒径大于 200mm 的颗粒含量超过全重 50%
块石	棱角形为主	
卵石	圆形及亚圆形为主	粒径大于 20mm 的颗粒含量超过全重 50%
碎石	棱角形为主	
圆砾	圆形及亚圆形为主	粒径大于 2mm 的颗粒含量超过全重 50%
角砾	棱角形为主	

注：分类时应根据粒组含量栏从上到下以最先符合者确定。

碎石土的密实度 **表 1.1-4**

重型圆锥动力触探锤击数 $N_{63.5}$	密实度	重型圆锥动力触探锤击数 $N_{63.5}$	密实度
$N_{63.5}\leqslant 5$	松散	$10<N_{63.5}\leqslant 20$	中密
$5<N_{63.5}\leqslant 10$	稍密	$N_{63.5}>20$	密实

注：1. 本表适用于平均粒径小于或等于 50mm 且最大粒径不超过 100mm 的卵石、碎石、圆砾、角砾。对于平均粒径大于 50mm 或最大粒径大于 100mm 的碎石土，可按《建筑地基基础设计规范》GB 50007—2002 附录 B 鉴别其密实度。

2. 表内 $N_{63.5}$ 为经综合修正后的平均值。

3）砂土

砂土为粒径大于 2mm 的颗粒含量不超过全重 50％、粒径大于 0.075mm 的颗粒超过全重 50％的土。砂土可按表 1.1-5 分为砾砂、粗砂、中砂、细砂和粉砂。砂土的密实度，可按表 1.1-6 分为松散、稍密、中密、密实。

砂土的分类　　表 1.1-5

土的名称	粒组含量	土的名称	粒组含量
砾砂	粒径大于 2mm 的颗粒含量占全重 25％～50％	细砂	粒径大于 0.075mm 的颗粒含量超过全重 85％
粗砂	粒径大于 0.5mm 的颗粒含量超过全重 50％	粉砂	粒径大于 0.075mm 的颗粒含量超过全重 50％
中砂	粒径大于 0.25mm 的颗粒含量超过全重 50％		

注：分类时应根据粒组含量栏从上到下以最先符合者确定。

砂土的密实度　　表 1.1-6

标准贯入试验锤击数 N	密实度	标准贯入试验锤击数 N	密实度
$N \leqslant 10$	松散	$15 < N \leqslant 30$	中密
$10 < N \leqslant 15$	稍密	$N > 30$	密实

注：当用静力触探探头阻力判定砂土的密实度时，可根据当地经验确定。

4）黏性土

黏性土为塑性指数 I_p 大于 10 的土，分为黏土、粉质黏土，见表 1.1-7。

黏性土的状态，分为坚硬、硬塑、可塑、软塑、流塑，见表 1.1-8。

黏性土的分类　　表 1.1-7

塑性指数 I_p	土的名称	塑性指数 I_p	土的名称
$I_p > 17$	黏土	$10 < I_p \leqslant 17$	粉质黏土

注：塑性指数由相应于 76g 圆锥体沉入土样中深度为 10mm 时测定的液限计算而得。

黏性土的状态　　表 1.1-8

液性指数 I_L	状态	液性指数 I_L	状态
$I_L \leqslant 0$	坚硬	$0.75 < I_L \leqslant 1$	软塑
$0 < I_L \leqslant 0.25$	硬塑	$I_L > 1$	流塑
$0.25 < I_L \leqslant 0.75$	可塑	—	—

注：当用静力触探探头阻力或标准贯入试验锤击数判定黏性土的状态时，可根据当地经验确定。

5）粉土

粉土为介于砂土与黏性土之间，塑性指数 $I_p \leqslant 10$ 且粒径大于 0.075mm 的颗粒含量不超过全重 50％的土。

6）淤泥

淤泥为在静水或缓慢的流水环境中沉积，并经生物化学作用形成，其天然含水量大于液限、天然孔隙比大于或等于 1.5 的黏性土。当天然含水量大于液限而天然孔隙比小于 1.5 但大于或等于 1.0 的黏性土或粉土为淤泥质土。

7）红黏土

红黏土为碳酸盐岩系的岩石经红土化作用形成的高塑性黏土。其液限一般大于 50。红黏土经再搬运后仍保留其基本特征，其液限大于 45 的土为次生红黏土。

8）人工填土

人工填土根据其组成和成因，可分为素填土、压实填土、杂填土、冲填土。素填土为由碎石土、砂土、粉土、黏性土等组成的填土；经过压实或夯实的素填土为压实填土；杂填土为含有建筑垃圾、工业废料、生活垃圾等杂物的填土；冲填土为由水力冲填泥砂形成的填土。

9）膨胀土

膨胀土为土中黏粒成分主要由亲水性矿物组成，同时具有显著的吸水膨胀和失水收缩特性，其自由膨胀率大于或等于 40%的黏性土。

10）湿陷性土

湿陷性土为浸水后产生附加沉降的黄土，所以又称湿陷性黄土，其湿陷系数大于或等于 0.015。湿陷性黄土可分为自重性湿陷性土和非自重性湿陷性土。

1.1.2.2 地基分类

在此，我们把建筑地基分为岩石地基和土类地基两大类来介绍。岩石地基不是本书的重点，我们不予详谈；土类地基是本书的重点，我们将在下面对其作详细阐述。

岩石地基是涵盖各类成因的岩石构成的地基。岩石地基承载力很高，通常都能满足工程要求，多数情况下不需要对地基作特别加固处理，只对存在裂隙、断层、洞穴、破碎、风化等不良现象的岩石地基，根据工程实际有针对性的采取措施，作一些技术处理即可，岩石地基通常是建筑物的理想地基。

土类地基涵盖砂石土、粗颗粒土、细颗粒土等构成的地基。土类地基承载力较低，尤其是软土地基和软弱地基，难以满足工程要求，一般只能建造荷载小的建筑工程，对于很多现代建筑工程，常需要对地基作特别加固处理后才能用作建筑物的地基。

这里还应该特别提及软弱地基问题，软弱地基系指主要由淤泥、淤泥质土、冲填土、杂填土或其他高压缩性土层构成的地基。在建筑地基的局部范围内有高压缩性土层时，应按局部软弱土层考虑。

工程地质勘察时，应查明软弱土层的均匀性、组成、分布范围和土质情况。冲填土尚应了解排水固结条件。杂填土应查明堆积历史，明确自重下稳定性、湿陷性等基本因素。

设计时，应考虑上部结构和地基的共同作用。对建筑体型、荷载情况、结构类型和地质条件进行综合分析，确定合理的建筑措施、结构措施和地基处理方法。

施工时，应注意对淤泥和淤泥质土基槽底面的保护，减少扰动。荷载差异较大的建筑物，宜先建重、高部分，后建轻、低部分。

活荷载较大的构筑物或构筑物群（如料仓、油罐、水池、堆石场等），使用初期应根据沉降情况控制加载速率，掌握加载间隔时间，或调整活荷载分布，避免过大倾斜。

1.1.3 土类地基

1.1.3.1 土类地基受力状况

只有土类地基才能改造成为复合地基，所以土类地基是本书讨论的重点。

我国约有 960 万 km^2 面积的土地，各种地形所占比例为：山地 33%，高原 26%，盆地 19%，平原 12%，丘陵 10%，可以看出盆地、平原、丘陵三者加在一起也只占 41%，而山地、高原加在一起占了 59%。由于适宜人居住的地方通常都是气候条件好、良田集中、物产丰富、交通便利的地方，所以绝大部分的人口住在盆地、平原和丘陵地区，尤其是沿海和大中城市。

实践告诉我们，我国人口集中居住的地区，地质特性多以各种成因的软质土层为主，尤其是沿海地区滨海相沉积土、江河中下游的三角洲相沉积土、湖泊湖相沉积土等，其分布范围广，土层厚度大。这类软土的特点是含水量高、孔隙比大、抗剪强度低、可压缩性高、渗透系数小、沉降稳定时间长。由于这类土承受外荷载的能力很低，如不作处理，是不能作为荷载大的建筑物地基的，否则将导致地基和建筑物的下沉、倾斜和破坏。但是，这类软土地区分布在大量的城市、村镇和工业区，根据我国工业布局和城市发展规划，常需要在这类软土地基上进行大规模的建设，因此必须对这些地基进行加固处理。

土体上修建建筑物后承受建筑物传来的荷载，土体结构产生压缩沉降，沉降量的大小与上部荷载有关，荷载越大沉降量也越大，土体压缩就是土体内部颗粒结构受到外界压力后所发生的沉降变形。荷载与沉降的关系可用图 1.1-2（*a*）中的沉降曲线表示，沉降量 s 随着荷载 p 的增加而增加，而且荷载越大沉降越急剧，通常沉降曲线具有上缓下陡的趋势。

图 1.1-2（*b*）（*c*）（*d*）表示软土地基上建造的楼房工程，因所受荷载大小不同，地基产生了三种不同结果。图 1.1-2（*b*）表示楼房荷载没有超出设计要求，地基实际沉降值 s_n 小于设计允许沉降值，楼房地基变形在没有达到设计允许值时即行终止，楼房处于正常使用状况，建筑工程是安全的。图 1.1-2（*c*）为楼房地基受力不均匀，局部剪力过大，地基出现不均匀沉陷，地基变形不能控制，产生局部剪切破坏（局部失稳），地基实际沉降值 s_n 超出允许范围，大于要求的沉降值 s，楼房出现裂缝和少量倾斜，房的安全受到影响。图 1.1-2（*d*）显示地面所加荷载过大，地基承载力远远高于地基承载力允许值，楼房受到整体剪切破坏（整体失稳），楼房严重受损失去稳定，地基急剧下沉，地面隆起，倾斜量大，以致倒塌，楼房完全不能使用。

显然，在建筑领域，必须要求地基是稳定可靠的，地基的承载能力应与建筑物实际荷载相适应。

1.1.3.2　土类地基分类

土类地基有天然地基和人工地基两大类。

1）天然土质地基

原有的天然土层能够满足设计要求，可以直接用作建筑物地基时，这种地基称之为天然土质地基。由于不需要对原状土进行特别加固处理，所以这种地基能够使建筑工程施工最简单、工期较短、材料用量最少、资金投入最省，所以是最理想的建筑地基。因此，在满足地基承载力和建筑物变形条件下，要尽量采用天然地基，很多比较密实的粉土、粉质黏土、一般黄土、碎石土、砂砾土等，都可以直接作为建筑地基，但通常天然土质地基只能用于荷载较小的工程中，如不高的楼房、较低的路基、水池、水塔、挡墙等。

2）人工土质地基

土类地基常存在承载力低、土质疏松、软弱夹层、含水量高、液化层、膨胀土、湿陷性黄土地层等不良地质现象，同时现代建筑物荷载越来越大，对地基承载要求越来越高，

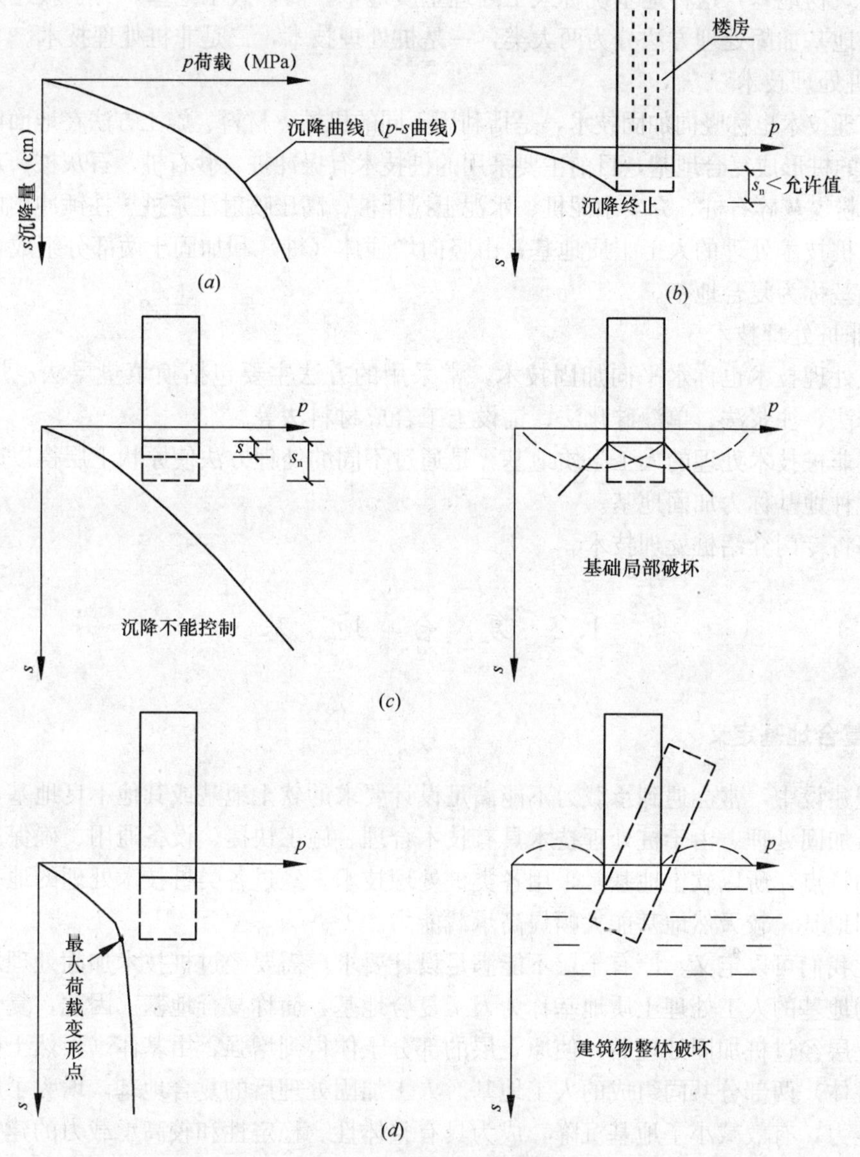

图 1.1-2　地基受力影响情况

(*a*) 荷载与沉降关系曲线；(*b*) 正常使用的楼房；(*c*) 局部剪切破坏楼房；(*d*) 整体剪切破坏楼房

当天然地基不能满足支承上部荷载和控制建筑物变形时，就必须对软土地基进行加固处理。地基处理应遵循因地制宜、就地取材、保护环境、节约资源、符合政策、安全可靠的原则。所用的处理方法应做到符合工程实际、技术先进合理、施工快速可靠、机械设备普及、确保质量安全、节约工程投资。

软土地基的处理目的在于对原状土层进行加固，改善原状土的性质，提高原状土密实性和承载能力，把不符合工程建设要求的地基变成为满足工程建设要求的地基，为工程设计、施工服务。

原有土层不能满足设计要求，需要加固处理后使土质得到改良，承载力得到提高，才能用作建筑物地基，这种地基统称人工处理土质地基，简称人工地基。为了叙述方便，本书把软土地基加固处理方法分为两大类，一是桩处理技术，二是非桩处理技术。

1）桩处理技术

桩处理技术也称竖向加固技术，是指利用不同的机械、材料、施工方法在地面以下制造不同种类的桩形成复合地基，目前主要采用的桩技术有振冲桩、砂石桩、石灰桩、灰土挤密桩、水泥粉煤灰碎石桩、夯实水泥桩、水泥土搅拌桩、高压喷射注浆桩、柱锤冲扩桩等。

经过桩技术处理的人工土质地基，由竖向增强体（桩）和加固土两部分组成，工程上把这种地基称为复合地基。

2）非桩处理技术

非桩处理技术也称水平向加固技术，常采用的方法主要包括换填垫层法、加载预压法、强夯法、注浆法、单液硅化法、铺设土工合成材料法等。

经过非桩技术处理的人工土质地基，是通过不同的处理方法使原状土层得以改善，工程上把这种地基称为加固地基。

本书将专门介绍桩处理技术。

1.2 复合地基

1.2.1 复合地基定义

工程建设中，常会遇到承载力不能满足设计要求的软土地基或其他不良地基，就必须对其进行加固处理。由于桩处理技术具有技术合理、施工快捷、设备通用、确保质量、节约投资的特点，所以软土地基常采用各类桩处理技术。经过各类桩技术处理的地基均称为人工加固地基，较天然地基能大幅提高承载能力。

因此我们可以定义：原有土层不能满足设计要求，需要经过桩技术加固处理后才能用作建筑物地基的人工处理土质地基称为人工复合地基，简称复合地基。因此，复合地基是指天然土层经过桩加固处理后，使原土层的部分土体得到增强，由基体（天然土体）及增强体（桩体）两部分共同组成的人工地基。人工加固处理后的复合地基，增大了原有土层的承载能力，有效减小了地基沉降，成为具有整体性、稳定性和较高承载力的建筑工程的优良地基。

任何一个天然地基经过地质勘探、试验、计算和分析，都会有一个被确定的承载力值，它是工程建设的必要条件，也是建筑物设计的基础参数。

对于土质地层，可能由于土质松软，不能作为建筑物地基，即使一些密实的土质也不一定能用作建筑物地基，因为建筑物规模大小不同，作用荷载也不同，对地基的具体要求就不同。建筑物地基必须是土质均匀、密实，无不良现象，承载力满足设计需要。当原有地基不能满足工程需要时，应对天然地基进行加固处理，使其达到设计要求。

如前所述，人工加固处理地基的技术有两种，一是桩处理技术（竖向加固），二是非桩处理技术（水平向加固）。

由于桩处理技术应用范围广，施工方法简便，处理效果明显，技术可靠性高，目前多采用桩技术对低承载力的土质地基或其他不良土质情况进行处理，使其成复合地基。复合地基相对天然地基来说，施工方法复杂，材料用量较多，资金投入较大，但适应的建筑工程规模也较大，如多层楼房或高层楼房，荷载较大的路基、桥梁、很高的塔等，能够更好满足工程建设的需要。

我国近几十年复合地基被大量应用，且不断改新，技术保证性愈来愈高，如20世纪50～70年代多采用灰土桩、石灰桩、砂土桩、挤密桩等来改善原状土质地基，20世纪80～90年代，由于城市发展，多层和小高层楼房大量修建，广泛应用旋喷桩、液体搅拌桩及粉体喷射桩来改善原状土质地基；近年来，由于高大楼房的大量修建，广泛应用水泥粉煤灰碎石桩来改善原状土质地基。

1.2.2 复合地基桩简介

建筑工程中常会遇到承载力满足不了设计要求的天然软土地基，这就需要对其进行加固处理，使其成为符合设计要求的复合地基。凡是用来对软土地基进行加固处理以提高原土承载力的桩，统称为复合地基桩。目前国内主要应用的复合地基桩有振冲桩、砂石桩、石灰桩、灰土挤密桩、水泥粉煤灰碎石桩、夯实水泥桩、水泥土搅拌桩、高压喷射注浆桩、柱锤冲扩桩等。此外，还有小直径灌注混凝土桩、小预制钢筋混凝土桩、楔形钢筋混凝土短桩、花管高压注浆桩等。

复合地基是利用在土质地基中造桩后，依靠桩对原有地基的加强作用，从而提高原状土的承载力来满足上部结构承载要求。这种桩除少数是用刚性材料做成的刚体桩（如水泥粉煤灰碎石桩）外，其余均为柔性材料做成的柔体桩或半刚性桩，如砂石桩、碎石桩等散体材料桩属于柔体桩；土桩、灰土桩、水泥土夯实桩、水泥土搅拌桩、高压喷射注浆桩等属于半刚性桩。

散体材料桩是指用中砂、粗砂、砾砂、砂石、矿渣、卵石、角砾、圆砾、碎石等粗粒料作充填物的桩，所以散体材料桩又称粗颗粒材料桩，根据充填材料类别可分为砂桩、砂石桩、碎石桩、矿渣砂石桩、矿渣碎石桩等。习惯上把散体材料桩统称为碎石桩，按照施工工艺又分为振冲碎石桩（或称湿法碎石桩）和振实碎石桩（或称干法碎石桩）。采用振动加水冲的制桩工艺制成的碎石桩称为振冲碎石桩或湿法碎石桩；采用干振、振挤、锤击等挤密方法制成的碎石桩称为振实碎石桩或干法碎石桩。为方便应用，工程上把湿法制成的砂桩、砂石桩、碎石桩等统称为振冲桩，把干法制成的砂桩、砂石桩、碎石桩统称为砂石桩。

复合地基桩的特点是刚度小、桩间距小、桩身承载力小，常用作建筑物软基础的加固处理，分散布满建筑物基础下，通过褥垫层使桩和桩间土形成一个完整的复合地基，从而提高原地基承载力，达到建筑物对地基的承载要求，具有加固土层厚、处理面积大、施工方法简单、施工进度快、处理效果显著等特点。复合地基桩不是仅仅利用它自身的承载能力，而主要是利用桩的自身与被挤密的桩间土共同形成的整体地基来承受上部建筑物的下传力。

用桩处理的地基必须设置褥垫层，以将建筑物基础与桩连为整体，形成良好的传力系统，如不设垫层，复合地基与普通的桩基础受力情况相似，只能利用桩承载能力，桩间土的承载能力难以发挥，所以就不是复合地基。只有基础下设置符合要求的褥垫层，才能发挥桩间土的承载作用，使桩与桩间土形成复合地基。所以，复合地基是由垫层、桩与桩间土共同构成的一个受力整体。

复合地基处理桩由桩孔和充填材料组成。桩孔多以机械成孔，也有少数用洛阳铲人工成孔或人工挖孔；充填材料主要有土料、石灰、水泥、煤灰、粗砂、碎石或其中 2～3 种的混合料，一些刚性桩充填材料为混凝土。充填材料在填入孔中的施工过程中，经过夯实、锤击、振动、喷射、搅拌等不同方法，不但使充填材料得以密实，而且使孔的四周土体受到侧向挤压而密实，不但桩身有一定的承载能力，而且桩和桩间土形成的复合地基承载能力比原基础有 1～3 倍的提高，从而使天然地基变成承载能力较高、能满足建筑物建设要求的复合地基。

当然，除复合地基桩外，还有一种非复合地基桩，我们要把它们加以区别。非复合地基桩属于承载型桩，是以桩身承载力来满足上部结构承载要求的桩，这种桩都是用刚性材料做成的刚体桩，如钢筋混凝土灌注桩、钢筋混凝土预制桩、钢管混凝土桩、人工挖孔混凝土桩、钢桩、木桩等，其中钢桩和木桩一般只用于临时工程或小型工程。

钢筋混凝土灌注桩的桩径一般在 1m 以上，也有小于 1m 的，但最小不小于 0.6m；人工挖孔混凝土桩的桩径一般在 1～2m，最小不得小于 0.8m，否则难于进行人工操作；钢筋混凝土预制桩桩径较小，通常为 30～40cm，方形为 30cm×30cm 或 40cm×40cm；钢管混凝土桩桩径为 40～60cm；钢桩和木桩的直径常为 30～40cm。

承载型桩的特点是桩体长、桩径大、刚度大、桩间距大、桩身承载力大，常用作建筑物的基础，集中布置在建筑物的基础下面，譬如桥梁工程的桥墩基桩、楼房工程的柱下基桩等。

1.2.3 复合地基工作性能

通常在软土层上修建工程时，由于原有地基土承载力较低，满足不了建筑物建设要求，所以必须对原有地基进行加固处理，除换填垫层、预压、强夯、换土、灌浆、铺设筋材等加固处理技术外，广泛而有效的方法是采用桩加固处理技术，桩加固处理技术具有处理土层厚、处理面积大、施工方法简单、施工进度快、处理效果显著等特点。

经过桩加固处理后的地基称复合地基，对原地基进行加固处理的桩称复合地基处理桩或复合地基桩。不论何种复合地基桩，其作用原理是基本相同的，那就是利用桩本身的置换作用以及置换过程中对桩周围土体的挤压作用，使土体得到密实，从而形成新的密实土体。新的桩体、密实桩周土体和桩顶褥垫层三者构成了复合地基。

复合地基比天然地基有更大的承载能力，主要表现在：①桩体比土体承载力大，由于桩体置换了一部分土体，所以为新的地基增加了承载能力；②由于制桩过程的挤压作用，使桩间土密实度得以提高，承载能力增强；③桩与桩周土摩擦所增生的竖向力，有效加大了新的地基承载力；④利用土层对桩端的压力（或称端承力）增加了新地基的承载能力；⑤桩顶设置的褥垫层与桩间土、桩形成了一个整体，共同承受上部传力，使其新的地基承载力得到增强。

复合地基桩处理技术广泛用于住宅、仓库、厂房等各类房屋工程及其公路路基、铁路路基、水坝坝基、渠堤、涵洞、广场、飞机场、停车场、挡土墙、电视塔等工程中，且有较好的发展空间。

2　复合地基的基本计算

2.1　复合地基简述

2.1.1　复合地基桩受力机理

复合地基桩由于填充料和密实挤压作用及较强的桩体承载力，能有效改变天然软土的性质，使天然软土更加密实，从而提高原状土的承载力。

在承载力不满足设计要求的软土类地基上建造建筑物时，通常根据天然土层的具体情况和建筑物基础的布置要求，经计算按一定间距设置加固型复合地基桩，将承载力较低的天然土层改变成为具有较高承载力的桩土复合土层，这种复合土层加固区构成了新的复合地基，新的复合地基较之原有土层具有较高的承载力和压缩性，因此具有以下作用：①较大提高承载力；②减小了压缩变形，可以降低基础沉降；③粗颗粒填料可以加速土体排水固结，促使建筑物基础稳定；④提高地基整体性，保证建筑物的安全可靠。

在复合地基体中，桩、土应力分担是不一样的，桩体强度和压缩模量远大于桩周土体，在建筑物外荷载的作用下，按照桩、土应力分担比，更多的外荷载转移到桩体上，桩体主要起着应力集中的作用。

桩长是根据外荷载需要决定的，依据原有土层构造，桩长的布置可有两种情况：一是桩长 L 直接打入相对硬土层中（持力层），见图 2.1-1（a）；二是桩长 L 达不到相对的硬土层中，见图 2.1-1（b）。当桩长直接打入硬土层中时，桩土复合土层 $abcd$ 作为一个整体直接把上部荷载传入持力层，使建筑物处于正常使用；当桩长达不到相对的硬土层中时，桩土复合土层 $abcd$ 就像一定厚度的垫层，通过应力扩散作用，将上部荷载趋于均匀地分布传递到桩下持力层，这时，持力层的受力宽度为 $b'd'$ 比原来宽度 bd 宽了很多，有效减小持力层应力。

这里讲的复合地基传力方式在第 3～6 章里将进一步作更详细的阐述。

如果作用在桩顶的荷载 p 超出桩体自身承载能力时，桩体将发生破坏，破坏的模式有两种：鼓出破坏和刺入破坏，见图 2.1-2。鼓出破坏是桩身的横向变形，从而导致桩柱中心不能保持竖直，以致丧失承载能力；刺入破坏是桩身的纵向变形，从而导致桩柱沉降过量，最终丧失承载能力。

对于较长的桩（桩长 L 大于 6 倍桩径），通常不会发生刺入破坏，除桩端未达到相对硬土层的短桩外，一般不考虑刺入破坏，绝大多数桩体会发生鼓出破坏。由于桩的轴向应力分布是不均匀的，上部受力大于下部，从桩顶由上而下逐渐减小，最大轴向力位于桩顶 3～5 倍桩径范围内，此范围以下轴向力收敛很快，也就是说，桩的上部受力较大，摩阻力得到充分发展，桩的下部受力较小，摩阻力不能充分发展，所以鼓出破坏都发生在桩的

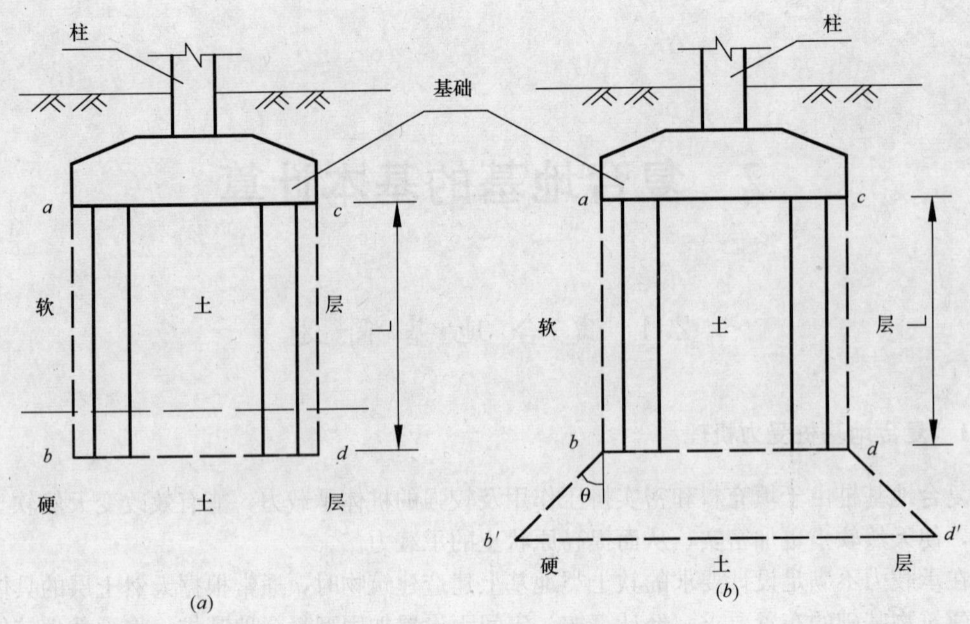

图 2.1-1　桩长布置图

(*a*) 桩端进入硬土层；(*b*) 桩端未进入硬土层

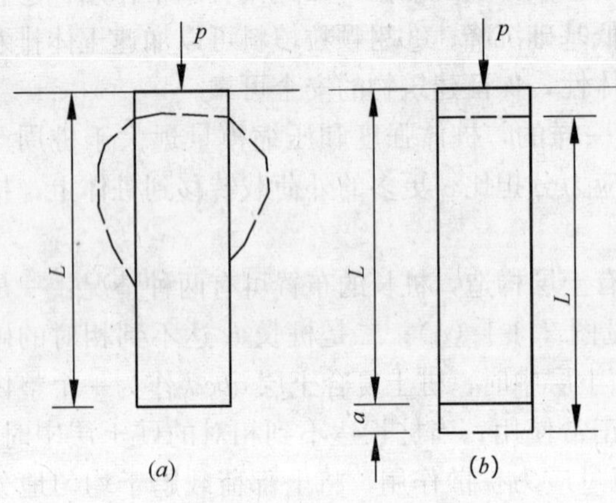

图 2.1-2　桩体破坏模式

(*a*) 鼓出破坏；(*b*) 刺入破坏

上部。因此，目前的理论分析都是基于鼓出破坏模式。

在复合地基群桩情况下，桩先于桩间土达到受力极限，桩侧摩阻力的发挥小于对应的单桩，则复合地基中的群桩承载力要低于单桩承载力。复合地基承载力大小取决于桩身刚度和桩体承载力的匹配，即桩身承载力关键在于桩体强度，尤其是浅层桩更是如此，这说明自身强度越大的桩，提高复合地基承载力越明显。

桩的破坏机理是，以浅层桩身纵向压缩变形增长较快，致使桩体受荷过大而产生鼓胀或裂缝，使桩身强度受到破坏，最终达到极限状态而失去传力功能。

2.1.2　复合地基桩构造分类

目前用于复合地基的桩，《建筑地基处理技术规范》JGJ 79—2002 中列有：振冲桩、砂石桩、石灰桩、灰土挤密桩、水泥粉煤灰碎石桩、夯实水泥桩、水泥土搅拌桩、高压喷射注浆桩、柱锤冲扩桩等九种。

在复合地基桩处理技术中，20 世纪我国采用的都是柔性桩和半刚性桩，没有刚性桩。21 世纪以来大量水泥粉煤灰碎石桩（CFG 桩）用于工程实践中，也就是开始采用刚性桩来加固复合地基。

水泥粉煤灰碎石桩实质上是一种混凝土桩，随着科学技术的不断发展，按照水泥粉煤灰碎石桩的使用原理，实际复合地基工程中普遍应用了小直径灌注混凝土桩、小预制钢筋混凝土桩、楔形钢筋混凝土短桩、花管高压注浆桩等。

复合地基桩可按以下两种方法分类：

1）根据复合地基桩的变形特性，可分为三大类：

（1）柔性桩

属于柔性桩的有：振冲桩、砂石桩、柱锤冲扩桩（当为碎石、矿渣类填料时）等。

（2）半刚性桩

属于半刚性桩的有：石灰桩、灰土挤密桩、夯实水泥桩、水泥土搅拌桩（分为浆液喷射桩和粉体喷射桩）、高压喷射注浆桩、柱锤冲扩桩（当为灰土、水泥混合料、碎砖三合土类填料时）等。

（3）刚性桩

属于刚性桩的有：水泥粉煤灰碎石桩（CFG桩）、小直径灌注混凝土桩、小预制钢筋混凝土桩、楔形钢筋混凝土短桩、花管高压注浆桩等。

刚性桩体有较高的强度和刚度，变形量小，承载力大，一般可用于7～11层的楼房基础加固，水泥粉煤灰碎石桩可用于高达30层的楼房基础加固；柔性桩体强度和刚度较小，变形量大，承载力低，可用于1～4层的楼房基础加固；半刚性桩体介于刚性桩和柔性桩之间，具有一定的强度和刚度，多用于4～7层的楼房基础加固。

2）根据复合地基桩的桩身材料构成，可分为四大类：

（1）散体材料桩

属于散体材料桩的有振冲桩和砂石桩。

（2）原位喷射搅拌桩

属于原位喷射搅拌桩有水泥土搅拌桩和高压喷射注浆桩两种类型。按照以往我国多年的应用习惯，根据生产工艺的不同，常将水泥土搅拌桩分为浆液喷射搅拌桩（简称浆喷桩）和粉体喷射搅拌桩（简称粉喷桩）。

（3）夯实灰土类桩

属于夯实灰土类桩的有土挤密桩、灰土挤密桩、石灰桩、夯实水泥土桩及柱锤冲扩桩等。

（4）振实灌注类桩

属于振实灌注类桩的有水泥粉煤灰碎石桩、小直径灌注混凝土桩、小预制钢筋混凝土桩、楔形钢筋混凝土短桩、花管高压注浆桩等。

各种桩的具体适应土层、桩体构造、施工方法、采用机具、技术参数、计算公式等将在第3～6章中详细叙述。

2.2 复合地基基本计算方法

2.2.1 复合地基基本计算要求

目前，复合地基的设计方法还不够完善，所用计算公式还不够成熟，计算理论尚处于发展阶段。因此，为了使具体的工程设计更符合实际，复合地基设计工作中借助以下各项技术措施是十分必要的：

1）采用大型实地荷载试验及室内模型试验，以试验数据比对计算结果，以提高设计的精确度。

2）广泛应用同类工程的经验数据和计算方法，考查工程设计的合理性，以确定设计质量。

3）工程施工前，应按设计参数进行试桩检验，验证设计的正确性，必要时进行修改设计。任何复合地基造桩施工前，都应先进行试（造）桩施工，以检查单桩承载力和复合地基承载力是否与设计结果相符合，当与设计有较大差异时，可对设计进行修正计算，避免造成难以弥补的事故。试（造）桩数量通常为3～5根。当桩的总数量很少时，也不得少于2根。宜在布桩以外的空地造桩；当土地面积受限制或为了节约资金，也可按照布桩图直接在设计桩位打试桩。试桩的施工方法及质量检测应与正桩完全相同。

4）造桩施工全部完成后，必须组织桩的质量验收，采用合理方法进行复合地基承载力检测，达到设计要求时，方可实施建筑物施工。

2.2.2 复合地基承载力计算

凡是天然软土地基承载力达不到设计要求时，都要进行原地造桩而形成复合地基。各种桩复合地基的工作原理、设计程序和具体计算方法都基本相同，复合地基的设计过程主要都是计算桩径、桩距、桩长、桩土应力分担、单桩承载力、群桩承载力、复合地基承载力、基础沉降等。

复合地基设计的目的在于求出复合地基的单桩竖向承载能力和复合地基承载能力，并最终使其达到设计要求。单桩承载力是指一根桩的总承载力，是桩体受力概念；复合地基承载力是指桩及桩周土的共同承载力，是桩土联合受力概念。

复合地基设计是一个系统计算过程，复合地基承载力的求解需要经过一系列计算，各种桩形成的复合地基设计都应该遵循合理的计算程序，取得可靠的技术参数。根据《建筑地基处理技术规范》JGJ 79—2002的规定，各类桩加固处理的复合地基承载力计算公式见表2.2-1。

加固处理地基的承载力计算 **表2.2-1**

序号	桩　名	单桩竖向承载力计算	复合地基承载力计算
1	土挤密桩和灰土挤密桩	R_a 由现场试验确定	可按当地试验确定
2	石灰桩	R_a 由现场试验确定	$f_{spk}=mf_{pk}+(1-m)f_{sk}$　(2)
3	振冲桩（湿法碎石桩）	R_a 由现场试验确定	$f_{spk}=mf_{pk}+(1-m)f_{sk}$　(2)
4	砂石桩（干法碎石桩）	R_a 由现场试验确定	$f_{spk}=mf_{pk}+(1-m)f_{sk}$　(2)
5	夯实水泥土桩	$R_a=u_p\sum_{i=1}^{n}q_{si}l_i+q_pA_p$	$f_{spk}=m\frac{R_a}{A_p}+\beta(1-m)f_{sk}$　(3)

续表

序号	桩　名	单桩竖向承载力计算	复合地基承载力计算
6	浆液喷射桩（喷浆型搅拌桩）	$R_a = u_p \sum_{i=1}^{n} q_{si} l_i + \alpha q_p A_p$	$f_{spk} = m \frac{R_a}{A_p} + \beta(1-m) f_{sk}$　(3)
7	粉体喷射桩（喷粉型搅拌桩）	$R_a = u_p \sum_{i=1}^{n} q_{si} l_i + \alpha q_p A_p$	$f_{spk} = m \frac{R_a}{A_p} + \beta(1-m) f_{sk}$　(3)
8	高压喷射注浆桩（高压旋喷桩）	$R_a = u_p \sum_{i=1}^{n} q_{si} l_i + q_p A_p$	$f_{spk} = m \frac{R_a}{A_p} + \beta(1-m) f_{sk}$　(3)
9	水泥粉煤灰碎石桩（CFG 桩）	$R_a = u_p \sum_{i=1}^{n} q_{si} l_i + q_p A_p$	$f_{spk} = m \frac{R_a}{A_p} + \beta(1-m) f_{sk}$　(3)
10	柱锤冲扩桩	R_a 由现场试验确定	$f_{spk} = [1+m(n_0-1)] f_{sk}$　(1)

1）单桩竖向承载力计算

在表 2.2-1 中，规范给出了单桩竖向承载力计算的两个公式为：

$$R_a = u_p \sum_{i=1}^{n} q_{si} l_i + q_p A_p \tag{2.2-1}$$

$$R_a = u_p \sum_{i=1}^{n} q_{si} l_i + \alpha q_p A_p \tag{2.2-2}$$

式中　R_a——单桩竖向承载力（kN）；

u_p——桩的周长（m）；

l_i——第 i 层土的厚度（m）；

q_{si}——桩周第 i 层土的侧阻力特征值（kPa）；

q_p——天然土层桩的端阻力特征值（kPa）；

A_p——单桩截面积（m^2）；

α——桩端天然地基土的承载力折减系数，可取 0.4～0.6，承载力高时取低值；

n——桩长范围内所划分的土层数。

同时，从表 2.2-1 中可知，规范还规定了土挤密桩和灰土挤密桩、石灰桩、振冲桩、砂石桩、柱锤冲扩桩等五种桩型不适宜采用公式进行单桩竖向承载力计算，应由现场试验确定。

单桩竖向承载力计算除按公式（2.2-1）、式（2.2-2）计算外，还应按照桩体材料强度进行计算，即：

$$R_a = q_p A_p \tag{2.2-3}$$

式中　R_a——单桩竖向承载力（kN）；

A_p——单桩截面积（m^2）；

q_p——桩体材料抗压强度（kPa）。

对于公式（2.2-1）、（2.2-2）和（2.2-3）的计算结果，应取较小值作为单桩竖向承载力设计值。

2）复合地基承载力计算

在表 2.2-1 中，规范给出了复合地基承载力计算的三个公式：

公式一：$$f_{spk}=[1+m(n_0-1)]f_{sk} \tag{2.2-4}$$

公式二：$$f_{spk}=mf_{pk}+(1-m)f_{sk} \tag{2.2-5}$$

公式三：$$f_{spk}=m\frac{R_a}{A_p}+\beta(1-m)f_{sk} \tag{2.2-6}$$

式中 f_{spk}——桩技术加固处理后的复合地基承载力设计值（kPa）；

f_{sk}——桩技术加固处理后的桩间土承载力（kPa），当缺少实际资料时可按下述方法取值：①对较硬土质取原状土的天然承载力特征值 f_k，即 $f_{sk}=f_k$；②对较软土质取原状土的 1.05～1.20 倍天然承载力特征值 f_k，即 $f_{sk}=(1.05\sim1.20)f_k$；

f_{pk}——桩体承载力（kPa），$f_{pk}=\dfrac{R_a}{A_p}$；

R_a——单桩竖向承载力（kN）；

m——桩土面积置换率，$m=\dfrac{A_p}{A}$；

n_0——桩土应力分担比，通过试验获取；初步设计时取值范围：柱锤冲扩桩 $n_0=2\sim4$，砂桩 $n_0=3\sim5$，碎石桩 $n_0=2\sim5$，石灰桩 $n_0=3\sim10$，水泥桩 $n_0=3\sim10$；具体取值应依不同桩型按《建筑地基处理技术规范》JGJ 79—2002 的规定；取值原则是原土强度低取大值，原土强度高取小值；

A_p——单桩截面积（m^2）；

A——单桩承担的处理面积（m^2）；

β——桩间土承载力折减系数，根据不同桩型按《建筑地基处理技术规范》JGJ 79—2002 规定取值（通常，天然地基承载力值较高者取值大，较低者取值小）。

3）复合地基承载力计算公式导出

复合地基承载力计算的三个公式是根据桩基础底部压力按桩与土的刚性进行分配，依据平衡条件导出的。下面列出一根桩加固面积力的平衡计算式：

$$f_{spk}\cdot A=f_{pk}\cdot A_p+f_{sk}\cdot A_c \tag{2.2-7}$$

式中 f_{spk}——复合地基单位面积承载力；

f_{pk}——桩体单位面积承载力；

f_{sk}——桩间土单位面积承载力；

A——单桩加固面积；

A_p——桩体截面积；

A_c——桩间土面积。

如果我们把桩土应力分担比 $n_0=\dfrac{f_{pk}}{f_{sk}}$ 和面积置换率 $m=\dfrac{A_p}{A}$ 代入式（2.2-7）中，则有：

$$\begin{aligned}f_{spk}\cdot A&=f_{pk}\cdot A_p+f_{sk}\cdot A_c=n_0f_{sk}\cdot mA+f_{sk}(A-A_p)\\&=[n_0\cdot mA+(A-A_p)]f_{sk}=[n_0\cdot mA+(A-mA)]f_{sk}\\&=[n_0\cdot mA-mA+A]f_{sk}=A[m(n_0-1)+1]f_{sk}\end{aligned}$$

公式两边同时消除 A，于是得到表 2.2-1 中公式（1）：

$f_{spk}=[m(n_0-1)+1]f_{sk}=[1+m(n_0-1)]f_{sk}$，这便是式（2.2-4）。

用同样的方法，也可以导出式（2.2-5），即：

$$f_{spk}\cdot A=f_{pk}\cdot A_p+f_{sk}\cdot A_c=f_{pk}\cdot mA+f_{sk}\cdot(A-A_p)$$
$$=f_{pk}\cdot mA+f_{sk}\cdot(A-mA)=f_{pk}\cdot mA+f_{sk}\cdot A(1-m)$$

公式两边同时消除 A，于是得到表 2.2-1 公式（2）：

$f_{spk}=f_{pk}\cdot m+f_{sk}\cdot(1-m)=mf_{pk}+(1-m)f_{sk}$，这便是式（2.2-5）。

我们再利用式（2.2-5）进行转换，可以得到表 2.2-1 中公式（3）

在 $f_{spk}=mf_{pk}+(1-m)f_{sk}$ 中，因为 $f_{pk}=\dfrac{R_a}{A_p}$，同时，由于原状土质性能不同，承载力大小不一，为了使计算更加合理，对公式中增加一个桩间土承载力折减系数 β，于是：

$f_{spk}=mf_{pk}+(1-m)f_{sk}=m\dfrac{R_a}{A_p}+\beta(1-m)f_{pk}$，这便是式（2.2-6）。

从上述公式导出过程可以知道，复合地基承载力计算的三个公式是同出一源的，它们没有本质差别，理论上不管什么桩型，都可以任意采用三个公式中的任何一个进行复合地基承载力计算，计算精度都应该是满足要求的。但是，既然规范作了规定，实际设计中还是要以桩型按规范规定选用计算公式为宜。事实上，尽管三个公式同出一源，由于参数本身的差异，所以计算结果是有一定差异的。

如果以公式（3）：$m\dfrac{R_a}{A_p}+\beta(1-m)f_{pk}$ 为准，经过实例计算，公式（2）：$mf_{pk}+(1-m)f_{sk}$ 的计算结果要比公式（3）小 6%～14%；而公式（1）：$[1+m(n_0-1)]f_{sk}$ 的计算结果要比公式（3）大 0.5%～12%。从而看出公式（3）的计算结果是适中的，并且它有桩间土承载力折减系数 β，可根据原状土的强度情况进行调节，计算更灵活可靠，对于缺少试验资料的工程，采用此方法计算比较合适。

2.2.3 复合地基变形计算

1）认识复合地基变形

所有加固处理后的复合地基都应该进行变形计算，通常变形计算包括压缩变形计算和压缩模量计算。

压缩模量也称变形模量，它的变化表现了加固处理后的复合地基刚度与原有天然地基刚度的差异，复合地基刚度比原有地基刚度有较大提高。复合地基的变形总模量是由桩体的变形模量和桩间土的变形模量组成的。

压缩变形也称压缩沉降。压缩变形计算就是复合地基的竖向沉降量计算，复合地基的沉降量要比原有天然地基的沉降量明显减小，它表明加固处理后的复合地基对建筑物受力有更好的适应性。

根据《建筑地基处理技术规范》JGJ 79—2002 的规定，各类桩加固处理的复合地基压缩变形和压缩模量计算公式见表 2.2-2。

复合地基的压缩变形和压缩模量计算 **表 2.2-2**

序号	桩 名	处理土层的压缩变形计算	处理土层的压缩模量计算
1	土挤密桩和灰土挤密桩	$s=s_1+s_2$	现场试验确定
2	石灰桩	$s=s_1+s_2$	$E_{sp}=\alpha[1+m(n_0-1)]E_c$ (2)
3	振冲桩（湿法碎石桩）	$s=s_1+s_2$	$E_{sp}=[1+m(n_0-1)]E_c$ (3)
4	砂石桩（干法碎石桩）	$s=s_1+s_2$	$E_{sp}=[1+m(n_0-1)]E_c$ (3)
5	夯实水泥土桩	$s=s_1+s_2$	$E_{sp}=\zeta E_c=\frac{f_{spk}}{f_k}E_c$ (4)
6	浆液喷射桩（喷浆型搅拌桩）	$s=s_1+s_2$	$E_{sp}=mE_p+(1-m)E_c$ (1)
7	粉体喷射桩（喷粉型搅拌桩）	$s=s_1+s_2$	$E_{sp}=mE_p+(1-m)E_c$ (1)
8	高压喷射注浆桩（高压旋喷桩）	$s=s_1+s_2$	根据地区经验
9	水泥粉煤灰碎石桩（CFG 桩）	$s=s_1+s_2$	$E_{sp}=\zeta E_c=\frac{f_{spk}}{f_k}E_c$ (4)
10	柱锤冲扩桩	$s=s_1+s_2$	$E_{sp}=[1+m(n_0-1)]E_c$ (3)

2）复合地基变形模量计算

软土地及经过桩的加固，成为桩与桩间土组成的物理、力学性质各异的复合地基，从而改善了天然土层，提高了承载能力。

图 2.2-1 是一个筏形基础下矩形布桩的复合地基一部分，表示了复合地基的受力状况。

图中各符号的含义如下：

p——作用在复合地基上的平均压力（kPa）；

p_p——作用在桩体上的压力（kPa）；

p_c——作用在桩间土的压力（kPa）；

A——单桩承担的加固面积（m^2），$A=A_p+A_c$；

A_p——单桩的截面积（m^2）；

A_c——单桩承担范围内的桩间土面积（m^2）；

E_p——桩体的变形模量或称压缩模量（MPa）；

E_c——桩间土的变形模量或称压缩模量（MPa）；

L——桩体的长度（m）；

a——桩体布孔间距（m）。

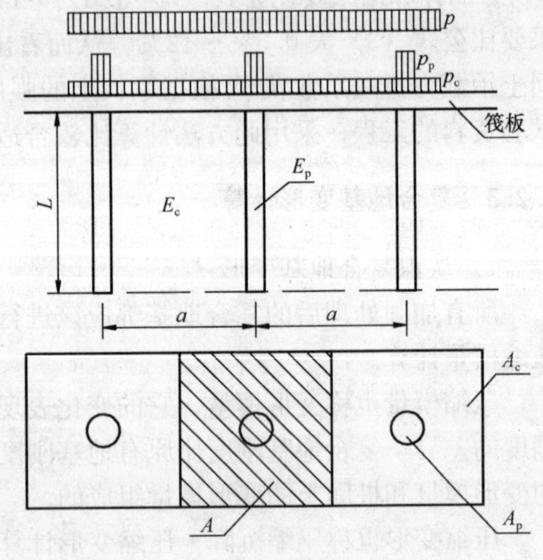

图 2.2-1 复合地基受力状况

桩加固处理所得复合地基总面积等于所有桩体总面积与桩间土总面积之和，对于一根桩承担的加固面积 A 等于单桩截面积 A_p 与单桩承担范围内的桩间土面积 A_c 之和，见图 2.2-2。

假定加固后的复合地基连同建筑物基础构成一个整体的刚性体，在上部荷载作用下，桩与桩间土沉降变形值相同，当均布荷载 p 作用在复合地基上时，由于变形模量 $E_p>E_c$，则荷载 p 将向桩体集中，使桩体上荷载 p_p 增大，桩间土荷载 p_c 降低，理论上：$p=p_p+p_c$。

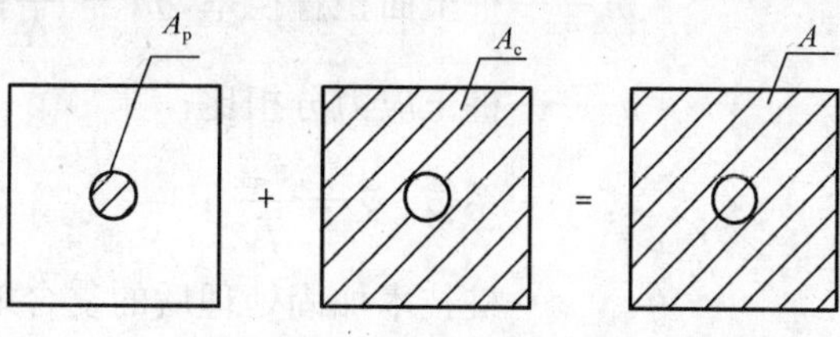

图 2.2-2　单桩处理面积构成

在一根桩承担的加固面积 A 范围内，复合地基的变形模量 E 是由桩体的变形模量 E_p 和桩间土的变形模量 E_c 所组成，理论上可用桩体与桩间土的面积加权平均方法确定复合地基的变形模量 E 值，其表达式为：

$$E=\frac{E_pA_p+E_cA_c}{A} \tag{2.2-8}$$

如果用 $n'=\frac{E_p}{E_c}$ 和 $k'=\frac{A_p}{A_c}$ 代入上式，则式（2.2-8）可改变为：

$$E=\frac{E_cA_c(k'n'+1)}{A_c(k'+1)}=E_c\frac{k'n'+1}{k'+1} \tag{2.2-9}$$

式中　n'——桩与桩间土的刚度比；

k'——桩与桩间土的面积比。

当把面积置换率（灰土置换率）$m=\frac{A_p}{A}$ 引入公式时，可得到 $A=\frac{A_p}{m}$，又 $A=A_p+A_c$，对式（2.2-8）进行计算又可得到下面结果：

$$E=\frac{E_pA_p+E_cA_c}{A}=\frac{E_p\cdot Am+E_c(A-A_p)}{A}$$

$$=\frac{E_p\cdot Am+E_c(A-Am)}{A}=\frac{E_p\cdot Am+E_c\cdot A(1-m)}{A}$$

将公式中的 A 消除，于是得到：

$$E=E_p\cdot m+E_c(1-m)=mE_p+(1-m)E_c$$

上式是推导的压缩模量计算公式之一。压缩模量也称之为变形模量，表 2.2-2 中针对不同桩型给出了处理土层的四个压缩模量计算公式，即：

公式（1）：
$$E_{cp}=mE_p+(1-m)E_c \tag{2.2-10}$$

公式（2）：
$$E_{cp}=\alpha[1+m(n_0-1)]E_c \tag{2.2-11}$$

公式（3）：
$$E_{cp}=[1+m(n_0-1)]E_c \tag{2.2-12}$$

公式（4）：
$$E_{cp}=\zeta E_c=\frac{f_{spk}}{f_k}E_c \tag{2.2-13}$$

上四式中　E_{cp}——复合土层的压缩模量（MPa）；

E_c——桩间土压缩模量（MPa），当缺少实际资料时可取天然地基压缩模量值；

E_p ——桩体的压缩模量（MPa）；

α ——系数，1.1～1.3；

m ——桩土面积置换率，$m=\dfrac{A_p}{A}$；

n_0 ——桩土应力分担比；

ζ ——系数，$\zeta=\dfrac{f_{spk}}{f_k}$；

f_{spk} ——桩技术加固处理后的复合地基承载力（kPa）；

f_k ——原状天然土层的承载力值（kPa）；

3）复合地基沉降计算

复合地基是软弱土层经过加固处理形成的，软弱土层可塑性大，可压缩性高，工程上对这种软弱土层称为压缩层。同时，要尽可能选择硬土层作为建筑物的持力层，工程上对这种硬土层称为非压缩层。但是，只有压缩土层较浅的情况下，才能选择硬土层作持力层，如果压缩土层较厚，往往把加固体的底部放在压缩土层上，从而无法利用硬土层作持力层。

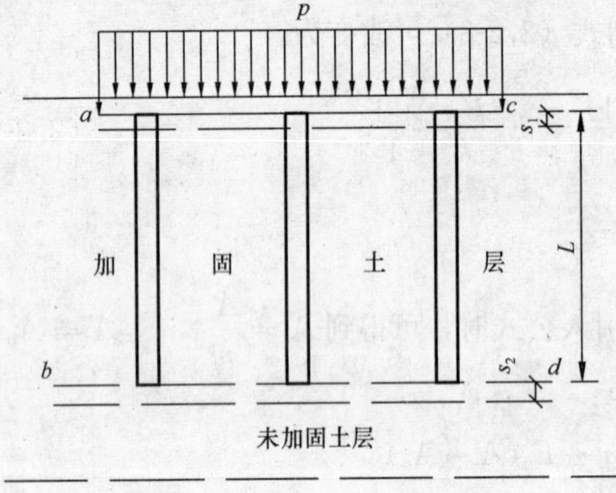

图 2.2-3　复合地基沉降示意图

在桩体未穿透压缩层的情况下，通常沉降计算中，把复合地基沉降分为两部分，一部分是复合地基加固区压缩量 s_1，另一部分是桩端下未加固区土层压缩量 s_2。如图 2.2-3 所示，加固体 $abcd$ 中，复合地基高度为 L，bd 线标高为桩底，bd 线以下是未加固土层。在基础以上荷载 p 作用下，加固体下沉了 s_1，未加固土层下沉了 s_2，因此，表 2.2-2 中规定了复合地基总沉降量 s 可表示为：

$$s=s_1+s_2 \tag{2.2-14}$$

式中　s ——复合地基的总沉降量（mm）；

s_1 ——处理土层的沉降量（mm），按《建筑地基处理技术规范》JGJ 79—2002 计算；

s_2 ——处理土层下面原状土层的沉降量（mm），按《建筑地基基础设计规范》GB 50007—2002 计算。

在实际计算中，如果桩体穿透了压缩层，则复合地基下沉就只有 s_1，而没有 s_2，这种情况下，$s=s_1$。下面将要分析 s_1 和 s_2 的求得方法。

(1) 加固土层沉降 s_1 的计算

《地基处理手册》一书中介绍了 s_1 的三种计算方法，可依据复合地基实际选用这些方法进行复合地基压缩量计算。

方法一：复合模量法（E 法）

将复合地基加固区中的增强体和基体两部分视为一个整体，这个整体相当是复合土体

（复合土层），用复合压缩模量 E 来评价复合土体的压缩性，并采用分层总和法计算加固体的沉降量 s_1，即：

$$s_1=\sum_{i=1}^{n}\frac{\Delta p_i}{E_i}l_i \tag{2.2-15}$$

式中 Δp_i——第 i 层复合土层上附加应力增量；

l_i——第 i 层复合土层的厚度；

E_i——第 i 层复合土层的变形模量，它的计算按照桩体与桩间土的面积加权平均值确定，见式（2.2-8）。

方法二：应力修正法（E_c法）

此方法忽略增强体的存在，只考虑桩间土的作用，依据桩间土承担的荷载 p_c和压缩模量 E_c，采用分层总和法计算加固体的沉降量 s_1，则：

$$s_1=\sum_{i=1}^{n}\frac{\Delta p_{ci}}{E_{ci}}l_i=\mu_0\sum_{i=1}^{n}\frac{\Delta p_{ki}}{E_k}l_i=\mu_0 s_{lk} \tag{2.2-16}$$

式中 Δp_{ci}——复合地基中第 i 层桩间土的附加应力增量，相当于天然土层在上部荷载 p 的作用下第 i 层土上的附加应力增量；

Δp_{ki}——天然土层地基在上部荷载 p 的作用下第 i 层土上的附加应力增量；

E_{ci}——复合地基中第 i 层桩间土的变形模量；

E_k——天然土层地基第 i 层土的变形模量；

l_i——第 i 层复合土层的厚度；

n——加固体的土层数；

s_{lk}——未加固地基在荷载 p 作用下相应厚度内的压缩量；

μ_0——应力修正系数，$\mu_0=\dfrac{1}{1+m(n_0-1)}$；

m——复合地基置换率；

n_0——复合地基桩土应力分担比。

方法三：复合模量法（E_p法）

该方法是考虑桩体自身压缩量为主，其表达式为：

$$s_1=s_p+\Delta \tag{2.2-17}$$

式中 Δ——桩底端刺入下卧层土体中的刺入量，当 $\Delta=0$ 时，则桩身压缩量就是加固区土层的压缩量，即：$s_1=s_p$；

s_p——桩身压缩量，其表达式为：

$$s_p=\frac{(\xi p_1-p_2)L}{2E_p} \tag{2.2-18}$$

式中 L——桩身总长度，即加固区总厚度；

E_p——桩体材料的压缩模量；

p_1——复合土层顶面（桩顶）作用应力；

p_2——复合土层底面（桩底）作用应力；

ξ——应力集中系数，$\xi=\dfrac{n_0}{1+(n_0-1)m}$；

n_0——桩土应力分担比；

m——面积基置换率。

(2) 下卧土层沉降 s_2 的计算

复合地基中，将加固部分看作一个整体的实体基础，下面未加固部分看做是下卧层。桩底以下未加固土层的沉降值 s_2 的计算应符合《建筑地基基础设计规范》GB 50007—2002 的要求：在计算地基变形时，地基内的应力分布，按照各向同性均质线性变性的理论，采用分层总和法计算地基变形量。计算公式如下：

$$s_2 = \psi_s s' = \psi_s \sum_{i=1}^{n} \Delta s_i = \psi_s \sum_{i=1}^{n} \frac{p_0}{E_{si}}(z_i \bar{\alpha}_i - z_{i-1} \bar{\alpha}_{i-1}) \tag{2.2-19}$$

式中 ψ_s——沉降计算经验系数，具体取值见表 8.6-2；

s'——按分层总和法计算出的地基沉降量；

Δs_i——压缩层内某一土层的计算沉降量（或称计算压缩量），即：

$$\Delta s_i = \frac{p_0}{E_{si}}(z_i \bar{\alpha}_i - z_{i-1} \bar{\alpha}_{i-1}) \tag{2.2-20}$$

p_0——对应于荷载效应准永久组合时的基础底面处的附加应力（kPa）；

E_{si}——实体基础底面以下第 i 层土的压缩模量（MPa），一般由地质试验报告提供；

z_i、z_{i-1}——实体基础底面至第 i 层土、$i-1$ 层土底面的距离（m）；

$\bar{\alpha}_i$、$\bar{\alpha}_{i-1}$——实体基础底面计算点至第 i 层土、$i-1$ 层土底面范围内平均附加应力系数，按附录 B 查得；

n——实体基础底面以下土层沉降计算深度范围内划分的土层数。

3 散体材料桩

散体材料桩是指用中砂、粗砂、砾砂、砂石、矿渣、卵石、角砾、圆砾、碎石等粗粒料做充填物的桩，所以散体材料桩又称粗颗粒材料桩，根据充填材料类别可分为砂桩、砂石桩、碎石桩、矿渣砂石桩、矿渣碎石桩、卵石桩、砾砂桩、砾石桩等。习惯上把散体材料桩统称为碎石桩，按照施工工艺又分为振冲碎石桩（或称湿法碎石桩）和振实碎石桩（或称干法碎石桩）。采用振动加水冲的制桩工艺制成的碎石桩称为振冲碎石桩（或湿法碎石桩），采用干振、振挤、锤击等挤密方法制成的碎石桩称为振实碎石桩（或干法碎石桩）。

为了便于区别、叙述、应用和理解，工程上把湿法制成的砂桩、砂石桩、碎石桩等统称为振冲桩，把干法制成的砂桩、砂石桩、碎石桩等统称为砂石桩。《建筑地基处理技术规范》JGJ 79—2002 也是按振冲桩和砂石桩两种桩型来论证。

本章将以振冲桩和砂石桩这两种桩型进行复合地基散体材料料桩的介绍，读者除了应该了解这两种桩型的划分外，还必须了解它们的成桩方式。

3.1 振冲桩

3.1.1 振冲法概要

振冲桩是我国建筑工程中常用的一种桩型，它的主要功能有三个方面：(1) 用于竖向承载加固形成复合地基，明显提高地基承载力和稳定性，承受其上建筑物荷载；(2) 用于水平向承载加固形成护岸墙，有效改善土体强度和刚度，承受侧向土压力及其他水平力；(3) 用于加固地下连续防渗墙，具有一定抗渗作用，堵挡墙后渗透水压力。本章将只介绍第一种作用——加固复合地基。

建筑工程建设中，常采用振冲器振动加高压水冲击的方法对软土地基进行加固处理即"振动水冲法"，简称"振冲法"。通常利用振冲理论对软土地基实施两个方面的加固处理：一是振冲置换，二是振冲密实。也就是说，振冲法除利用振冲置换原理，制桩形成复合地基外，它还有一个积极的功能，那就是振冲密实作用。

1）振冲置换法

振冲置换主要用于砂土、粉土、黏土的处理，是在振冲器的振动过程中，在振动和射水作用下，振冲器下沉到所需加固深度，然后提升振冲器，并向振孔中填入充填料，同时采用高压水冲击，边提升、边填料、边振动、边冲击，直到设计标高为止，形成一个长度、直径、密实均符合设计要求的桩体，这便是"振冲桩"。利用桩体置换一部分土体，许多桩及其桩间土共同组成了复合地基，这是本章要阐述的主要技术问题。由于振冲置换作用主要用在含水量较大的疏松地基中，所以成桩体形较差，桩径粗细略有差异，因此也有称"振冲桩"为"振冲桩柱"。其施工顺序见图 3.1-1。

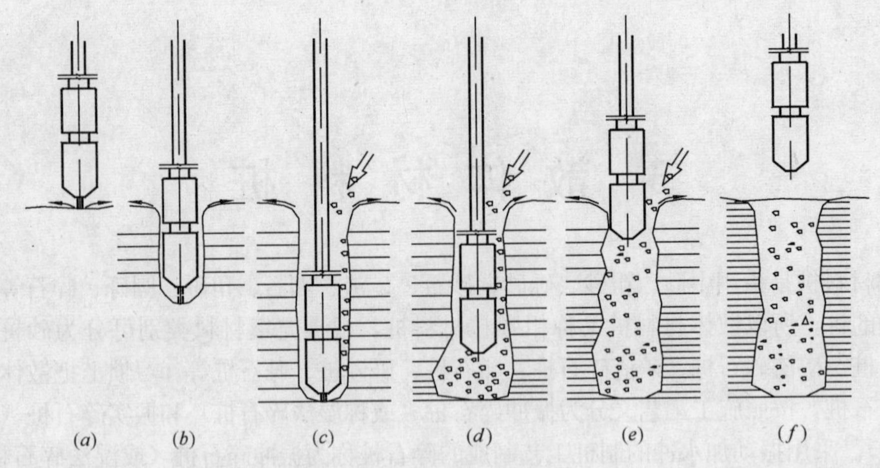

图 3.1-1　振冲制桩施工顺序

2）振冲密实法

振冲密实主要用于砂性土处理，是在振冲器的振动过程中，在振动和射水作用下，振冲器下沉到所需加固深度，然后缓慢地边振动边提升，直至将振冲器提出地面。砂土层经过振动挤密后会形成漏斗形的孔洞，孔洞可由上部砂土坍塌充填，也可依据土层需要由人工将粗砂细石填入孔中，最终形成一个厚度符合设计要求的砂（石）土混合密实体，这种靠振动力使疏松的土层振挤密实的加固方法称为“振冲加密法”或“振冲密实法”，振冲密实法所形成的砂（石）土混合密实体，便是“振密地基”。

振密作用主要是在填料或坍塌过程中，通过机械振动和填料挤入将原状土振挤密实，提高原有土层的密实度和承载力。其施工顺序见图 3.1-2。

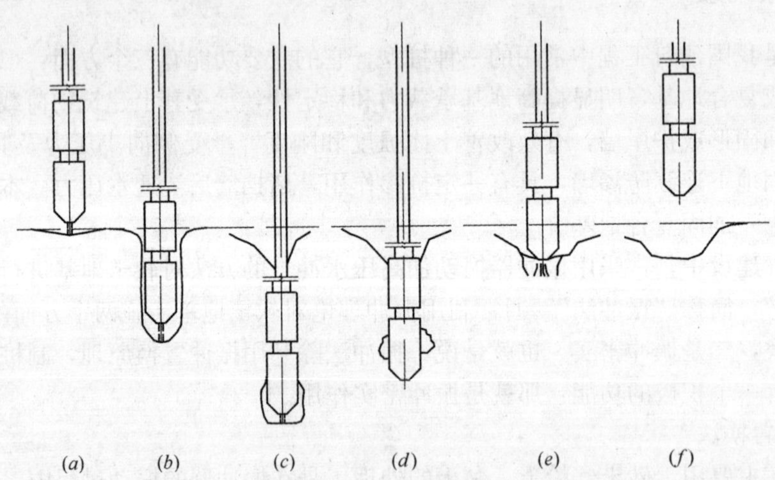

图 3.1-2　振冲密实施工顺序

振密作用不是本章要阐述的技术问题，仅在 3.1.2 节中作简要叙述，以免造成理解上和使用上的错误。

3）振冲法的加固效果

用于振冲法的主要机械是振冲器，目前振动器功率有 13kW、30kW、35kW、55kW、75kW 等，通常多采用 35kW、55kW、75kW。无论振冲置换法或是振冲密实法，加固处理后的地基，都具有以下效果：

(1) 砂土加固后，相对密度值可提高70%以上，最大可达90%。

(2) 抗地震能力可提高50%以上，基础加固后能够满足7～9度地震要求。

(3) 地基承载力可提高1～2倍，承载力可达到200kPa，甚至可达到500kPa以上。

(4) 基础沉降量通常可减小1/3以上。

(5) 加固后土层的均匀性显著提高，能够改善液化地基土，提高地基土的稳定性和抗液化能力。

(6) 由于加固后土层中粗颗粒砂石量的增加，可有效提高地基土排水减压作用。

3.1.2 振冲法的振密作用

振冲密实就是采用振冲法对天然粉土、细砂、中砂、粗砂等天然土层进行振实挤密，使其达到硬化加固目的，变松软土层为可利用的较坚硬土层。它的原理像振动器振动混凝土一样，通过振冲器施加的水平激振力使比较疏松的土层得以密实。

振动密实法主要用在饱和砂土层，也可用在含水量大的粉土层。采用一种叫振冲器的设备实施振冲作业，依靠振冲器的强力振动使含水土层液化（砂土）或析化（粉土），土体颗粒重新排列组合，孔隙减小；同时，通过振冲器振动水平力的作用，在不加回填料（砂土）或加适量回填料（粉土）的情况下，使土层挤压密实，沉降减小，消除液化，增加承载力，形成良好的加固地基。砂土层在振冲器提起、移位过程中能够自行坍孔充填，所以不需要加回填料就能够振密。不加填料振冲密实法仅适用于处理黏粒含量不大于10%的中砂、粗砂地基。

实际上在振冲器振动时，振动力向四周传递是逐渐减小的，振动中心四周一定范围内的核心部位，振密效果较差，这个区域称为流态区；再向外一定范围，振密效果有所增加，这个区域称为过渡区；最外一层挤密效果最为明显，这个区域称为挤密区；挤密区以外是无挤密效果的弹性区。振动力越大，影响距离也越大，挤密范围就越大，但过大的振动力，其扩大的范围多是流态区而不是挤密区，所以挤密效果与振动力大小不是成比例增长的，而且土体颗粒越细，产生的流态区越大。因此，细颗粒的粉土、粉质砂土、细砂等土层的振冲挤密效果要比粗砂、砾石、碎石等粗颗粒土层差。缩小流态区的有效措施是在流态区灌入粗砂、砾石、碎石、矿渣等粗粒料。

不加填料的振冲密实作业，宜采用75kW以上的大功率振冲器，以扩大加密效果。

振冲密实法具有以下主要技术特性：

1) 适宜土层

适用于各类粉细砂至含砾粗砂土层，并符合下列要求：

(1) 砂土中的粉粒和黏粒含量不能太多，否则加固效果很差，其砂土中粉粒和黏粒含量不得大于30%，以小于10%的粉粒和黏粒含量加固效果最好。对于粉粒和黏粒含量大于30%的软性砂土可采用振冲置换法。

(2) 砂土中小于0.005mm的黏粒含量不得大于10%。

(3) 砂土中小于0.075mm的颗粒含量不得大于10%。

(4) 被加固土层的颗粒越粗越好，即中砂、粗砂加固效果最好；粉土、细砂等土层的振冲挤密效果较差。

2）填料

(1) 填料可为中砂、粗砂及颗粒不大于 50mm 的碎石、砾石、角砾、圆砾、卵石、矿渣等。理论上讲填料越粗越好，砂子粒径以 0.25～5mm 为佳；碎石类粒径以 5～50mm 为佳，最大粒径也不得大于 70mm，粒径过大容易卡料。

(2) 填料中的含泥（小于 0.074mm 的细颗粒）量没有明确规定，但不得太多，否则加固效果不佳，一般应控制在 3%～5%以内，砂子含泥量控制确有困难时，也只能放宽到 10%以下。

3）填料用量

振动器冲孔的填料用量多少以被加固土的软弱程度而异，通常每米孔深为 0.4～1.2m^3，最大可达 4m^3。

4）处理范围

通常地基加固处理宽度应比建筑物基础范围要大，一般对建筑物基础四周，每边扩大宽度为 1～3 排桩。对于液化地基，在基础外缘扩大宽度不应小于可液化土层厚度的 1/2，并不应小于 5m。

5）桩距

桩距视天然砂土的颗粒组成、密实度要求、振冲器功率大小而定。砂土粒径越细，密实要求越高，振动力越小，桩距应越小。相同条件下，如使用 30kW 振冲器，桩距可为 1.8～2.5m；如使用 75kW 大型振冲器，桩距可为 2.5～3.5m；不加填料振冲加密桩距为 2～3m。

3.1.3 振冲桩简介

前面已经介绍，振冲桩是振冲置换而形成的一种桩体，它是散体材料桩的一种，是振动水冲密实桩的简称，它是湿法碎石桩。振冲桩的填料为含泥量不大于 5%的中砂、粗砂、砾砂、卵石、角砾、圆砾、碎石、矿渣或其他性能稳定的硬质材料。充填料以碎石类粗粒料为主，粗粒料的粒径粗细根据振动力大小为 20～150mm，但最常用的粒径是 20～80mm。理论上讲，其填料粒径越粗，挤密效果越好，但过粗易卡料。所用石料不得风化易碎，这些材料可单独使用，也可 2～3 种混掺使用。

振冲桩是利用机械振动和压力水冲击的方法造孔填料成桩，适用处理砂土、粉土、粉质黏土、素填土、杂填土等地基。

填料量与原状土的结构密实情况有关。在制桩过程中，填料在振冲器的水平向振动力作用下挤向孔壁四周的土层中，使之桩体直径逐渐扩大。当填料挤密力与土的阻力平衡时，桩径趋于稳定不再扩大。由此可见，原状土层的土质愈软，抵抗填料挤入的阻力愈小，造成的桩体直径愈粗。如果原状土非常疏松，其强度就会过低，以致土的阻力始终不能平衡填料挤入孔壁的力，这种情况振冲法制桩将不适用。当然，较硬的土层，由于土的强度较大，填料在振动和水冲击的作用下，挤入孔壁的能力极小，甚至无法挤入，这种土层也不适用振冲法制桩，通常情况下，人们不会在较硬的土层中采用振冲法制桩。

因此，振冲法制桩只适应于含有地下水的较软土层中，被处理软土地基的天然强度不能太低，一般天然强度应大于 20kPa。但是，这并不是绝对的，根据一些工程实践经验，振冲法制桩在天然土层的不排水抗剪强度为 15～19kPa 的土层中造桩获得了成功。所以，规范规定：对于处理不排水抗剪强度小于 20kPa 的饱和黄土地基，应在施工前通过现场试验确定其适应性。

规范同时规定：对大型的、重要的或场地地层复杂的工程，在正式施工前应通过现场试验确定其处理效果。

振冲桩复合地基工作原理是：利用粗颗粒桩体置换一部分土体，由较高强度的桩体承受更多荷载；同时，因为桩体的侧向挤压而增加桩周土体的密实，也提高了桩间土承载力，桩与桩间土共同形成一个整体性新地基。

振冲桩的最大特点是可以有效地在含水量较大的土层中施工，填料广泛，易于采取，基本上都能够做到就地取材。通过振冲制桩形成的复合地基，明显改善原状土的性质，结构加密，土质固化，强度增大，沉降减小，有利排水，消除液化，承载力提高，把不能作为建筑物地基的软土层变成了满足承载力要求的良好土层。

在黏土层中打桩置换，由于制桩过程的水冲、振动、挤压、扰动等原因，土体结构遭到较大破坏，土层中会出现较大的附加孔隙水压力，从而使原状土的强度降低。但在复合地基完成后，随着时间推移，原状土颗粒结构经过重新调整后，强度有一定恢复；同时，孔隙水压力也向桩体转移消散，结果有效应力增大，强度提高。实践证明，制桩后的短时间内，原土的天然强度会有所降低，大约降低 10％～30％，但经过一段时间的休置，不但强度能够恢复到原值，而且还有所增加。

按照要求间距布设了许多桩体的土层叫做“复合土层”，由复合土层构成的地基称为“复合地基”，我们应当把复合地基看作一个整体地基。桩长布置有两种情况：当软弱土层不是很厚时，复合土层中的桩体可以穿过整个软弱土层进入相对硬土层，这时桩体在荷载作用下主要起应力集中的作用，应力向桩上集中，桩间土强度提高，复合土层提高承载力；如果软弱土层很厚，桩体不能穿过整个软弱土层，这时，软弱土层只有部分厚度转变为复合土层，其下部分仍处于天然状态，此时，复合土层主要起垫层作用，垫层可以把荷载引起的应力向四周横向扩散，应力分布趋向均匀，复合土层提高承载力。

振冲制桩过程会产生废泥浆水，易于污染环境且影响施工，因此必须设置泥浆处理系统（主要是沉淀池、泥浆沟、水泵等）。

3.1.4 振冲桩加固设计

3.1.4.1 加固布桩范围

振冲桩也称振冲置换桩，用作复合地基处理时，不要过多加超布桩，否则将会造成浪费。通常结合基础形状和尺寸，按照计算桩距进行布桩，振冲桩的加固范围要求如下：

1）当为独立基础时：加固区不需超出独立基础的基底面积，如果布桩需要，必要时可适当超出基底面积，但建议不超过 1/3 桩径宽度。

2）当为条形基础时：不超出基底面积，如果布桩需要，可在基础两边对称超出基底边沿 20cm 以内。

3）当为十字交叉基础时：可沿所有轴线方向的基底布桩，并在基础两边对称超出基底边沿不大于半个桩径的宽度。

4）当为筏板和肋板基础时：应在基底面积范围内满堂布桩，并且基底轮廓线外布桩不少于1排桩。对于重要、大型建筑物以及多层、高层楼房工程，基底轮廓线外布桩不少于2排桩。

5）对于要求消除地基液化的工程，基底轮廓线外布桩宽度不应小于基底下可液化土层厚度的1/2。

3.1.4.2 振冲桩的技术要求

1）桩径

桩直径一般为0.5～1.2m，通常采用0.8～1.2m。但由于振冲桩所适应的地基为软弱土层，振挤力不均衡，成桩性差，桩直径的粗细会有差异，具有不规则性桩径。设计时，振冲桩的平均直径可按每根桩实际填料用量换算。

2）桩长

振冲桩的桩长度一般为6～10m，最短不小于4 m，最长不大于15m。30kW振冲器处理深度不宜超过7m，75kW振冲器处理深度不宜超过15m。

限于桩长要求，对于较薄的软弱土层，桩底端可直接位于下卧硬土层；对于较厚的软弱土层，桩底端仍然位于软土层中。

设计中确定桩长的原则：当相对硬土层埋深不大时，应按相对硬土层埋深确定；当相对硬土层埋深较大时，按建筑物地基变形允许值确定；当为液化土层地基时，按要求的抗震处理深度确定。

3）桩距

桩距视天然砂土的强度、颗粒组成、密实度要求、上部荷载、振冲器功率而定。砂土强度越低，粒径越细，密实要求越高，振动力越小，荷载越大，桩距应越小。工程实践中，砂土宜比黏性土采用更大的布桩间距。

工程设计中，桩间距一般为1.5～2.5m，通常采用1.8～2.5m。

桩距根据上部荷载大小、基础形式、土层情况、振冲器功率等综合考虑确定时，通常，30kW振冲器桩间距采用1.3～2.0m；55kW振冲器桩间距采用1.4～2.5m；75kW振冲器桩间距采用1.5～3.0m。对于荷载大或黏性土采用较小的间距，对于荷载小或砂土采用较大的间距。

4）布桩形式

布桩可采用三角形、长方形、正方形等不同形式，但最常用的是等边三角形和正方形。独立基础下，可采用等腰三角形、等边三角形或正方形；条形基础下，可采用等腰三角形、等边三角形、长方形或正方形；筏形和肋板基础下大面积满堂布桩，可采用梅花形、正方形、长方形等，以梅花形最为常用。常见桩位布置见图3.1-3。

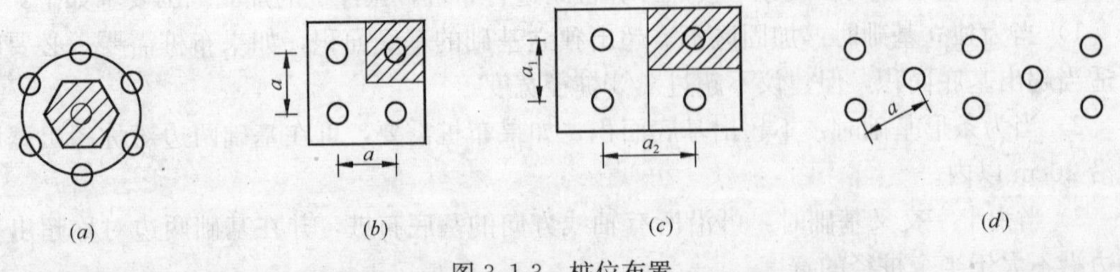

图3.1-3 桩位布置

(*a*) 等腰三角形；(*b*) 正方形；(*c*) 长方形；(*d*) 等边三角形

5）填料

桩孔填料多少依桩径大小和填料类别而异，如使用30kW振冲器制桩，每米桩长约需0.6～0.8m^{3}的碎石料；如使用75kW大型振冲器制桩，每米桩长约需1.0～1.5m^{3}的碎石料。

填料的粒径与振冲器大小有关：30kW振冲器20～80mm，55kW振冲器30～100mm，75kW振冲器40～150mm。

6）垫层

为保证复合地基的整体性，使建筑物基础与桩体能够有效联合受力，在桩顶与建筑物基础之间要铺设一层碎石褥垫层，垫层厚度为30～50cm。垫层材料可选用中、粗砂或砂与碎石的混合料，垫层材料粒径不宜大于30mm。垫层应分层压实。

3.1.4.3 振冲桩的主要计算

1）复合地基承载力计算

群桩与处理后的桩间土形成复合地基。振冲桩复合地基承载力特征值应通过现场复合地基试验确定，初步设计时，单桩和桩间土共同的承载力特征值按下式估算：

$$f_{spk} = mf_{pk} + (1-m)f_{sk} \tag{3.1-1}$$

式中 f_{spk}——振冲桩复合地基承载力特征值（kPa）；

f_{sk}——处理后的桩间土承载力特征值（kPa），宜按当地经验取值，当缺少实际资料时，可按天然地基承载力特征值采用；

f_{pk}——桩体承载力特征值（kPa），宜通过单桩荷载试验确定；$f_{pk}=\dfrac{R_a}{A_p}$；

R_a——单桩竖向承载力（kN）；

m——桩土面积置换率，取值范围为0.25～0.4，具体应通过下式计算：

$$m = \frac{A_p}{A} = \frac{d^2}{d_e^2} \tag{3.1-2}$$

A_p——单桩截面积（m^2）；

A——1根桩的处理面积（m^2）；

d——桩身平均直径（m）；

d_e——一根桩分担的处理地基面积等效圆直径（m），见图3.1-4，取值如下：

等边三角形布桩 $d_e = 1.05a$

正方形布桩 $d_e = 1.13a$

长方形布桩 $d_e = 1.13\sqrt{a_1 a_2}$

a、a_1、a_2——分别为桩间距、纵向间距、横向间距。

对于小型工程黏性土复合地基承载力计算，如无现场荷载试验资料，初步设计时，复合地基承载力特征值也可按下式估算：

$$f_{spk} = [1 + m(n_0 - 1)]f_{sk} \tag{3.1-3}$$

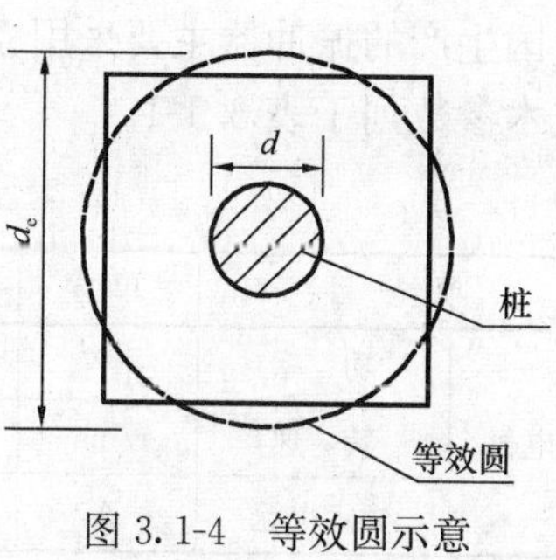

图3.1-4 等效圆示意

式中　n_0——桩土应力分担比，在无实测资料时，可取2～4，原土强度低取大值，原土强度高取小值。

2）单桩竖向承载力计算

振冲桩处理目的主要是提高复合地基承载力，因此必须计算复合地基承载力。而单桩竖向承载力通常可以不进行计算，亦可通过现场试验得到单桩竖向承载力特征值。

3）复合地基压缩变形计算

振冲桩复合地基压缩变形计算应符合现行国家标准《建筑地基基础设计规范》GB 50007—2002的有关规定，其沉降计算表达公式为：

$$s = s_1 + s_2 \tag{3.1-4}$$

式中　s——在基础以上荷载作用下，复合地基总沉降量（mm）；

s_1——复合地基的加固体下沉量（mm）；

s_2——复合地基加固体以下未加固土层的下沉量（mm）。

在实际计算中，如果桩体穿透了压缩层，则复合地基下沉就只有s_1，而没有s_2，这种情况下，$s=s_1$。s_1及s_2的具体计算见第8.6节。

4）复合地基压缩模量计算

振冲桩复合地基压缩模量计算表达式为：

$$E_{sp} = [1 + m(n_0 - 1)]E_c \tag{3.1-5}$$

式中　E_{sp}——复合地基的压缩模量（MPa）；

E_c——桩间土的压缩模量（MPa），宜按当地经验取值，如缺少经验，可取天然土层的压缩模量；

n_0——桩土应力分担比，在无实测资料时，对黏性土可取2～4，对粉土和砂土可取1.5～3，原土强度低取大值，原土强度高取小值。

3.1.5　振冲桩的施工

1）施工机具

振冲桩施工的主要机具是振冲器、起重设备、供水系统、装载机和控制操作台，施工设备应配备电流、电压、留振时间自动信号仪表等。

振冲器的型号系列较多，如以功率为特征，主要有13kW、30kW、35kW、55kW、75kW、100kW、130kW等型号，通常多采用35kW、55kW、75kW振冲器进行制桩。振冲器的端部置有偏心块，利用偏心块产生振动力完成振冲制桩。振冲器的动力源有三种类型：（1）液压马达；（2）普通立式电机（用于长传动轴驱动形式）；（3）立式潜水电机。我国生产的振冲器主要采用立式潜水电机。振冲器的构造见图3.1-5，几种振冲器的主要技术参数列于表3.1-1。

各型振动器的技术参数　　**表3.1-1**

项　目		单位	ZCQ13	ZCQ22	ZCQ30	ZCQ37	ZCQ45	ZCQ55	ZCQ75
电机	功　率	kW	13	22	30	37	45	55	75
	转　速	r/min	1450	1450	1450	1450	1450	1450	1450
	额定电流	A	25.5	42.5	56.8	69.8	84.2	102.5	150

续表

项　目		单位	ZCQ13	ZCQ22	ZCQ30	ZCQ37	ZCQ45	ZCQ55	ZCQ75
振动机体	振动频率	Hz	15～24	15～24	15～24	15～24	16～25	16～25	16～25
	偏心距	cm	5.2	—	5.7	—	—	8.2	—
	动力矩	N·cm	1490	—	3850	—	—	8510	—
	激振力	kN	10～35	35～60	60～90	90～120	120～150	150～200	200～250
	空载振幅	mm	≥2	≥4	≥4	≥5	≥5	≥5	≥7
直　径		mm	274	325	351	377	377	450	—
长　度		mm	2000	2000	2500	2500	2500	2500	—
总质量		kg	780	1000	1000	1000	1800	1800	2050

采用振冲器振冲成孔，升降和移动振冲器可用汽车起重机、轮胎起重机、履带起重机、自行井架式施工平车等，起重机的起吊能力应大于10t，升降速度可为2～10m/min。

供水系统由水泵、输水钢管、分流管、压力表、阀门、软管等组成，压力钢管与水泵相连，软管与振冲器相连（视场地布置情况，软管长度为15～30m），供水水泵的水压为200～600kPa，水量可用200～400L/min。供水系统示意见图3.1-6。

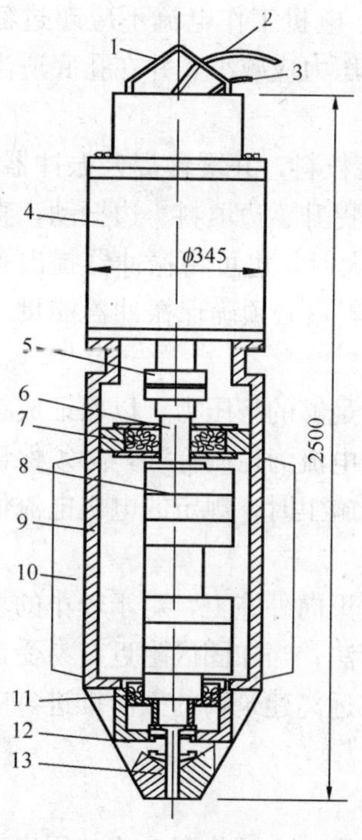

图3.1-5　振冲器构造示意

1—吊具；2—水管；3—电缆；4—电机；5—联轴器；6—轴；7—轴承；8—偏心块；9—壳体；10—叶片；11—轴承；12—头部；13—射水管

装运设备有装载机、翻斗车、手推车来完成供料（装、运、卸），根据振冲器的工作能力，常用的装载机为2～3m^3，翻斗车为0.4～1.0m^3，手推车容积为0.15～0.30m^3。

2）设备布置

通常施工所用的机械、机具、设备、设施等都要针对场地情况和主要机具台数进行合理布置，应遵循方便施工、互不干扰、提高速度、节约资金的原则。

振冲器及起吊设备是振冲器制桩的主要机械，应布置在有利位置，便于移位；控制操作台（或称电气操作台）起着指挥作用，应布置在距孔位较近的地方；供水系统应比较紧凑，方便管理，管路尽可能短；装载机要方便供料，在填料堆场与孔位之间要有较短的通顺道路，利于装载机运行。填料堆场宜根据场地情况分散设置，避免集中设置，造成运输供应的麻烦。

振冲器施工机械的布置形式见图3.1-7。

3）施工方法

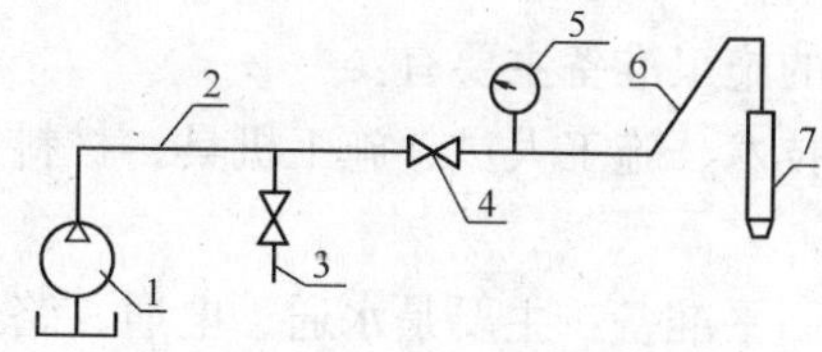

图3.1-6　振冲器供水系统示意

1—水泵；2—输水钢管；3—分流管；4—阀门；5—压力表；6—输水软管；7—振冲器

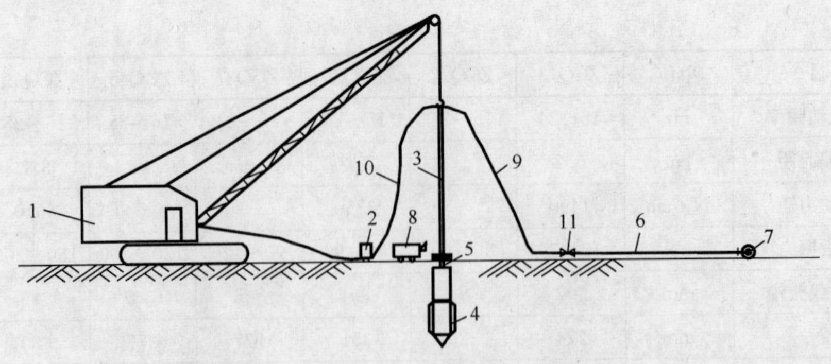

图 3.1-7 振冲法施工机械布置示意

1—起重机；2—电气操作台；3—导管；4—振冲器；5—活接头；6—配水管路；7—水泵；8—装载机；9—软水管；10—电缆；11—控制阀门

利用水平向振动的振冲器，在高压水流下边振动边冲水，在具有较高的含水量的土层中成孔，再向孔中分批填入回填料，通过机械振动和填料挤压作用，使填料达到密实，制成柔性桩体，群桩与桩间土构成复合地基。平均工效约为：砂土每台班制桩 40～50m，黏土每台班制桩 30～40m。

振冲器贯入地层造孔时，造孔速度宜为 0.5～2.0m/min，电机工作电流不应超过额定电流，水压应符合规定。孔深接近设计标高时，振冲器射水压力应减小，并在孔底适当停留。

振冲孔深达到设计深度后，在孔四周开始均匀向孔中填装粒料，并缓慢提升振冲器，填料时宜保持小水量补给，使填料处于饱和状态，自下而上边提升、边填料、边振动，直至成桩，且使桩顶高出设计桩顶不小于 0.5m。当填料粒径较大时，也可将振冲器提出孔口后再加填料，并且每次填料数量以不超过成桩 0.5m 厚，填料后必须确保振冲器能贯入到原提起前深度，以防发生漏振。

填料过程必须进行符合要求的振动，确保向四周孔壁产生足够的挤压力，以保证成桩直径和密实度。振冲桩的密实程度以振冲器电机工作时显示的电流为控制标准，必须保证各个深度上桩体都达到规定的电流值，譬如采用 30kW 振冲器施工时，规定的电机电流值为 45～55A。

振冲桩施工顺序应视场地和土质条件而定，通常可采用由里向外施工，对于较小的场地也可由一边向另一边施工；当土质较差时，宜采用间隔跳打法；当加固区附近有易受振冲影响的建筑物时，应从邻近建筑物的一边开始施工，逐步向远离建筑物的方向推进。

4）施工准备

振冲制桩的施工准备主要有：

（1）施工技术、施工人员、施工机具、材料供应、生产物资、生活物资、施工用房等的准备。

（2）三通一平准备：主要是水通、电通、路通和施工场地平整。水通指供水质量和数量应满足工程生产生活需要，供水设施齐全，输水管路畅通，排水系统畅通，防止污水乱排乱泄。电通指供电设施齐全，电压、电流、电量应满足工程生产生活负荷要求，输电线路的规格符合规定。路通指场内外交通畅通无阻，满足材料供应、生产物资、生活物资的运输要求。场地平整主要指铲除施工场区的土丘、树根、孤石等障碍，填平坑洼，确保施工场地基本平整，便于机械移动，材料运输，使施工能够顺利进行。

(3) 制定有效措施，防止施工污水、灰尘、噪声污染环境。各施工车产生的泥水应通过明沟集中引入沉淀池，沉下来的浓泥浆挖出后运往预先安排的堆弃处，沉淀池上部的清水可以重复利用。

(4) 制定技术供应保障措施、生产安全保障措施、施工质量保障措施。

(5) 做好施工场地布置：主要是输水管路、供电线路、交通道路、填料堆场、排泥水沟、沉淀池、清水池等生产设施布置。另外，还应考虑机械停放场、配电室、机修房、工人休息室、生产用房、生活用房、办公用房等的合理布设。

(6) 桩的定位：平整场地后，测量地面高程，加固区地面高程宜为设计桩顶以上 1m。桩的定位主要是根据设计图纸的布桩要求，将各桩定点到实地位置，并在桩位打小木桩标出，桩位偏差不得大于 3cm。

5) 制桩工艺流程

根据所定桩位进行制桩作业，制桩机械台数依工程量大小而定，通常可同时采用 2～4 台振冲器实施制桩。制桩程序可按以下步骤：

(1) 以振冲器和起重机为主的施工机具就位，使振冲器对准孔位。

(2) 打开输水管阀门，启动供水泵和振冲器，保持供水压力和水量符合要求，将振冲器缓缓沉入土中，造孔速度控制在 0.5～2.0m/min，直至达到设计深度。记录振冲器经各深度的水压、水量、电流及留振时间。

(3) 造孔达到深度后，开始提升振冲器，边提升边冲水直至孔口，再放至孔底，重复 2～3 次扩大孔径并使孔内泥浆变稀。

(4) 造孔完成后，再次提升振冲器，并开始从四周向孔中均匀倒入填料，边提升、边填料、边振实。每次填料厚度不宜大于 50cm，将振冲器沉入填料中进行振实制桩，当电流达到规定的密实电流值和规定的留振时间后，将振冲器提升 30～50cm，自下而上逐段制作桩体，直至完成制桩。当填料粒径大或振冲器功率小，易卡孔下料困难时，可将振冲器提出孔口再填料，同样每次填料厚度不宜大于 50cm，将振冲器沉入填料中进行振实制桩，并在满足规定的密实电流值和规定的留振时间后，将振冲器再次提出孔口填料，反复上述操作，直至完成制桩。

制桩过程中应严格记录各段深度的填料量、最终电流值和留振时间，并均应符合设计要求。

(5) 关闭水泵和振冲器。

(6) 移位：完成一根桩的制桩任务后，将机具设备转移到下一个孔位。

(7) 重复上述 1～6，完成全部制桩任务。

制桩工艺流程见图 3.1-8。

6) 振冲影响的防治

振冲桩制桩过程，尤其是采用大功率振冲器制桩时，会产生较大的振动力，对邻近建筑物及其可液化土层的振陷均产生不同程度的影响；同时振冲也产生一定的噪声，对施工人员和环境也会有一些影响。因此，施工中应采取必要的措施，以最大限度减小振冲所造成的影响。通常可以采取以下方法：

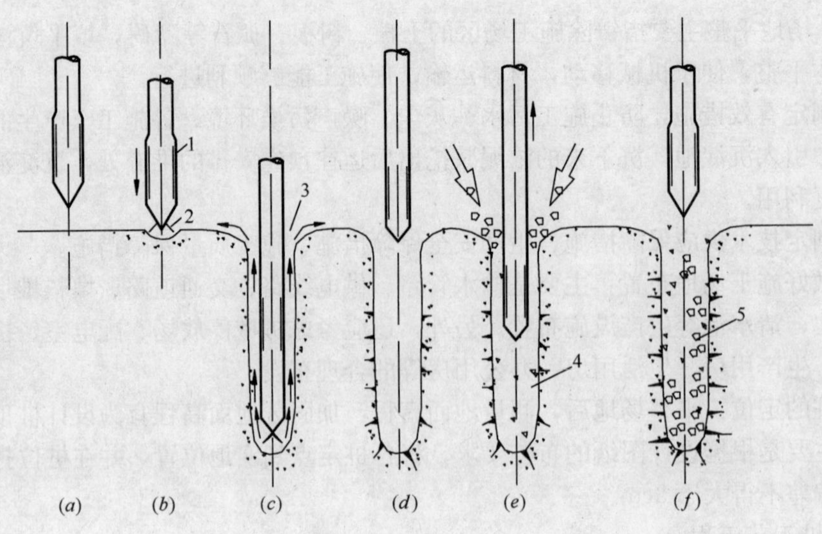

图 3.1-8　振冲法制桩工艺流程

(a) 机具就位；(b) 贯入开始；(c) 贯入完了；(d) 反复扩孔；(e) 填装压实骨料；(f) 制桩完成
1—振冲器；2—喷水；3—水流；4—填料；5—桩体

(1) 在满足施工要求、保证工程质量的前提下，尽可能使用振冲力小的成桩机械组织施工。

(2) 施工操作人员应佩戴防振耳罩和口罩，减少噪声及灰尘对人的有害影响。

(3) 施工点要离开邻近建筑物要有一定距离，譬如保持 8～10m 以上的距离，以减小对邻近建筑物的振害程度。

(4) 必要时，与邻近建筑物之间挖设减振沟，以降低振动程度；依据距离、振力等实际情况，与邻近建筑物之间设置隔声板、隔声布，减小噪声的干扰。

(5) 根据工程规模大小和施工时间长短，可在邻近建筑物设置沉降观测点、观测井进行沉降量、沉降速度和地下水位变化的观测，刚开始阶段每天观测 1～2 次，如无异常可适当减少观测次数。当出现观测数据异常时，应立即停止施工，采取有效对策，以防止对邻近建筑物造成损坏。

(6) 加强对邻近建筑物安全性观察，如墙体裂缝、墙体倾斜等特征变化是否存在，如有问题应立即处理解决。

(7) 要设置泥浆沟和沉淀池，将泥浆集中沉淀后挖出运至指定地点堆存掩埋，沉淀后的清水可重复使用。

3.1.6　振冲桩的施工质量

振冲桩施工质量，应从以下各点进行控制：

1) 制桩填料量应根据土质、桩径等情况，符合常规要求；填料密实度符合常规要求。振冲加固后地表 1m 左右范围内，由于上覆压力小，密实度不易保证，应作处理（如进行碾压密实）或挖除，随后分层铺设压实垫层。

2) 桩身密实度应具有连续性和均匀性，不得有断桩、缩径，桩径及桩长应达到设计要求。

3）成孔中心偏离设计位置不大于10cm；桩顶中心偏离设计位置不大于15cm。

4）施工期间及施工结束后，检查各项施工记录，如有遗漏或不符合规定的桩，应采取有效的补救措施。

5）振冲施工结束后，除砂土地基外，应间隔一定时间后方可进行质量检验。对粉质黏土地基间隔时间可取21～28d，对粉土地基间隔时间可取14～21d。

6）振冲桩的施工质量检验可采用单桩荷载试验，检验数量为总桩数的0.5%，且不少于3根。对桩间土的检验，可在处理深度内用标准贯入、静力触探等方法进行检验。

7）振冲处理后的地基竣工验收时，承载力检验应采用复合地基荷载试验。并且复合地基荷载试验检验数量不应少于总桩数的0.5%，且每个单体工程不应少于3点。

3.2 砂石桩

3.2.1 砂石桩简介

砂石桩是我国建筑工程中常用的一种桩型，它的主要功能有三个方面：(1) 用于竖向承载加固形成复合地基，明显提高地基承载力和稳定性，承受其上建筑物荷载；(2) 用于水平向承载加固形成护岸墙，有效改善土体强度和刚度，承受侧向土压力及其他水平力；(3) 用于加固地下连续防渗墙，具有一定抗渗作用，堵挡墙后渗透水压力。本章将只介绍第一种作用——加固复合地基。

振冲桩一章中已经讲过，为便于区分，工程上把湿法制成的砂桩、砂石桩、碎石桩等统称为振冲桩，把干法制成的砂桩、砂石桩、碎石桩等统称为砂石桩。两种桩型的桩体填料是一样的，加固机理也基本相同，仅仅是制桩方法有所不同。砂石桩早期主要用于挤密砂土地基，随着研究和实践的深化以及机具的改善，应用范围不断扩大，而填料也由砂子扩展到砾石和碎石等。

砂石桩用于处理松散砂土和塑性指数不高的非饱和黏性土，其挤密效果较好，不但可以提高地基承载力、减少地基固结沉降，而且能够防止砂土由于振动或地震所产生的液化。对于含水量高的软黏土，因为塑性大、透水性差，其挤密效果较差，这种情况下，主要是利用部分土层被置换及密实度有一定提高的桩间土共同组成的复合地基发挥作用。

砂石桩也是散体材料桩的一种，也有人将砂石桩称为碎石桩，是采用干振、振挤、锤击等挤密方法制成的桩。适用于挤密松散砂土、粉土、黏性土、素填土、杂填土等地基，尤其对松散砂土及塑性指数不高的非饱和黏性土地基，处理效果较好。也可以处理液化土层地基。对饱和黏性土地基上变形控制不严的工程，也可采用砂石桩进行置换处理。

砂石桩法是指利用振动、冲击、锤击等方式，在软土地基中成孔后，向孔中填入粗粒填料并将其挤入土中，形成需要直径的密实桩体的新复合地基方法。砂石桩填料有中砂、粗砂、砾砂、砂石、矿渣、卵石、角砾、圆砾、石屑、碎石等，所用石料不得风化易碎。这些材料可单独使用，也可2～3种混掺使用。含泥量不大于5%，最大粒径不大于50mm。

采用砂石桩加固处理地基应具备设计、施工所需要的技术资料。对于黏土地基，应有天然地基土的不排水抗剪强度指标；对砂土和粉土地基，应有天然地基土的最大孔隙比、最小孔隙比、相对密实度（或标准贯入击数）、土质特性、填料特性、施工机具及性能等资料。

当用砂石桩挤密素填土和杂填土等地基时，其质量检测尚应符合第 5.1 节“土挤密桩法和灰土挤密桩法”的有关规定。

砂石桩复合地基工作原理是：利用粗颗粒桩体置换一部分土体，并由较高强度的桩体承受更多的荷载；同时，因为桩体的侧向挤压而增加桩周土体的密实，也提高了桩间土承载力，桩与桩间土共同形成一个整体性新地基。依据不同的土质，砂石桩也有不同的作用原理，在松散砂土和粉土中，砂石桩主要有置换作用和抗液化作用；在黏性土中，砂石桩主要有置换作用和排水作用。

砂石桩可以在多种土层中加固施工，填料广泛，易于采取，基本上都能够做到就地取材。通过振动、锤击或冲击方法制桩形成的复合地基，明显改善原状土的性质，结构加密，土质固化，强度增大，沉降减小，有利排水，消除液化，承载力提高，把不能作为建筑物地基的软土层变成了满足承载力要求的良好土层。

3.2.2 砂石桩加固设计

3.2.2.1 加固布桩范围

砂石桩也称碎石桩，用作复合地基处理时，不要过多加超布桩，否则将会造成浪费。通常结合基础形状和尺寸，按照计算桩距进行布桩，砂石桩的加固范围要求如下：

1）当为独立基础时：加固区不需超出独立基础的基底面积，如果布桩需要，必要时可适当超出基底面积，但超出量建议不超过 1/3 桩径宽度。

2）当为条形基础时：不超出基底面积，如果布桩需要，可在基础两边对称超出基底边沿 20cm 以内。

3）当为十字交叉基础时：可沿所有轴线方向的基底布桩，并在基础两边对称超出基底边沿不于半个桩径的宽度。

4）当为筏形和肋板基础时：应在基底面积范围内满堂布桩，并且基底轮廓线外布桩不少于一排桩。对于重要、大型建筑物以及多层、高层楼房工程，基底轮廓线外布桩应为 2～3 排桩。

5）对于要求消除地基液化沉陷的工程，基底轮廓线外布桩宽度不应小于基底下可液化土层厚度的 1/2，并不小于 5m；当可液化土层上覆盖有厚度大于 3m 的非液化土层时，每边放宽不小于液化土层厚度的 1/2，并不小于 3m。

3.2.2.2 砂石桩的技术要求

1）桩径

砂石桩直径为 300～800mm，对饱和黏性土地基宜选用较大的桩径。用于实际工程的砂石桩直径应依土质情况和施工机具进行计算确定。但是在实用中，也有小于 200mm 或大于 800mm 的桩径。

2）桩长

砂石桩长度应根据工程要求和工程地质条件通过计算确定：(1) 当松软土层厚度不大时，砂石桩长度宜穿透松软土层。(2) 当松软土层厚度较大时，对按稳定性控制的工程，砂石桩的长度不小于危险滑动面以下 2m 的深度；对按变形控制的工程，砂石桩的长度应满足处理后地基变形量不超过建筑物的地基变形允许值，并满足软弱下卧层承载力的要求。(3) 对于可液化土层地基，砂石桩长度应按现行国家标准《建筑抗震设计规范》GB 50011—2010 的有关规定采用。一般情况下，当液化土层较薄或上部建筑物要求全部消除地基液化沉陷变形时，桩的长度应穿透液化土层，达到液化深度的下界，并且处理后土层的标准贯入锤击数的实测值大于相应的液化判别临界值；当液化土层较厚或上部建筑物要求部分消除地基液化沉陷变形时，桩长的确定应符合下面两个条件：一是处理深度应使处理后的地基液化指数不大于 4，对独立基础和条形基础尚不应小于基础底面以下 5m 和基础宽度的最大值；二是处理深度范围内，处理后土层的标准贯入锤击数的实测值大于相应的液化判别临界值。(4) 任何情况下桩长不宜小于 4m，最大深度可达 20m。

3) 桩距

桩间距应通过现场试验确定，设计中可按公式 (3.2.1) ～式 (3.2.6) 进行桩距计算。通常，对粉土和砂土地基，桩间距不宜大于桩径的 4.5 倍；对黏性土地基，桩间距不宜大于桩径的 3 倍。

桩距视天然砂土的强度、颗粒组成、密实度要求、上部荷载、振冲器功率而定。砂土强度越低，粒径越细，密实要求越高，振动力越小，荷载越大，桩距应越小。工程实践中，砂土宜比黏性土采用更大的布桩间距。

桩距根据上部荷载大小、基础形式、土层情况、振动力大小等综合考虑确定时，对于荷载大或黏性土采用较小的间距，对于荷载小或砂土采用较大的间距。

4) 布桩形式

布桩可采用三角形、长方形、正方形等不同形式，但最常用的是等边三角形和正方形。独立基础下，可采用等腰三角形、等边三角形或正方形；条形基础下，可采用等腰三角形、等边三角形、长方形或正方形；筏形和肋板基础下大面积满堂布桩，可采用梅花形、正方形、长方形等，以梅花形最为常用。

常见桩位布置见图 3.1-3。

5) 填料

桩孔填料多少依桩径大小和填料类别而异，可通过现场试验确定，初步估算可按设计桩孔体积乘以充盈系数 β 确定，β 值可取 1.2～1.4。若施工中有地面下沉或隆起现象，则填料量依现场实际情况予以增减。

填料主要有砂、粗砂、砾砂、砂石、矿渣、卵石、角砾、圆砾、石屑、碎石等硬质材料，含泥量不得大于 5%，最大粒径不宜大于 50mm。按一定比例采用粗细不同的粒径填料混合使用，可改善级配，提高桩体的密实性。对桩的侧限作用较小的软弱黏性土，可使用含有棱角状碎石混合料，以增大桩体材料的内摩擦角，提高桩体的承载力。

6) 垫层

为保证复合地基的整体件，使建筑物基础与桩体能够有效联合受力，在桩顶与建筑物基础之间要铺设一层厚度为 30～50cm 的碎石垫层，垫层材料可选用中、粗砂或砂与碎石的混合料，垫层材料粒径不宜大于 30mm。垫层应分层压实。

3.2.2.3 砂石桩的主要计算

1) 复合地基承载力计算

群桩与处理后的桩间土形成复合地基。砂石桩复合地基承载力特征值应通过现场复合地基试验确定，初步设计时，可用单桩和桩间土共同的承载力特征值表示，采用公式（3.1-1）进行估算，即：

$$f_{spk}=mf_{pk}+(1-m)f_{sk}$$

对于小型工程黏性土复合地基承载力计算，如无现场荷载试验资料，初步设计时，复合地基承载力特征值也可按公式（3.1-3）进行估算，即：

$$f_{spk}=[1+m(n_0-1)]f_{sk}$$

2）单桩竖向承载力计算

砂石桩处理目的主要是提高复合地基承载力，因此，必须计算复合地基承载力。而单桩竖向承载力通常可以不进行计算，亦可通过现场试验得到单桩竖向承载力特征值。

3）复合地基压缩变形计算

砂石桩复合地基压缩变形计算应符合现行国家标准《建筑地基基础设计规范》GB 50007—2002 的有关规定，其沉降计算表达公式为：

$$s=s_1+s_2$$

式中的符号意义和取值方法均与式（3.1-4）完全相同。

4）复合地基压缩模量计算

砂石桩复合地基压缩模量计算表达式为：

$$E_{sp}=[1+m(n_0-1)]E_c$$

式中的符号意义和取值方法均与式（3.1-5）完全相同。

5）砂石桩的桩距计算

砂石桩的桩距可根据土层的不同，按以下方法计算：

（1）粉土和砂土地基

松散粉土和砂土地基根据土层挤密后达到的孔隙比 e_1 按下列公式确定桩距。

等边三角形布桩：

$$a=0.95\varepsilon d\sqrt{\frac{1+e_0}{e_0-e_1}} \tag{3.2-1}$$

正方形布桩：

$$a=0.89\varepsilon d\sqrt{\frac{1+e_0}{e_0-e_1}} \tag{3.2-2}$$

$$e_1=e_{max}-D_{r1}(e_{max}-e_{min}) \tag{3.2-3}$$

式中 a——砂石桩间距（m）；

d——砂石桩直径（m）；

ε——桩间距计算修正系数，当考虑振动下沉密实作用时，可取 1.1～1.2；不考虑振动下沉密实作用时，可取 1.0；

e_0——地基处理前砂土的孔隙比，可按原状土样试验确定，也可根据动力触探和静力触探等对比试验确定；

e_1 ——地基挤密后要求的孔隙比；

e_{max}、e_{min} ——砂土的最大、最小孔隙比，可按现行国家标准《土工试验方法标准》GB/T 50123—1999 的有关规定确定；

D_{r1} ——地基挤密后要求砂土达到的相对密实度，可取 0.70～0.85。

(2) 黏性土地基

黏性土地基的桩距可按以下公式求得：

等边三角形布桩：

$$a = 1.08\sqrt{A} \tag{3.2-4}$$

正方形布桩：

$$a = \sqrt{A} \tag{3.2-5}$$

$$A = \frac{A_p}{m} \tag{3.2-6}$$

式中 A ——1 根砂石桩承担的处理面积 (m^2)；

A_p ——砂石桩的截面积 (m^2)；

m ——面积置换率，计算及取值方法与式 (3.1-2) 相同。

3.2.3 砂石桩的施工

3.2.3.1 施工机具

砂石桩施工所用的机具有：成孔机械、操作控制台、加料设备、步履式桩架、桩管、桩靴等，分别介绍如下：

1) 振动沉管成桩

振动沉管成桩法的设备主要有振动沉拔桩机、下端装有桩靴的桩管和加料设施。沉拔桩机由桩架、振动桩锤组成，桩架为步履式或座式，为提高桩机移动的灵活性，也可用起重机进行改装后作为行走机构（构成自行式桩架），通常根据桩管、桩长等具体情况选择具有 200～500kN 起重能力的履带起重机。

桩管为无缝钢管，直径根据桩径确定，一般管径规格有 325mm、375mm、425mm、525mm 等。

振动沉管成桩法施工应根据沉管和挤密情况，控制分段的填砂石量、提升高度和速度、挤压次数和时间、电机的工作电流等。

振动沉管的桩锤有单电机、双电机两种，单电机功率通常为 30～90kW，双电机功率通常为 2×15kW～2×45kW。

振动沉拔桩机就是振动沉拔桩锤，简称振动杵锤，是供沉桩和拔桩两用的振动锤，配合起重机可以完成拔桩作业。振动桩锤按动力可分电动式和液压式两种；按振动频率可分低频 (300～700r/min)、中频 (700～1500r/min)、高频 (2300～2500r/min)、超高频 (3000～6000r/min)，国产多为电动式中频振动桩锤。部分普通型振动桩锤性能见表 3.2-1。

普通型振动桩锤的主要技术性能 表 3.2-1

型号		DZ8	DZ15	DZ22	DZ30	DZ40	DZ45	DZ60	DZ90	DZ120	DZ120	DZ150	DZ90
电动机功率(kW)		7.5	15	22	30	40	45	60	90	120	120	150	90
偏心力矩(N·cm)		29.2	69	100	90、132	210	190、230、250	300、360	300、400、500	600	600、710	600、800、1000	1300
激振力(kN)		55	110	135	157、231	284	281、340、370	335、402	335、447、559	669	644、703	609、894、1119	452
偏心轴转速(r/min)		1300	1200	1100	1250	1100	1150	1000	1000	1000	980	1000	580
空载振幅(mm)		4.5	6.2	6.3	4.6、6.8	7.6	6.9、7.1、7.7	7.8、9.4	5.4、7.2、9.0	7.1	8.6、10.1	8.0、10.6、13.3	21.8
许可用拔桩力(kN)		37	80	—	160	180	200	250	300	400	350	500	300
桩锤质量(kg)		550	1090	1577	1660	2480	3456	4492	5764	8820	6900	9340	6500
导向中心距(mm)		330	330	330	330	330	330	330	330	—	—	—	—
外形尺寸(mm)	长	834	1015	1031	1125	1179	1313	1370	1523	2350	1720	1370	1160
	宽	541	659	723	809	1073	1178	1277	1413	1150	1130	1320	5669
	高	1258	1611	1940	1994	2187	2124	2343	2686	3211	2803	6600	5669

振动沉管成桩时，施工中应注意选用能顺利出料和有效挤压桩孔内砂石料的桩尖结构。当采用活瓣桩靴时，对砂土和粉土地基宜选用尖锥形；对黏性土地基宜选用平底型；一次性桩尖可采用混凝土锥形桩尖。桩尖的锥形角一般为 60°，桩管上端前侧设有投料口或焊有投料漏斗，桩管长度根据桩长决定，并大于设计桩长 1～2m。

桩靴构造见图 3.2-1。

2）锤击沉管成桩

锤击成桩法的设备主要有蒸汽打桩机或柴油打桩机、桩管和加料设施，加料方式有装载机和手推车。锤击法挤密应根据锤击的能量，控制分段的填砂石量和成桩的长度进行控制。

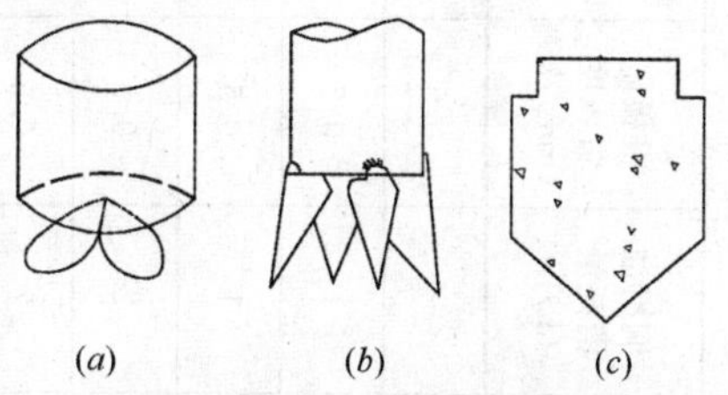

图 3.2-1 桩靴构造示意
（a）活页式桩靴；（b）活瓣式桩靴；（c）预制混凝土桩靴

蒸汽打桩机或柴油打桩机由移动桩架（或起重机改装桩架）与蒸汽桩锤（或柴油桩锤）组成，桩锤质量一般为 1.2～2.5t，并且桩锤质量不小于桩管质量的 2 倍。

蒸汽打桩机由移动桩架和蒸汽桩锤组成，柴油打桩机由移动桩架和柴油桩锤组成。由于柴油打桩机构造简单，操作方便，所以应用最为广泛，它的缺点是冲击力小、常用于小型工程。柴油打桩锤分导杆式和筒式两种，工程上常用的是筒式柴油打桩锤，它的冲击体是在圆筒形的气缸内，以柴油为燃料，利用上活塞的冲击力和燃烧压力为驱动力，从而获得打桩能量，成为有效打桩机械。筒式柴油桩锤的性能见表 3.2-2。目前市场已有的 D128、D138、D160、D180、D220 等系列大能量的筒式柴油打桩锤未收入本书，施工中可依据实际情况进行选用。

锤击沉管成桩法的桩管又分单管法和双管法两种类型，桩管均为无缝钢管。双桩管的管壁厚度在 7mm 以上，内配管芯，管芯直径比外管（即桩管）直径小约 50mm，内、外管长度相同，在外管的前侧每隔 2～3m 开有投料口，投料口高 250～300mm、宽 200～250mm，并设有活页式开关门。外管的上下两端均开口，上端设有吊环，用以拔管和移位。管芯下端用钢板封闭，上端用钢板封闭可与桩锤替打连接，锤击管芯时同时带动外管沉入土中。双桩管的下端没有安装桩靴或桩尖。

单桩管的管壁厚度在 7mm 以上，下端装有活瓣桩靴或下端开口采用钢筋混凝土桩尖(此桩尖留在土中)。

3）冲击成桩

冲击成桩法的设备主要是冲击钻及配套设备，加料方式有装载机和手推车。由于冲击成桩法施工工艺复杂，如有其他机械可以利用的话，一般可不使用冲击成桩法。

4）打桩架

打桩架是与打桩锤配套使用的设备，它的作用主要有以下几个方面：悬挂各种桩锤、钻机；起吊桩管、料斗；给桩锤导向的变幅（打斜桩）；给桩锤以行走和回转方式移动桩位；当桩锤与钻机同时装在打桩架上时，则能进行钻、打结合的施工工艺。

打桩架按动作执行机构和行走机构可分为简易式、轨道式、履带式、步履式四种。履带式打桩架又分三支点式和悬挂式。悬挂式是以通用型履带起重机为主机，以起重机臂杆悬挂桩锤导杆（立柱），在起重机底盘与导杆之间用叉架连接。

筒式柴油打桩锤主要技术性能 **表 3.2-2**

桩锤型号	冷却方式	冲击部分质量(kg)	冲击部分最大行程(mm)	最大打击能量(kN·m)	打击频率(Hz)	最大爆发力(kN)	燃油箱容积(L)	润滑油蓄容积(L)	水箱容积(L)	燃油消耗量(L/h)	润滑油消耗量(L/h)	桩极限贯入度(mm/次)	总高(mm)	含起落架的总质量(kg)
D1.4	风冷	140	2080	2.49	46～80	80	1.2	—	2	0.75	—	0.5	2700	260
D12	风冷	1200	2500	30	40～60	500	21	5	—	9.36	1	0.5	3830	2400
D12/13	风冷	1200/1500	2500	30/37.5	40～60	500	21	5	—	9.36	1	0.5	3830	3900
D18	风冷	1800	2500	45	40～60	600	31	8	—	13	2	0.5	3947	4210
D18/22	风冷	1800/2200	2500	45/55	40～60	600	37	10	—	15	2	0.5	3947	6573
D25	水冷	2500	2500	62.5	40～60	1080	46	12	180	18.5	2～3	0.5	4870	6490
D25/32	水冷	2500/3200	2500	62.5/80	40～60	1080	46	12	180	18.5	2～3	0.5	4670	9650
D32	水冷	3200	2500	80	40～60	1500	48	9.5	140	12～16	2	0.5	4700	8000
D35	水冷	3500	2500	87.5	40～60	1500	50	9.5	150	12～16	2	0.5	4700	8000
D40	水冷	4000	2500	100	40～60	1900	58	29	200	23	2～3.5	0.5	4780	9268
D45	水冷	4500	2500	112.5	40～60	1910	62	20	210	19～23	3～4	0.5	4900	10000
D40/50	水冷	4000/5000	2500	100/125	40～60	1900	58	25	200	18～24	2～4	0.5	4780	14268
D50	水冷	5000	12500	125	40～60	2140	—	—	—	20～25	3～4	0.5	5280	10500
D60	水冷	6000	3000	180	40～60	2800	120	25	350	24～30	4	0.5	5770	15000
D72	水冷	7200	3000	216	40～60	2800	158	44	400	25～37	5～6	0.5	5905	20000

注：表中各型号桩锤均为筒式单作用桩锤。

打桩架的型号很多，不同的成孔方式配不同的打桩架，现将简易式和三支点履带式打桩架的技术性能分别列于表 3.2-3 及表 3.2-4。

简易式打桩架主要技术性能 **表 3.2-3**

打桩架型号	DJ20	DJ25	打桩架型号	DJ20	DJ25
沉桩最大深度(m)	20	25	移架卷扬机最大牵引力(kN)	15	15
沉桩最大直径(mm)	400	500	移架卷扬机功率(kW)	4.5	4.5
最大加压力(kN)	100	160	斜撑减速器最大轴向力(kN)	20	20
最大拔桩力(kN)	200	300	斜撑减速器功率(kW)	2×1	2×1
配用振动锤最大功率(kW)	40	60	外形尺寸：长(m)	9.6	10
立柱允许前倾最大角度(°)	10	10	宽(m)	10	10
立柱允许后倾最大角度(°)	5	5	高(m)	25	30
主卷扬机最大牵引力(kN)	30	50	自身质量(不包括锤)(t)	17.5	20
主卷扬机功率(kW)	11	17	—	—	—

三支点履带式打桩架的技术性能 **表 3.2-4**

型　号	DJU18	DJU25	DJU40	DJU60	DJU100	DJU95
适应最大柴油锤型号	D18	D25	D40	D60	D100	D72
立柱长度(m)	21	24	27	33	33	23.5
锤导轨中心距(mm)	330	330	330	380/600	330/600	—
立柱倾斜范围：前(°)	5	5	5	5	5	—
后(°)	18.5	18.5	18.5	—	—	—
立柱水平调整范围(mm)	200	200	200	200	200	—
桩架负荷能力(kN)	≥100	≥160	≥240	≥300	≥500	—
桩架行走速度(km/h)	0.5	0.5	0.5	0.5	0.5	0.6
上平台回转速度(r/min)	<1	<1	<1	<1	<1	2.5
履带运输时全宽(mm)	3300	3300	3300	3300	3300	3460
履带外扩后宽度(mm)	—	—	3960	3960	3960	4220
履带接地比压(Pa)	98000	98000	120000	120000	120000	—
发动机功率(kW)	80～100	130～160	180～240	180～240	180～240	118
桩架作业时总质量(t)	40	50	60	80	100	95

5）控制台

砂石桩的操作控制台装有开关、电流表、电压表等自动控制装置，用以控制沉拔桩机的开关和挤密电流。

6）加料设备

装运设备有装载机、翻斗车、手推车来完成供料（装、运、卸），根据成桩机的工作能力，常用的装载机为 2～3m^3，翻斗车为 0.4～1.0m^3，手推车容积为 0.15～0.30m^3。

3.2.3.2　设备布置

通常施工所用的机械、机具、设备、设施等都要针对场地情况和主要机具台数进行合理布置，应遵循方便施工、互不干扰、提高速度、节约资金的原则。

成孔机械是制桩的主要机械，应布置在有利位置，便于移位；控制操作台（或称电气操作台）起着指挥作用，应布置在距孔位较近的地方；装载机运输要方便供料，在填料堆场与孔位之间要有较短的通顺道路，利于装载机运行。填料堆场宜根据场地情况分散设置，避免集中设置，造成运输供应的麻烦。

成孔机械应视土质情况和设备台数进行布置。

3.2.3.3 施工方法

利用竖向振动或锤击或冲击的成孔机械，在比较松散的砂土或黏性土中成孔，再向孔中分批填入回填料，通过机械振动和填料挤压作用，使填料达到密实，制成柔性桩体，群桩与桩间土构成复合地基。为了满足设计孔径的要求，成孔后可将桩管提出孔口，重复打孔一次。

造孔深达到设计深度后，在桩管顶部通过投料孔开始均匀向孔中填装粒料，并缓慢提升桩管，分段自下而上边提升、边填料、边振实，直至成桩，且使桩顶高出设计桩顶不小于50cm。填料过程必须进行符合要求的振实，确保向四周孔壁产生足够的挤压力，以保证成桩直径和密实度。

砂石桩可采用沉管（有振动和锤击两种沉管形式）、冲击等方法成孔，当用于消除粉土或粉细砂液化时，宜用振动沉管成孔，其他土质可依实际情况任选振动沉管、锤击沉管或冲击方法成孔。

砂石桩施工顺序应视场地和土质条件而定：对于砂土地基宜从外围或两侧向中间进行，即先打周围3～6排桩，后打内部的桩，内部的桩应隔排施工，隔排施工如因机械移动不方便，则可将内部的桩划分成小区然后逐排施工；对于黏性土地基宜从中间向外围逐排或隔排施工，对于置换率较大、桩距较小情况的饱和黏性土，必须采取隔排施工；当土质较差时，宜采用间隔跳打法施工；在既有建筑物附近施工时，应从邻近建筑物的一边开始施工，逐步向远离建筑物的方向推进。

3.2.3.4 施工准备

砂石桩的施工准备主要有：

1）施工技术、施工人员、施工机具、材料供应、生产物资、生活物资、施工用房等的准备。

2）三通一平准备：主要是水通、电通、路通和施工场地平整。水通指供水质量和数量应满足工程生产生活需要，供水设施齐全，输水管路畅通，排水系统畅通，防止污水乱排乱泄。电通指供电设施齐全，电压、电流、电量应满足工程生产生活负荷要求，输电线路的规格符合规定。路通指场内外交通畅通无阻，满足材料供应、生产物资、生活物资的运输要求。场地平整主要指铲除施工场区的土丘、树根、孤石等障碍，填平坑洼，确保施工场地基本平整，便于机械移动，材料运输，使施工能够顺利进行。

3）制定有效措施，防止生活废水、施工废水、灰尘、噪声污染环境。

4）制定技术供应保障措施、生产安全保障措施、施工质量保障措施。

5）做好施工场地布置：主要是输水管路、供电线路、交通道路、填料堆场。另外，还应考虑机械停放场、配电室、机修房、工人休息室、生产用房、生活用房、办公用房等的合理布设。

6）桩的定位：平整场地后，测量地面高程，加固区高程宜为设计桩顶以上1m。桩的定位主要是根据设计图纸的布桩要求，将各桩定点到实地位置，并在桩位打小木桩标出，桩位偏差不得大于 3cm。

3.2.3.5 制桩工艺流程

根据所定桩位进行制桩作业，制桩机械台数依工程量大小而定，通常可同时采用 2～4 台造孔机械实施制桩。成桩方法不同，所要求的制桩程序也不同。砂石桩由于制桩设备不同，所以施工工艺也不同，具体按下述要求实施。

1）振动成桩法

根据成桩方法的不同，振动成桩法又分为一次拔管法、逐步拔管法和重复压拔管法等三种。

（1）一次拔管法

一次拔管法的成桩工艺见图 3.2-2，具体施工步骤如下：

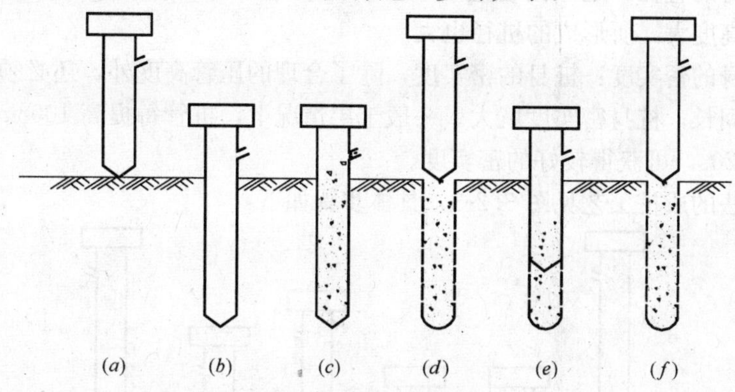

图 3.2-2 一次拔管和逐步拔管成桩工艺

①使桩管就位，并垂直对准桩孔中心（若为活瓣桩靴应闭合）。

②启动振动桩锤，将桩管沉入土中并逐渐达到设计深度。继续启动桩锤，利用振动作用将桩靴充分打开，确保桩管周围的土层受到挤压挤密。

③从桩管上端的投料口向孔中加入砂石填料，加料数量应符合设计要求，对大粒径填料，为使下料顺利，可在料中适量加水。

④边振动、边加料、边拔管，直至将桩管拔出地面。一般土层情况，拔管速度宜控制在 1～2m/min，通过拔管速度和连续振动控制加料量、桩体连续性及桩体密实度；通过控制加料量，确保桩体不断桩、不缩径，使桩的直径符合设计规定。当填料不满足设计要求时，可在原位再沉管投料一次，必要时也可在旁边再补打一根桩。

⑤移位：完成一根桩的制桩任务后，将机具设备转移到下一个桩位，并使桩管重新垂直对准新的桩孔中心。

⑥重复上述①～⑤，直到完成全部制桩任务。

（2）逐步拔管法

逐步拔管法的成桩工艺见图 3.2-2，具体施工步骤如下：

①～③与一次拔管法操作步骤相同。

④逐步拔管，边振动、边加料、边拔管，每拔管 50cm，停止拔管而继续振动，停拔时间 10～20s，直至将桩管拔出地面。通过较慢的拔管速度和连续振动，控制加料量、桩

体连续性及桩体密实度；通过控制加料量，确保桩体不断桩、不缩径，使桩的直径符合设计规定。

⑤移位：完成一根桩的制桩任务后，将机具设备转移到下一个桩位，并使桩管重新垂直对准新的桩孔中心。

⑥重复上述①～⑤，直到完成全部制桩任务。

（3）重复压拔管法

重复拔管法注意事项是：

①确保桩身的连续性：应利用适当的投料速度、拔管高度和压管高度来控制桩身的连续性。拔管速度过快、拔管高度过大、压管高度过小，都会使填料不宜排出，造成桩身的不连续，出现断桩、缩径等现象。

②确保桩身的直径：通过拔管速度和压管高度进行控制，保证在拔管时填料充分排出，通常压管高度大，所形成的桩径也大。

③确保桩身的密实度：桩身的密实度，除了合理的压管高度外，还必须有足够的留振时间，留振时间长，桩身密实度就大。一般土层情况下，桩管每提高 100cm，下沉 30cm，然后留振 10～20s，可获得较好的密实度。

重复拔管法的成桩工艺见图 3.2-3，具体步骤如下：

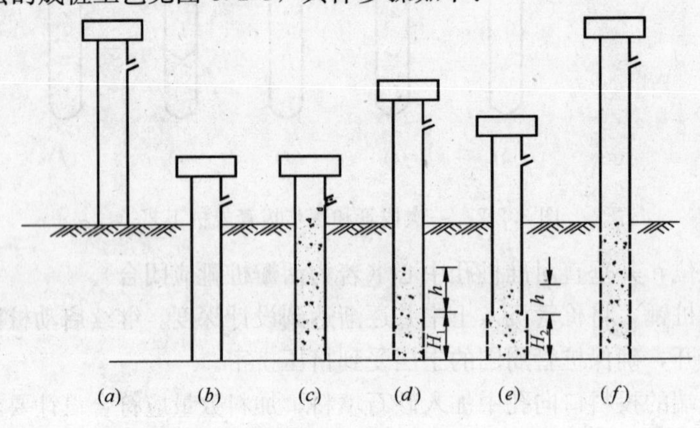

图 3.2-3　重复压拔管成桩工艺

①桩管垂直就位并对准桩孔中心。

②启动振动桩锤，对桩管施加压力，使其沉入土中并逐渐达到设计深度。

③从桩管上端的投料口分段向孔中投入砂石填料，投料数量应符合设计要求。

④边振动边拔管，每段拔管高度按设计确定。

⑤边振动边向下压管（沉管），每段下压的高度按设计确定。

⑥停止拔管，继续振动，停拔时间长短按设计确定。

⑦重复①～⑥，直至桩管拔出地面。

⑧移位：完成一根桩的制桩任务后，将机具设备转移到下一个桩位，并使桩管重新垂直对准新的桩孔中心。

⑨重复上述①～⑧，直到完成全部制桩任务。

2）锤击成桩法

前面已经阐述，锤击成桩法分单管成桩和双管成桩两种，不过单管法难以发挥挤密作用，所以一般都用双管法。下面将分别予以介绍。

（1）单管成桩法

单管成桩法的成桩工艺见图 3.2-4，具体施工步骤如下：

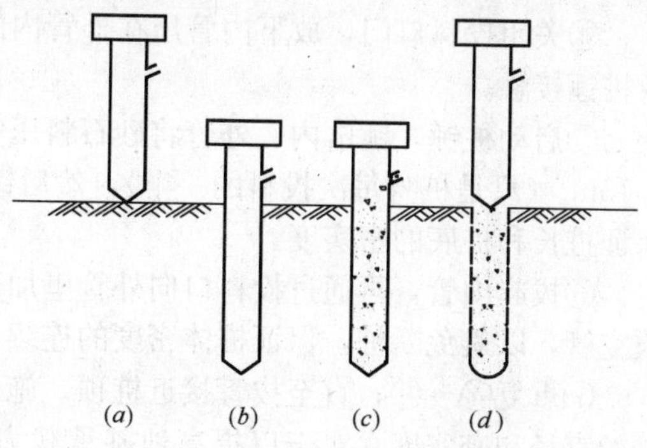

图 3.2-4 单管锤击法成桩工艺

①桩管垂直就位，当桩管下端为活瓣桩靴时，桩管应对准桩孔中心；当桩管下端为开口时，桩管应对准已按桩位埋好的预制钢筋混凝土锥形桩尖。

②启动蒸汽桩锤或柴油桩锤，对桩管施加压力，使其沉入土中并逐渐达到设计深度。

③从桩管上端的投料口向孔中投入砂石填料，投料数量应符合设计要求。当填料投入量较大时，可分两次灌入，第一次灌总填料的 2/3 或灌满桩管，然后上拔桩管，当能容纳剩余的填料时，再第二次加够所需的填料。

投料过程需满足设计要求，以保证桩体的连续性。桩体的连续性用拔管速度来控制，拔管速度宜通过试验决定。一般土层情况下，拔管速度为 1.5～3.0m/min。

用投料量来控制桩的直径，当填料不满足设计要求时，可在原位再复打投料一次或在旁边再沉管投料补打一根桩。

④按规定的拔管速度，将桩管拔出地面。

⑤移位：完成一根桩的制桩任务后，将机具设备转移到下一个桩位，并使桩管重新垂直对准新的桩孔中心。

⑥重复上述①～⑤，直到完成全部制桩任务。

（2）双管成桩法

双管成桩法的成桩工艺见图 3.2-5，具体施工步骤如下：

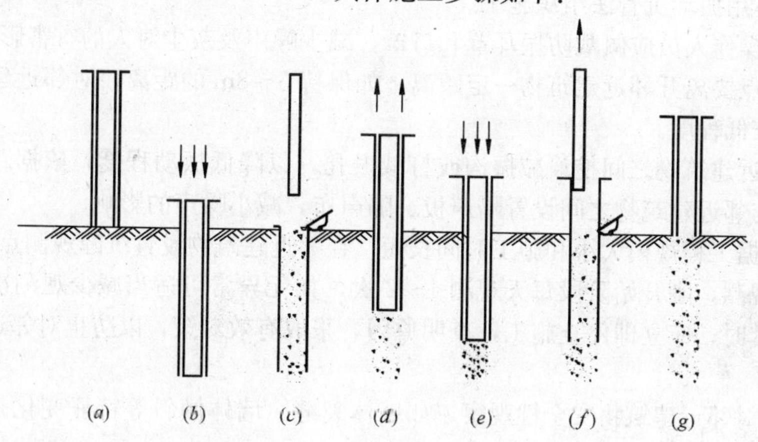

图 3.2-5 双管锤击法成桩工艺

①使桩管就位，并垂直对准桩孔中心。

②启动蒸汽桩锤或柴油桩锤，对桩管施加压力，将内、外管同时沉入土中并逐渐达到

设计深度。

③将内管拔起至地面一定高度，使其不致堵住外管上的投料口，打开投料口门，将砂石填料装入外管里。

④关闭投料口门，放下内管压在外管内的砂石料面上，拔起外管，使外管上端与内管及桩锤接触。

⑤启动桩锤，锤击内、外管将砂石料压实。桩底第一次投料要适量少，如填一手推车 0.15m^3（只是桩身每次投料的一半），然后锤击压实，这一段称为“座底”，“座底”可以保证桩长和桩底的密实度。

⑥拔起内管，再通过投料口向外管里加砂石料，每次投料约 0.3m^3。拔管时要注意勿拔空管，以避免断桩，保证桩体密度的连续性。

⑦重复④～⑥，直至拔管接近桩顶。施工过程要用贯入度和填料量两项指标双重控制桩的直径和密实度。对于以提高地基承载力为主要处理目的非液化土，以贯入度控制为主，填料量控制为辅；当以消除砂土及粉土地震液化为主要处理目的时，则以填料量控制为主，以贯入度控制为辅。贯入度和填料量可通过试验确定。

⑧制桩达到桩顶时，即最后 1～2 次加料每次加一手推车或 1.5 倍手推车砂石料（约 0.15～0.20m^3），进行锤击压实，至设计规定的桩长或桩顶标高，这一阶段称为“封顶”。

⑨移位：完成一根桩的制桩任务后，将机具设备转移到下一个桩位，并使桩管重新垂直对准新的桩孔中心。

⑩重复上述①～⑨，直到完成全部制桩任务。

3.2.3.6 振动影响的防治

砂石桩制桩过程，尤其是采用振动沉管法制桩时，会产生较大的振动力，对邻近建筑物及其可液化土层的振陷均产生不同程度的影响；同时振动也产生一定的噪声，对施工人员和环境也会有一些影响。因此，施工中应采取必要的措施，以最大限度减小振动所造成的影响。通常可以采取以下方法：

1）在满足施工要求、保证工程质量的前提下，尽可能使用振动力小的成桩机械，如用锤击法而不用振动沉管法组织施工。

2）施工操作人员应佩戴防振耳罩和口罩，减少噪声及灰尘对人的有害影响。

3）施工点要离开邻近建筑物一定距离，如保持 5～8m 的距离，对邻近建筑物的振害可以降低到较低程度。

4）与邻近建筑物之间挖设减振沟或打减振孔，以降低振动程度；依据距离、振力等实际情况，与邻近建筑物之间设置隔声板、隔声布，减小噪声的影响。

5）可根据工程规模大小和施工时间长短，在邻近建筑物设置沉降观测点进行沉降量、沉降速度的观测，刚开始阶段每天观测 1～2 次，如无异常可适当减少观测次数。当出现观测数据异常时，应立即停止施工，查明原因，采取有效对策，以防止对邻近建筑物造成损坏。

6）加强对邻近建筑物安全性观察，如墙体裂缝、墙体倾斜等特征变化是否存在，如有问题应立即处理解决。

3.2.4 砂石桩的施工质量

砂石桩施工质量，应从以下各点进行控制：

1）制桩填料量应根据土质、桩径等情况，符合常规要求；填料密实度符合常规要求。加固后地表 1m 左右范围内，由于上覆压力小，密实度不易保证，应作处理（如进行碾压密实）或挖除，随后分层铺设压实垫层。

2）桩身密实度应具有连续性和均匀性，不得有断桩、缩径，桩径及桩长应达到设计要求。

3）施工时桩位水平偏差不应大于套管外径的 30%，套管垂直度偏差不应大于桩长的 1%。

4）施工期间及施工结束后，检查各项施工记录，如有遗漏或不符合规定的桩，应采取有效的补救措施。对沉管法，尚应检查套管往复挤压振动次数与时间、套管升降幅度、每次填料量等项施工记录。

5）制桩施工结束后，应间隔一定时间后方可进行质量检验。对饱和黏性土地基，应待孔隙水压力消散后进行，间隔时间不宜少于 28d；对粉土、砂土、杂填土等地基，间隔时间不宜少于 7d。

6）砂石桩的施工质量检验可采用单桩荷载试验，对桩体可采用动力触探试验检测，检验数量为总桩数的 0.5%，且不少于 3 根；对桩间土可采用标准贯入、静力触探、动力触探或其他原位测试等方法进行检测。桩间土质量的检测位置应在等边三角形或正方形的中心、等腰三角形或长方形的重心。

7）砂石桩处理后的地基竣工验收时，承载力检验应采用复合地基荷载试验。并且复合地基荷载试验检验数量不应少于总桩数的 0.5%，且每个单体工程不应少于 3 点。

8）当用砂石桩挤密素填土和杂填土等地基时，其质量检测尚应符合第 5.1 节“土挤密桩和灰土挤密桩”的有关规定。

4 原位喷射搅拌桩

原位喷射搅拌桩是指在原有土层状态下，通过专用的施工机械将桩位土层疏松至设计深度，然后利用高压向疏松土层中喷射固化剂，边喷射、边搅拌、边提升，使土与固化剂充分搅拌均匀，硬化后形成需要的固结桩体。

原位喷射成桩技术具有如下两个最大特点：

无特定钻孔—— 即没有通常意义上的钻孔，只是利用专用造桩机械在成孔过程中对桩位原状土层按设计深度搅拌疏松（水泥土搅拌桩）或采用钻机在桩中心打一个导孔（高压喷射注浆桩）。确切地说，它不是桩孔，而是一个松散的土柱。

无纯填料桩体——通常的桩是在桩位成孔后，向孔中注入砂石填料，并对填料压实（或夯实）后，形成具有纯填料的桩体，而原位喷射搅拌桩只是在疏松的土层中按要求比例喷入一定量的固化剂（或称固化料），经过硬结形成灰土混合桩体。

目前我国列入行业标准《建筑地基处理技术规范》JGJ 79—2002 中的原位喷射搅拌桩有水泥土搅拌桩和高压喷射注浆桩两种类型。过去我国对水泥土搅拌桩习惯上称之为深层搅拌桩。

按照多年的应用习惯，根据生产工艺的不同，常将水泥土搅拌桩分为浆液喷射搅拌桩（简称浆喷桩）和粉体喷射搅拌桩（简称粉喷桩），两者的固化剂及掺入量都是一样的。很明显，浆液喷射搅拌桩系为湿法生产工艺制桩，适用于无地下水或少地下水的土层中，而粉体喷射搅拌桩系为干法生产工艺制桩，适用于有地下水及多地下水的土层中。为了实用上和阐述上的方便，我们把水泥土搅拌桩分为浆液喷射搅拌桩和粉体喷射搅拌桩。

本章将按浆液喷射搅拌桩、粉体喷射搅拌桩和高压喷射注浆桩三种桩型进行介绍，这三种桩型从 20 世纪开始广泛应用在房屋、水利、水电、公路、铁路、桥梁、码头、矿山等工程的地基处理中，为我国的基本建设作出了较大贡献。

4.1 浆液喷射搅拌桩

4.1.1 浆液喷射搅拌桩的特性

4.1.1.1 一般介绍

水泥土搅拌桩就是过去我们习惯上所称的深层搅拌桩，按生产工艺可分为浆液喷射搅拌桩（浆喷型搅拌桩）和粉体喷射搅拌桩（粉喷型搅拌桩）。两者的固化剂及掺入量都是一样的，仅仅生产工艺有所不同。

浆液喷射搅拌桩简称浆喷桩，是利用湿法生产工艺进行制桩，即将固化剂用水稀释拌合后以浆液的状态高压喷入桩孔与原位土搅拌混合凝固成桩。

浆液喷射搅拌桩是利用特制的深层搅拌机械，在加固土层中将水泥或石灰等固化剂浆液与软土就地原位强制搅拌混合、凝结、硬化而形成桩体，由于桩体强度高，并置换了一部分土体以及桩周土受到挤压而密实，所以桩和桩间土共同形成具有整体性、水稳定性和一定强度的优质复合地基。

浆液喷射搅拌桩适用于处理正常固结的淤泥和淤泥质土、粉土、饱和黄土、黏性土、素填土以及无流动地下水的饱和松散砂土等地基，尤其适用于无地下水或地下水含水量小于30%（黄土含水量为25%）的天然土层。当处理泥炭土、有机质土、塑性指数I_p大于25的黏土、地下水具有腐蚀性及无工程经验的地区，必须通过现场试验确定其适用性。

浆液喷射搅拌桩是通过高压泵将用水拌制好的固化剂（水泥或生石灰粉、消石灰粉）浆液喷入疏松过的孔中，并与孔中原位土搅拌混合均匀，经过一段时间凝固成桩。水泥和石灰质量应符合现行国家标准的规定，水泥强度等级一般不低于32.5级，品种应为普通硅酸盐水泥。桩体含灰量应通过试验确定，通常含灰量为被加固湿土质量的7%～20%，但多数情况下都采用12%～20%。一般土质情况都是用水泥作固化剂，当要求的承载力较低时则用石灰粉作固化剂。

浆液喷射搅拌桩可用于复合地基加固、基坑护岸墙、防渗帷幕、大体积水泥稳定土。浆液喷射搅拌桩的加固体形状根据被加固对象可分为柱状、壁状、格栅状和块状等。当用于复合地基加固时，即提高竖向承载情况时，桩体强度取90d龄期标准试块立方体抗压强度平均值；对于水平承载情况时（如支护工程），桩体强度取28d龄期标准试块立方体抗压强度平均值。

确定加固处理方案前应搜集拟处理区域内详细的岩土工程资料，尤其是填土层的厚度和组成；软土层的分布范围、分层情况；地下水位及水的pH；土的含水量、塑性指数、物理力学性质、有机质含量等。

浆液喷射搅拌桩设计前，应进行拟处理土的室内配比试验。针对现场拟处理的最弱层软土的性质，选择合适的固化剂（固化料）、外加剂、粉煤灰及其掺量，根据设计所要求强度进行配比试验，为设计提供各种龄期、各种配比的强度参数。

4.1.1.2 作用原理与性质

用固化剂（水泥、石灰等）加固软土时，由于固化剂与水的充分混合，可以起化学反应，以水泥为固化剂（也称加固料或添加料）为例，经过水化反应及水解反应，可生成氢氧化钙、含水硅酸钙、含水铝酸钙及含水铁铝酸钙等化合物，在水中和空气中逐渐硬化；钙离子与土中交换性钠钾离子发生交换作用，使原来土颗粒集合成较大团粒；水泥水化物中的游离氢氧化钙吸收水和空气中的二氧化碳，生成不溶于水的碳酸钙，使水泥土强度增加，并有足够的水稳性。水泥和土搅拌越充分，混合越均匀，水泥土结构强度的离散性越小，总体强度越高。

因为水泥重度稍小于软土重度，但水泥土重度与软土重度很接近。由于水泥土经过充分搅拌，其密实性好于原状土，故水泥土重度比软土重度稍大。

固化剂掺入后的改善土，其效果是非常明显的。资料表明，水泥土的无侧限抗压强度q_p一般为300～4000kPa，并且原状土密实性越好、水泥掺入量越多，其抗压强度增加越大。工程实践中，水泥掺入比不得小于5%，否则加固效果不明显。试验证明，水泥土的强度在龄期超过3个月后才缓慢增加，故以3个月强度作为标准强度。为了节约水泥，提高强度，水泥土除掺加水泥作固化剂外，还可以通过试验掺加一定量的掺合料，如外加剂

(增强剂、缓凝剂、速凝剂)、粉煤灰等。

水泥土的抗拉强度 q_t 约为（0.15～0.25）q_p；水泥土的抗剪强度也与 q_p 值有关，内摩擦角 ϕ 为 20°～30°，黏聚力 c 为 100～1100kPa；变形模量为 40～600MPa；压缩模量约 60～100 MPa。

试验证明，水泥土试件强度冻前和冻后几乎不变，仅少数试块有表面裂缝或局部片状剥落。零度以下水泥与土的反应减弱，但恢复零度以上后反应继续进行，逐渐恢复到标准强度，所以，只要温度高于－10℃仍可进行施工。

水泥土桩的现场荷载试验表明，当桩身强度大于 800kPa 时，桩长 10m 及 7m 的单桩承载力达 250kN 及 200kN，相应沉降量小于 7mm，桩侧土平均摩阻力为 80～90kPa。如果桩身强度减小，则单桩承载力也随之减小，说明保证桩体质量是保证加固效果的关键。

复合地基的承载力与水泥土桩的置换率 m 有关，当 m 达到 36%时，复合地基承载力可达 150kPa，比天然地基提高（1～1.2）倍。

4.1.2 浆液喷射搅拌桩加固设计

4.1.2.1 加固布桩范围

浆液喷射搅拌桩简称浆喷桩，用作复合地基处理时，不要过多加超布桩，否则将会造成浪费。通常结合基础形状和尺寸，按照计算桩距进行布桩，浆喷桩的加固范围要求如下：

1）当为独立基础时：原则上布桩不得超出独立基础的基底面积，如果布桩需要，必要时可适当超出基底面积，但超出量建议不超过 1/3 桩径宽度。

2）当为条形基础时：布桩不超出基底面积，如果布桩需要，可在基础两边对称超出基底边沿 20cm 以内。

3）当为十字交叉基础时：可沿所有轴线方向的基底布桩，并在基础两边对称超出基底边沿不多于半个桩径的宽度。

4）当为筏形和肋板基础时：应在基底面积范围内满堂布桩，并且基底轮廓线外布桩不少于一排桩。对于重要、大型建筑物以及多层、高层楼房工程，基底轮廓线外布桩应为 1～2 排桩。

5）对于要求消除地基液化沉陷的工程，基底轮廓线外布桩宽度不应小于基底下可液化土层厚度的 1/2，并不小于 5m；当可液化土层上覆盖有厚度大于 3m 的非液化土层时，每边放宽不小于液化土层厚度的 1/2，并不小于 3m。

4.1.2.2 浆喷桩的技术要求

1）桩径

目前我国生产的浆喷桩机械的实际制桩直径依据桩轴数量而异，单轴搅拌机桩径为 500～800mm；双轴搅拌机桩径为 2×500mm～2×800mm。

2）桩长

浆喷桩长度应根据工程要求和工程地质条件通过计算确定：(1) 当松软土层厚度不大时，浆喷桩长度宜穿透松软土层，并达到承载力相对较高的土层。(2) 当松软土层厚度较大时，对按稳定性控制的工程，浆喷桩的长度应根据上部结构对承载力和变形要求确定。(3) 为提高抗滑所设置的浆喷桩，其长度不小于危险滑动面以下 2m 的深度。(4) 当搅拌桩深度以下存在软弱下卧层时，应按国家规范《建筑地基基础设计规范》GB 50007—2002 的有关规定，进行下卧层承载力验算。

当前浆喷桩的造孔深度最大可达 20m，实际工程中，一般加固深度应大于 5m，范围为 6～20m。

3）桩距

桩距视天然土层的强度、颗粒组成、密实度要求、上部荷载而定。砂土强度越低，粒径越细，密实要求越高，荷载越大，桩距应越小。工程实践中，砂土宜比黏性土采用较大的布桩间距。

桩距根据上部荷载大小、基础形式、土层情况等综合考虑确定。对于荷载大或黏性土采用较小的间距，对于荷载小或砂土采用较大的间距。

设计中，计算桩距可根据一根桩所承担的加固面积来确定，如等边三角形、正方形布桩，可分别按照公式（3.2-1）、（3.2-2）及公式（3.2-4）、（3.2-5）进行计算。

有条件时，桩间距应通过现场试验确定，粉土和砂土地基桩间距要比黏性土地基桩间距大。工程实践中，一根桩处理面积为 1.0～2.5m^2。

桩距表示以桩孔布置形式及桩轴数量而异，在单桩轴情况下，正方形和长方形布孔以两孔垂直中心距表示，三角形布孔以两孔斜向垂直中心距表示，见图 4.1-1。当双轴情况下，正方形和长方形布孔以两孔垂直中心距表示，见图 4.1-2。由于双轴机的孔型特异，不适宜三角形布孔，也不适宜块状建筑物基底布桩。工程实践中，双轴机多用于水平向承载的桩型情况。

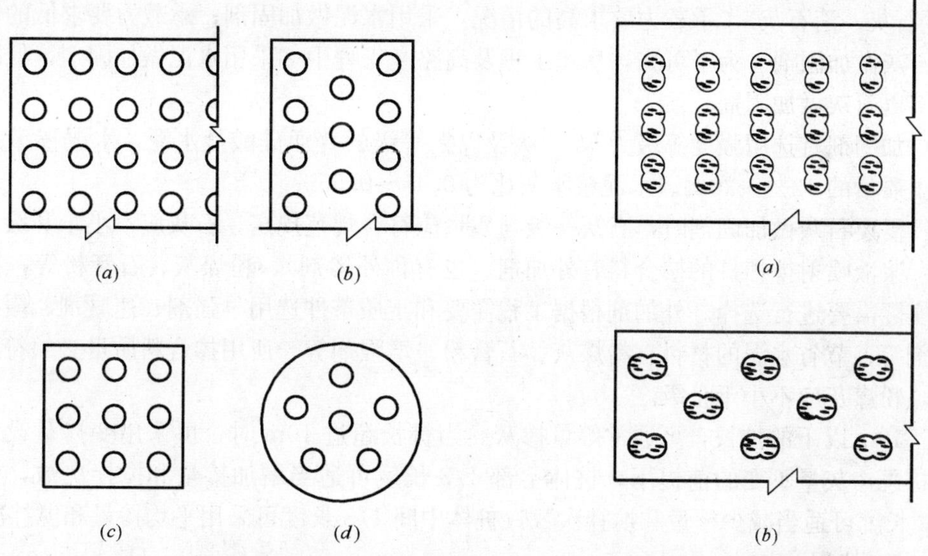

图 4.1-1 单桩轴布孔形式
(*a*) 满堂布桩；(*b*) 条状布桩；(*c*) 块状布桩；(*d*) 块状布桩

图 4.1-2 双桩轴布孔形式
(*a*) 满堂布桩；(*b*) 条状布桩

4）布桩形式

复合地基布桩的平面设计，可根据上部结构特点及对地基承载力和变形的要求，采用柱状、壁状、块状或格栅状等加固形式。

根据建筑物基础的要求，布桩形式可采用满堂布桩，如整体式房屋基础、水池基础、罐体基础、公路路基、铁路路基、渠堤基础等；也可以带状布置，如条形房屋基础、挡土墙基础等；还可以块状布置，如独立柱基础、桥墩基础等，块状基础有正方形、长方形、圆形。

布桩可采用三角形、长方形、正方形等不同形式，但最常用的是等边三角形和正方形。独立基础下，可采用等腰三角形、等边三角形或正方形；带状基础下，可采用等腰三角形、等边三角形、长方形或正方形；筏形和肋板基础下大面积满堂布桩，可采用梅花形、正方形、长方形等，以梅花形最为常用。

单桩轴时常见桩位布置见图 4.1-3。双桩轴时参照单桩轴时的桩位布置。

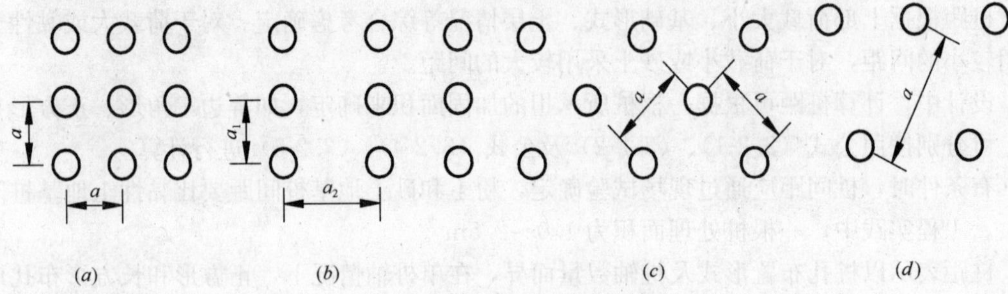

图 4.1-3 单桩轴桩位排列图

(a) 正方形布孔；(b) 长方形布孔；(c) 梅花形布孔；(d) 三角形布孔

5）加固剂及掺合料

加固剂也称固化剂或称加固料。用于浆液喷射搅拌桩的加固剂主要有水泥和石灰粉（生石灰、消石灰），承载力要求高的情况，采用水泥做加固剂；承载力要求低的情况，采用石灰做加固剂。为了可靠，房屋工程及高路基工程中多采用水泥做加固剂，低路基工程中多以石灰做加固剂。

加固剂宜选用强度等级为 32.5 级及以上等级的普通硅酸盐水泥，水泥掺量为被加固湿土质量的 12%～20%。水泥浆水灰比为 0.45～0.55。

需要石灰做加固剂时，石灰等级与质量应符合规范规定，石灰应不小于Ⅱ级。

浆液喷射搅拌桩的掺合料有外加剂（也有称外掺剂）、粉煤灰、石膏粉等，可依据工程实际需要进行选择。外加剂根据工程需要和土质条件选用早强剂、速凝剂、缓凝剂、减水剂等，节省水泥的材料有粉煤灰、石膏粉、增强剂等。所用掺合料质量必须符合规范要求，粉煤灰应不小于Ⅲ级。

10m 以下的桩长，可通常等量掺灰。当桩长超过 10m 时，可采用变掺量设计，即在全桩总掺灰量不变的前提下，桩体上部 1/3 长度可适当增加掺量和搅拌次数，桩体下部 1/3 长度可适当减少掺量和搅拌次数，桩体中间 1/3 长度可采用平均掺量和搅拌次数。

6）垫层

为保证复合地基的整体性，使建筑物基础与桩体能够有效联合受力，在桩顶与建筑物基础之间要铺设一层厚度为 20～30cm 的褥垫层，垫层材料可选用中砂、粗砂、级配砂石、碎石等，垫层材料粒径不宜大于 20mm。垫层应分层铺筑和压实。

4.1.2.3 浆喷桩的主要计算

1）复合地基承载力计算

群桩与处理后的桩间土形成复合地基。浆喷桩复合地基承载力特征值应通过现场复合地基试验确定，初步设计时，单桩和桩间土共同的承载力特征值按式（4.1-1）估算。

$$f_{spk}=m\frac{R_a}{A_p}+\beta(1-m)f_{sk} \tag{4.1-1}$$

式中 f_{spk}——复合地基承载力特征值（kPa）；

f_{sk}——处理后的桩间土承载力特征值（kPa），宜按当地实际经验取值，当无经验时，可取天然地基承载力特征值；

R_a——单桩竖向承载力特征值（kN）；

A_p——单桩截面面积（m^2）；

m——面积置换率；

β——桩间土承载力折减系数，当桩端土未经修正的承载力特征值大于桩周土承载力特征值的平均值时，可取0.1～0.4，差值大时取低值；当桩端土未经修正的承载力特征值小于或等于桩周土承载力特征值的平均值时，可取0.5～0.9，差值大或设置褥垫层时取高值。

2）单桩竖向承载力计算

单桩竖向承载力特征值可通过现场试验确定，亦可按式（4.1-2）估算，并同时满足式（4.1-3）的要求，应使由桩身材料强度确定的单桩承载力大于或等于由桩周土和桩端土所确定的单桩承载力。

$$R_a=u_p\sum_{i=1}^{n}q_{si}l_i+\alpha q_pA_p \tag{4.1-2}$$

$$R_a=\eta f_{cu}A_p \tag{4.1-3}$$

式中 R_a——单桩竖向承载力特征值（kN）；

u_p——桩的周长（m）；

l_i——桩长范围内第 i 层土的厚度（m）；

q_{si}——桩周第 i 层土的侧阻力特征值（kPa）；对淤泥可取4～7kPa；对淤泥质土可取6～12kPa；对软塑状态的黏性土可取10～15kPa；对可塑状态的黏性土可取12～18kPa；

q_p——桩端地基土未经修正的天然土层端阻力特征值（kPa），按《建筑地基基础设计规范》GB 50007—2002相关规定确定；

A_p——单桩截面面积（m^2）；

α——桩端天然地基土的承载力折减系数，可取0.4～0.6，承载力高时取低值；

n——桩长范围内所划分的土层数；

η——桩身强度折减系数，可取0.25～0.33；

f_{cu}——与设计桩身配比相同的室内加固土试块（70.7mm×70.7mm×70.7mm立方体，也可采用边长为50mm的立方体），在标准养护条件下90d龄期的立方体抗压强度平均值（kPa）。

3）复合地基压缩变形计算

浆喷桩复合地基压缩变形计算应符合现行国家标准《建筑地基基础设计规范》GB 50007—2002的有关规定，其沉降计算表达公式仍是（3.1-4），即为：

$$s=s_1+s_2$$

式中 s——在基础以上荷载作用下，复合地基总沉降量（mm）；

s_1——复合地基的加固体下沉量（mm），《建筑地基处理技术规范》JGJ 79—2002 给出了计算式：

$$s_1=\frac{(p_z+p_{zl})\ L}{2E_{cp}} \tag{4.1-4}$$

s_2——复合地基加固体以下未加固土层的下沉量（mm），按规范计算；

p_z——复合土层顶面的附加应力（kPa）；

p_{zl}——复合土层底面的附加应力（kPa）；

E_{cp}——复合土层的压缩模量（kPa）；

L——有效桩长（m）。

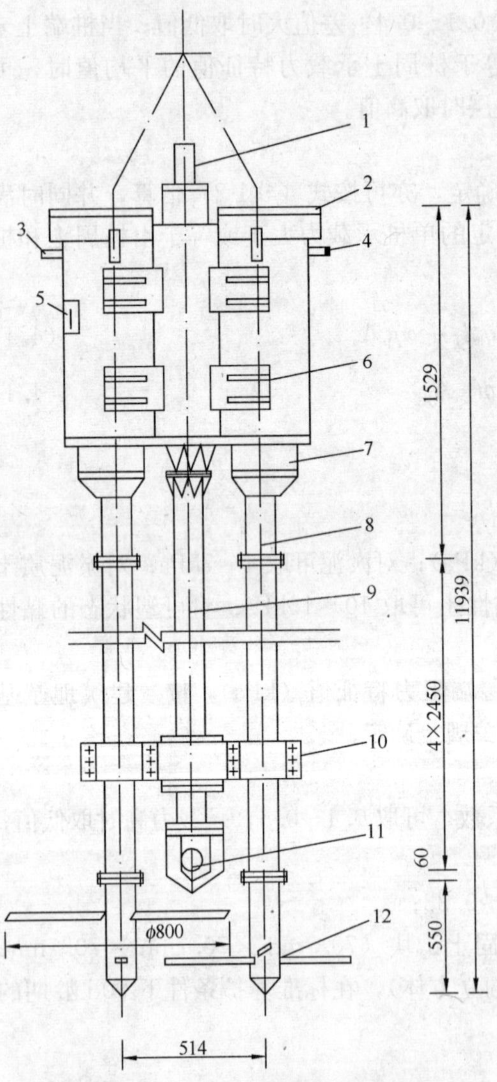

图 4.1-4　SJB-Ⅰ双轴搅拌机构造

1—输浆管；2—外壳；3—出水口；4—进水口；5—电机；6—导向滑块；7—减速器；8—搅拌轴；9—中心管；10—横向系统；11—球阀；12—搅拌头

在实际计算中，如果桩体穿透了压缩层，则复合地基下沉就只有 s_1，而没有 s_2，这种情况下，$s=s_1$。s_1 及 s_2 的具体计算见第 8.6 节。

4）复合地基压缩模量计算

浆喷桩复合地基压缩模量计算表达式为：

$$E_{cp}=mE_p+(1-m)\ E_c \tag{4.1-5}$$

式中 E_{cp}——复合土层的压缩模量(kPa)；

E_c——桩间土的压缩模量（kPa），宜按当地经验取值，如缺少经验，可取天然土层的压缩模量；

E_p——桩体的压缩模量（kPa），可取（100～120）f_{cu}，对桩较短或桩身强度较低可取低值，反之取高值；

f_{cu}——桩体试块标准养护 90d 的抗压强度平均值(kPa)，详见式(4.1-3)解释；

m——面积置换率。

4.1.3　浆喷桩的施工

4.1.3.1　施工机具

浆液喷射搅拌桩的施工机械主要有单轴(单头)搅拌机、双轴(双头)搅拌机及其起重机、灰浆泵、灰浆搅拌机、电气控制平台等。单轴深层搅拌机有多种型号，桩径有 500mm、600mm、700mm、800mm，桩长有15m、18m、22m等；双轴深层搅拌机也有多种型号，一次可制出一根双联“8”字形的搅拌桩，桩径有2×600mm、2×700mm、2×700mm，桩长有12m、15m、18m等。

双轴搅拌机有两根搅拌轴、两个搅拌头，机械运转时其搅拌头和搅拌叶片相向而转，两根搅拌轴之间装有输浆管，固化剂浆液通过此管压入到土层中，由搅拌叶片将固化剂与软土搅拌均匀。固化剂可使用纯水泥浆、水泥砂浆或较粗颗粒的固化剂。SJB－Ⅰ型双轴搅拌机构造见图4.1-4。

单轴搅拌机只有一根搅拌轴、一个搅拌头，水泥浆和掺合料（粒径小于7mm）通过搅拌轴直接由切削叶片上的喷嘴喷出，固化剂一般只使用纯水泥浆。

另外，国产PH-5系列喷粉桩机，配套泥浆泵使用，亦可用于湿法搅拌，可以制作浆喷桩，技术性能详见表4.2-5。

国产双轴搅拌机性能见表4.1-1，国产单轴搅拌机性能见表4.1-2。

国产双轴搅拌机技术参数 **表4.1-1**

型　　号	SJB-Ⅰ	SJB-Ⅱ	T-600
电机功率（kW）	2×30	2×40	2×30
搅拌头直径（mm）	2×ϕ700	2×ϕ700～ϕ800	2×ϕ600
搅拌头数量（个）	2	2	2
搅拌头转速（转/min	46	46	30～60
额定扭矩（kN·m）	2×6.4	2×8.5	
搅拌头间距（mm）	514	514	600
一次加固面积（m²）	0.71	0.71	0.57
最大加固深度（m）	12	18	15
喷浆方式	中心管喷浆	中心管喷浆	叶片喷浆
电机减速装置	二级行星齿轮减速	二级行星齿轮减速	摆线针轮减速

国产单轴搅拌机技术参数 **表4.1-2**

型　　号	SJ22	SJ30	SJ37	DSJ-Ⅱ	SJB-37D
钻机功率（kW）	22	30	37	30	37
一次加固面积（m²）	0.20	0.28	0.50	0.20	0.38
最大加固深度（m）	15	15	15	22	18
最大钻杆扭矩（kN·m）	3.32	4.52	5.60	6.50	7.50
钻杆转速（转/min）	57	57	57	59	45
最小提速（m /min）	0.5	0.5	0.5	0.4	0.5
成桩直径（mm）	500	600	800	500	700
全机功率（kW）	33	41	46	41	46

浆喷型搅拌机型号通常专指主机，尚需配套其他设备才能进行工作。配套的移位设备有起重机或塔架，配套的供浆设备有灰浆泵、灰浆搅拌机、电气控制平台等。图4.1-5是SJB-Ⅰ型双轴搅拌机的配套机械图。

4.1.3.2 设备布置

通常施工所用的机械、机具、设备、设施等都要针对场地情况和主要机具台数进行合

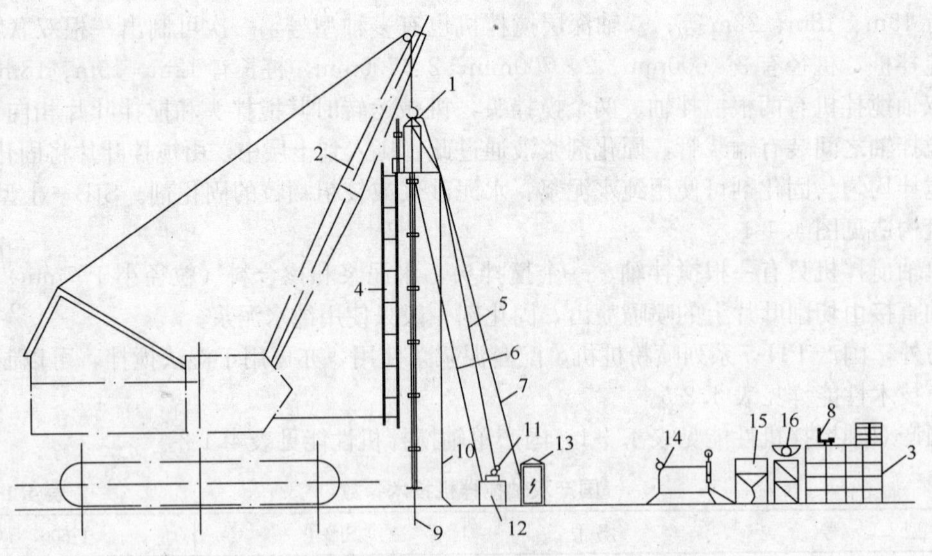

图 4.1-5　SJB-Ⅰ型双轴搅拌机配套机械示意

1—双轴搅拌机；2—起重机；3—工作平台；4—导向架；5—进水管；6—吸水管；7—电缆；8—磅秤；9—搅拌头；10—输浆压力胶管；11—冷却泵；12—贮水池；13—电气控制柜；14—灰浆泵；15—集料斗；16—灰浆搅拌机

理布置，应遵循方便施工、互不干扰、提高速度、节约资金的原则。

浆喷桩机是制桩的主要机械，应布置在有利位置，便于移位；控制操作台（或称电气操作台）起着指挥作用，应布置在距孔位较近的地方；灰浆泵、空压机及输浆管路要方便供料。

浆喷桩机应视土质情况、工作量和设备台数进行合理布置。

4.1.3.3　施工方法

浆液喷射搅拌桩施工原理是：在搅拌机转轴下端安装有叶片，叶片随转轴的旋转而转动，从而把叶片回转范围内的原状土搅拌疏松，配制好的固化剂浆液从不断回转的中心轴端向四周被搅松的土中喷出，经叶片搅拌和物理化学反应而形成水泥土（或石灰土）柱体，硬化后成桩，该施工方法在施工过程中，无振动、无污染、噪声小，对周边环境及建筑物影响很小，所以得到广泛应用。

施工走向视机械台数和施工任务大小而定，当施工量很大时，可分成3～4块用3～4台机械同时施工；当施工现场距已有围墙或建筑物很近时，应先在靠近围墙或建筑物处制桩；当施工量一般时，可采用2台机械同时从中心部位开始，向两侧逐渐退出；当施工量较少时，则用1台机械从一侧向另一侧逐渐退出。浆喷桩施工布置见图4.1-6。

施工时应注意下列事项：

1）施工前应确定灰浆泵的输浆量、灰浆配合比、灰浆经输浆管达到搅拌机喷浆口的时间和起吊设备提升速度等施工参数，并根据设计要求通过工艺性成桩试验确定施工工艺。

2）所使用的水泥均应过筛，制备好的浆液不得离析，泵送必须连续。拌制水泥浆液的罐数、水泥用量、外掺剂用量及泵送浆液的时间等应由专人记录；吸浆量及搅拌深度必

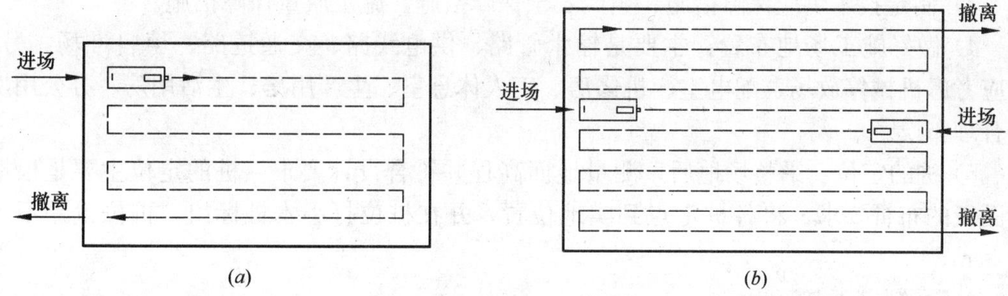

图 4.1-6 浆喷桩施工布置
(a) 1 台机作业；(b) 2 台机作业

须采用经国家计量部门认证的监测仪器进行自动记录。

3）搅拌机喷浆提升的速度和次数必须符合施工工艺的要求，并有专人记录。

4）当水泥浆液达到出浆口后，应喷浆搅拌 30s，在水泥浆与桩端土充分搅拌后，再开始提升搅拌头。

5）搅拌机预搅下沉时不宜冲水，当遇到硬土层下沉太慢时，方可适量冲水，但应考虑冲水对桩身强度的影响。

6）施工时如因故停浆，应将搅拌头下沉至停浆点以下 0.5m 处，待恢复供浆时再喷浆、搅拌、提升。若停机超过 3h，宜先拆卸输浆管路，并清洗。

7）壁状体加固时，相邻桩的施工时间间隔不宜超过 24h。如间隔时间太长，与相邻桩无法搭接时，应采用局部补桩或注浆等补强措施。

8）浆喷桩施工前应根据设计进行工艺性试验，数量不得少于 2 根。当桩周为成层土时，应对相对软弱土层增加搅拌次数或增加固化料掺量。

9）搅拌头翼片（叶片）的枚数、宽度、与搅拌轴的垂直夹角、搅拌头的回转数、提升速度等均应相互匹配，以确保加固深度范围内土体的任何一点均能经过 20 次以上的搅拌。

10）竖向承载搅拌桩施工时，停浆面应高于桩顶设计标高 300～500mm。在开挖基坑时，应将搅拌桩顶端施工质量较差的桩段用人工截除。

11）施工中应保持搅拌桩机底盘的水平和导向架的竖直，搅拌桩的垂直偏差不得超过 1%；桩位偏差不得大于 5cm；成桩直径和桩长不得小于设计值。

4.1.3.4 施工准备

浆喷桩的施工准备主要有：

1）施工技术、施工人员、施工机具、材料供应、生产物资、生活物资、施工用房等的准备。

2）三通一平准备：主要是水通、电通、路通和施工场地平整。水通指供水质量和数量应满足工程生产、生活需要，供水设施齐全，输水管路畅通，排水系统畅通，防止污水乱排乱泄。电通指供电设施齐全，电压、电流、电量应满足工程生产、生活负荷要求，输电线路的规格符合规定。路通指场内外交通畅通无阻，满足材料供应、生产物资、生活物资的运输要求。场地平整主要指铲除施工场区的土丘、树根、孤石等障碍，填平坑洼，确保施工场地基本平整，便于机械移动，材料运输，使施工能够顺利进行。

3）制定技术供应保障措施、生产安全保障措施、施工质量保障措施。

4）做好施工场地布置：主要是输水管路、供电线路、交通道路、填料堆场。另外，还应考虑机械停放场、配电室、机修房、工人休息室、生产用房、生活用房、办公用房等的合理布设。

5）桩的定位：平整场地后，测量地面高程并符合设计要求。桩的定位主要是根据设计图纸的布桩要求，将各桩定点到实地位置，并在桩位打小木桩标出，桩位偏差不得大于 3cm。

4.1.3.5 制桩工艺流程

根据所定桩位进行制桩作业，制桩机械台数依工程量大小而定，通常可同时采用 2～4 台搅拌机械实施制桩。浆喷搅拌机的施工工艺见图 4.1-7，其施工工艺过程如下：

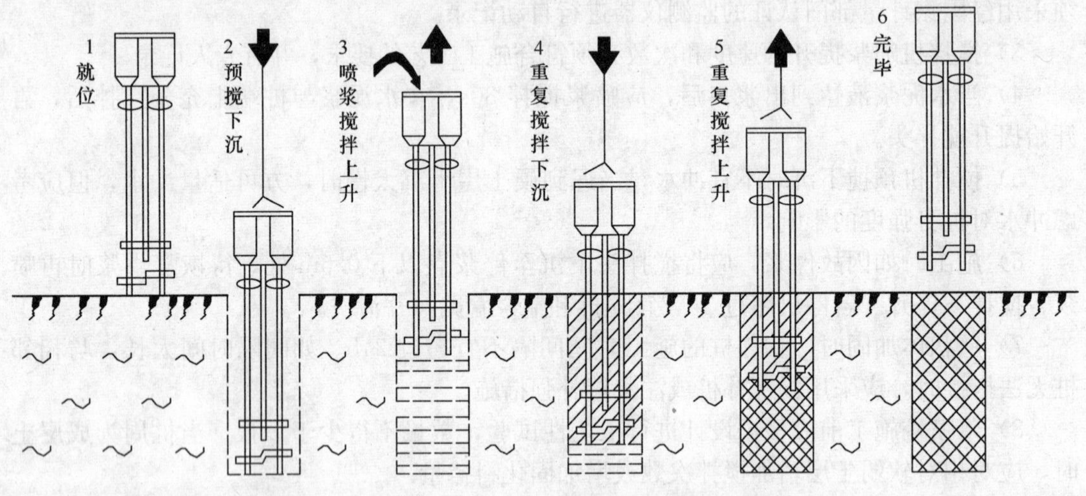

图 4.1-7 浆喷型桩施工工艺流程

1）就位

采用吊车或塔架悬吊搅拌机达到指定位置，使中心管（双轴机）或钻头（单轴机）中心对准桩位，并将所有配套设备准备就绪。

2）预搅下沉

待搅拌机的冷却水循环正常后（用于潜水电机机型，对空气冷却型电机无此内容），启动电机，搅拌机转动，放松起重机钢丝绳，使搅拌机沿导向架边搅拌、边切土下沉，由电机的电流监测表控制下沉速度。如下沉速度过慢可从输浆系统补给清水以利钻进。

3）制备水泥浆

搅拌机下沉到一定深度时，开始按设计确定的配合比制备水泥浆，待压浆前将水泥浆倒入集料斗中。

4）喷浆搅拌提升

搅拌机下沉到设计深度后，开启灰浆泵将水泥浆压入地基中，边喷浆、边搅拌，同时按设计确定的提升速度提升搅拌机，直至地面。

5）重复搅拌下沉和提升

当搅拌机提升到加固范围的顶面标高时，集料斗中的水泥浆应正好排空。为使水泥与软土充分搅拌均匀，可再次将搅拌机边旋转边沉入土中，至设计深度后，将搅拌机再次搅拌提升到地面。

由于桩的顶部与建筑物基础接触部分受力较大，通常可对桩顶 1.0～1.5m 范围再增加一次喷浆与搅拌。

6）清洗管路

向集料斗中注入适量的清水，开启灰浆泵，清洗全部管路中的残存浆液至基本干净，并将黏附在搅拌头上的软土清洗干净。

7）移位

将搅拌机移至下一个桩位，并对准桩位中心。

8）重复上述 1）～7）步骤，完成下一根桩的施工。

4.1.3.6 施工环境保护

1）制定有效措施，正确处理生活废水、施工废水的存放和掩埋。

2）施工过程中避免水泥粉、水泥浆抛弃地面污染环境，影响施工。

4.1.4 浆喷桩的施工质量

浆喷桩的施工质量应按以下控制：

1）浆喷桩的施工质量应贯穿于施工的全过程，并应坚持全过程施工监理。施工过程中必须随时检查施工记录和计量记录，并对照施工工艺对每根桩进行质量评定。检查重点是：水泥用量、桩长、桩径、搅拌头数量和提升速度、复搅次数和复搅深度、停浆处理方法等。

2）浆喷桩的施工质量检查可采用以下方法：

（1）成桩 7d 后，采用浅部开挖桩头（深度宜超过停灰面以下 0.5m），目测检查搅拌的均匀性，量测成桩直径。检查数量为总桩数的 5%。

（2）成桩 3d 内，可用轻型动力触探（$N10$）检查每米桩身的均匀性。检查数量为施工总桩数的 1%，且不少于 3 根。

3）竖向承载浆喷桩地基竣工验收时，承载力检验采用复合地基载荷试验和单桩载荷试验。

4）载荷试验必须在桩身强度满足试验荷载条件时，并宜在成桩 28d 后进行。检查数量为总桩数的 0.5%～1%，且每项单体工程不应少于 3 点。

经触探和载荷试验后对桩体质量有怀疑时，应在成桩 28d 后，用双管单动取样器取芯样作抗压强度检验，检查数量为施工总桩数的 0.5%，且不少于 3 根。

5）对相邻桩搭接要求严格的工程，应在成桩 15d 后，选择数根桩进行开挖，检查搭接情况。

6）基槽开挖后，应检查桩位、桩数、桩顶质量，如不符合设计要求，需采取有效补强措施。

7）施工中应保持搅拌桩机底盘的水平和导向架的竖直，成桩的垂直度偏差不得超过 1%，桩位中心水平偏差不得大于 5cm，桩的直径和桩长不得小于设计值，桩的数量不得小于设计值。

8）成桩的强度、复合地基承载力、总沉降量等均应达到设计要求。

4.2 粉体喷射搅拌桩

4.2.1 粉体喷射搅拌桩的特性

4.2.1.1 一般介绍

水泥土搅拌桩就是过去我们习惯上所称的深层搅拌桩，按生产工艺可分为浆液喷射搅拌桩（浆喷型搅拌桩）和粉体喷射搅拌桩（粉喷型搅拌桩）。两者的固化剂及掺入量都是一样的，仅仅生产工艺有所不同。

粉体喷射搅拌桩简称粉喷桩，是利用干法生产工艺进行制桩，即将固化剂粉料拌合后以干粉状态高压喷入桩孔与原位土搅拌混合凝固成桩。

粉体喷射搅拌桩是利用特制的深层搅拌机械，在加固土层中将水泥或石灰等固化剂粉料，与软土就地原位强制搅拌混合、凝结、硬化而形成桩体，由于桩体强度高，并置换了一部分土体以及桩周土受到挤压而密实，所以桩和桩间土共同形成具有整体性、水稳定性和一定强度的优质复合地基。

粉体喷射搅拌桩适用于处理正常固结的淤泥和淤泥质土、粉土、饱和黄土、黏性土、素填土以及无流动地下水的饱和松散砂土等地基，尤其适用于地下水含水量在30%～70%的天然土层中。如果土层的天然含水量小于30%（黄土含水量小于25%）、大于70%或地下水的pH值小于4，将不能采用干法生产工艺，即不再使用粉喷桩。当处理泥炭土、有机质土、塑性指数 I_p 大于25的黏土、地下水具有腐蚀性及无工程经验的地区时，必须通过现场试验确定其适用性。

粉体喷射搅拌桩是通过压力泵将准备好的固化剂（水泥或生石灰粉、消石灰粉）以干粉状态喷入疏松过的孔中，并与孔中原位土搅拌混合均匀，经过一段时间凝固成桩。水泥和石灰质量应符合现行国家标准规定，水泥强度等级一般不低于32.5级，品种应为普通硅酸盐水泥。桩体含灰量应通过试验确定，通常含灰量为被加固湿土质量的7%～20%，但多数情况下都采用12%～20%。一般土质情况都是用水泥作固化剂，当要求的承载力较低时则用石灰粉作固化剂。

粉体喷射搅拌桩可用于复合地基加固、基坑护岸墙、防渗帷幕、大体积水泥稳定土。粉体喷射搅拌桩的加固体形状根据被加固对象可分为柱状、壁状、格栅状和块状等。当用于复合地基加固时，即提高竖向承载情况时，桩体强度取90d龄期标准试块立方体抗压强度平均值；对于水平承载情况时（如支护工程），桩体强度取28d龄期标准试块立方体抗压强度平均值。

确定加固处理方案前应搜集拟处理区域内详细的岩土工程资料，尤其是填土层的厚度和组成；软土层的分布范围、分层情况；地下水位及水的pH；土的含水量、塑性指数、物理力学性质、有机质含量等。

粉体喷射搅拌桩设计前，应进行拟处理土的室内配比试验。针对现场拟处理的最弱层软土的性质，选择合适的固化剂（固化料）、外加剂、粉煤灰及其掺量，根据设计所要求强度进行配比试验，为设计提供各种龄期、各种配比的强度参数。

4.2.1.2 作用原理与性质

粉体喷射搅拌桩（粉喷桩）作用原理与性质与浆液喷射搅拌桩（浆喷桩）是相同的。也就是说，粉喷桩加固地基，是利用专门的粉体喷射搅拌机械，在钻孔过程中用压缩空气将粉状加固剂以雾状喷入被加固的软土中，凭借特别的钻头叶片的旋转，使加固剂与原位软土就地强制搅拌混合，加固剂吸水后进行一系列的物理化学反应，使软土硬结，形成整体性强、水稳性好和强度足够的桩体。这种桩体连同桩间土共同形成复合地基。实践证明，这种复合地基承载力比天然软土地基承载力有大幅度提高。

粉喷桩使用的加固剂有水泥、石灰（生石灰、消石灰）、石膏、矿渣等，还可以用粉煤灰、外加剂（增强剂、速凝剂、缓凝剂等）做掺合料，以节约固化剂。目前我国在工程中主要采用水泥和石灰来拌制水泥土桩或石灰土桩。因石灰土桩的性能低于水泥土桩，所以在中、高层房屋建设中及地基承载力要求较高的其他工程中多采用水泥作为固化剂材料进行地基加固，而普通公路地基、低层房屋地基等可采用石灰作为固化剂材料。

粉喷桩加固地基的机理在于固化剂与原位土充分搅拌混合后，由于固化剂吸收周围土层中的水分而发生物理化学反应，使混合桩体凝结硬化，既提高自身的强度，又稳定了桩体周围土层，从而使天然的软土地基改变成优质的复合地基，大大提高地基的承载能力及其稳定性。

当采用水泥做固化剂时，水泥与土层中的水产生水化反应及水解反应，生成氢氧化钙、含水硅酸钙、含水铝酸钙、含水铁铝酸钙等化合物，在水和空气中逐渐硬化；这些化合物中的钙离子再与土粒中的钠钾离子等矿物成分发生交换作用，从而胶结土粒，使土颗粒集合成较大团粒，形成强度较高的水泥土。水泥和土搅拌越充分，混合越均匀，则水泥土结构的离散性越小，地基的总体强度也越高。

当采用生石灰做固化剂时，石灰在土层中吸水、膨胀、发热和进行一系列的化学反应，如离子交换、土微粒凝聚、火山灰反应、碳酸钙反应、固结反应等，从而形成复杂的化合物，这些化合物在水和空气中逐渐硬化，使土颗粒得到牢固结合和加强，促进周围土体固结，形成较高强度的石灰土。

因为水泥和石灰的重度均稍轻于软土重度，两者相差不大，所以水泥土或石灰土的重度均与软土重度很接近，但由于加固土经过充分搅拌，其密实性好于原状土，故水泥土或石灰土重度比软土重度稍大。

4.2.1.3 粉喷桩的性能

粉喷桩是水泥或石灰等固化剂与原地基土搅拌混合所形成的一种桩体，其自身性质介于刚性桩（混凝土灌注桩、混凝土挖孔桩、混凝土预制桩等）和柔性桩（碎石桩、砂石桩、砾石桩、砂桩等）之间的桩型，它的刚度、抗压强度、抗侧压力作用均小于刚性桩而大于柔性桩。由于固化剂是在钻孔过程中喷入土层中的，桩截面中心的钻杆占去一定空间，钻头叶片愈向端头搅拌力矩愈大，土层搅拌愈均匀，因此桩身截面的强度是不均匀的，中心轴处强度最低，沿截面径向方向强度由中心轴向外逐渐增强。施工中如进行不喷粉复钻一次，将会提高混合的均匀性，情况会得到好转。

粉喷桩的轴向应力分布也是不均匀的，从桩顶自上而下轴向应力逐渐减小，最大轴向力位于桩顶 3～5 倍桩径范围内，此范围以下轴向力收敛较快，也就是说，桩的上部受力较大，桩周摩阻力得到充分发展，桩的下部受力较小，摩阻力不能得到充分发展。因此，桩的破坏都发生在桩顶3～5倍桩径范围。在复合地基群桩情况下，桩先于桩间土达到受力极限，其桩侧摩阻力的发挥小于对应的单桩，则复合地基中群桩承载力要小于单桩承载力。

复合地基承载力的大小取决于桩身刚度和桩体承载力的互相匹配。桩身的承载能力关键在于桩体强度，尤其是浅层桩体强度，这是粉喷桩向下传力的必要条件，桩身刚度大、强度高，将会保证桩的向下传力。

桩的破坏机理是，浅层桩身纵向压缩变形增长较快，因此桩体受荷过大时会产生裂缝，使桩身强度遭到破坏，最终达到极限状态而使粉喷桩失去传力功能。

粉喷桩可以完全改变天然软土的性质，较大提高桩体承载力，并且桩体抗压强度与土质、含水量、固化剂掺入比、土料混合程度、灰土龄期有直接关系，现分述如下：

1）土质：固化剂对粉土的增强效果远比对淤泥质类土和黏性土的增强效果好，即土颗粒越粗，增强效果越明显；同时原位土越纯净，增强效果越好；软土层中有机质含量越高，增强效果越低。

2）含水量：在软土层中，尤其是黏性土中，存在一个最佳含水量问题。即在天然土中的某一个含水量值，对应有一个最佳固化剂掺入量，超过这个界限，则增强效果不明显，含水量与桩体强度的关系见表4.2-1。

含水量与桩体强度的关系 **表4.2-1**

含水量（%）	天然土	47	62	86	106	125	157
	水泥土①	44	59	76	91	100	126
无侧限抗压强度② q_p（kPa）		2320	2120	1340	730	470	260

①水泥掺入比为10%；

② 龄期28d。

3）固化剂掺入比：固化剂也称固化料，固化剂的掺入比越大，增强效果越好，即桩身强度随着固化剂掺入比的增加而增加。一般说，天然土的含水量高时，其固化剂掺入量越多；反之，含水量低时，固化剂掺入量应适当减少。从经济观点出发，应通过试验，选择含水量一定时的最佳掺灰量作为设计掺入比。

4）土料混合程度：加固土的强度与土料混合程度亦有密切关系。固化剂与土搅拌越均匀，改善原状土的效果越好，得到的桩体抗压强度也越高。

5）养护龄期：水泥土或石灰土的强度随养护龄期的延长而增大，见表4.2-2及表4.2-3。在28d内，强度增加最显著，尤其是在前7d强度急剧提高，一般可达28d强度的60%左右，可达90d强度的35%～50%；28d后强度仍有明显增长，90d后强度增长缓慢。因此，粉喷桩的无侧限抗压强度的标准值是以90d龄期强度值作为强度指标。

加石灰后土的无侧限抗压强度 **表4.2-2**

项 目	原状土	养护期		
		7d	28d	90d
无侧限抗压强度 q_p（kPa）	27	454	785	1309

加石灰后土的抗剪强度　表 4.2-3

龄　期	天然地基	7d	28d	90d
c (kPa)	8	101	178	330
ϕ	7°41′	41°59′	38°56′	35°45′

加固后的改善土，其渗透系数减小，抗渗能力提高。有试验结果表明，当天然土的渗透系数为 $n\times10^{-7}$cm/s 时，水泥土的渗透系数可降低为 $n\times$（10^{-10}～10^{-11}）cm/s 。

4.2.1.4 粉喷桩的强度

在浆液喷射搅拌桩中讲到（见 4.1.1.2），水泥土的无侧限抗压强度 q_p 一般为 300～4000kPa，并且原状土密实性越好、水泥掺入量越多，其抗压强度增加越大。工程实践中，水泥掺入比不得小于 5%，否则加固效果不明显。水泥土的抗拉强度 q_t 约为（0.15～0.25）q_p；水泥土的抗剪强度也与 q_p 值有关，内摩擦角 φ 为 20°～30°，黏聚力 c 为 100～1100kPa；变形模量为 40～600MPa；压缩模量约 60～100MPa。

但是，由于粉体掺合料不像浆液掺合料那样充分与水溶解，造成加固料喷入土层后可能的不均匀性，使之在相同土质和配合比情况下，粉体喷射搅拌桩的改善土比浆液喷射搅拌桩的改善土的强度稍低。有资料表明，粉喷桩在淤泥质黏土层中的无侧限抗压强度达 2350～2720kPa，在砂质黏土层中的无侧限抗压强度达 4630kPa 以上。表 4.2-2 及表 4.2-3 表明，石灰改善土的无侧限抗压强度为 1309kPa，抗剪强度也较高，黏聚力 c 值可达 330kPa，内摩擦角 φ 可达 35°45′。

水泥土的压缩量与抗压强度也有直接关系，抗压强度随着加固剂的增加而提高，压缩量则随加固剂的增加而减小。有资料表明，石灰加入量为 15%时，在 300kPa 稳定压力下，其压缩量减少近 3 倍。加灰后软土的压缩系数减小，而侧向变形模量加大，无侧限抗压强度随含灰量和龄期的增大而提高。天然软土加灰后经过充分搅拌，不但自身强度有大幅提高，同时桩间土的性能也得到有效改善。

软土地基制桩，养生后的粉喷桩体，其单桩承载力可达 250kN，加固后的复合地基承载力可比原土提高 1.0～1.5 倍，达 200 kPa 以上。

4.2.2 粉体喷射搅拌桩加固设计

4.2.2.1 加固布桩范围

粉体喷射搅拌桩简称粉喷桩，用作复合地基处理时，不要过多加超布桩，否则将会造成浪费。通常结合基础形状和尺寸，按照计算桩距进行布桩，粉喷桩的加固范围要求如下：

1）当为独立基础时：原则上布桩不得超出独立基础的基底面积，如果布桩需要，必要时可适当超出基底面积，但超出量建议不超过 1/3 桩径宽度。

2）当为条形基础时：布桩不超出基底面积，如果布桩需要，可在基础两边对称超出基底边沿 20cm 以内。

3）当为十字交叉基础时：可沿所有轴线方向的基底布桩，并在基础两边对称超出基底边沿不少多半个桩径的宽度。

4）当为筏形和肋板基础时：应在基底面积范围内满堂布桩，并且基底轮廓线外布桩不少于一排桩。对于重要、大型建筑物以及多层、高层楼房工程，基底轮廓线外布桩应为

1～2 排桩。

5）对于要求消除地基液化沉陷的工程，基底轮廓线外布桩宽度不应小于基底下可液化土层厚度的 1/2，并不小于 5m；当可液化土层上覆盖有厚度大于 3m 的非液化土层时，每边放宽不小于液化土层厚度的 1/2，并不小于 3m。

4.2.2.2 粉喷桩的技术要求

1）桩径

目前我国生产的粉喷桩机械的实际制桩直径为 500～550mm，通常设计中都取 500mm。

2）桩长

粉喷桩长度应根据工程要求和工程地质条件通过计算确定：（1）当松软土层厚度不大时，粉喷桩长度宜穿透松软土层，并达到承载力相对较高的土层。（2）当松软土层厚度较大时，对按稳定性控制的工程，粉喷桩的长度应根据上部结构对承载力和变形要求确定。（3）为提高抗滑所设置的粉喷桩，其长度不小于危险滑动面以下 2m 的深度。（4）当搅拌桩深度以下存在软弱下卧层时，应按国家规范《建筑地基基础设计规范》GB 50007—2002 的有关规定，进行下卧层承载力验算。

当前粉喷桩的加固深度可达 18m，实际工程中，一般加固深度范围为 8～15m。

3）桩距

桩距视天然土层的强度、颗粒组成、密实度要求、上部荷载大小而定。砂土强度越低，粒径越细，密实要求越高，荷载越大，桩距应越小。工程实践中，砂土宜比黏性土采用较大的布桩间距。

桩距根据上部荷载大小、基础形式、土层情况等综合考虑确定。对于荷载大或黏性土采用较小的间距，对于荷载小或砂土采用较大的间距。

设计中，计算桩距可根据一根桩所承担的加固面积来确定，如等边三角形、正方形布桩，可分别按照公式（3.2-1）、（3.2-2）及公式（3.2-4）、（3.2-5）进行计算。

有条件时，桩间距应通过现场试验确定，粉土和砂土地基桩间距要比黏性土地基桩间距大。工程实践中，一根桩处理面积为 1.0～2.5m^2。

桩距表示以桩孔布置形式而异，正方形和长方形以两孔垂直中心距表示，三角形以两孔斜向垂直中心距表示，见图 4.1-3。

4）布桩形式

复合地基布桩的平面设计，可根据上部结构特点及对地基承载力和变形的要求，采用柱状、壁状、块状或格栅状等加固形式。

根据建筑物基础的要求，布桩形式可采用满堂布桩，如整体式房屋基础、水池基础、罐体基础、公路路基、铁路路基、渠堤基础等；也可以带状布置，如条形房屋基础、挡土墙基础等；还可以块状布置，如独立柱基础、桥墩基础等，块状基础有正方形、长方形、圆形。

布桩可采用三角形、长方形、正方形、梅花形等不同形式，但最常用的是等边三角形和正方形。独立基础下，可采用等腰三角形、等边三角形或正方形；带状基础下，可采用等腰三角形、等边三角形、长方形或正方形；筏形和肋板基础下大面积满堂布桩，可采用梅花形、正方形、长方形等，以梅花形最为常用。

常见桩位布置见图 4.1-3。

5）加固剂及掺合料

加固剂也称固化剂或称加固料。用于粉体喷射搅拌桩的加固剂主要有水泥和石灰粉（生石灰、消石灰），承载力要求高的情况，采用水泥做加固剂；承载力要求低的情况，采用石灰做加固剂。为了可靠，房屋工程及高路基工程中多采用水泥做加固剂，低路基工程中多以石灰做加固剂。

加固剂宜选用强度等级为32.5级及以上等级的普通硅酸盐水泥，需要石灰做加固剂时，石灰等级与质量应符合规范规定，石灰应不小于Ⅱ级。

当土的含水量高时，含灰量取10%～20%，当土的含水量低时，含灰量取7%～15%，规范《建筑地基处理技术规范》JGJ 79—2002规定水泥掺量为被加固湿土质量的12%～20%。具体设计掺灰量可通过室内配比确定。

粉体喷射搅拌桩的掺合料有外加剂（也有称外掺剂）、粉煤灰、石膏粉等，可依据工程实际需要进行选择。外加剂根据工程需要和土质条件选用早强剂、速凝剂、缓凝剂、减水剂等，节省水泥的材料有粉煤灰、石膏粉、增强剂等。所用掺合料质量必须符合规范要求，粉煤灰应不小于Ⅲ级。

10m以下的桩长，可通常等量掺灰。当桩长超过10m时，可采用变掺量设计，即在全桩总掺灰量不变的前提下，桩体上部1/3长度可适当增加掺量和搅拌次数，桩体下部1/3长度可适当减少掺量和搅拌次数，桩体中间1/3长度可采用设计掺量和搅拌次数。

6）垫层

为保证复合地基的整体性，使建筑物基础与桩体能够有效联合受力，在桩顶与建筑物基础之间要铺设一层厚度为20～30cm的褥垫层，垫层材料可选用中砂、粗砂、级配砂石、碎石等，垫层材料粒径不宜大于20mm。垫层应分层铺筑和压实。

如有必要，可采用10cm厚的C15混凝土做垫层。

4.2.2.3 粉喷桩的主要计算

1）复合地基承载力计算

群桩与处理后的桩间土形成复合地基。粉喷桩复合地基承载力特征值应通过现场复合地基试验确定，初步设计时，单桩和桩间土共同的承载力特征值仍按式（4.1-1）估算：

$$f_{spk}=m\frac{R_a}{A_p}+\beta(1-m)f_{sk}$$

式中 f_{spk}——粉喷桩复合地基承载力特征值（kPa）；

f_{sk}——处理后的桩间土承载力特征值（kPa），宜按当地经验取值，当缺少实际资料时，可按天然地基承载力特征值采用；

β——桩间土承载力折减系数，当桩端土未经修正的承载力特征值大于桩周土承载力特征值的平均值时，可取0.1～0.4，差值大时取低值；当桩端土未经修正的承载力特征值小于或等于桩周土承载力特征值的平均值时，可取0.5～0.9，差值大或设置褥垫层时取高值；

R_a——单桩竖向承载力特征值（kN）；

m——桩土面积置换率，具体应通过计算，$m=\frac{A_p}{A}=\frac{d^2}{d_e^2}$；

A_p——单桩截面积（m^2）。

2）单桩竖向承载力计算

单桩竖向承载力特征值可通过现场试验确定，亦可按式（4.1-2）估算，并同时满足式（4.1-3）的要求，应使由桩身材料强度确定的单桩承载力大于或等于由桩周土和桩端土所确定的单桩承载力。

$$R_a = u_p \sum_{i=1}^{n} q_{si} l_i + \alpha q_p A_p$$

$$R_a = \eta f_{cu} A_p$$

式中 R_a——单桩竖向承载力特征值（kN）；

u_p——桩的周长（m）；

l_i——桩长范围内第 i 层土的厚度（m）；

q_{si}——桩周第 i 层土的侧阻力特征值（kPa）；对淤泥可取 4～7kPa；对淤泥质土可取 6～12kPa；对软塑状态的黏性土可取 10～15kPa；对可塑状态的黏性土可取 12～18kPa；

q_p——桩端地基土未经修正的天然土层端阻力特征值（kPa），按《建筑地基基础设计规范》GB 50007—2002 相关规定确定；

A_p——单桩截面积（m^2）；

α——桩端天然地基土的承载力折减系数，可取 0.4～0.6，承载力高时取低值；

n——桩长范围内所划分的土层数；

η——桩身强度折减系数，可取 0.2～0.3；

f_{cu}——与设计桩身配比相同的室内加固土试块（70.7mm×70.7mm×70.7mm 立方体，也可采用边长为 50mm 的立方体），在标准养护条件下 90d 龄期的立方体抗压强度平均值（kPa）。

3）复合地基压缩变形计算

粉喷桩复合地基压缩变形计算应符合现行国家标准《建筑地基基础设计规范》GB 50007—2002 的有关规定，其沉降计算表达公式仍是式（3.1-4），即为：

$$s = s_1 + s_2$$

式中 s——在基础以上荷载作用下，复合地基总沉降量（mm）；

s_1——复合地基的加固体下沉量（mm），《建筑地基处理技术规范》JGJ 79—2002 给出了计算式（见式 4.1-4）：

$$s_1 = \frac{(p_z + p_{zl})\ L}{2E_{cp}}$$

s_2——复合地基加固体以下未加固土层的下沉量（mm），按规范计算；

p_z——复合土层顶面的附加应力（kPa）；

p_{zl}——复合土层底面的附加应力（kPa）；

E_{cp}——复合土层的压缩模量（kPa）；

L——有效桩长（m）。

在实际计算中，如果桩体穿透了压缩层，则复合地基下沉就只有 s_1，而没有 s_2，这种情况下，$s = s_1$。s_1 及 s_2 的具体计算见第 8.6 节。

4）复合地基压缩模量计算

粉喷桩复合地基压缩模量计算仍为式（4.1-5）：

$$E_{cp}=mE_p+(1-m)E_c$$

式中 E_{cp}——复合土层的压缩模量（kPa）；

E_c——桩间土的压缩模量（kPa），宜按当地经验取值，如缺少经验，可取天然土层的压缩模量；

E_p——桩体的压缩模量（kPa），可取（100～120）f_{cu}，对桩较短或桩身强度较低可取低值，反之取高值；

f_{cu}——桩体试块标准养护90d的抗压强度平均值（kPa），见式（4.1-3）；

m——面积置换率。

4.2.3 粉喷桩的施工

4.2.3.1 施工机具

粉体喷射搅拌桩的施工机械主要是主机——粉喷桩机，配套设备有固化剂罐、空压机、储气罐、气水分离器等。主机由桩架、钻杆、钻头、卷扬机、电动机、操作台、步履底座及传动系统组成。

粉体喷射搅拌桩的施工机械有多种型号的喷粉桩机，国产机桩径为500mm，最大桩长为18m；进口机桩径有500mm、800mm、1000mm，桩长有10m、15m。

粉喷桩机不像浆喷桩机那样没有行走机构，粉喷桩机带有行走机构。国产机的行走机构是步履式，进口机的行走机构有步履式，也有履带式。

国产粉喷桩机的施工配套设备见图4.2-1。粉喷桩机的技术性能表见表4.2-4。

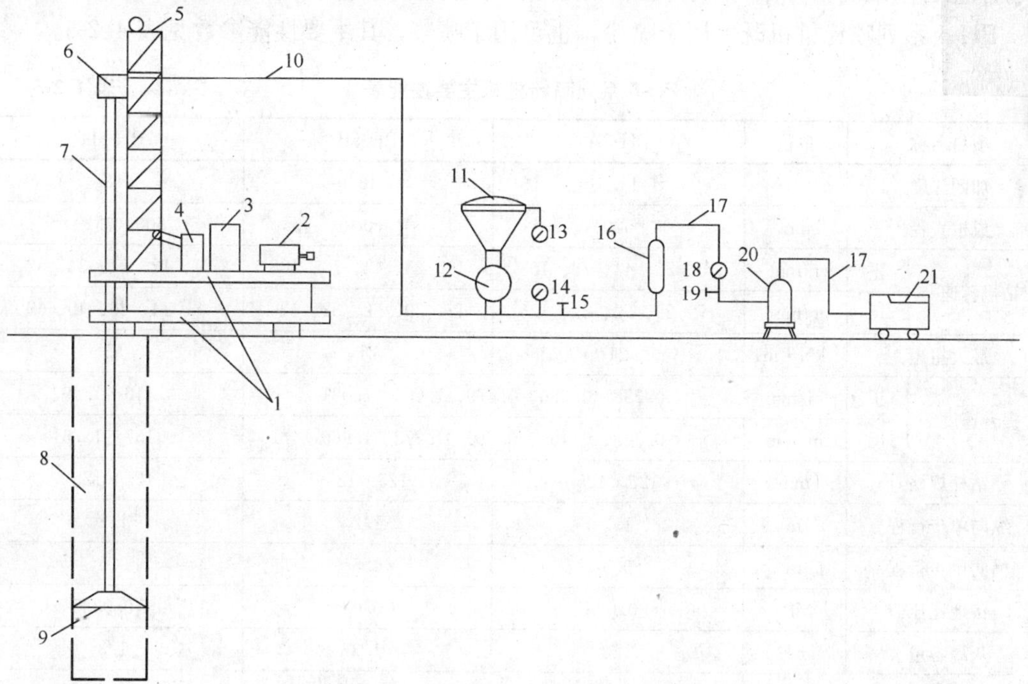

图4.2-1 粉喷桩施工工艺设备配套图

1—步履机构；2—主电动机；3—操作台；4—传动机构；5—钻架；6—旋转龙头；7—钻杆；8—钻孔；9—钻头；10—输料管；11—固化剂罐；12—转鼓；13—料罐压力表；14—气管压力表；15—安全阀；16—气水分离器；17—压力气管；18—流量计；19—气流阀；20—储气罐；21—空压机

粉喷桩机的技术性能表 **表 4.2-4**

技术参数	单位	DJM1037 型	DJM1070 型	LPS-4 型	GPP-16 型	PH-5A 型
加固深度	m	10	15	10	16	14.5
成桩直径	mm	800	1000	500	500	500
钻具转速	r/min	5～50	5～50	75	30、50、94	26、50、88
成桩速度	m/min	0～7	0～7	0～4	0.5、0.8、1.5	0.6、1.0、1.9
驱动方式	—	液压马达	液压马达	液压马达	电动机	电动机
行走方式	—	步履式	步履式	履带式	步履式	步履式
接地压力	kPa	22.6	23.5	62.0	34	—
主机重量	kN	90	220	100	100	95
高　度	mm	4300	7200	12500	18300	14500
长　度	mm	3100	3100	3600	4800	—
宽　度	mm	1700	2000	2500	2200	—
生产厂家	—	日本	日本	瑞典	中国	中国

国产 PH-5 系列喷粉桩机是一种适应多种地基加固的桩工机械，其特点是：喷入土中的粉体与原位土搅拌成桩，不需取土，桩位不起拱。广泛用于各类建筑物基础施工及铁路、公路的路基加固和港口、码头、料场地基加固。配置泥浆泵使用，可进行深层喷浆搅拌（湿喷）。该机装有电子喷粉记录仪，能对喷入土中的水泥进行动态实时监测，确保每根桩水泥含量准确，分布均匀。此外，该机还可改装后进行高压旋喷法施工。

PH-5 系列喷粉桩机既可用于喷粉，也可用于喷浆，其主要性能参数见表 4.2-5。

PH-5 系列喷粉桩机主要性能表 **表 4.2-5**

项目名称		单位	PH-5A	PH-5B	PH-5D
加固深度		m	14.5	18	18
成桩直径		mm	500	500	500（喷粉）
钻机转速	正	r/min	15、25、44、70、108	15、25、44、70、108	7、12、21、34、52
	反	r/min	17、29、52、82、126	17、29、52、82、126	8、14、25、40、62
最大扭矩		kN·m	21	21	55
提升速度	正	m/min	0.288、0.386、0.679、1.665、1.081		0.116～1.497
	反	m/min	0.268、0.455、0.800、1.272、1.960		0.137～1.761
钻杆规格		mm	125×125	125×125	125×125
纵向单步行程		m	1.2	1.2	1.2
横向单步行程		m	0.5	0.5	0.5
接地比压		MPa	≤0.0287	≤0.038	≤0.0385
灰罐容量		m^3	1.3	1.3	1.3
空压机排量		m^3/min	1.6	1.6	1.6
主电机功率		kW	37	37	45
油泵电机		kW	5	5	7.5

续表

项目名称		单位	PH-5A	PH-5B	PH-5D
空压电机		kW	13	13	13
行走方式		步履式	步履式	步履式	步履式
驱动方式		电动机	电动机	电动机	电动机
整机重量	喷浆	kN	75	100	120
	喷粉	kN	95	120	140

注：PH-5D 型喷粉桩机用于喷浆时，其成桩直径可达 1000mm。

4.2.3.2 设备布置

通常施工所用的机械、机具、设备、设施等都要针对场地情况和主要机具台数进行合理布置，应遵循方便施工、互不干扰、提高速度、节约资金的原则。

粉喷桩机是制桩的主要机械，应布置在有利位置，便于移位；控制操作台（或称电气操作台）起着指挥作用，应布置在距孔位较近的地方；灰浆泵、空压机及输气管路要方便供料。

粉喷桩机应视土质情况、工作量和设备台数进行合理布置。

4.2.3.3 施工方法

粉体喷射搅拌桩施工原理是：在搅拌机转轴下端安装有叶片，叶片随转轴的旋转而转动，从而把叶片回转范围内的原状土搅拌疏松，配制好的固化剂粉以高压气体为动力从不断回转的空心轴端向四周被搅松的土中喷出，经叶片搅拌和物理化学反应而形成水泥土（或石灰土）柱体，硬化后成桩。该施工方法在施工过程中，无振动、无污染、噪声小，对周边环境及建筑物影响很小，从而得到广泛应用。

施工走向视机械台数和施工任务大小而定，当施工量很大时，可分成 3～4 块用 3～4 台机械同时施工；当施工现场距已有围墙或建筑物很近时，应先进行靠近已有围墙或建筑物处的制桩；当施工量一般时，可采用 2 台机械同时从中心部位开始，向两侧逐渐退出；当施工量较少时，则用 1 台机械从一侧向另一侧逐渐退出。

粉喷桩施工布置方式与浆喷桩相同，参见图 4.1-6。

粉喷桩施工应注意以下事项：

1）施工前应仔细检查搅拌机械、供粉泵、送气管路、输粉管路、接头和阀门的密封性及可靠性。输送气、粉管路的长度不宜大于 60m。

2）施工时必须配置经国家计量部门确认的具有能瞬时检测并记录出粉量的粉体计量装置及搅拌深度自动记录仪。

3）搅拌头每旋转一周，其提升高度不得超过 16mm。

4）搅拌头的直径应定期复核检查，其磨耗量不得大于 10mm。

5）当搅拌头达到设计桩底以上 1.5m 时，应立即开启喷粉机提前进行喷粉作业。当搅拌头提升至地面下 50cm 时，喷粉机应停止喷粉。

6）成桩过程中因故停止喷粉，应将搅拌头下沉至停灰面以下 1m 处，待恢复喷粉时再喷粉、搅拌、提升。

7）需在地基上天然含水量小于 30％土层中喷粉成桩时，应采用地面人工注水搅拌工艺。

8）粉喷桩施工前应根据设计进行工艺性试验，数量不得少于 2 根。当桩周为成层土时，应对相对软弱土层增加搅拌次数或增加固化料掺量。

9）搅拌头翼片（叶片）的枚数、宽度、与搅拌轴的垂直夹角、搅拌头的回转数、提升速度等均应相互匹配，以确保加固深度范围内土体的任何一点均能经过 20 次以上的搅拌。

10）竖向承载搅拌桩施工时，停灰面应高于桩顶设计标高 300～500mm。在开挖基坑时，应将搅拌桩顶端施工质量较差的桩段用人工截除。

4.2.3.4 施工准备

粉喷桩的施工准备主要有：

1）施工技术、施工人员、施工机具、材料供应、生产物资、生活物资、施工用房等的准备。

2）三通一平准备：主要是水通、电通、路通和施工场地平整。水通指供水质量和数量应满足工程生产生活需要，供水设施齐全，输水管路畅通，排水系统畅通，防止污水乱排乱泄。电通指供电设施齐全，电压、电流、电量应满足工程生产生活负荷要求，输电线路的规格符合规定。路通指场内外交通畅通无阻，满足材料供应、生产物资、生活物资的运输要求。场地平整主要指铲除施工场区的土丘、树根、孤石等障碍，填平坑洼，确保施工场地基本平整，便于机械移动，材料运输，使施工能够顺利进行。

3）制定技术供应保障措施、生产安全保障措施、施工质量保障措施。

4）做好施工场地布置：主要是输水管路、供电线路、交通道路、填料堆场。另外，还应考虑机械停放场、配电室、机修房、工人休息室、生产用房、生活用房、办公用房等的合理布设。

5）桩的定位：平整场地后，测量地面高程并符合设计要求。桩的定位主要是根据设计图纸的布桩要求，将各桩定点到实地位置，并在桩位打小木桩标出，桩位偏差不得大于 3cm。

4.2.3.5 制桩工艺流程

根据所定桩位进行制桩作业，制桩机械台数依工程量大小而定，通常可同时采用 2～4 台搅拌机械实施制桩。粉体搅拌机的施工工艺见图 4.2-2，其施工程序如下：

1）粉体桩机自行纵横向移位，钻头对准孔位中心。

2）启动搅拌钻机，钻机转动，钻头正向旋转，实施钻进作业。为了不致堵塞钻头上的喷射口，钻进过程中不喷固化剂，只喷射压缩空气，既确保顺利钻进，又减小负载扭矩。随着钻进，使被加固的土体在原位受到搅拌。

3）钻至设计孔底标高后停钻。

4）再次启动搅拌钻机，反向旋转提升钻头，同时打开发送器前面的控制阀，按需要量向已被搅动疏松的土体中喷射固化料，边喷射、边搅拌、边提升，尽量做到均匀搅拌，使软土与固化料充分混合。固化料的喷射量与控制阀的开启大小成正比，与钻头的提升速度成反比。

5）当钻头提升至高出设计桩顶 30～50cm 时，发送器停止向孔内喷射固化料，桩柱形成，将钻头提出地面。

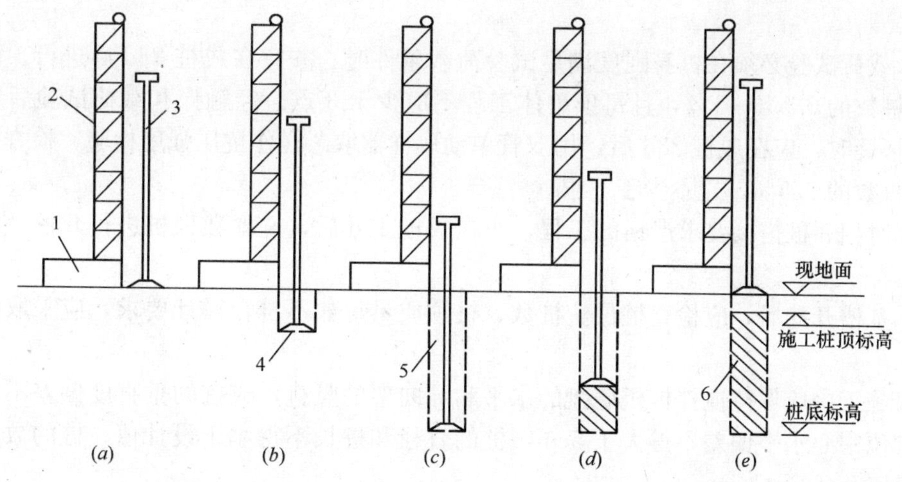

图 4.2-2 粉喷桩施工工艺流程图

(*a*) 钻机就位；(*b*) 喷气钻进；(*c*) 终孔停钻；(*d*) 喷粉提升；(*e*) 成桩，钻头提至地面

1—喷钻机；2—钻架；3—钻杆；4—钻头；5—钻孔；6—成桩

实践证明，喷射固化料过程中，在提升钻头的最后阶段应注意控制，使钻头距地表面尚有 50 cm 时停止喷射，则粉体不会被带出地面而向空中飞散。因此桩顶设计标高不得距地面太浅，应大于 90cm。

6）有时，为了确保固化剂与土体的充分混合，或当感到喷射质量欠佳时，对原孔应复钻（搅拌）一次至孔底。

7）再次反向旋转提升钻头，边搅拌边提升（不喷固化料），直到钻头提出地面。

8）利用粉喷桩机底座的步履功能移动钻机至新的孔位。重复上述 1）～7）步骤直至完成全部制桩。

4.2.3.6 施工环境保护

1）制定有效措施，正确处理生活废水、施工废水的存放和掩埋。

2）施工过程中避免水泥粉、水泥浆抛弃地面污染环境，影响施工。

4.2.4 粉喷桩的施工质量

粉喷桩的施工质量应按以下控制：

1）粉喷桩的施工质量应贯穿于施工的全过程，并应坚持全过程施工监理。施工过程中必须随时检查施工记录和计量记录，并对照施工工艺对每根桩进行质量评定。检查重点是：水泥用量、桩长、桩径、搅拌头数量和提升速度、复搅次数和复搅深度、停浆处理方法等。

2）粉喷桩的施工质量检查可采用以下方法：

(1) 成桩 7d 后，采用浅部开挖桩头（深度宜超过停灰面以下 0.5m），目测检查搅拌的均匀性，量测成桩直径。检查数量为总桩数的 5%。

(2) 成桩 3d 内，可用轻型动力触探（*N*10）检查每米桩身的均匀性。检查数量为施工总桩数的 1%，且不少于 3 根。

3）竖向承载粉喷桩地基竣工验收时，承载力检验采用复合地基载荷试验和单桩载荷试验。

4）载荷试验必须在桩身强度满足试验荷载条件时，并宜在成桩 28d 后进行。检查数量为总桩数的 0.5%～1%，且每项单体工程不应少于 3 点。经触探和载荷试验后对桩体质量有怀疑时，应在成桩 28d 后，用双管单动取样器取芯样作抗压强度检验，检查数量为施工总桩数的 0.5%，且不少于 3 根。

5）对相邻桩搭接要求严格的工程，应在成桩 15d 后，选择数根桩进行开挖，检查搭接情况。

6）基槽开挖后，应检查桩位、桩数、桩顶质量，如不符合设计要求，应采取有效补强措施。

7）施工中应保持搅拌桩机底盘的水平和导向架的竖直，成桩的垂直度偏差不得超过 1%，桩位中心水平偏差不得大于 5cm，桩的直径和桩长不得小于设计值，桩的数量不得小于设计值。

8）成桩的强度、复合地基承载力、总沉降量等均应达到设计要求。

4.3 高压喷射注浆桩

4.3.1 高压喷射注浆桩的特性

4.3.1.1 一般介绍

高压喷射注浆桩又称高压旋喷桩，简称旋喷桩，是我国建筑工程中常用的一种桩型，它的主要功能有三个方面：(1) 用于竖向承载加固形成复合地基，明显提高地基承载力和稳定性，承受其上建筑物荷载；(2) 用于水平向承载加固形成护岸墙，有效改善土体强度和刚度，承受侧向土压力及其他水平力；(3) 用于加固地下连续防渗墙，具有一定抗渗作用，堵挡墙后渗透水压力。本章将只介绍第一种作用——加固复合地基。

高压喷射注浆桩是利用高压喷射注浆的原理进行制桩，即将水泥浆液喷入孔中，使水泥浆液与土搅拌混合凝结成桩，适用于处理淤泥、淤泥质土、粉土、砂土、黄土、素填土、碎石土及流塑、软塑或可塑黏性土等地基。高压喷射桩与水泥土搅拌桩一样，可用于地基加固、基坑护岸、防渗防水等。

对于地下水流速过大、浆液无法在注浆管周围凝固、无充填物的岩溶地段、永久冻土、对水泥有严重腐蚀的地段等，均不宜采用旋喷注浆法。

高压喷射注浆桩根据喷射机具的不同又分为三种制桩方法：单管喷射法、双重管喷射法和三重管喷射法。其喷头构造见图 4.3-1。

高压喷射注浆法按喷射方式可分为：旋喷、定喷、摆喷三种，通常采用旋喷施工，特殊情况下才采用定喷和摆喷。施工时，根据土质条件可分别选用单管法、双管法（双重管法）和三管法（三重管法）施工。当喷射注浆贯入土中、喷嘴达到设计标高时，即可喷射注浆。在喷射注浆参数达到规定值后，随即分别按旋喷、定喷或摆喷的工艺要求，提升喷射管，由下而上喷射注浆。

喷射注浆法的主要优点有：

1）浆液喷射均匀，喷射半径大，成桩体型好，与原状土混合均匀，地基加固效果好，

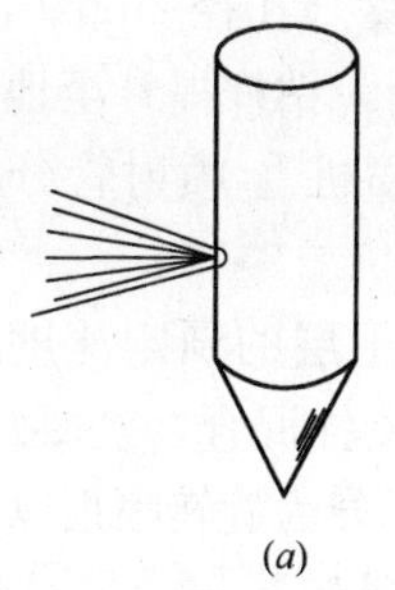
(a)

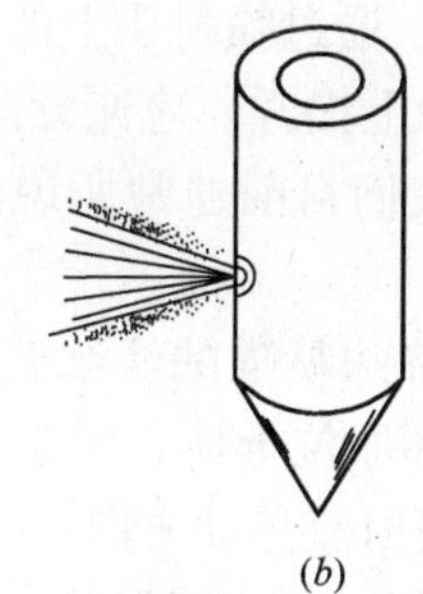
(b)

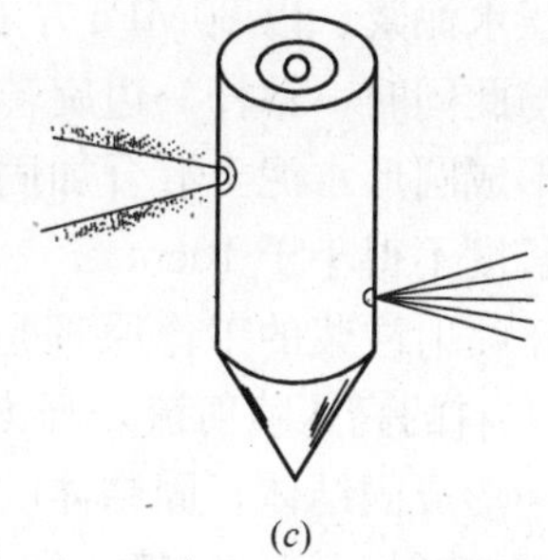
(c)

图 4.3-1 喷头构造

(a) 单管喷头；(b) 双管喷头；(c) 三管喷头

比普通静压灌浆有更好的实用性。

2) 对土层、土的粒度、土的密度、硬化剂黏性和硬化时间影响较小，可广泛用于淤泥、软弱黏性土、砂土甚至砂卵石等多种土质。

3) 可用价格较便宜的水泥作主要固化剂，加固桩体的强度提高明显，强度可达500～10000kPa。

4) 应用广泛，可以加固复合地基、护岸挡土墙和挡水幕墙；施工灵活，可制作成圆柱桩体、连续薄墙、分段薄墙。

5) 采用相应的钻机，经过施工不但可以形成垂直桩，而且可以形成一定斜度的倾斜桩。

6) 可以对房屋、铁路、公路等既有建筑物地基进行补强加固，施工简单，节约投资，效果可靠。

喷射注浆法目前还存在的问题有：

1) 施工质量受人为影响因素较多，尤其还不能完全采用仪表进行量测，质量控制有一定难度和不可靠性。

2) 设计计算不确定的因素较多，有些参数的获得及计算方法还不很确切，需要设计与施工人员有丰富的经验才能取得好的加固效果。

3) 在制备浆液和喷射浆液过程中，有可能漏浆而污染施工场区，所以必须严格管理。

4.3.1.2 工程原理与性质

在高压喷射注浆技术问世以前，曾广泛运用静压灌浆法（化学灌浆、水泥灌浆等）处理地基，但是对于细砂类土和含泥量大的黏性土等软弱土质，由于浆液不能均匀渗透，加固效果较差。随着科学技术不断发展，高压泵、高强合金喷嘴、高压喷射流等技术的应用，为高压喷射注浆法的应用打下基础。

在我国基本建设大力发展的情况下，楼房越建越高，工厂越盖越大，公路铁路越跑越快，这一切都预示着对地基处理工程越来越高的要求。于是，在静压灌浆的基础上，施工方法更合理、加固效果更明显的高压喷射注浆法应运而生，而且很快得到工程技术界的认可，并在工程建设中得到广泛应用。

高压喷射注浆桩的施工通常分为两个阶段：第一阶段是成孔，即选用普通钻机预成孔或驱动密封良好的喷射管并带一个或两个横向喷嘴的特制喷射头进行成孔。旋喷桩的成孔方法很多，如旋转（钻机钻）、水冲、振动、锤击等，见图 4.3-2。第二阶段是喷浆加固，即用高压水泥浆、以 20MPa 左右的压力、通过喷射头上的横向喷嘴（孔径 2mm）向土中喷浆。与此同时，钻杆一边旋转，一边向上提升，应充分搅拌混合，钻杆提升至地面以上时，即形成圆形水泥土混合加固体，即我们目前通常所说的“旋喷桩”。喷射管分段提升的搭接长度不得小于 10cm。

高压喷射注浆的工作原理是将带有特殊喷嘴的注浆管，置入土层的预定深度后，以 20MPa 左右的高压喷射流，强力冲击破坏原位土体，使浆液与土搅拌混合，经凝结硬化，便在土中形成固结体。固结体的形状与喷射流移动方向有关，一般分为旋转喷射（简称旋喷）、定向喷射（简称定喷）和摆动喷射等三种注浆形状。具体情况如下：

旋喷时，喷嘴一面旋喷一面旋转提升，固结体呈圆柱形，主要用于加固软土地基，提高地基抗剪强度和承载力，改善土的变形模量，也可喷射成连体墙作岸坡支护，或者喷射成闭合帷幕，用于截阻地下水流。旋喷是目前工程中最常采用的一种形式。见图 4.3-3。

定喷时，常采用一个喷嘴或两个喷嘴进行喷射。喷嘴一面旋喷一面提升，并不旋转，喷射方向固定不变，可构成壁状固结体，通常用于地基防渗，用作防渗墙，改善地基土的防渗性质，或用作岸坡支护工程，稳定边坡。见图 4.3-4。

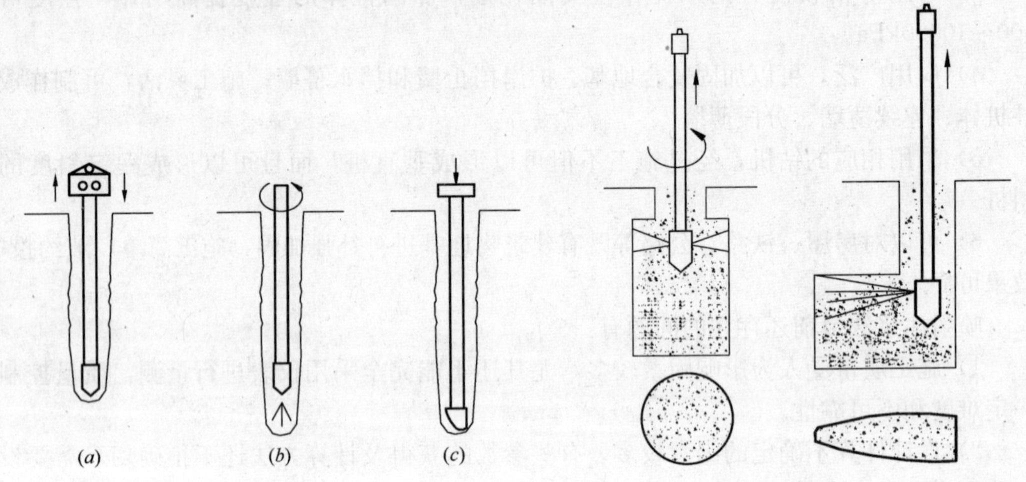

图 4.3-2　喷射注浆法成孔

(a) 振动法；(b) 钻孔法；(c) 锤击法

图 4.3-3　旋喷成桩　图 4.3-4　定向喷射

摆喷时，施工时可对喷射方向限定在一定的角度范围（如 120°）往复喷射，可进行定点局部补强，也可加固成短墙。通常工程实践中，很少采用摆喷施工。

高压喷射注浆法的工艺类型有三种，即单管法、双管法（双重管法）和三管法（三重管法）。现分述如下：

单管法系由一根钢管组成，只喷高压浆液，相对喷射距离较短，成型桩径为30～60cm。

双管法由两根钢管套装组成，所以又称双重管法，相对喷射距离较大，可同时喷高压浆液和压缩空气，水泥浆在四周形成空气膜的条件下喷射，成型桩径为 60～150cm。

三管法由三根钢管套装组成，故又称为三重管法，相对喷射距离更大，同时喷低压浆液、压缩空气和高压清水，成型桩径为 80～200cm。工作时，使高压水和空气同时横向喷射并切削地基土体，借空气的上升力把破碎的土从地表推出；与此同时，另一个喷射嘴将水泥浆以较低压力喷射注入已被切削搅拌的地基中，使水泥浆与土混合达到加固目的。

总之，双重管法和三重管法都是将水泥浆和（或）水与空气同时喷射，除能够增长喷射距离外，还可以促进土的排除，增大切削能力，减轻加固体单位体积的重量。

高压喷射注浆法的分类和技术参数见表 4.3-1。

高压喷射注浆法分类和技术参数 **表 4.3-1**

项目	单位	喷射注浆法分类		
		单管法	双管法	三管法
喷射方式	—	浆液喷射	空气、浆液喷射	清水、空气喷射，浆液注入
硬化剂	—	水泥浆	水泥浆	水泥浆
常用压力	MPa	15～20	15～20	高压 20～40，低压 0.5～3
喷射量	L/min	60～70	60～70	高压 60～70，低压 80～150
压缩空气压力	kPa	不使用	500～700	500～700
旋转速度	r/min	16～20	5～16	5～16
喷嘴直径	mm	2.0～3.2	2.0～3.2	2.0～3.2
成桩直径	cm	30～60	60～150	80～200
提升速度	cm/min	15～25	7～20	5～20
最大深度	m	35	30	30
水泥浆比重	—	1.30～1.49	1.30～1.49	1.30～1.49
适用土层	—	砂类土、黏性土、黄土状土、淤泥（$N<20$）	砂类土、黏性土、黄土状土、淤泥（$N<20$）	砂类土、黏性土、黄土状土、淤泥（$N<20$）

4.3.2 高压喷射注浆桩加固设计

4.3.2.1 加固布桩范围

高压喷射注浆桩简称旋喷桩，用作复合地基处理时，不要过多加超布桩，否则将会造成浪费。通常结合基础形状和尺寸，按照计算桩距进行布桩，旋喷桩的加固范围要求如下：

1）当为独立基础时：原则上布桩不得超出独立基础的基底面积，如果布桩需要，必要时可适当超出基底面积，但超出量建议不超过 1/3 桩径宽度。

2）当为条形基础时：布桩不超出基底面积，如果布桩需要，可在基础两边对称超出基底边沿 20cm 以内。

3）当为十字交叉基础时：可沿所有轴线方向的基底布桩，并在基础两边对称超出基底边沿不多于半个桩径的宽度。

4）当为筏形和肋板基础时：应在基底面积范围内满堂布桩，并且基底轮廓线外布桩不少于一排桩。对于重要、大型建筑物以及多层、高层楼房工程，基底轮廓线外布桩应为 1～2 排桩。

5）对于要求消除地基液化沉陷的工程，基底轮廓线外布桩宽度不应小于基底下可液化土层厚度的 1/2，并不小于 5m；当可液化土层上覆盖有厚度大于 3m 的非液化土层时，每边放宽不小于液化土层厚度的1/2，并不小于3m。

4.3.2.2 浆喷桩的技术要求

1）桩径

旋喷桩的成桩直径与施工方法有关，我国工程建设中，单管法成桩直径为30～60cm；双管法（双重管法）的成桩直径为60～150cm；三管法（三重管法）的成桩直径为80～200cm。

2）桩长

高压喷射注浆桩的桩长可达30m，通常采用的桩长为10～25m。

3）桩距

桩间距宜为（2～4）D，D为桩的直径，桩距根据上部荷载大小、基础形式、土层情况等综合考虑确定。对于荷载大或黏性土采用较小的间距，对于荷载小或砂土采用较大的间距。

有条件时，桩间距应通过现场试验确定，粉土和砂土地基桩间距要比黏性土地基桩间距大。工程实践中，一根桩处理面积常取为1.5～3.0m^2。

桩距表示以桩孔布置形式而异，通常正方形和长方形布孔以两孔垂直中心距表示，三角形布孔以两孔斜向垂直中心距表示，见图4.1-1。

4）布桩形式

复合地基布桩的平面设计，可根据上部结构特点及对地基承载力和变形的要求，采用柱状、壁状、块状或格栅状等加固形式。

根据建筑物基础的要求，布桩形式可采用满堂布桩，如整体式房屋基础、水池基础、罐体基础、公路路基、铁路路基、渠堤基础等；也可以带状布置，如条形房屋基础、挡土墙基础等；还可以块状布置，如独立柱基础、桥墩基础等，块状基础有正方形、长方形、圆形。

布桩可采用三角形、长方形、正方形等不同形式，但最常用的是等边三角形和正方形。独立基础下，可采用等腰三角形、等边三角形或正方形；带状基础下，可采用等腰三角形、等边三角形、长方形或正方形；筏形和肋板基础下大面积满堂布桩，可采用梅花形、正方形、长方形等，以梅花形最为常用。常见桩位布置示于图4.1-3。

5）加固剂及掺合料

加固剂也称硬化剂或加固料。高压喷射注浆桩的加固剂主要是水泥浆。加固剂宜选用强度等级为32.5级及以上等级的普通硅酸盐水泥，水泥掺量与桩径、土质有直接关系，可通过试验确定，初步设计中也可按式（4.3-3）确定水泥掺量，或根据土质、桩径从表4.3-2及表4.3-3中查得水泥掺量，该两表系为一些工程实际资料统计得出，可作为工程设计参考。水泥浆水灰比（重量比）为0.8～1.5，工程中常用水灰比为1.0。

单管法制桩固化剂用量表 **表4.3-2**

土壤名称	土质条件	加固体直径（cm）	浆液用量（L/m）
砾石层	$k\geqslant1\times10^{-2}$ cm/s	50～60	150
砂砾层	$k\geqslant1\times10^{-3}$ cm/s	35～45	130
有机质土层	$W\geqslant150\%$	35～45	130

为了节约工程投资，高压喷射注浆桩可以经过试验适量加入掺合料，掺合料主要是外加剂（也有称外掺剂），外加剂根据工程需要和土质条件选用早强剂、速凝剂、缓凝剂、减水剂、抗冻剂等，所用外加剂质量必须符合规范要求。

双管法制桩固化剂用量表 **表 4.3-3**

加固体直径（cm）	浆液用量（L/m）	加固体直径（cm）	浆液用量（L/m）
60	340～400	150	1460～1850
80	550～650	180	1820～2380
100	780～950	200	2070～2750
120	990～1240	—	—

6）垫层

为保证复合地基的整体性，使建筑物基础与桩体能够有效联合受力，在桩顶与建筑物基础之间要铺设一层厚度为 20～30cm 的褥垫层，垫层材料可选用中砂、粗砂、级配砂石、碎石等，垫层材料粒径不宜大于 30mm。垫层应分层铺筑和压实。

7）竖向承载力

软土地基经过旋喷桩加固处理后，防渗性能有明显改善，复合地基竖向承载力及桩体竖向承载力有较大提高，现将实际工程统计资料所得的桩体竖向承载力列入表 4.3-4。

桩体竖向承载力试验值 **表 4.3-4**

土质状况	固结体长度（m）	成桩直径（cm）	极限竖向承载力值（kPa）	备　注
黄土状土	8	46	530	嵌入持力层 0.2m
黄土状土	8	50	600	嵌入持力层 0.2m
黄土状土	13.5	50	650	嵌入持力层 0.2m
黄土状土	15.8	50	680	未达破坏，嵌入持力层 0.2m
细　砂	8	80	650	下沉 1.48mm，嵌入持力层 0.2m
砂性黏土	14.5	135	2000	未达到极限值，嵌入持力层 0.2m

4.3.2.3 高压喷射注浆桩的主要计算

1）复合地基承载力计算

群桩与处理后的桩间土形成复合地基。旋喷桩复合地基承载力特征值应通过现场复合地基试验确定，初步设计时，单桩和桩间土共同的承载力特征值按式（4.1-1）估算，即：

$$f_{spk}=m\frac{R_a}{A_p}+\beta\ (1-m)\ f_{sk}$$

式中 β——桩间土承载力折减系数，可根据试验或土质条件类似的工程经验确定，当无试验资料或实际工程经验时，取 0～0.5，承载力较低时取低值。

其他符号含义与式（4.1-1）完全相同。

2）单桩竖向承载力计算

喷射注浆桩的单桩竖向承载力特征值可通过现场试验确定，亦可按式（4.3-1）和式（4.3-2）估算，并取其中较小值。

$$R_a = u_p \sum_{i=1}^{n} q_{si} l_i + q_p A_p \tag{4.3-1}$$

$$R_a = \eta f_{cu} A_p \tag{4.3-2}$$

式中 R_a——单桩竖向承载力特征值（kN）；

u_p——桩的周长（m）；

l_i——桩长范围内第 i 层土的厚度（m）；

q_{si}——桩周第 i 层土的侧阻力特征值（kPa），可按《建筑地基基础设计规范》GB 50007—2002 有关规定或地区经验确定；

q_p——桩端地基土未经修正的天然土层端阻力特征值（kPa），按《建筑地基基础设计规范》GB 50007—2002 有关规定或地区经验确定；

A_p——单桩截面积（m^2）；

n——桩长范围内所划分的土层数；

η——桩身强度折减系数，可取 0.33；

f_{cu}——与设计桩身配比相同的室内加固土试块（70.7mm×70.7mm×70.7mm），在标准养护条件下 28d 龄期的立方体抗压强度平均值（kPa）。

当旋喷桩处理范围以下存在软弱下卧层时，应按《建筑地基基础设计规范》GB 50007—2002 的规定进行下卧层承载力计算。

3）复合地基压缩变形计算

旋喷桩复合地基压缩变形计算应符合现行国家标准《建筑地基基础设计规范》GB 50007—2002 的有关规定，其沉降计算表达公式仍是（3.1-4），即为：

$$s = s_1 + s_2$$

式中 s——在基础以上荷载作用下，复合地基总沉降量（mm）；

s_1——复合地基的加固体下沉量（mm）。

在实际计算中，如果桩体穿透了压缩层，则复合地基下沉就只有 s_1，而没有 s_2，这种情况下，$s=s_1$。s_1 及 s_2 的具体计算见第 8.6 节。

4）复合地基压缩模量计算

在《建筑地基处理技术规范》JGJ 79—2002 中，没有对旋喷桩复合地基压缩模量计算公式作出规定，设计时可以根据地区工程经验确定。但是，如果缺少经验资料，作为一个近似参考数据，笔者建议按照浆喷桩中的计算公式（4.1-5）予以估算，即：

$$E_{cp} = mE_p + (1-m) E_c$$

5）固化剂用量计算

固化剂用量也就是浆液用量，与桩径和土质条件有关。单桩用浆量估算公式如下：

$$Q = \frac{1}{4}\pi D^2 L \varepsilon (1+\beta) \tag{4.3-3}$$

式中 Q——固化剂（浆液）的用量（m^3）；

D——设计的加固桩径（m）；

L——设计桩长（m）；

β——浆液损失系数，一般为 5%～15%；

ε——浆液混合系数，与土质、桩径有关，通常取值为0.6～1.8，具体取值按桩径、土质、制桩方法如表4.3-5及表4.3-6。

单管法施工浆液混合系数 **表4.3-5**

项　目	加　固　桩　径（cm）						
	30	35	40	45	50	55	60
砂质土混合系数ε	—	1.9	1.45	1.15	0.8	—	—
黏性土混合系数ε	—	1.1	0.85	0.8	0.6	0.5	—

双管法施工浆液混合系数 **表4.3-6**

项　目	加　固　桩　径（cm）						
	60	80	100	120	150	180	200
混合系数ε	1.1～1.3	1.0～1.2	0.9～1.1	0.8～1.0	0.75～0.95	0.65～0.85	0.6～0.8

4.3.3　高压喷射注浆桩的施工

4.3.3.1　施工机具

有关旋喷桩施工的主机定型产品还不多，我国多采用代用机具，也有对类似机械进行改装或自制设备所得到的机具可以满足生产需要。用于旋喷桩施工的机具主要有钻孔机、高压泵、空压机、泥浆泵、泥浆搅拌机、旋喷管、高压管路系统、操作控制系统等。各种旋喷法常用机具设备见表4.3-7。

各种旋喷法常用机具设备表 **表4.3-7**

序号	机具名称	规　　格	旋喷方法			机具设备作用
			单管法	双管法	三管法	
1	高压泥浆泵	SNC-H300型水泥车或Y-1型液动泵	√	√		高压浆液或水射流
2	高压清水泵	3XB或3W-6B或3W-7B			√	高压水射流
3	空气压缩机	YV-3/8型		√	√	空气射流
4	泥浆泵	BW-150或BW-250/50型			√	泥浆注入
5	振动钻机	76型或70型	√	√	√	钻孔旋喷
6	工程地质钻机	XJ-100型	√	√	√	坚硬岩层开孔或改装后使用
7	单旋喷管	ϕ50地质管、导流器及喷头	√			旋喷注浆
8	双重旋喷管	TY-201型		√		旋喷注浆
9	三重旋喷管	TY-301型			√	旋喷注浆
10	液浆制备机		√	√	√	搅拌制浆

成孔机械除很坚硬土层采用普通工程地质钻机外，其余多用原铁道部科学研究院研制的76型旋转钻机，该机靠振动力、振动机体自重、钻杆旋转及射水进行钻进，也有将工程地质钻机改装后用来钻孔。76型旋转振动钻机主要技术性能指标见表4.3-8。

另外，国产PH-5系列喷粉桩机，如经改进亦可用于旋喷桩施工，详见粉喷桩一节的表4.2-4。

76 型旋转振动钻机主要技术性能表 表 4.3-8

名称		单位	技术指标
旋转振动部分	振动力	kN	24
	振动频率	次/min	1100
	钻杆转速	r/min	20
	电动机功率	kW	10
绞车部分	提升速度	m/min	6 级 0.114～7.2
	提升高度	m	1.5 或 3（更换导向杆）
	电动机功率	kW	7.5
其他	钻孔深度	m	设计 25，实际 33
	钻孔偏角	°	＜25°
总质量		kg	1500

旋喷桩施工所选机械设备必须满足表 4.3-9 中施工技术参数的规定。

旋喷桩施工的主要技术参数 表 4.3-9

机具名称	项目	技术参数		
		单管法	双重管法	三重管法
喷嘴	孔径（mm）	ϕ2～3	ϕ2～3	ϕ2～3
	数目（个）	2	1 或 2	1 或 2
钻机（慢挡）	旋转速度（r/min）	20	10 左右	5～15
	提升速度（cm/min）	20～25	10 左右	5～15
高压泵	压力（MPa）	20～40	20～40	20～40
	流量（L/min）	浆液 60～120	浆液 60～120	水 60～120
空压机	压力（MPa）	—	0.7	0.7
	流量（L/min）	—	1～3	1～3
泥浆泵	压力（MPa）	—	—	3～5
	流量（L/min）	—	—	100～150

4.3.3.2 设备布置

通常施工所用的机械、机具、设备、设施等都要针对场地情况和主要机具台数进行合理布置，应遵循方便施工、互不干扰、提高速度、节约资金的原则。

旋喷桩的成孔机具是制桩的主要机械，应布置在有利位置，便于移位；控制操作台（或称电气操作台）起着指挥作用，应布置在距孔位较近的地方；灰泥浆泵、空压机及配套管路要方便供料和使用。

旋喷桩机应视土质情况、工作量和设备台数进行合理布置。

4.3.3.3 施工方法

高压喷射注浆桩（简称旋喷桩）施工原理是：在振动钻机预钻孔后，贯入喷射管，喷嘴达到设计标高时，即可启动高压泥浆泵进行喷射注浆，在喷射注浆参数达到要求后，则提升喷射管，由下而上喷射注浆。喷射管分段提升的搭接长度不得小于 10cm。泥浆向四

周土层中喷出，与土混合，经物理化学反应而形成水泥土柱体，硬化后成桩，

该施工方法在施工过程中，无振动、无污染、噪声小，对周边环境及建筑物影响很小，从而得到广泛应用。

施工走向视机械台数和施工任务大小而定，当施工量很大时，可分成 3～4 块用 3～4 台机械同时施工；当施工现场距已有围墙或建筑物很近时，应先在靠近已有围墙或建筑物处制桩；当施工量一般时，可采用 2 台机械同时从中心部位开始，向两侧逐渐退出；当施工量较少时，则用 1 台机械从一侧向另一侧逐渐退出。

旋喷桩施工布置方式与浆喷桩相同，参见图 4.1-6。

旋喷桩的施工方法主要是指喷射管工作方法。前面已经阐述，按其构造喷射管可分为单管、双管（双重管）、三管（三重管）。各个喷射管有不同的施工方法，单管法的喷射管仅喷射高压水泥浆；双管法的喷射管则同时输送高压水泥浆和压缩空气，并且压缩空气是通过围绕浆液喷嘴四周的环状喷嘴喷出的；三管法的喷射管要同时输送清水、压缩空气和水泥浆，而且三种介质均有不同的压力。不论哪一种喷射管，都必须保持不漏、不串、不堵，应加工精确，以保证施工质量。

我们已经了解到，高压喷射注浆桩的施工通常分为两个阶段：第一阶段是成孔，即选用普通工程钻机或专用钻机预成孔；第二阶段是喷浆加固，即用高压水泥浆，以 20MPa 左右的压力，通过喷射头上的横向喷嘴（孔径 2mm）向土中喷浆。

由于单管法和双管法中的喷射管均较细，因此，当第一阶段贯入土中时，可借助喷射管本身的喷射或振动贯入，只是在必要时，才在地基中预先成孔（孔径为 80～100mm），然后放入喷射管进行喷射加固。采用三管法时，喷射管直径通常为 70～90mm，结构复杂，所以常需要预先钻一个直径为 150mm 的孔，然后贯入三重喷射管进行喷浆加固。成孔可以选用普通钻机、专用钻机或振动机械。

各种注浆法的施工工艺流程见图 4.3-5。

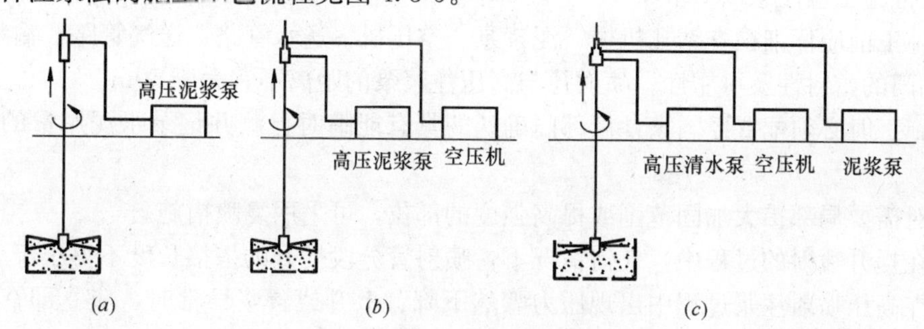

图 4.3-5 喷射注浆法施工示意

(*a*) 单管注浆；(*b*) 双管注浆；(*c*) 三管注浆

针对图 4.3-5 的施工工艺，我们把三种喷射注浆方法再作简单介绍：

1) 单管喷射注浆法

单管是实现单管喷射工艺的主要设备，由单管导流器、钻杆和喷头三部分组成，其任务是输送高压水泥浆液。单管喷射注浆法是利用钻机等设备，把安装在注浆管（单管）底部侧面的特殊喷嘴，置入土层预定深度后，用高压泥浆泵等高压发生装置，以 20MPa 左右的压力，把浆液从喷嘴中喷射出去冲击破坏土体，同时借助注浆管的旋转和提升运动，

使浆液与从土体上崩落下来的土搅拌混合，经过一定时间凝固，便在土中形成圆柱状的固结体，固结体直径为 0.4～0.6m，见图 4.3-5（*a*）。

2）双管喷射注浆法

双管喷射注浆法又称双重管喷射注浆法，同样由导流器、双重钻杆和喷头三部分组成，其任务是输送高压水泥浆液和压缩空气。双管喷射注浆法是使用双通道的二重注浆管，当二重注浆管钻进到土层的预定深度后，通过在管底侧面的一个同轴双重喷嘴，同时喷出高压浆液和压缩空气两种介质的喷射流冲击破坏土体。即以高压泥浆泵等高压发生装置喷射出 20MPa 左右压力的浆液，从内喷嘴中高速喷出，并用 0.7MPa 左右压力把压缩空气从外喷嘴中喷出。在高压浆液流和它外围环绕气流的共同作用下，破坏土体的能量显著增大，喷嘴一面喷射一面旋转和提升，经过一定时间凝固，最后在土中形成圆柱状的固结体，固结体直径为 0.6～1.5m，见图 4.3-5（*b*）。

3）三管喷射注浆法

三管喷射注浆法又称三重管喷射注浆法，关键是三重管机体，它由导流器、三重钻杆和喷头三部分组成，其任务是输送高压水泥浆液、压缩空气和清水。它必须进行预钻孔，预钻成孔后，将三重注浆管及其喷头插入土层的预定深度，同时喷射三种介质并以射流冲击破坏土体。我国目前采用的三重管，大多都是选用不同直径的三根管子套在一起，形成轴线重合的三重旋喷管（也有用三根管平行放在一起，共用一个三重管头）。三管喷射注浆法分别采用输送请水、压缩空气和水泥浆的三重注浆管，在高压泵等高压发生装置产生 20MPa 左右的高压水喷射流的周围，环绕一股 0.7MPa 左右的圆筒状气流，进行高压水喷射流和气流同轴喷射冲切土体，形成较大的空隙，再另由泥浆泵压力为 2～5MPa 的浆液充填，喷嘴作旋转和提升运动，最后便在土中形成直径较大的圆柱状固结体，固结体直径为 0.8～2.0m，见图 4.3-5（*c*）。

旋喷桩施工应注意以下事项：

1）施工前应仔细检查钻孔机械、泥浆泵、空压机、送水管路、送气管路、输浆管路、接头和阀门的密封性及可靠性。喷射孔与高压注浆泵的距离不宜大于 50m。

2）施工时必须配置经国家计量部门确认的具有能瞬时检测并记录水泥用量的浆液计量装置。

3）对需要局部扩大加固范围或提高强度的部位，可采用复喷措施。

4）在提升喷射的过程中，任何情况下，喷射管分段提升的搭接长度不得小于 10cm。

5）在高压喷射注浆过程中出现压力骤然下降、上升或冒浆异常时，应立即查明原因并及时采取纠正措施。

6）一根桩的高压喷射注浆完毕，应迅速拔出喷射管。为防止浆液凝固收缩影响桩顶高程，必要时可在原孔位采用冒浆回灌或第二次注浆等措施。

7）当处理既有建筑地基时，应采用速凝浆液、跳孔喷射或冒浆回灌等措施，以防喷射过程中地基产生附加变形和地基与基础间出现脱空现象。同时，应对建筑物进行变形监测。

8）施工中应做好泥浆处理，及时将泥浆运出到指定点堆放掩埋或在现场短期堆放后作土方运出。

9）制桩过程中应严格按照施工参数和材料用量施工，并如实做好各项施工记录。

10）钻孔的实测位置与设计位置的偏差不得大于 50mm。在开挖基坑时，应将桩顶端施工质量较差的桩段用人工截除约 50cm 长。

4.3.3.4 施工准备

旋喷桩的施工准备主要有：

1）施工技术、施工人员、施工机具、材料供应、生产物资、生活物资、施工用房等的准备。

2）三通一平准备：主要是水通、电通、路通和施工场地平整。水通指供水质量和数量应满足工程生产生活需要，供水设施齐全，输水管路畅通，排水系统畅通，防止污水乱排乱泄。电通指供电设施齐全，电压、电流、电量应满足工程生产生活负荷要求，输电线路的规格符合规定。路通指场内外交通畅通无阻，满足材料供应、生产物资、生活物资的运输要求。场地平整主要指铲除施工场区的土丘、树根、孤石等障碍，填平坑洼，确保施工场地基本平整，便于机械移动，材料运输，使施工能够顺利进行。

3）制定技术供应保障措施、生产安全保障措施、施工质量保障措施。

4）做好施工场地布置：主要是输水管路、输气管路、输浆管路、供电线路、交通道路、固化剂仓库等。另外，还应考虑机械停放场、配电室、机修房、工人休息室、生产用房、生活用房、办公用房等的合理布设。

5）桩的定位：平整场地后，测量地面高程并符合设计要求。桩的定位主要是根据设计图纸的布桩要求，将各桩定点到实地位置，并在桩位打小木桩标出，桩位偏差不得大于 5cm。

4.3.3.5 制桩工艺流程

一根旋喷桩的制桩工艺流程大体为：孔位定点并埋设孔口管→钻机就位→钻孔至设计深度→旋喷高压介质，并同时提升旋喷管，至桩顶高程→对孔中空隙进行低压注浆→起拔孔口管→移位至下一个孔位。见图 4.3-6。

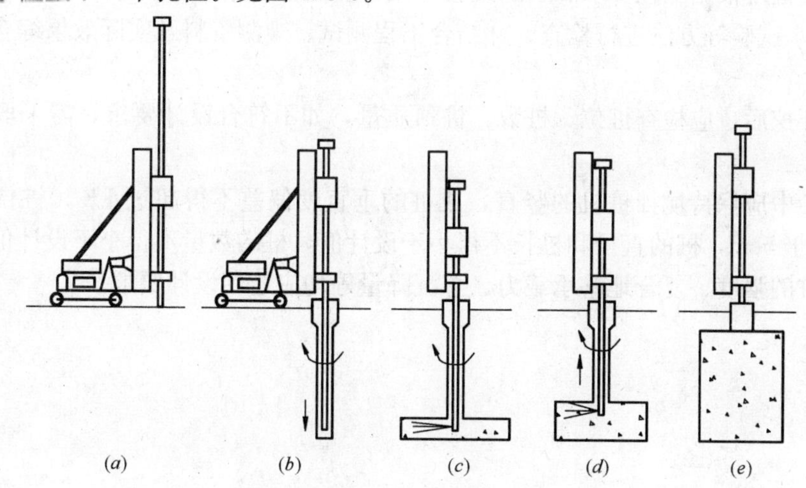

图 4.3-6 高压注浆法工艺流程

(a) 钻机就位；(b) 钻孔至设计深度；(c) 旋喷开始；(d) 旋喷提升；(e) 成桩

钻孔方法：旋喷桩钻孔可采用两种方法，一是采用旋转、射水、振动、锤击等方法进行冲钻，旋喷管随钻头一次钻到设计深度，接着自下而上进行旋喷；二是采用钻机预先钻孔 80～100mm（单管法及双管法）或 150mm（三管法），终孔后贯入旋喷管，接着自下而上进行旋喷。

为了防止钻进和旋喷过程中孔口坍塌，应在孔口处埋设孔口管，孔口管可重复使用，当孔壁不稳定时，应用泥浆护壁钻孔。

4.3.3.6 施工环境保护

以高压旋转的喷嘴将水泥浆喷入土层与土体混合，形成连续搭接的水泥加固体。施工占地少、振动小、噪声较低，但容易污染环境，成本较高，对于特殊的不能使喷出浆液凝固的土质不宜采用。在施工过程中应采取以下措施：

1）制定有效措施，正确解决生活废水、施工废水的存放和处理。

2）施工过程中避免水泥粉、水泥浆抛弃地面污染环境，影响施工。

4.3.4 高压喷射注浆桩的施工质量

旋喷桩的施工质量应按以下控制：

1）旋喷桩的施工质量应贯穿于施工的全过程，并应坚持全过程施工监理。施工过程中必须随时检查施工记录和计量记录，并对照施工工艺对每根桩进行质量评定。检查重点是：水泥用量、桩长、桩径、提升速度、停浆处理方法等。

2）旋喷桩的施工质量检查应在高压注浆结束后 28d 抽取试块，并测其抗压强度。施工后对桩的整体检查也在高压注浆结束 28d 后进行，抽检数量为总桩数的 1%，并不少于 3 根。

3）承载旋喷桩地基竣工验收时，承载力检验采用复合地基载荷试验和单桩载荷试验。

4）载荷试验必须在桩身强度满足试验荷载条件时，并宜在成桩 28d 后进行。检查数量为总桩数的 0.5%～1%，且每项单体工程不应少于 3 点。

5）旋喷桩可根据工程要求和当地经验采用开挖检查、取芯、标准贯入试验、载荷试验或围井注水试验等方法进行检查，并结合工程测试、观测资料及实际效果综合评价加固效果。

6）槽开挖后，应检查桩位、桩数、桩顶质量，如不符合设计要求，需采取有效补强措施。

7）施工中应保持搅拌桩机的竖直，成桩的垂直度偏差不得超过 1%，桩位中心水平偏差不得大于 5cm，桩的直径和桩长不得小于设计值，桩的数量不得小于设计值。

8）成桩的强度、复合地基承载力、总沉降量等均应达到设计要求。

5 夯实灰土类桩

顾名思义，夯实灰土类桩是指成孔后以土、灰土、水泥土或三合土做填料，经特殊的夯实机具对填料予以挤密夯实成桩。《建筑地基处理技术规范》JGJ 79—2002 列入该类型的桩有：土挤密桩、灰土挤密桩、石灰桩、夯实水泥土桩及柱锤冲扩桩。这些桩型在过去曾得到广泛应用，但是随着建设规模的不断扩大，对建筑地基承载力要求的提高以及高压喷射注浆桩、浆液喷射搅拌桩、粉体喷射搅拌桩等新桩型的开发，夯实灰土类桩相对应用范围有所减小。本章将对灰土类桩依次进行介绍。

5.1 土挤密桩和灰土挤密桩

5.1.1 土挤密桩和灰土挤密桩的特性

5.1.1.1 一般介绍

土挤密桩和灰土挤密桩分别简称土桩和灰土桩，二者的施工方法相同，仅仅回填料有所差异，它们都是利用成孔时的侧向挤压作用，使桩间土得到挤密，随后将桩孔用土或灰土分层填筑压实，前者称为土桩挤密法，后者称为灰土桩挤密法，其共同点是对土的侧向深层挤密加固。

土桩沉桩时对地基土侧向挤密，桩身填土及桩周挤密土基本一致，相当于形成一厚层的土垫层；灰土桩本身强度较高，能够比桩周土承担更大的荷载，桩顶应力大于桩周地基土，使桩周土承受的压力减小，而到深度 2～4m 以下，则与土桩地基基本相似。

土桩和灰土桩具有原位处理、深层挤密、以土治土的特点，适用于处理地下水位以上及含水量不超过 24%的厚度较大的湿陷性黄土、素黄土、杂填土等地基，处理深度为 5～15 m，广泛用于我国西北和华北地区。当以消除地基土的湿陷性为主要目的时，宜选用土挤密桩；当用以提高地基土的承载力或增强其水稳性为主要目的时，宜选用灰土挤密桩。

湿陷性黄土属非饱和的欠压密土，在塑性状态下易于挤密和成孔，挤密效果较明显。当土的含水量过低时，土体呈坚硬或半固体状态，沉、拔管比较困难，挤压时土体易破碎而不易挤密；当土的含水量过高或饱和度过大时，由于挤密引起超孔隙水压力的影响，使土体只能向外围移动，而无法挤密，且孔壁附近的土受到扰动而强度降低。所以，如果地基土的含水量大于 24%及饱和度超过 65%时，由于桩间土的挤密效果极差，往往无法成孔，且桩孔产生回浆缩径而难以成形，这种情况下，则不宜采用土桩或灰土桩挤密法来加固地基，需另行选择地基处理方案。成孔好坏在于土的含水量，桩距大小在于土的干密度，多数情况下，凡湿陷性黄土均可挤密成孔。

土挤密桩和灰土挤密桩复合地基的承载力特征值应通过实地荷载试验确定，初步设计无试验资料时，可按当地经验确定。但对土挤密桩复合地基承载力特征值，不宜大于处理前的1.4倍，并不宜大于180kPa；对灰土挤密桩复合地基承载力特征值，不宜大于处理前的2倍，并不宜大于250kPa。

大量资料表明，土挤密桩和灰土挤密桩复合地基上的建筑物沉降不超过50mm，最小的不到20mm。

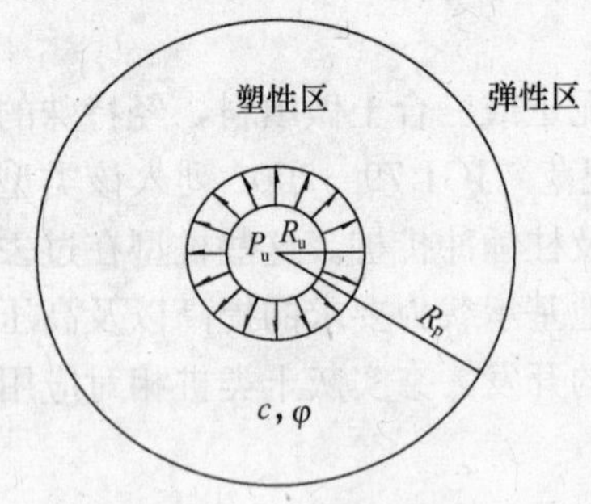

图 5.1-1　桩孔扩张

5.1.1.2　作用原理与性质

在沉管成孔过程中，由于机具锤击、下压等作用，桩孔内的土被强制侧向四周挤出，桩周一定范围内的土被压缩、扰动和重塑。研究表明，沉桩时土体应力的变化与圆柱形孔洞扩张时所产生的应力变化相似。

如图5.1-1所示，在半径为 R_u 的桩孔外将产生半径为 R_p 的塑性区，桩孔内土的体积在塑性区内被全部压缩；在半径 R_p 以外为弹性区，土体处于弹性平衡状态。图中 p_u 为沉桩的最终侧向压力。根据理论分析，塑性区的最大半径可按下式计算：

$$R_p = R_u\sqrt{\frac{G}{c \cdot \cos\varphi + q \cdot \sin\varphi}} \tag{5.1-1}$$

式中　R_p——塑性区最大半径；

R_u——桩孔半径，桩孔直径 $d=2R_u$；

c——土的黏聚力；

φ——土的内摩擦角；

q——土的原始固结压力；

G——土的剪切模量，$G=\frac{E}{2(1+\mu)}$；

E——土的变形模量；

μ——土的泊松比。

由上式可知，塑性区的半径与桩孔半径成正比，同时与土的剪切模量和抗剪强度指标等密切相关。将其被加固黄土的有关指标值代入式（5.1-1）中，可得出在黄土中挤压成孔时的塑性区半径 $R_p=(1.43\sim1.90)d$，d 为桩孔直径。该公式所得塑性区半径与试验实测桩周挤密影响区的半径基本吻合。

同时得出结论，靠近孔壁处土的干密度（ρ_d）接近或超过最大干密度（ρ_{dmin}），压实系数 $\lambda\approx1$。依次向外，干密度和压实系数逐渐减小，直至接近土的原始干密度（ρ_{do}）。对应于 $\rho_d=\rho_{do}$ 的界限点距桩中心的距离，可称为“挤密影响区半径 R”，R 值通常为（1.5～2.0）d。实际上从工程需要来说，桩周挤密土的物理力学性质指标必须达到一定的要求方为有效，如为消除黄土的湿陷性，则应以 $\rho_d\geqslant15kN/m^3$ 或 $\lambda\geqslant0.9$ 为界，以确定出满足消除湿陷性要求的“有效挤密区”。单个桩孔的“有效挤密区”半径一般为（1.0～1.5）d。相邻两桩或三桩成孔挤密区，由于交界处挤密效果的叠加作用，将使桩间土的干密度进一步增大。

从上面分析可以得到结论：成孔好坏在于土的含水量，桩距大小在于土的干密度，多数情况下，凡湿陷性黄土均可挤密成孔。而且桩距越小，加固效果越好，加固区的干密度越大，越能为复合地基提供高的承载力。

5.1.1.3 土桩挤密地基

土桩挤密地基是由素土夯填的土桩和桩间挤密土体组合而成。桩孔内夯填的土料多为就近挖运的黄土类土，如一般黄土、黏性土、粉质黏土、粉土等，其填料土质及夯实标准与桩间挤密土基本一致，因此它们的物理力学性质也无明显差别，这已为大量的现场试验和工程检验所证实。

由于土桩与桩间挤密土性质标准基本一致，所以土桩的受力与桩间挤密土的受力也大体相当，同一部位的桩土应力比 $n_0=p_p/p_c\approx1.0$，部分夯填质量较高的桩，桩土应力比也仅达到 1.6～1.8。实测资料表明，土桩挤密地基基础下接触压力的分布与土垫层的情况相似，在同一平面可按均质地基考虑。很明显，土桩挤密地基的加固作用主要是增加土的密实度，降低土中孔隙率，从而达到消除地基湿陷性和提高水稳定性的工程效果。土桩挤密地基具有深层加密特点，所以设计土桩挤密地基时，可将加固体看作一个厚度较大的素土垫层，其处理范围和承载力等的设计原则均与土垫层相同。

在极限荷载作用下，土桩的沉降主要发生在(2～3)d 深度以上范围内，与天然地基或土垫层的情况相似。单纯的土体仅产生竖向压密变形，在土桩挤密地基中，桩的侧限作用一般不明显。

土桩复合地基的承载力特征值约为天然地基的 1.5～1.7 倍，在允许荷载作用下土桩复合地基的变形模量比天然地基大 2～4 倍。

5.1.1.4 灰土桩挤密地基

1）灰土的硬化性质

单纯的土是疏松材料，单纯的石灰是气硬性胶凝材料，但是石灰与土混合后，两者在一定条件下将发生复杂的物理化学反应，主要反应有离子交换、凝硬反应、石灰的碳化与结晶及其吸水、发热、膨胀等。

经过硬化的灰土混合体属脆性材料，强度有所增加，灰土的强度取决于石灰的品质、土的类别、灰土配合比、夯实质量及气温条件等因素。因此，施工时必须严格控制配合比，充分搅拌均匀，夯实应达到设计要求的压实系数。为了提高强度，可加入适量的掺合料，如水泥、增强剂等，水泥掺量为灰土总量的 2%～4%，其他掺合料可为加入水泥后的灰土总量的 0.5%～1.0%。

一般要求灰土的无侧限抗压强度 q_u 不低于 500kPa，灰土的其他强度指标均与抗压强度有关，其抗拉强度约为(0.11～0.29)q_u，抗剪强度为(0.20～0.40)q_u，抗弯强度为(0.35～0.40)q_u。

硬化后的灰土变形模量 E_p 随应力大小而异，通常 E_p 值为 40～200MPa。

由于灰土有一定的水硬性，在高含水量的土中或处于地下水位以下的灰土，仍可以硬化和发展强度。硬化后的灰土水稳定性比原状土有较高的改善，决定灰土水稳定性高低的因素是灰土的质量和在土中的约束条件。试验证明，在空气中养护 2～3d 的灰土试件，拆模后放入十中而不会溃散；若灰土试件在周围约束条件下，压实成型后立即放入水中养护，其强度仍能增长而不溃散。为了提高灰土的水稳定性，除严格控制灰土的施工质量外，可在灰土中掺入适量的水泥。

2）灰土桩的受力状况

桩长超过 6～10 倍桩径的灰土桩，在竖向荷载作用下，有一定的破坏特征和荷载传递规律，主要表现有：

(1) 灰土桩在竖向荷载作用下，桩顶的沉降主要是桩身的压缩变形，桩身变形为总沉降量的 42%～93%，有的桩顶已经破裂，而桩底端仍未见下沉。在灰土桩的全部桩身压缩变形量中，桩顶(1.0～1.5)d 段内的变形占 60%～85%。

(2)灰土桩在极限荷载作用下，灰土桩的破坏多数发生在桩顶(1.0～1.5)d 的长度范围内，裂缝呈竖向或斜向，具有脆性破坏的特征。试验证明，当部分桩顶被压裂后，它仍具有由块体间的咬合力及摩擦力构成的剩余强度，并能与桩间挤密土共同作用而保持整个地基的稳定性，但荷载继续增加时，沉降将迅速增加。这充分说明，灰土桩的承载能力主要取决于桩身的强度，特别是上部灰土的质量和强度。

(3) 灰土桩在竖向荷载作用下，桩身在一定深度内即产生压缩变形和侧向膨胀，其值上大下小，在（6～10）d 深度以下趋近于零。实测结果得到灰土桩的荷载传递规律有：①桩顶受荷后，桩身应力及荷载将急剧衰减，在 $3d$ 深度处的桩身荷载仅为桩顶处的 1/6 左右，在（6～10）d 深度以下桩身荷载已趋近于零，同时桩身与桩周土中的应力亦趋于一致。可见灰土桩荷载传递深度是有限的，其有效传递深度与桩径、灰土强度成正比，与桩周土摩阻力成反比，一般约为（4～10）d。②灰土桩身的荷载通过桩周摩阻力迅速向土中传递，摩擦力在 $2d$ 深度处达到峰值，在 $6d$ 深度以下趋于零，在此深度以下的灰土桩不再承受较高的应力，桩身与桩周土的应力比接近于 1.0。

(4) 灰土桩具有一定的胶凝强度，可以独立承载很小的竖向荷载，但它仍然属于柔性桩，所以通常主要用于复合地基加固。

3）灰土桩在挤密地基中的作用

灰土桩在挤密地基中的作用主要有：

(1) 分担荷载，降低土中应力。灰土桩具有一定的胶凝强度，其变形模量超过桩间土的 10 倍左右，因而基底下灰土桩面上的应力高于桩间土近 10 倍，桩体承担着近一半荷载。在基底下一定深度范围内，灰土桩具有分担荷载和明显降低土中应力作用，使持力层内地基土的压缩变形和湿陷变形量显著降低或消失。

(2) 桩对土的侧向约束作用。在土桩挤密地基中，桩的侧限作用并不明显。而灰土桩体具有一定的抗弯和抗剪刚度，对桩间土有侧向约束作用，能够阻止土的侧向位移并使其强度增大，在灰土桩挤密地基中，桩的侧限作用很明显。

(3) 提高地基的承载力和变形模量。在桩顶段，桩分担荷载的作用很明显，$1.5d$ 深度以下桩身应力逐层降低，而土中应力相应增加，直到 $6d$ 深度以下，桩土应力基本均匀，但这时土中应力已因向外围扩散而逐渐减小。下层灰土桩分担荷载的作用虽不明显，但它仍具有提高复合地基承载力和变形模量的显著效果。大量实践经验证明，灰土桩挤密地基的承载力为天然地基的 1.5～2.5 倍，并比土桩挤密地基提高 40%，其承载力特征值为 250～300kPa，在允许荷载作用下灰土挤密桩复合地基的变形模量比天然地基大 2～4 倍，其变形模量值可达到 21～36MPa，从而大幅减少地基的压缩沉降量并可消除全部湿陷量。

5.1.2 土桩及灰土桩加固设计

5.1.2.1 加固布桩范围

由于土桩和灰土桩承载能力所限，只能用于承载力要求小的地基中，用作复合地基处理时，应适当加超布桩。通常结合基础形状和尺寸，按照计算桩距进行布桩，其加固范围要求如下：

1）局部处理时：如独立柱基础等局部处理，应通过实地试验决定其适应性。并符合以下原则：对非自重湿陷性黄土、素填土、杂填土等，每边超出基础边沿的宽度不小于 0.25b（b 为基础短边宽度），并不小于 0.5m；对自重湿陷性黄土，每边超出基础边沿的宽度不小于 0.75b，并不小于 1.0m。

2）当为条形基础时：土桩布孔不少于 2 排，灰土桩布孔不少于 3 排，并使基础两边对称超出基底边沿 0.5～1.0m 或基础宽度的 25%～50%。见图 5.1-2。

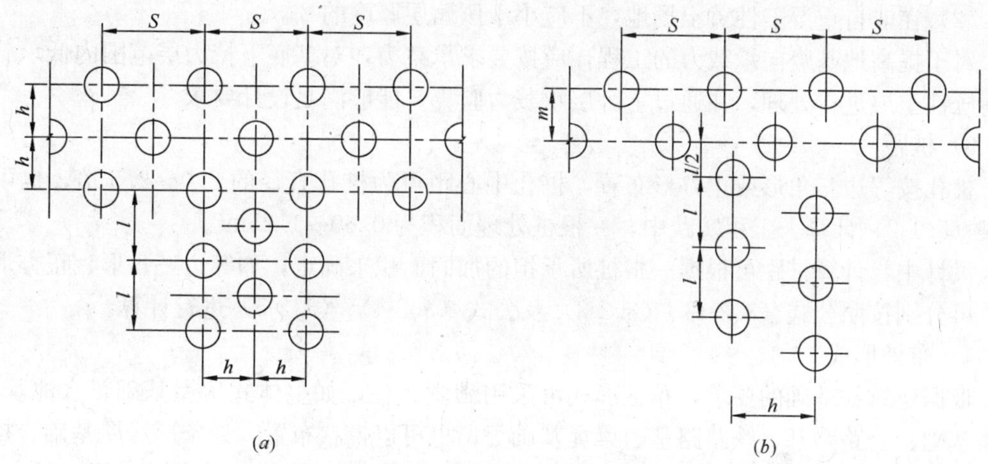

图 5.1-2 条形基础灰土桩布孔形式

（a）三排桩孔；（b）二排桩孔

3）当为十字交叉基础时：土桩布孔不少于 2 排，灰土桩布孔不少于 3 排，并使基础两边对称超出基底边沿 0.5～1.0m 或基础宽度的 25%～50%。

4）当为筏形和肋板基础时：应在基底面积范围内满堂布桩，并且基底轮廓线外布桩不少于 3 排桩（并不小于 2m）或不小于处理土层厚度的 1/2，以保证地基的稳定性，防止处理土体发生侧向位移或周围天然土体失去稳定。

5）对于处理整片Ⅲ、Ⅳ级自重湿陷性黄土场地，且处理 2/3 压缩层或 2/3 湿陷性土层确有困难的情况，它除为了消除处理土层的湿陷性外，并要求具有防渗隔水的作用。

5.1.2.2 一般技术要求

1）桩径

可根据成孔机械、施工工艺、场地土质等具体情况确定桩径大小，规范要求桩孔直径以 300～450mm 为宜。

2）桩长

土桩和灰土桩的处理深度，应根据建筑地基土质情况、工程要求、成孔及夯实设备等综合因素确定。当前土桩和灰土桩的处理深度一般为5～15m，但与处理方法有关，沉桩法成孔的加固深度一般不超过7～9m；冲击法成孔的加固深度可达20m以上；爆扩法成孔的加固深度一般不超过6～15m。

对于湿陷性黄土地基，应按《湿陷性黄土地区建筑规范》GB 50025—2004规定的原则和消除全部或部分湿陷量的不同要求确定土桩挤密或灰土桩挤密地基的深度。

消除地基全部湿陷量的处理厚度，应符合下列要求：

(1) 在自重湿陷性黄土场地，应处理基础以下全部湿陷性土层。

(2) 在非自重湿陷性黄土场地，应将基础下湿陷起始压力小于附加压力与上覆土的饱和自重压力之和的所有土层处理至基础下压缩层下限为止。

消除地基部分湿陷量，适用于乙类建筑，其最小处理厚度应符合下列要求：

(1) 在自重湿陷性黄土场地，不应小于湿陷性土层厚度的2/3，并应控制剩余湿陷量不大于20cm。

(2) 在非自重湿陷性黄土场地，不应小于压缩层厚度的2/3。

对于提高地基竖向承载力的工程，应按要求承载力，对基底下持力层范围内低承载力和高压性土层进行处理，并通过下卧层承载力验算，能够满足设计要求。

3) 桩距

桩孔按等边三角形或正方形布置，桩孔中心距可为桩孔直径的2.0～2.5倍，也可按公式(5.1-2)计算。工程实践中，一根桩处理面积为0.60～1.25m²。

设计中，计算桩距可根据一根桩所承担的加固面积来确定，如等边三角形、正方形布桩，可分别按照公式(3.2-1)、(3.2-2)及公式(3.2-4)、(3.2-5)进行计算。

4) 布桩形式

根据建筑物基础的要求，布桩形式可采用满堂布桩，如整体式房屋基础、水池基础、罐体基础、公路路基、铁路路基、渠堤基础等；也可以带状布置，如条形房屋基础、挡土墙基础等；还可以块状布置，如独立柱基础、桥墩基础等，块状基础有正方形、长方形、圆形。

布桩可采用三角形、长方形、正方形等不同形式，但最常用的是等边三角形和正方形。独立基础下，可采用等腰三角形、等边三角形或正方形；带状基础下，可采用等腰三角形、等边三角形、长方形或正方形；筏形和肋板基础下大面积满堂布桩，可采用梅花形、正方形、长方形等，以梅花形最为常用。

5) 充填料

土桩的填充材料为良好的、无杂质的黄土类素土，如黏性土、粉质黏土、粉土等，土块粒径不大于15mm，一般就近挖运取料。这样，土质和夯实标准与桩间土基本一致，它们的物理力学性质也无明显差异，这已为大量的现场试验和工程实践所证实。素土（填料）的最优含水量多数在20%以下。

灰土桩的填充材料除良好的、无杂质的黄土类素土外，还要用符合质量要求的石灰粉（消解3～4d的熟石灰，质量不低于Ⅱ级），消石灰与素土的体积掺合比例为2∶8或3∶7。土块粒径不大于15mm，消石灰粒径不大于5mm。灰土的最优含水量一般在21%～26%范围。

在有条件和有经验的情况下，可就近利用工业废料（如粉煤灰、矿渣或其他废渣）做回填料，一般宜掺入少量石灰或水泥作为胶结料，以提高桩体的强度和水稳定性。

6）垫层

为保证复合地基的整体性，使建筑物基础与桩体能够有效联合受力，在桩顶与建筑物基础之间要铺设一层厚度为 30～50cm 的褥垫层，垫层材料为 2∶8 灰土垫层，垫层应分层铺筑和压实，压实系数不得小于 0.95。

5.1.2.3 土桩及灰土桩的主要计算

1）复合地基承载力计算

群桩与处理后的桩间土形成复合地基，土桩及灰土桩复合地基承载力特征值应通过现场单桩或多桩复合地基载荷试验确定。初步设计当无试验资料时，可按当地试验确定，但对灰土挤密桩复合地基承载力特征值，不宜大于处理前的 2.0 倍，并不宜大于 250kPa；对土挤密桩复合地基承载力特征值，不宜大于处理前的 1.4 倍，并不宜大于 180kPa。

规范中并未对土挤密桩及灰土挤密桩复合地基承载力特征值列出计算公式，工程设计中可按上述要求进行取值。如果作为比较，作者建议采用石灰桩的复合地基承载力特征值计算公式进行计算。

2）单桩竖向承载力计算

土桩及灰土桩处理的目的主要是提高复合地基承载力，因此，必须计算复合地基承载力，而单桩竖向承载力通常可以不进行计算或通过现场试验求得。

由于规范没有给出单桩竖向承载力的计算公式，若必须计算单桩竖向承载力时，设计中可利用公式（2.2-1）予以估算。

3）复合地基压缩变形计算

土桩及灰土桩复合地基压缩变形计算应符合现行国家标准《建筑地基基础设计规范》GB 50007—2002 的有关规定，其沉降计算表达公式仍是（3.1-4），即为：

$$s=s_1+s_2$$

式中 s——在基础以上荷载作用下，复合地基总沉降量（mm）；

s_1——复合地基的加固体下沉量（mm），可用荷载试验的变形模量替代；也可参考《建筑地基处理技术规范》JGJ 79—2002 给的水泥土搅拌桩计算式（4.1-4）：

$$s_1=\frac{(p_z+p_{zl})\ L}{2E_{cp}}$$

s_2——复合地基加固体以下未加固土层的下沉量（mm），按规范计算；

p_z——复合土层顶面的附加应力（kPa）；

p_{zl}——复合土层底面的附加应力（kPa）；

E_{cp}——复合土层的压缩模量（kPa）；

L——有效桩长（m）。

在实际计算中，如果桩体穿透了压缩层，则复合地基下沉就只有 s_1，而没有 s_2，这种情况下，$s=s_1$。s_1 及 s_2 的具体计算见第 8.6 节。

4）复合地基压缩模量计算

土桩及灰土桩复合地基压缩模量，规范中未给出计算公式，实践工程中当需要确定时，可通过现场试验确定。

5）桩距计算

土桩及灰土桩之间距估算公式如下：

$$a=0.95d\sqrt{\frac{\overline{\eta}_c\rho_{dmax}}{\overline{\eta}_c\rho_{dmax}-\overline{\rho}_d}} \tag{5.1-2}$$

式中 a——桩孔之间的中心距（m）；

d——桩孔直径（m）；

ρ_{dmax}——桩间土的最大干密度（t/m^3）；

$\overline{\rho}_d$——地基处理前土的平均干密度（t/m^3）；

$\overline{\eta}_c$——桩间土经成孔挤密后的平均挤密系数，对重要工程不宜小于0.93，对一般工程不应小于0.90。

桩间土的平均挤密系数也可按下式计算：

$$\overline{\eta}_c=\frac{\overline{\rho}_{dl}}{\rho_{dmax}} \tag{5.1-3}$$

式中 $\overline{\rho}_{dl}$——在成孔挤密深度内，桩间土的平均干密度（t/m^3），平均式样数不应少于6组。

6）总桩数计算

土桩及灰土桩总桩数量计算公式为：

$$n_p=\frac{A_z}{A} \tag{5.1-4}$$

式中 n_p——单体工程总桩数（根）；

A_z——拟处理地基总面积（m^2）；

A——1根土桩或灰土桩所承担的处理地基面积（m^2），$A=\frac{\pi d_e^2}{4}$；

d_e——1根土桩或灰土桩所分担处理地基面积的等效圆直径（m），桩孔按等边三角形布置时，$d_e=1.05a$，a为桩间距；桩孔按正方形布置时，$d_e=1.13a$，a为桩间距。

5.1.3 土桩及灰土桩的施工

5.1.3.1 施工机具

成孔方式应按设计要求、机械设备、施工经验、现场土质、桩孔深度、周围环境等情况综合考虑，通常成孔方法有沉管法（振动、锤击）、冲击法、爆扩法等，而沉管法（振动、锤击）和冲击法是与砂石桩的成孔方法完全相同的，所用机具也完全一样，可参阅第3.2节“砂石桩”的相关部分。

当为非爆扩法时，土桩及灰土桩施工所用的机具有：成孔机械、操作控制台、加料设备、步履式桩架、桩管、桩尖等；当为爆扩法时，不需打桩机械，仅需洛阳铲、钢钎及加料设备。加料设备可用人力推车，也可采用小容量装载机。

桩孔的填料夯实机械尚无定型产品，多由施工单位自行设计加工而成。目前多采用的夯实机有偏心轮夹杆式夯实机（使用夯锤1kN左右）和卷扬机提升式夯实机（使用夯锤

1.5～3.0kN）两种。

5.1.3.2 设备布置

通常施工所用的机械、机具、设备、设施等都要针对场地情况和主要机具台数进行合理布置，应遵循方便施工、互不干扰、提高速度、节约资金的原则。

成孔机械是制桩的主要机械，应布置在有利位置，便于移位；控制操作台（或称电气操作台）起着指挥作用，应布置在距孔位较近的地方；装载机运输要方便供料，在填料堆场与孔位之间要有较短的通顺道路，利于装载机运行。填料堆场宜根据场地情况分散设置，避免集中设置，造成运输供应的麻烦。

成孔机械应视土质情况和设备台数进行布置。

5.1.3.3 施工方法

1）施工走向

施工进退走向视机械台数和施工任务大小而定，当施工量很大时，可分成 3～4 块用 3～4 台机械同时施工；当施工现场距已有围墙或建筑物很近时，应先进行靠近已有围墙或建筑物处的制桩；当施工量一般时，可采用 2 台机械同时从两端开始，向中部逐渐行进；1 台机械施工时，可以先两端后中间。2 台或多台机械分块施工时，原则上应该先外后里、先四周后中间施工，这样可以利用施工机械的本身重量对已施工部位进行压实，达到造桩后地面有所密实，避免可能的地面隆起。

2）成孔方法

成孔方法有沉管法、冲击法和爆扩法。

沉管法成孔是目前最常用的一种，该方法是用打桩机将带有特制桩尖的钢管打入土层中，并达到设计深度，然后缓慢拔出桩管后成孔，方法简单易行，孔壁光滑平整，挤密效果较易控制，但处理深度受桩架高度限制，一般不超过 7～9m。打桩机的技术性能（如锤重、激振力等）应与桩管直径、重量、长度及地基土特性等相适应。桩管沉至设计深度后应及时拔出，不要在土中搁置时间过长，否则可能造成挤孔而难以拔出。桩管由无缝钢管制成，壁厚 10mm 以上。工程实践中，已有将桩架改进加高，深度达到 15m 以上，用于处理较深的湿陷性黄土。

冲击法成孔是使用冲击钻机将 0.6～3.2t 锥形锤头提升 0.5～2.0m 高后自由落下，反复冲击后成孔，直径可达 50～60cm，成孔深度可达 20m 以上，适用于处理自重湿陷性厚度较大的土层。冲击法成孔深度不受桩架高度限制，所以比沉管法能打更深的桩孔，这是它的最大优点。

爆扩法成孔不需要打桩机械，工艺简单。可用钢钎打入土中形成 1.5～3.0cm 的孔径，直接填入炸药和 1～2 个电雷管，也可用洛阳铲或普通钻机在土中挖成直径 6～8cm 的孔径，装入炸药卷和电雷管爆扩成孔。前者适用于含水量较小的土层，后者适用于含水量高的土层。爆扩后桩孔直径 D 约为药眼或药卷直径 d 的 15～18 倍。成孔深度与使用机械有关，采用洛阳铲成孔可打深 5--8m，采用钻机成孔通常为 15m 以下。

应该提及的是，沉管法、冲击法和爆扩法制成的土桩或灰土桩均是在成孔过程中，将孔内土挤向四周，使桩间土受到挤密。如果采用挖、钻等非挤密方法成孔的土桩或灰土桩，由于桩间土没有受到挤密，因此不属于挤密地基的范畴，也就不是我们所研究的土挤密桩或灰土桩挤密。

3）浸水预湿

当土的含水量低于12%～14%时，土体呈半固体状态，成孔困难，挤密效果极差，因此无法进行土桩或灰土桩的挤密施工。此种情况，应对天然土层进行人工浸水预湿的方法，使土的含水量接近最优含水量。

浸水预湿宜采用浅层水畦和深层渗水孔相结合方式，水畦深30～50cm，宽40～60cm，畦底面铺厚约5cm的小碎石，并与渗水孔相连接；深层渗水孔可用ϕ80mm洛阳铲成孔，孔深为预计浸润土层底深的3/4左右，孔的间距为1～2m，孔内填小石子或粗砂砾。浸水后晾晒1～3天（冬季稍长），待地面晾干程度能够放置施工机具时，即可进行成孔、填料的施工。

人工浸水湿润的方法应逐渐注水，确保水的有效渗透，并严格控制用水量。预计浸水预湿总需水量可按公式（5.1-5）进行估算。

$$W=k\bar{\rho}V\frac{w_{op}-w}{100} \tag{5.1-5}$$

式中 W——预计浸水预湿总需水量（t）；

k——损耗系数，视具体情况取值为1.1～1.25；

$\bar{\rho}$——浸润范围内土的天然干密度的加权平均值（t/m^3）；

V——浸润范围内土的总体积（m^3）；

w——浸润范围内土的天然含水量的加权平均值（%）；

w_{op}——土的最优含水量（%）。

5.1.3.4 施工准备

土桩及灰土桩的施工准备主要有：

1）施工技术、施工人员、施工机具、材料供应、生产物资、生活物资、施工用房等的准备。

2）三通一平准备：主要是水通、电通、路通和施工场地平整。水通指供水质量和数量应满足工程生产、生活需要，供水设施齐全，输水管路畅通，排水系统畅通，防止污水乱排乱泄。电通指供电设施齐全，电压、电流、电量应满足工程生产、生活负荷要求，输电线路的规格符合规定。路通指场内外交通畅通无阻，满足材料供应、生产物资、生活物资的运输要求。场地平整主要指铲除施工场区的土丘、树根、孤石等障碍，填平坑洼，确保施工场地基本平整，便于机械移动，材料运输，使施工能够顺利进行。

3）制定技术供应保障措施、生产安全保障措施、施工质量保障措施。

4）做好施工场地布置：主要是供电线路、交通道路、填料堆场。另外，还应考虑机械停放场、配电室、机修房、工人休息室、生产用房、生活用房、办公用房等的合理布设。

5）桩的定位：平整场地后，测量地面高程并符合设计要求。桩的定位主要是根据设计图纸的布桩要求，将各桩定点到实地位置，并在桩位打小木桩标出，桩位偏差不得大于5cm。

5.1.3.5 制桩工艺流程

1）沉管成孔

沉管成桩法是利用柴油沉桩机或振动沉桩机，将带有通气桩尖的钢制桩管沉入土中至设计深度，然后缓慢拔出，即形成桩孔。桩管用无缝钢管制成，壁厚不小于10mm，外径与桩孔直径相同，桩尖可做成活瓣式或活动锥尖式，以便拔管时通气。由起重机带动行走、起吊、定位和沉桩。每个机组一台班可成孔30个，顺利时可达50个孔。

沉桩机的锤重、激振力等技术性能应与桩管直径、长度、重量及土质的软硬条件相适应，锤重不宜小于桩管重量的2倍，桩孔越深，所需的柴油锤重越大。常用的柴油打桩机的技术性能及适用条件见表5.1-1。

柴油打桩机（锤）的技术性能 **表5.1-1**

类别	型号	性能指标		适用条件	
		锤重（kN）	冲击能量（kN·m）	桩孔直径（cm）	成孔深度（m）
导杆式	D1-6	5	9.3	30～35	5～6
	D1-12	12	21.5	35～40	6～7
	D1-18	18	37.8	40～50	6～8
	D1-25	25	62.5	50～60	7～9
筒式	D2-6	5	8.0	30～35	5～6
	D2-12	12	30.0	40～45	6～8
	D2-18	18	46.0	45～55	7～9
	D2-25	25	62.5	50～60	8～10

沉管法施工的工艺程序为：① 起重机起吊桩管，并使其就位；②启动桩锤沉管挤土；③缓慢拔管成孔；④桩孔回填夯实成桩。程序示意见图5.1-3。

2）冲击成孔

冲击法成孔是使用冲击钻机将锥形冲击锤（锤头）提升一定高度后自由落下，反复冲击后成孔。其施工工序为：冲锤就位、冲击成孔、回填冲击、起锤成桩。程序示意见图5.1-4。锤头形式见图5.1-5。

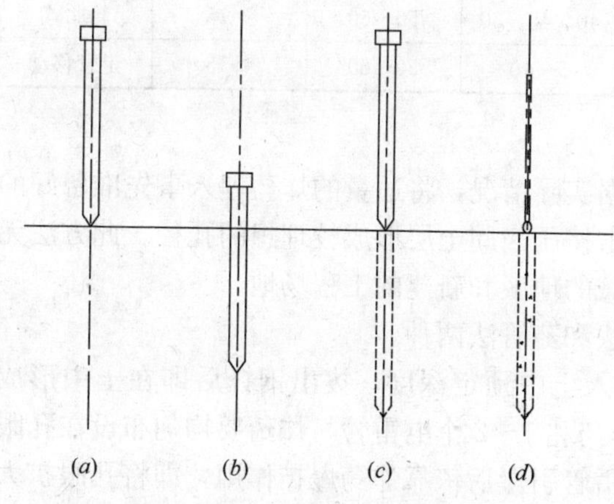

图5.1-3 沉管法施工程序示意

（a）桩管就位；（b）沉管挤土；（c）拔管成孔；（d）填夯成桩

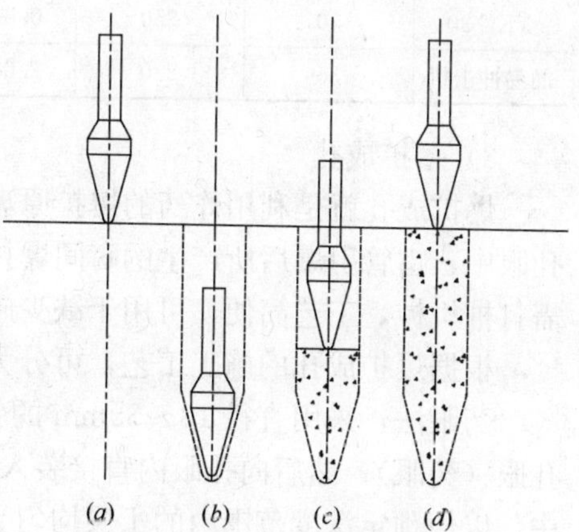

图5.1-4 冲击法施工程序示意

（a）冲锤就位；（b）冲击成孔；（c）回填冲击；（d）起锤成桩

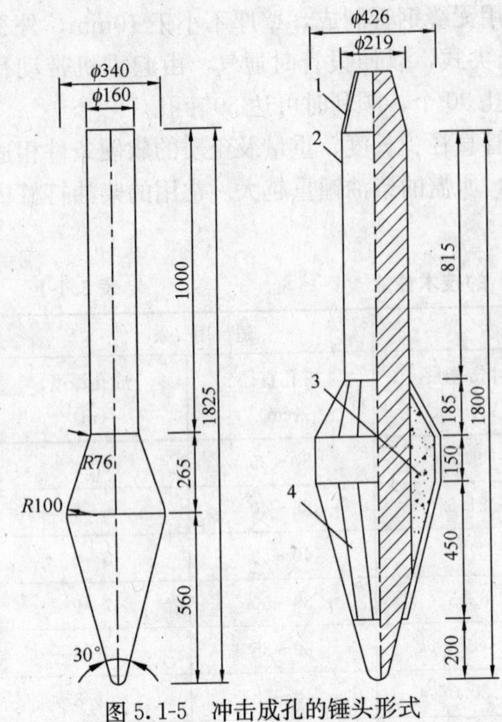

图 5.1-5 冲击成孔的锤头形式

冲击法成孔深度不受桩架高度限制，不但比沉管法能打更深的桩孔，而且成孔与填孔使用相同的机械，配套合理，夯填质量高，有利于采用素土桩，降低工程造价，特别适用于处理厚度较大的湿陷性黄土。

为了防止孔口被冲塌并保证冲击锤能垂直准确冲进，冲击钻机上应安装钢管导向器，导向器由壁厚 10mm 以上的无缝钢管制成，内径应略大于锤头直径，高度宜接近 2 倍的冲锤长度。

冲击钻机就位时，应准确平稳，锤尖要对准孔的中心，刚开始冲孔时需低锤多击，待锤头全部入土后再改用正常的冲程实施锤击成孔。成孔过程中，尽可能少用高冲程，以免引起塌孔和卡锤。

现将常用的成孔机械技术性能列于表 5.1-2。

冲击成孔机的技术性能 **表 5.1-2**

型　号	卷筒提升能力 (kN)	锤头最大质量 (kg)	锤头冲击行程 (m)	冲击次数 (次/min)	冲击桩孔直径 (cm)	冲击桩孔深度 (m)	行走方式
YKC-20-2	12	100	0.3～0.75	36～58	40～50	>10	胶带自行式
YKC-20	15	100	0.45～1.0	40、45、50	40～50	>10	轮胎式
CZ-22	20	150	0.35～1.0	40、45、50	45～65	>10	轮胎式
飞跃-22	20	150	0.5～1.0	40、45、50	15～55	>10	轮胎式
YKC-30	30	250	0.5～1.0	40、45、50	50～60	>15	轮胎式
简易冲击机	35	220	2.0～3.0	5～10	50～60	>15	走管移动

3）爆扩成孔

爆扩成孔就是利用炸药的爆扩原理，根据实际情况，将适量的炸药埋入事先准备好的孔眼中，雷管引爆后所产生的瞬间爆扩，冲击挤压四周土层形成较理想的孔径。此方法无需打桩机械，工艺简便，可用于缺少施工机械的地区和新建的工程场地。

根据爆扩成孔的施工工艺，可分为药眼法和药管法两种。

药眼法：采用直径 18～35mm 的钢钎打入土中预定深度，拔出钢钎后即在土中形成孔眼（药眼），然后向孔眼内直接装入安全炸药和 1～2 个电雷管，炸药要均匀布设在孔眼中，以便预定深度范围内的土层均匀受压，雷管引爆后依靠炸药爆扩作用，即将孔眼扩大成为一定直径的桩孔，最后再把桩孔用素土或灰土回填夯实。药眼法工艺简单，但只适用于土层含水量小于 22%的情况，含水量高时则不适用。施工工序见图 5.1-6。

药管法：事先用洛阳铲或带锥头的钢铲在土层中造成 φ60～φ80mm 的药管孔，而后在

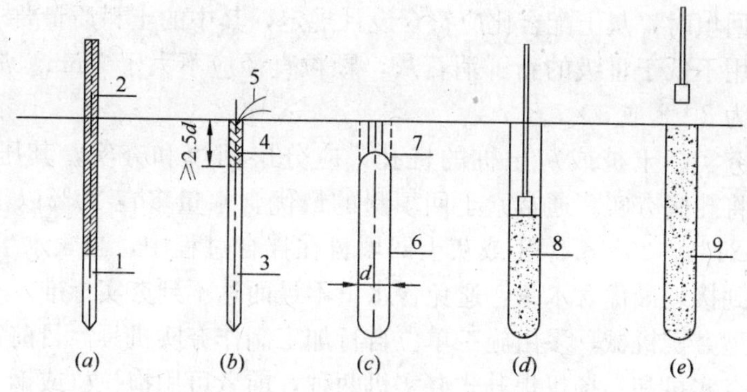

图 5.1-6 药眼法爆扩成孔工艺流程

(*a*) 打小药眼；(*b*) 装填炸药；(*c*) 引爆成孔；(*d*) 回填夯实；(*e*) 超夯成桩

1—药眼；2—钢钎；3—炸药；4—封土层；5—导线；6—桩孔；7—削土层；8—填料；9—桩身

孔内放入制作好的 ϕ18～ϕ35mm 的炸药管和 1～2 个电雷管，引爆后即将药管孔扩大成为一定直径的桩孔。此方法的炸药要装在封闭防潮的预制药管内，不与土层直接接触，因而适用于含水量较大的场地。施工工序见图 5.1-7。

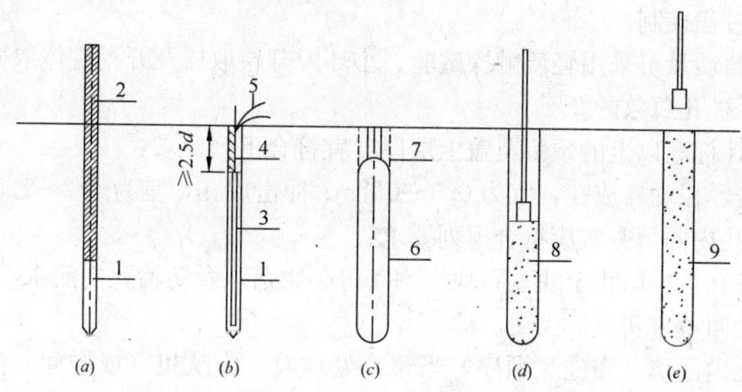

图 5.1-7 药管法爆扩成孔工艺流程

(*a*) 打小药孔；(*b*) 装入药管；(*c*) 引爆成孔；(*d*) 回填夯实；(*e*) 起夯成桩

1—土孔；2—钢铲；3—炸药管；4—封土层；5—导线；6—桩孔；7—削土层；8—填料；9—桩身

爆扩成孔法施工前，应按设计要求在现场进行爆扩成孔和挤密效果试验，取得可靠的装药量、桩孔距、爆扩系数等参数。同时应了解清楚现场各种情况，对可能发生的问题制定预防措施。爆扩施工要由一定资质的队伍和专业人员进行操作，并制定安全保障措施，划出爆扩安全撤离距离。炸药的存放、运输、保管应严格执行安全操作规程，杜绝事故发生。

4）填料与夯实

桩孔形成后要及时进行分段回填并夯实，回填料必须符合设计要求，回填料前，孔底应进行夯实。

①采用素土回填时，土料应采用纯净黄土、一般黏性土或塑性指数 $I_p>4$ 的粉土，土块的粒径应小于 15mm，其有机质含量不得超过 5%，并不得含有草根、树枝、杂土、石块、瓦砾、砖渣、膨胀土、盐渍土、冻土等不良物。

②采用灰土回填时，灰土配合比应符合设计规定，其中的土料质量要求与素土回填相同；石灰要求采用不低于Ⅲ级的新鲜消石灰，颗粒直径应不大于5mm。常采用的灰土配合比（体积比）为2∶8或3∶7。

③回填料的夯实。土桩或灰土桩的桩孔，应分层回填和夯实，其压实度不得小于0.96，填料前应将孔底夯实。通常素土回填料的最优含水量多在20%以下；灰土回填料的最优含水量为21%～26%。素土或灰土回填料在拌合过程中，当含水量低于12%时可以加水，使其达到接近最优含水量，避免含水量不足而达不到夯实标准。

国内尚无定型夯实机械，多由施工单位自行加工制作夯实机具。目前常用的夯实机械有偏心轮夹杆式夯实机和卷扬机提升式夯实机两种，前者可用拖拉机或钢斗车改装，移动轻便，夯实速度快，夯锤质量100～150kg，夯锤钢管长6～8m，钢管直径60～80mm，夯锤与钢管焊成整体；后者采用电力启动卷扬机，人工操作，上、下提升进行夯实，夯锤质量100～300kg，夯锤质量大可获得较大的能量，施工效果更好。

一般情况，夯锤直径宜小于桩孔直径9～12cm，每填一锹料夯击1～2次，夯锤落距通常为60～70cm，夯击速度为25～30次/min，6m桩长可在15～20min内完成。成孔及夯实的施工顺序宜间隔进行。

5.1.3.6 施工过程控制

1）桩孔填料质量可采用轻便触探试验、小环刀分层取样及开挖桩体取样等方法检验，检查数量不少于桩孔总数的2%。

2）桩顶设计标高以上的预留覆盖土层厚度宜符合下列要求：

沉管（锤击、振动）成孔，宜为0.5～0.7m；冲击成孔，宜为1.2～1.5m。

3）成孔和孔内回填夯实应符合下列要求：

①已成的桩孔，应防止土块、石块、木条等杂物落入及防治孔内灌水，并尽快用符合要求的土或灰土回填夯实。

②成孔和孔内回填夯实施工顺序，当整片处理时，宜从里（或中间）向外间隔1～2孔进行，对大型工程，可采取分段施工；当局部处理时，宜从外向里间隔1～2孔进行。

③向孔内填料前，孔底应夯实，并应抽样检查桩孔的直径、深度和垂直度。

④桩孔的垂直度偏差不宜大于1.5%。

⑤桩孔中心点的偏差不宜超过桩距设计值的5%。

⑥桩孔经检验合格后，应按设计要求，向孔内分段填入筛好的充填料（素土、灰土、其他填料），并应分层夯实至设计标高。

4）铺设灰土垫层前，应按设计要求将桩顶标高以上的预留松动土层挖除或夯实。

5）施工过程中，应有专人监理成孔及回填夯实的质量，并应做好施工记录。如发现地基土质与勘察资料不符，应立即停止施工，待查明情况或采取有效措施处理后，方可继续施工。

6）雨期或冬期施工，应采取防雨或防冻措施，防止灰土和土料受雨淋湿或冻结。

7）成孔时，地基土宜接近最优（或塑限）含水量，当土的含水量低于12%时，宜对拟处理范围内的土层进行增湿，增湿土的加水量按下式估算：

$$Q=V\bar{\rho}_{d}\ (\bar{\omega}_{op}-\bar{\omega})\ k \tag{5.1-6}$$

式中　Q——计算加水量（m^3）；

V——拟加固土的总体积（m^3）；

$\bar{\rho}_d$——地基处理前的平均干密度（t/m^3）；

$\bar{\omega}_{op}$——土的最优含水量（%），通过室内击实试验求得；

$\bar{\omega}$——地基处理前的平均含水量（%）；

k——损耗系数，取值为 1.05～1.10。

应于地基处理前 4～6d，将需增湿的水通过一定数量和一定深度的渗水孔，均匀地浸入拟处理范围内的土层中。

5.1.4 土桩及灰土桩的施工质量

土桩及灰土桩的施工质量应按以下控制：

1）成桩后应及时抽样检查土挤密桩及灰土挤密桩处理地基的质量。对一般工程，主要应检查施工记录、检查全部处理深度内桩体和桩间土的干密度，并将其分别换算为平均压实系数$\bar{\lambda}_c$和平均挤密系数$\bar{\eta}_c$；对重要工程，除检测上述内容外，还应测定全部处理深度内桩间土的压缩性和湿陷性。

2）竣工后抽样检查的数量，对一般工程不应少于总桩数的 1%；对重要工程不应少于总桩数的 1.5%。

3）土挤密桩及灰土挤密桩地基竣工验收时，承载力检验应采用复合地基载荷试验，检验数量不应少于总桩数的 0.5%，且每项单体工程不应少于 3 点。

4）成桩的强度、复合地基承载力、总沉降量等均应达到设计要求。

5）桩孔中心点偏差不应超过设计桩距值的 5%。

6）桩孔垂直度偏差不应大于 1.5%。

7）根据设计图纸检查桩位、桩距、桩顶标高等是否符合设计要求。同时检查有无漏桩、漏料等，并作出检验记录。

8）桩孔的直径和深度：对沉管法，直径和深度不得小于设计值；对冲击法和扩孔法，直径和深度不超过设计值的±70mm。

5.2 石 灰 桩

5.2.1 石灰桩的特性

5.2.1.1 一般介绍

石灰桩是指在软土中成孔后，向孔中填入适当粒径的生石灰块并逐段夯实形成柱状桩体的一种地基加固方法，它是一种简单而又经济的地基加固方法。由于填料为石灰块，因此也叫“块灰灌入法”，而石灰还有另外两种成桩方法，即：以石灰粉料填孔并与土加以搅拌成桩的方法叫做“粉体喷射法”，所成的桩体称为“粉喷桩”，它已在“4.2 节”中作了介绍；还有以石灰浆液注孔成桩法称为“高压喷射注浆桩”，它已在“4.3 节”中作了介绍。

作为复合地基处理技术的石灰桩，其处理效果是比较明显的，在过去广泛用于路基、堤岸、低层房屋基础加固中。

石灰桩适宜于处理饱和黏性土、淤泥、淤泥质土、素填土、杂填土等水位以下地基，不适应于地下水位以下的砂类土地基。当用于地下水位以上的土层时，宜增加填料的含水量并减少生石灰用量，或采取土层浸水等措施。

由于生石灰与土层中的水和土发生一系列化学、物理作用，使土的结构得到改良，土中含水大大降低，并伴随膨胀压力挤密土体。鉴于桩体硬结后强度的较大提高，桩间土受到挤密，土粒结构有所改善，从而使桩与桩间土共同构成复合地基，复合地基承载力提高，沉降量减少。

石灰桩的填料主要是生石灰粒块，此外还可以添加掺合料，掺合料有粉煤灰、炉渣等。掺合料的重量占生石灰重量的 30%～70%为宜，此范围的配比，通常桩体强度可以达到 0.2MPa 以上的无侧限抗压强度。

5.2.1.2 作用原理与性质

石灰桩的加固机理可从桩体、桩间土、复合地基三个方面来分析。

1）桩身加固机理

桩身由生石灰构成，生石灰与土层中的水发生水化反应后产生膨胀，石灰桩直径可比原来所填石灰粒块体积胀大一倍，如充填密实且纯氧化钙的含量高，生石灰密度可达 1.1～1.2t/m^3，桩体强度可明显提高。同时，生石灰吸水膨胀所产生的挤压作用，使桩周土的孔隙减小，土的含水量降低，形成一圈类似空心桩的硬壳，使土得到挤密加固，强度提高。再者，桩顶采用黏土封顶，可限制由于石灰膨胀而隆起，也能起到提高桩身密实度的作用。

2）桩间土加固机理

石灰桩在成桩过程中，由于石灰吸水所发生的水化反应、胶凝反应以及对桩周土的挤密，均能改善桩间土的结构，提高土体强度。总的可产生成孔挤密、膨胀挤密、脱水挤密和胶凝作用四种加固机理，以下分别简述。

成孔挤密：石灰桩采用螺旋钻方法成孔或沉管（振动、锤击）方法成孔，成孔过程中都会使桩间土产生挤压和排土作用。一般土质越疏松、渗透性越大，挤密效果越好；地下水位以上比地下水位以下挤密效果好。但是，对灵敏度高的饱和软弱黏土，成桩过程中非但不能挤密桩间土，而且还会破坏土的结构，促使土强度降低。资料证明，在饱和软弱黏土地基成桩后，地面隆起占总灌灰体积的 70%～90%，加固效果也小，所以石灰桩不适应于饱和软弱黏土的加固。

膨胀挤密：成桩后由于生石灰首先发生消化反应，吸水、发热、产生体积膨胀，直到桩体内毛细吸力达到平衡为止，使桩间土产生强大的挤压力，这对地下水位以下软黏土的挤密起主导作用。当石灰颗粒愈大、熟化温度愈高、外部约束愈小、有效钙含量愈高时，石灰体积膨胀愈大。

脱水挤密：软黏土的含水量一般为 40%～80%，生石灰的主要成分是 CaO，CaO 要吸收大量水分而水化。石灰水化过程中放出热量提高了地基土温度，高温使土汽化脱水，土中含水量下降，孔隙比减小，土体收缩，土颗粒靠拢而挤密，地下水位也有一定降低。

胶凝作用：胶凝作用是生石灰加固土体的主要作用，因为土与生石灰中的 SiO_2、CaO 等成分发生反应，生成水化物，使石灰中产生硅酸盐材料、土体产生化学固结现象，石灰桩的长期强度得到增长。同时，石灰中的硅酸盐材料能使土颗粒胶凝，并使土团粒变得较大，土的结构得到改变，使土加固、土的力学强度得到提高。

3）复合地基

在石灰桩加固的复合地基中，由于桩体比桩间土具有更大的强度，其极限承载力可达250～500kPa。当复合地基承受上部荷载时，桩上将产生应力集中，其桩土应力比一般为2.5～5.0。同时，由于桩间土的挤密，强度也有提高。这样，石灰桩加固形成的复合地基，可以比原有天然地基有更大的承载能力。通常石灰桩处理后的复合地基承载力特征值不宜大于160kPa，复合地基承载力通常采用公式计算。

5.2.2 石灰桩加固设计

5.2.2.1 加固布桩范围

由于石灰桩承载能力所限，只能用于承载力要求小的地基中，用作复合地基处理时，应适当加超布桩。通常结合基础形状和尺寸，按照计算桩距进行布桩，其加固范围要求如下：

1）当为条形基础时：石灰桩布孔不少于3排，并使基础两边对称超出基底边沿0.5～1.0m。

2）当为十字交叉基础时：石灰桩布孔不少于3排，并使基础两边对称超出基底边沿0.5～1.0m。

3）当为筏形和肋板基础时：应在基底面积范围内满堂布桩，并且基底轮廓线外布桩不少于2排桩。

4）对于基底下土的承载力特征值小于70kPa或大面积加固时，应在基础以外布置2排围护桩。

5.2.2.2 一般技术要求

1）桩径

可根据成孔机械、施工工艺、场地土质等具体情况确定桩径大小，规范要求桩孔直径以300～400mm为宜，工程实际中常有300mm、350mm、400mm等桩径。

2）桩长

桩长与成孔机械和投料方式有关，当螺旋钻方法成孔或沉管（振动、锤击）方法成孔，孔深5～15m；也可采用洛阳铲人工成孔，这时，孔深不大于6m，孔径不大于300mm。机械成孔的投料方式分管外投料和管内投料，管外投料的孔深一般不超过8m，管内投料的孔深可达15m。事实上由于石灰桩承载能力有限，石灰桩的长度都比较短，一般在8m以内。

如果石灰桩加固只是为了形成一个压缩性较小的垫层，桩长则很小，一般取2～4m即可；如果加固目的是为了减少沉降，则需要较长的桩；如果加固是为了解决深层滑动，那么桩长应该穿透滑动面。

3）桩距

桩孔按等边三角形、梅花形或正方形布置，桩孔中心距可为桩体直径的2～3倍，桩距过大则约束力太小，一般离开桩3～4倍桩径外，原状土就得不到加固。

设计中，计算桩距可根据一根桩所承担的加固面积来确定，如等边三角形、正方形布桩，可分别按照公式（3.2-1）、（3.2-2）及公式（3.2-4）、（3.2-5）进行计算。

4）布桩形式

根据建筑物基础的要求，布桩形式可采用满堂布桩，如整体式房屋基础、水池基础、罐体基础、公路路基、铁路路基、渠堤基础等；也可以带状布置，如条形房屋基础、挡土墙基础等。

布桩可采用三角形、梅花形、长方形、正方形等不同形式，但最常用的是等边三角形、梅花形和正方形。带状基础下，可采用等腰三角形、等边三角形、长方形或正方形；筏形和肋板基础下大面积满堂布桩，可采用梅花形、正方形、长方形等，以梅花形最为常用。

5）充填料

石灰桩的孔内填料（固化剂）主要是生石灰块，粒径不大于 70mm，也可以采用石灰块加掺合料。掺合料有粉煤灰、火山灰、炉渣等工业废料。生石灰与掺合料的体积比依地质情况而定，通常可取 1∶1 或 1∶2，当为淤泥和淤泥质土时，石灰用量应取大值。有时也可掺石膏和水泥，掺加量应是生石灰加入重量的 3%～10%。

填料中加入掺合料，如粉煤灰、火山灰、钢渣、炉渣、黏性土等，能够防止石灰桩软心，增大桩的强度，保证石灰桩质量。掺合料的掺量要事前通过配比试验，一般粉煤灰掺入量占石灰桩重量的 15%～30%。掺合料应保持适当含水量，使用粉煤灰或炉渣时，其含水量宜控制在 30%左右。

掺合料的重量占生石灰重量的 30%～70%为宜，掺合料与生石灰的重量配比为 1∶2～1∶2.5。一般施工中采用体积比较为方便，常用的体积比有：

生石灰∶掺合料＝2∶1，1.5∶1，1∶1

6）垫层

为保证复合地基的整体性，使建筑物基础与桩体能够有效联合受力以及当地基需要排水通道时，在桩顶与建筑物基础之间要铺设一层厚度为 20～30cm 的砂石褥垫层，最大粒径应不大于 20mm，垫层应分层铺筑和压实。

5.2.2.3 石灰桩的主要计算

1）复合地基承载力计算

群桩与处理后的桩间土形成复合地基，石灰桩复合地基承载力特征值通常不宜超过 160 kPa，对于较好土质和保证桩身强度的情况下，可通过实际试验适当提高。

石灰桩复合地基承载力特征值，通过现场单桩或多桩复合地基载荷试验确定。当无试验资料时，初步设计可按下述公式估算：

$$f_{spk}=mf_{pk}+(1-m)f_{sk} \tag{5.2-1}$$

式中 f_{spk}——石灰桩复合地基承载力特征值（kPa）；

f_{sk}——处理后的桩间土承载力特征值（kPa），宜按当地经验取值，当缺少实际资料时，可按天然地基承载力特征值的 1.05～1.20 倍取值；

f_{pk}——石灰桩桩身抗压强度比例界限值，由单桩竖向荷载试验确定，初步设计可取 350～500kPa；

m——桩土面积置换率，桩面积按 1.1～1.2 倍成孔直径计算，土质软弱时取低值。

2）单桩竖向承载力计算

石灰桩处理目的主要是提高复合地基承载力，因此，必须计算复合地基承载力，而单桩竖向承载力通常可以不进行计算或通过现场试验求得。

由于规范没有给出单桩竖向承载力的计算公式，若必须计算单桩竖向承载力时，设计中可利用公式（2.2-1）予以估算。

3）复合地基压缩变形计算

石灰桩复合地基压缩变形计算应符合现行国家标准《建筑地基基础设计规范》GB 50007—2002 的有关规定，其沉降计算表达公式仍是（3.1-4），即为：

$$s=s_1+s_2$$

式中 s——在基础以上荷载作用下，复合地基总沉降量（mm）；

s_1——复合地基的加固体下沉量（mm），可用荷载试验的变形模量替代；也可参考《建筑地基处理技术规范》JGJ 79—2002 给的水泥土搅拌桩计算式（4.1-4）：

$$s_1=\frac{(p_z+p_{zl})\ L}{2E_{cp}}$$

s_2——复合地基加固体以下未加固土层的下沉量（mm），按规范计算；

p_z——复合土层顶面的附加应力（kPa）；

p_{zl}——复合土层底面的附加应力（kPa）；

E_{cp}——复合土层的压缩模量（kPa）；

L——有效桩长（m）。

在实际计算中，如果桩体穿透了压缩层，则复合地基下沉就只有 s_1，而没有 s_2，这种情况下，$s=s_1$。s_1 及 s_2 的具体计算见第 8.6 节。

施工质量有保证时，加固后的软弱土层沉降量仅为未加固天然地基的 1/4～1/5，而且沉降速度快，大部分能在施工期内完成。通常桩长范围内的复合土层的沉降量可按桩长的 0.5%～1%估算，一般情况下桩底下卧层的沉降为控制因素。有实测资料表明，对于一般软土地区的多层房屋建筑，下卧层承载力在 80kPa 以上时，最终沉降量为 30～60mm；下卧层承载力在 80kPa 以下时，最终沉降量为 50～100mm；而深厚软土地区，最终沉降量为 100～200mm。

4）复合地基压缩模量计算

石灰桩复合地基压缩模量，宜通过桩身及桩间土压缩试验确定，初步设计可按下述公式估算：

$$E_{cp}=\alpha\left[1+m\ (n_0-1)\right]E_c \tag{5.2-2}$$

式中 E_{cp}——复合土层的压缩模量（MPa）；

E_c——桩间土压缩模量（MPa），当缺少实际资料时可取天然地基压缩模量值；

α——系数，1.1～1.3，成孔时对桩周土挤密效果好或置换率大时取高值；

m——桩土面积置换率，$m=\frac{A_p}{A}$；

n_0——桩土应力分担比，可取 3～4，长桩取大值。

5.2.3 石灰桩的施工

5.2.3.1 施工机具

成孔应按设计要求、机械设备、施工经验、现场土质、桩孔深度、周围环境等情况综合考虑，一般采用打入、压入、振入的灌注机械均可施工。常用成孔方法是沉管法（振动、锤击），其次是冲击法、爆扩法、挖孔法、螺旋钻进法等。

当土层含水量不很大、土质较好的情况下，可采用洛阳铲人工挖土成孔；当有条件时则采用螺旋钻成孔。加料设备可用人力推车，也可采用小容量装载机。

桩孔的填料夯实机械尚无定型产品，多由施工单位自行设计加工而成。目前多采用简易的自制夯板。

5.2.3.2 设备布置

通常施工所用的机械、机具、设备、设施等都要针对场地情况和主要机具台数进行合理布置，应遵循方便施工、互不干扰、提高速度、节约资金的原则。

成孔机械是制桩的主要机械，应布置在有利位置，便于移位；控制操作台（或称电气操作台）起着指挥作用，应布置在距孔位较近的地方；装载机运输要方便供料，在填料堆场与孔位之间要有较短的通顺道路，利于装载机运行。填料堆场宜根据场地情况分散设置，避免集中设置，造成运输供应的麻烦。

成孔机械应视土质情况和设备台数进行布置。

5.2.3.3 施工方法

1）施工走向

石灰桩的施工进退走向视机械台数和施工任务大小而定，当施工量很大时，可分成3～4块用3～4台机械同时施工；当施工现场距已有围墙或建筑物很近时，应先进行靠近已有围墙或建筑物处的制桩；当施工量一般时，可采用2台机械同时从两端开始，向中部逐渐进行；通常不能够采用1台机械从一侧向另一侧逐渐退出，1台机械时，可以先两端后中间。2台或多台机械分块施工时，原则上应该先外后里、先四周后中间施工，这样可以利用施工机械的本身重量对已施工部位进行压实，提高地面的密实性，避免造桩后因桩体石灰膨胀而产生地面隆起。

2）成孔方法

成孔方法有沉管法（振动、锤击）、冲击法、爆扩法、挖孔法、螺旋钻进法，其中沉管法、冲击法、爆扩法与灰土桩的施工成孔方法是相同的。实际工程中，石灰桩常用沉管法（振动、锤击）、人工挖孔法、螺旋钻进法成孔。

沉管法成孔是目前最常用的一种，该方法是用打桩机将带有特制桩尖的钢管打入土层中，并达到设计深度，然后缓慢拔出桩管后成孔，方法简单易行，孔壁光滑平整，挤密效果较易控制，但处理深度受桩架高度限制，一般不超过8m。

冲击法成孔是使用冲击钻机将0.6～3.2t锥形钻头提升0.5～2.0m高后自由落下，反复冲击后使土层成孔，直径可达50～60cm，孔深度不受桩架高度限制，所以比沉管法能打更深的桩孔。同一套设备既可成孔，又可填夯。

爆扩法成孔不需要打桩机械，工艺简单，适用于缺少机械的工程。根据爆扩成孔的施工工艺，可分为药眼法和药管法两种。

药眼法：采用直径15～30mm的钢钎打入土中预定深度，拔出钢钎后即在土中形成孔眼（药眼），然后向孔眼内直接装入安全炸药和1～2个电雷管，炸药要均匀布设在孔眼中，以便预定深度范围内的土层均匀受压，雷管引爆后依靠炸药爆扩作用，即将孔眼扩大成为一定直径的桩孔，最后再把桩孔用生石灰回填夯实。药眼法工艺简单，但只适用于土层含水量小于22%的情况，含水量高时则不适用。

药管法：事先用洛阳铲或扁锥头钢铲在土层中造成直径为60～80mm的药管孔，而后在孔内放入预制好的ϕ18～ϕ35mm的炸药管和1～2个电雷管，引爆后即将药管孔扩大成为一定直径的桩孔。此方法的炸药要装在封闭防潮的预制药管内，不与土层直接接触，因而适用于含水量较大的场地。

挖孔法是用洛阳铲或扁锥头钢铲人工在土层中直接掏挖成符合要求的孔径，而后回填生石灰并夯实。

螺旋钻进法是利用螺旋钻机成孔，而后回填生石灰并夯实。此法的优点是钻进过程能不断挤压孔壁，使孔壁保持稳定；并能一次成孔，不需要升降工序，造孔较深；钻进效率高，每小时可钻30m以上。

3）填料与夯实

成孔后应立即回填，并分层夯实。一般是斗车或小型装载机运料，人工填料，简易机具夯实。压实分为人工夯实方法、机械夯实、沉管反插和螺旋反压等工艺。

回填料的具体方法是，生石灰及掺合料运至孔口分别堆放，在孔口放置一块厚1.5～2.5mm的钢板供拌合灰料使用。开始回填料前，应在钢板上按配比拌合回填料，每次要少拌，随用随拌，当为人工挖孔投料或管外投料时，尚需用小型污水泵或软轴泵（扬程8～10m，功率1.1～1.5kW）将孔内渗水排干，立即将回填料填入孔中，每次虚填高度约40cm，并压实到符合要求。

回填达到设计高程并经检查合格后，应用一般黄土、黏性土将孔口封堵并夯实，封堵厚度不小于50cm，封口高度要高出地面，防止地面水早期浸泡桩顶。

5.2.3.4 施工准备

石灰桩的施工准备主要有：

1）施工技术、施工人员、施工机具、材料供应、生产物资、生活物资、施工用房等的准备。

2）三通一平准备：主要是水通、电通、路通和施工场地平整。水通指供水质量和数量应满足工程生产、生活需要，供水设施齐全，输水管路畅通，排水系统畅通，防止污水乱排乱泄。电通指供电设施齐全，电压、电流、电量应满足工程生产、生活负荷要求，输电线路的规格符合规定。路通指场内外交通畅通无阻，满足材料供应、生产物资、生活物资的运输要求。场地平整主要指铲除施工场区的土丘、树根、孤石等障碍，填平坑洼，确保施工场地基本平整，便于机械移动，材料运输，使施工能够顺利进行。

3）制定技术供应保障措施、生产安全保障措施、施工质量保障措施。

4）做好施工场地布置：主要是供电线路、交通道路、填料堆场。另外，还应考虑机械停放场、配电室、机修房、工人休息室、生产用房、生活用房、办公用房等的合理布设。

5）桩的定位：平整场地后，测量地面高程并符合设计要求。桩的定位主要是根据设计图纸的布桩要求，将各桩定点到实地位置，并在桩位打小木桩标出，桩位偏差不得大于5cm。

5.2.3.5 制桩工艺流程

成孔方法有沉管法（振动、锤击）、冲击法、爆扩法、挖孔法、螺旋钻进法，其中沉管法、冲击法、爆扩法与灰土桩的施工成孔方法是相同的，其施工工艺详见第 5.1 节的相关部分。

需要提及的是，由于石灰桩直径较小，需采用轻便小型成孔机械。而且石灰桩容易塌孔，缩径不可避免，会发生桩的下部直径偏小，桩的上部直径偏大，应在施工中认真控制，尽可能保证桩的质量。

石灰桩回填料的投放可分为管外投料法、管内投料法、挖孔投料法三种方式，管外投料的孔深一般不超过 8m，管内投料的孔深可达 15m，前者适用于地下水位以上，后者适用于地下水位以下。管外投料法可用多种形式机械成孔，如沉管法、螺旋钻成孔、爆扩法成孔等；管内投料法只能采用具有密实功能的机械来成孔，如沉管振动成孔、沉管锤击成孔。挖孔投料适用于人工挖孔的情况下。

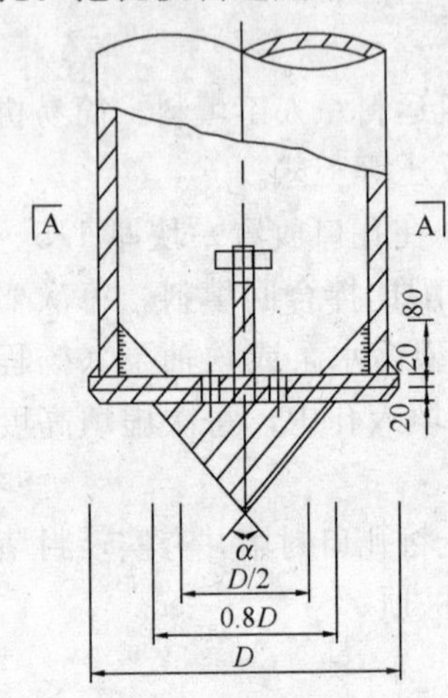

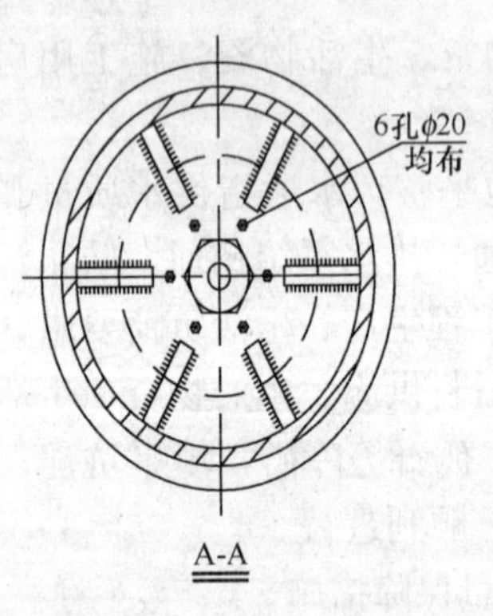

图 5.2-1　活动桩尖构造

管外投料是成孔后将桩机或桩管（沉管时）拔出地面，将回填料直接投放在孔中，每次投料量高度 40～60cm，进行压实后，再投料再压实，如此反复，直至桩顶；管内投料是成孔后不拔出管子，通过孔口处设在管上的投料斗，将回填料投入管中，边填料边振动边拔管，直至桩顶；挖孔投料是人工将孔挖至设计桩底，然后分层回填，分层压实，直至桩顶。

本节将根据投料方式来论述石灰桩的施工工艺。

1）管外投料

通常石灰桩都加有掺合料，掺合料及天然土粒都会含有一定的水分，生石灰与水能够发生化合反应，生石灰体积膨胀，易堵塞桩管，采用管外投料可以避免这一弊病，使填料畅顺；同时，管外投料采用一次成孔，分层投料夯实，造桩速度较管内投料要快。但是，管外投料容易发生塌孔，控制不好会严重产生缩径，甚至断桩，施工中要求更高的技术操作。当采用沉管法成孔时，管外投料采用 φ200～φ325 的无缝钢管制作桩管，桩管下端装设活动桩尖。桩管直径不能太大，否则由于拔管力较大，会造成拔管困难，一般桩径为桩管直径的 1.3～1.5 倍，或者说桩管直径是桩径的 0.7%～0.8%。

为了防止拔管时孔内负压造成塌孔，桩尖做成活动式，这样拔管时桩尖靠自重能够合拢，空气由桩管进入孔内，避免负压。桩尖构造见图 5.2-1。桩尖角度为 45°、60°、90°，土质较硬时取小值。

其他成孔方法施工时，直接将成孔机械提出地面，然后向孔中分层投料分层压实，直至桩顶。当以沉管法成孔时，管外投料的施工工艺流程是：桩机定位→沉管成孔→拔管出孔→抽排孔水→下料压实→再拔管出孔→再下料压实→成桩→封口压实（见图 5.2-2）。

2）管内投料

管内投料的施工工艺与管外投料类似，只是桩管不需拔出，并且成桩后需要反压。管内投料的施工工艺流程是：桩机定位→沉管成孔→分段填料压实→分段拔管→成桩→反压→封口压实（见图 5.2-3）。

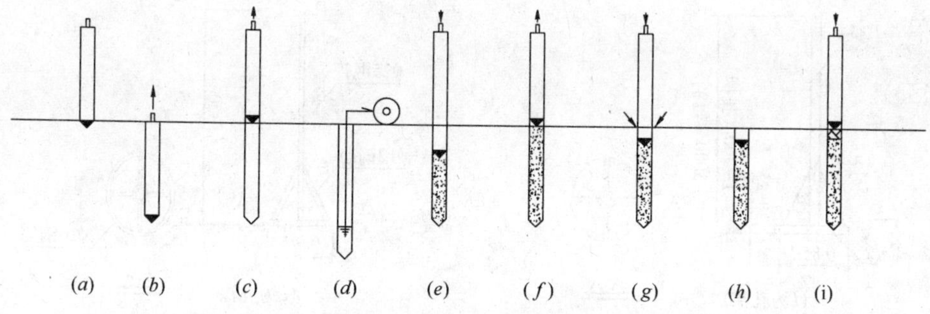

图 5.2-2　管外投料工艺流程

(*a*) 桩机定位；(*b*) 沉管成孔；(*c*) 拔管出孔；(*d*) 排出孔水；(*e*) 下料压实；
(*f*) 再拔管出孔；(*g*) 再下料压实；(*h*) 成桩；(*i*) 封口压实

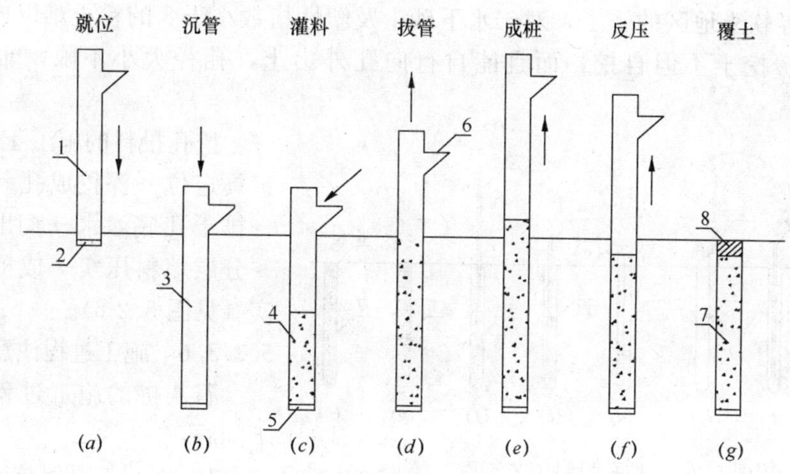

图 5.2-3　管内投料工艺流程

(*a*) 桩机定位；(*b*) 沉管成孔；(*c*) 分段填料；(*d*) 分段压实；(*e*) 成桩；(*f*) 反压；(*g*) 封口压实
1—桩管；2—桩尖；3—桩孔；4—填料；5—砂子；6—加料斗；7—石灰桩；8—封口压实

3) 挖孔投料

人工挖孔投料是利用洛阳铲成孔，人工回填并夯实。完成挖孔后，用小型污水泵或软轴泵（扬程 8～10m，功率 1.1～1.5kW ）将孔内水排干，用长柄勺挖出孔底浮渣，立即用铁锹将拌制好的回填料填入孔中，每次虚填高度约 30～40cm，并压实到符合要求。并用铁夯（见图 5.2-4）夯击密实，每次夯击 10～14 次。施工时应准备 3～10m 不同柄长的铁夯，以便用于不同深度。铁夯板重约 30kg，夯实时，通常三人持夯，加力下击，夯的落距应为 50～80cm。

为保证桩孔标准，可用测孔器（见图 5.2-5）对孔径和孔深进行量测检查，测孔器的长柄上有刻度，可以检查孔深。

由于洛阳铲在切土和取土过程中，对孔周土层扰动很小，在软土甚至淤泥中均能保持孔壁稳定。洛阳铲制桩，不需机械设备，只用简单器具即可施工，方法简单，可在狭窄场地操作，对周边无有振动和噪声，节约能源，造价低廉，能够多人同时作业，工期很短，质量可靠，是我国大部地区都广泛采用的一种方法。

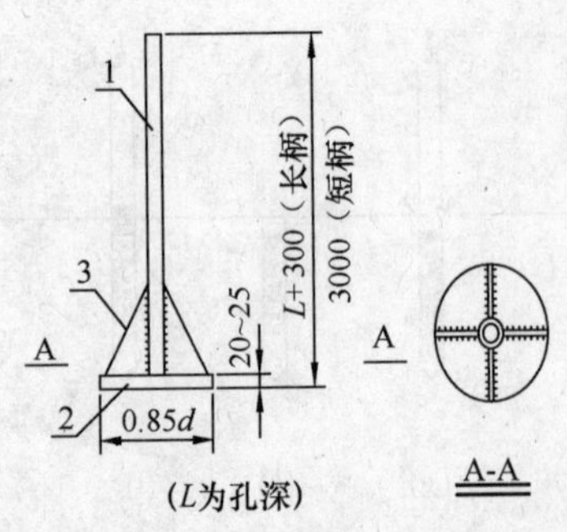

图 5.2-4 铁夯构造

1—ϕ30 钢管；2—夯板；3—加劲肋板

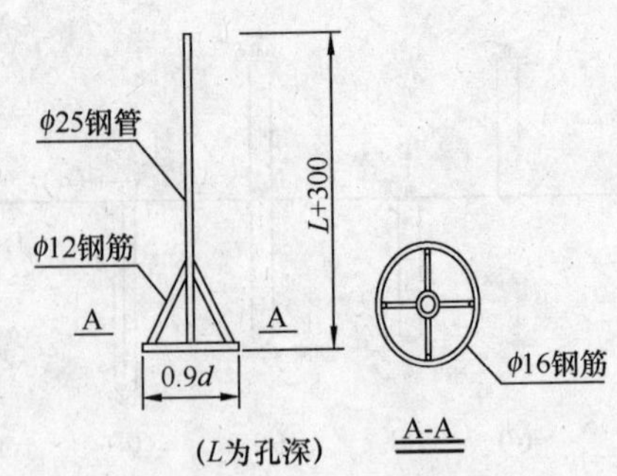

图 5.2-5 测孔器构造

洛阳铲挖孔深度受到限制，一般孔深不超过 6m。能够用于一般性黄土、黏性土、粉土、淤泥等软土地区的施工，对于水下砂土及塑性指数小于 8 的粉土难以成孔，不能适用。洛阳铲挖土不但自挖，而且能自行向孔外出土，孔径大小不限，非常方便灵活。

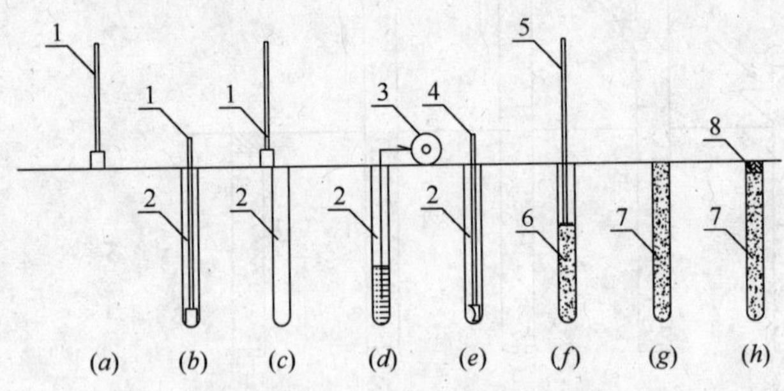

图 5.2-6 挖孔投料工艺流程

（a）挖具定位；（b）深挖成孔；（c）拔铲出孔；（d）排干孔水；（e）掏底浮渣；（f）分层填料夯实；（g）成桩；（h）封口压实

1—洛阳铲；2—桩孔；3—抽水机；4—掏勺；5—夯板；6—填料；7—石灰桩；8—封口压实

挖孔投料的施工工艺流程是：铲具定位→深挖成孔→拔铲出孔→排干孔底渗水→掏出孔底浮渣→分层填料压实→成桩→封口压实（见图 5.2-6）。

5.2.3.6 施工过程注意事项

石灰桩的施工过程应注意以下问题：

1）生石灰要保持新鲜，在现场露天堆放的时间视空气湿度和环境条件而定，通常不得多于 2～3d。

2）生石灰和掺合料不宜过早拌合，应随用随拌。拌制过早，不但因生石灰膨胀影响质量，而且容易发生冲孔（即生石灰和掺合料的混合料冲出孔口）。

3）冲孔原因是混合料内含有过量空气，空气遇热膨胀，产生爆发力。因此，防止冲孔的最好方法是保证回填料的密实度。同时孔内不能大量进水，掺合料（指粉煤灰、炉渣）的含水量不宜大于 50%。

4）桩体的膨胀与土层、填料含水量有关，含水量越大，吸水越快，膨胀越迅速，一般石灰桩在施工后 5～7d 即可进行基坑开挖。

5）孔口封顶宜用含水量适中的土，封口高度不小于 50cm，且要封土高出地面，防止地面水早期浸泡桩顶。

6）桩顶应高出基底 10cm 左右，以便与褥垫层联结一体。

7）人工挖孔过程中，不要抽排孔内渗水，以保持孔壁稳定。但罐料前必须抽干孔内积水，以保证填料质量。

5.2.4 石灰桩的施工质量

石灰桩的施工质量应按以下控制：

1）施工过程作好记录，成桩后应及时抽样检查石灰桩处理地基的质量。在施工中间，应在施工后7～10d进行；竣工验收检测，应在施工后28d进行。

2）施工检测可采用静力触探、动力触探或标准贯入试验。检测部位是桩中心及桩间土，每两点为一组，检查组数不少于总桩数的1%。

3）石灰桩复合地基竣工验收时，承载力检验应采用复合地基载荷试验。检验数量宜为：地基处理面积每200m^{2}左右布置一个点，且每项单体工程不应少于3点。

4）成桩的强度、复合地基承载力、总沉降量等均应达到设计要求。

5）桩孔中心点偏差不应超过设计桩径的50%。

6）桩孔垂直度偏差规范没有给出规定，建议按灰土桩标准，不应大于1.5%。

7）根据设计图纸检查桩位、桩距、桩顶标高等是否符合设计要求。同时检查有无漏桩、漏料等，并作出检验记录。

8）桩孔的直径和深度：对人工成孔法，直径不得小于设计要求，深度误差±15cm；对沉管法、螺旋钻进法，直径和深度不得小于设计值。

5.3 夯实水泥土桩

5.3.1 夯实水泥土桩的特性

5.3.1.1 一般介绍

夯实水泥土桩是指在软土中成孔后，向孔中填入水泥和土的混合料并逐段夯实形成柱状桩体的一种地基加固方法，它同样是一种简单而经济的地基加固方法。由于填料以水泥为主，并与土相拌合，因此也叫“夯实水泥土桩法”，而水泥和土的混合料还有另外两种成桩方法，即：以水泥喷射并与原位土加以搅拌成桩的方法叫做“粉体喷射法”，所成的桩体称为“粉喷桩”，它已在第4.2节中作了介绍；还有以水泥浆液注孔与土拌合成桩法称为“高压喷射注浆桩”，它已在第4.3节中作了介绍。

桩孔填料为水泥和土的混合料。水泥质量应符合国家标准规定；土料中有机质含量不得超过5%，不得含有冻土和膨胀土，土料使用时应过10～20mm孔筛。水泥和土的混合料含水量应为最优含水量，水泥和土必须拌合均匀，水泥用量应满足配比试验的要求。

夯实水泥土桩适用于处理地下水位以上的粉土、黏性土、素填土、杂填土等地基，处理深度在10m以内。夯实水泥土桩在设计前必须进行水泥与土的配比试验，为设计提供各种配比强度参数。

作为复合地基处理技术的夯实水泥土桩，其处理效果是比较明显的，它是在石灰桩、灰土桩理论基础上发展起来的，比石灰桩及灰土桩具有更大的承载能力。

由于水泥与土层中的水和土发生一系列化学、物理反应，使土的结构得到改良，土中含水大大降低，并伴随膨胀压力挤密土体。鉴于桩体硬结后强度的较大提高，桩间土受到挤密，结构有所改善，从而使桩与桩间土共同构成复合地基，复合地基承载力提高，沉降量减少。

夯实水泥土桩的填料主要是水泥，此外还可以通过试验添加掺合料，掺合料有石膏、粉煤灰、炉渣等。掺合料的掺入量按试验确定，以保证桩体的无侧限抗压强度为准。

夯实水泥土桩复合地基工程，必须事先进行岩土工程勘察，查明土层构造、厚度、组成、含水量、有机物含量、地下水腐蚀性等。

夯实水泥土桩复合地基设计前，必须进行配比试验，针对现场实际土质情况，选择合适的水泥品种。夯实水泥土桩的桩体强度取 28d 龄期试块的立方体抗压强度平均值。

5.3.1.2 作用原理与性质

夯实水泥土桩的作用原理与性质与粉体喷射搅拌桩（粉喷桩）是基本相同的。也就是说，夯实水泥土桩加固地基，是利用专门的成孔机械，然后将加固料（水泥与土的混合料）灌入孔中，使加固料吸水后进行一系列的物理化学反应，使加固料硬结，形成整体性强、水稳性好和足够强度的桩体。这种桩体连同桩间土共同形成复合地基。实践证明，这种复合地基承载力比天然软土地基承载力有较大提高。

夯实水泥土桩使用的加固剂是水泥，掺合料有石膏、粉煤灰、矿渣等。由于固化剂吸收周围土层中的水分而发生物理化学反应，使混合桩体凝结硬化，既提高自身的强度，又稳定了桩体周围土层，从而使天然的软土地基改变成优质的复合地基，大大提高地基的承载能力及其稳定性。

当采用水泥做固化剂时，水泥与土层中的水产生水化反应及水解反应，生成氢氧化钙、含水硅酸钙、含水铝酸钙、含水铁铝酸钙等化合物，在水和空气中逐渐硬化；这些化合物中的钙离子再与土粒中的钠钾离子等矿物成分发生交换作用，从而胶结土粒，使土颗粒集合成较大团粒，形成强度较高的水泥土。水泥和土搅拌越充分，混合越均匀，则水泥土结构的离散性越小，地基的总体强度也越高。

因为水泥的重度稍轻于软土重度，两者相差无几，但由于加固土经过充分搅拌，其密实性好于原状土，故水泥土的重度比软土重度稍大。

5.3.2 夯实水泥土桩加固设计

5.3.2.1 加固布桩范围

夯实水泥土桩用作复合地基处理时，原则上只在基础范围内布桩。通常结合基础形状和尺寸，按照计算桩距进行布桩，其加固范围要求如下：

1）当为条形基础时：夯实水泥土桩布孔不少于 2～3 排，布置需要时，可使基础两边对称超出基底边沿 0.20m 以内的宽度。

2）当为十字交叉基础时：夯实水泥土桩布孔不少于 2～3 排，布置需要时，可使基础两边对称超出基底边沿 0.20m 以内的宽度。

3）当为筏形和肋板基础时：应在基底面积范围内满堂布桩，并且基底轮廓线外布桩不少于 2 排桩。

5.3.2.2 一般技术要求

1）桩径

工程上常用的桩直径为 300～600mm。

2）桩长

桩长与土质情况、成孔机械、工程要求有关。当采用洛阳铲人工成孔时，孔深不大于6m，孔径不大于300mm；当采用沉管、冲击等方法成孔时，孔深可达10m，孔径可达600mm。

当相对硬土层埋藏深度不大时，桩长应伸入硬土层中；当相对硬土层埋藏深度较大时，桩长应按建筑物地基的变形允许值确定。通常夯实水泥土桩的处理深度不超过10m。

3）桩距

桩孔按等边三角形、梅花形或正方形布置，桩孔中心距可为桩体直径的2～4倍。

4）布桩形式

根据建筑物基础的要求，布桩形式可采用满堂布桩，如整体式房屋基础、水池基础、罐体基础、公路路基、铁路路基、渠堤基础等；也可以带状布置，如条形房屋基础、挡土墙基础等。

布桩可采用三角形、梅花形、长方形、正方形等不同形式，但最常用的是等边三角形、梅花形和正方形。带状基础下，可采用等腰三角形、等边三角形、长方形或正方形；筏形和肋板基础下大面积满堂布桩，可采用梅花形、正方形、长方形等，以梅花形最为常用。

5）充填料

夯实水泥土桩的孔内填料（固化剂）主要是拌合均匀的水泥与土的混合料。水泥多用硅酸盐水泥，水泥强度等级多为42.5级，具体工程实践中应进行水泥品种试验确定。加固料中的土质必须符合设计要求，应纯净无杂质，有机质含量不超过5%，不含冻土和膨胀土，粒径不大于20mm。

水泥与土的混合料含水量应满足土料的最优含水量，其允许偏差不得大于±2%。混合料要分层回填夯实，夯实系数不小于0.93。

水泥与土的配比依地质情况而定，规范上没有作出具体比值规定，设计前要根据强度要求，进行水泥与土的配比试验，体积配比范围建议采用水泥：土=1：1～1：0.3，经试验允许，土的掺量也可大于水泥掺量。当试验可靠时，可用粉煤灰、石膏、炉渣等作掺合料，若采用掺合料，还要进行填料与掺合料的配比试验。

6）垫层

为保证复合地基的整体性，使建筑物基础与桩体能够有效联合受力以及当地基需要排水通道时，在桩顶与建筑物基础之间要铺设一层厚度为10～30cm的砂石褥垫层，垫层材料采用中砂、粗砂、碎石等，级配要良好，不含植物残体、垃圾等杂志，最大粒径应不大于20mm。垫层应分层铺筑和压实，夯实度要求稍低，夯实系数应小于0.9，以减小施工期地基变形，施工过程应避免使土层扰动。

5.3.2.3 夯实水泥土桩的主要计算

1）复合地基承载力计算

群桩与处理后的桩间土形成复合地基，夯实水泥土桩复合地基承载力特征值，通过现场复合地基载荷试验确定。当无试验资料时，初步设计可按下述公式估算：

$$f_{spk}=m\frac{R_a}{A_p}+\beta(1-m)f_{sk} \tag{5.3-1}$$

式中 f_{spk}——桩技术加固处理后的复合地基承载力特征值（kPa）；

f_{sk}——桩技术加固处理后的桩间土承载力特征值（kPa），按当地经验取值，当缺少实际资料时可取天然地基承载力特征值 f_k；

R_a——单桩竖向承载力特征值（kN）；

m——桩土面积置换率，$m=\frac{A_p}{A}$；

A_p——单桩截面积（m^2）；

A——单桩承担的处理面积（m^2）；

β——桩间土承载力折减系数，按当地经验取值，如无经验时可取 0.9～1.0，天然地基承载力较高时取大值。

2）单桩竖向承载力计算

夯实水泥土桩的单桩竖向承载力特征值 R_a 的计算，必须符合下列规定：

（1）当采用单桩载荷试验时，应将单桩竖向极限承载力除以安全系数 2，即：

$$R_a=\frac{q_u}{2} \tag{5.3-2}$$

式中 R_a——单桩竖向承载力特征值（kN）；

q_u——载荷试验时，单桩竖向极限承载力值（kN）。

（2）当无单桩载荷试验资料时，按下式估算：

$$R_a=u_p\sum_{i=1}^{n}q_{si}l_i+q_pA_p \tag{5.3-3}$$

式中 R_a——单桩竖向承载力特征值（kN）；

u_p——桩的周长（m）；

n——桩长范围内所划分的土层数；

l_i——第 i 层土的厚度（m）；

q_{si}——桩周第 i 层土的侧阻力特征值（kPa）；

q_p——天然土层桩的端阻力特征值（kPa）；

A_p——单桩截面积（m^2）。

对于上述式（5.3-2）和式（5.3-3）的结果，设计中应取小值。

3）复合地基压缩变形计算

夯实水泥土桩复合地基压缩变形计算应符合现行国家标准《建筑地基基础设计规范》GB 50007—2002 的有关规定，其沉降计算表达公式仍是（3.1-4），即为：

$$s=s_1+s_2$$

式中 s——在基础以上荷载作用下，复合地基总沉降量（mm）；

s_1——复合地基的加固体下沉量（mm），可用荷载试验的变形模量替代；

也可参考《建筑地基处理技术规范》JGJ 79—2002 给的水泥土搅拌桩计算式（4.1-4）：

$$s_1=\frac{(p_z+p_{zl})L}{2E_{cp}}$$

p_z——复合土层顶面的附加应力（kPa）；

p_{zl}——复合土层底面的附加应力（kPa）；

E_{cp}——复合土层的压缩模量（kPa）；

L——有效桩长（m）；

s_2——复合地基加固体以下未加固土层的下沉量（mm），按第 2 章式（2.2-19）计算，即：

$$s_2=\psi_s s'=\psi_s\sum_{i=1}^{n}\Delta s_i=\psi_s\sum_{i=1}^{n}\frac{p_0}{E_{si}}(z_i\bar{\alpha}_i-z_{i-1}\bar{\alpha}_{i-1})$$

在计算 s_2 时，其中的沉降计算经验系数 ψ_s 应根据当地沉降观测资料及经验确定，也可按表 5.3-1 数值采用。本表取自《建筑地基基础设计规范》GB 50007—2002 表 5.3.5 中基底附加压力 $p_0\leqslant 0.75f_{ak}$ 一栏。

沉降计算经验系数 ψ_s 值表 **表 5.3-1**

$\bar{E}_s$（MPa）	2.5	4.0	7.0	15.0	20.0
ψ_s	1.1	1.0	0.7	0.4	0.2

表中 $\bar{E}_s$ 为变形计算深度范围内压缩模量的当量值，按下式计算：

$$\bar{E}_s=\frac{\sum A_i}{\sum\frac{A_i}{E_{si}}}\tag{5.3-4}$$

式中 A_i——第 i 层土附加应力系数沿土层厚度的积分值；

E_{si}——基础底面下第 i 层土的压缩模量值（MPa），桩长范围内的复合土层按复合土层的压缩模量取值。

在实际计算中，如果桩体穿透了压缩层，则复合地基下沉就只有 s_1，而没有 s_2，这种情况下，$s=s_1$。s_1 及 s_2 的具体计算见第 8.6 节。

4）复合地基压缩模量计算

夯实水泥土桩复合地基压缩模量，宜通过桩身及桩间土压缩试验确定，初步设计可按下述公式估算：

$$E_{cp}=\zeta E_c=\frac{f_{spk}}{f_k}E_c\tag{5.3-5}$$

式中 E_{cp}——复合土层的压缩模量（MPa）；

E_c——天然地基土层的压缩模量（MPa），按地质报告确定；

ζ——系数，$\zeta=\frac{f_{spk}}{f_k}$；

f_{spk}——桩技术加固处理后的复合地基承载特征力（kPa）；

f_k——原状天然土层的承载力特征值（kPa）。

5）桩体试块强度计算

夯实水泥土桩复合地基设计前，必须进行配比试验，针对现场实际土质情况，选择合适的水泥品种。夯实水泥土桩的桩体强度取 28d 龄期试块的立方体抗压强度平均值。28d 龄期试块的立方体抗压强度平均值应满足下式要求：

$$f_{cu}\geqslant 3\frac{R_a}{A_p}\tag{5.3-6}$$

式中 R_a——单桩竖向承载力特征值（kN）；

A_p——单桩截面积（m^2）；

f_{cu}——桩体混合料试块（边长 150mm 立方体）标准养护 28d 立方体抗压强度平

均值。

5.3.3 夯实水泥土桩的施工

5.3.3.1 施工机具

成孔应按设计要求、机械设备、施工经验、现场土质、桩孔深度、周围环境等情况综合考虑。当土层含水量不很大、土质较好的情况下，可采用洛阳铲人工挖土成孔；当邻近有建筑物或场地条件狭窄时，可采用洛阳铲或螺旋钻成孔；在远离建筑物、居民区的情况下，可采用沉管法（振动、锤击）和冲击法施工成孔。

洛阳铲及螺旋钻均属于非挤土成孔，沉管法及冲击法均属于挤土成孔。

加料设备可用人力推车，也可采用小容量装载机。

桩孔的填料夯实机械尚无定型产品，多由施工单位自行设计加工而成。

5.3.3.2 设备布置

通常施工所用的机械、机具、设备、设施等都要针对场地情况和主要机具台数进行合理布置，应遵循方便施工、互不干扰、提高速度、节约资金的原则。

成孔机械是制桩的主要机械，应布置在有利位置，便于移位；控制操作台（或称电气操作台）起着指挥作用，应布置在距孔位较近的地方；装载机运输要方便供料，在填料堆场与孔位之间要有较短的通顺道路，利于装载机运行。填料堆场宜根据场地情况分散设置，避免集中设置，造成运输供应的麻烦。

成孔机械应视土质情况和设备台数进行布置。

5.3.3.3 施工方法

1）施工走向

夯实水泥土桩的施工进退走向视机械台数和施工任务大小而定，当施工量很大时，可分成3～4块用3～4台机械同时施工；当施工现场距已有围墙或建筑物很近时，应先在靠近已有围墙或建筑物处进行制桩；当施工量一般时，可采用2台机械同时从中部开始，向两端逐渐退出；当工程量很小而采用1台机械施工时，可以从一端向另一端行进。

无论何种施工方式，都要注意不允许扰动原有土层。

2）成孔方法

成孔方法有沉管法（振动、锤击）、冲击法、挖孔法、螺旋钻进法，其中沉管法、冲击法与灰土桩、石灰桩的施工成孔方法是相同的。实际工程中，夯实水泥土桩常用沉管法（振动、锤击）、人工挖孔法、螺旋钻进法成孔。

沉管法成孔是目前最常用的一种，该方法是用打桩机将带有特制桩尖的钢管打入土层中，并达到设计深度，然后缓慢拔出桩管后成孔，方法简单易行，孔壁光滑平整，挤密效果较易控制。

挖孔法是用洛阳铲人工在土层中直接掏挖成符合要求的孔径，而后回填水泥土混合料并夯实。

螺旋钻进法是利用螺旋钻机成孔，而后回填水泥土混合料并夯实。此法的优点是钻进过程能不断挤压孔壁，使孔壁保持稳定，并自动向外排土。

夯实水泥土桩的成孔方法施工，具体请参考石灰桩及灰土桩相关部分。

3）填料与夯实

成孔以后要清净孔底浮渣，立即分层回填，并分层夯实。一般是斗车或小型装载机运料，人工填料，尽量选择机械夯实。压实方法依所用机具而定，分为人工夯实、机械夯实、沉管反插和螺旋反压等工艺。当为人工挖孔时，如果孔中有积水，应采用小型水泵抽排。

雨期或冬期施工时，应采取防雨、防冻措施，避免土料和水泥被雨水淋湿或冻结。

回填料的具体施工方法，请参考石灰桩相关部分。

5.3.3.4 施工准备

夯实水泥土桩的施工准备主要有：

1）施工技术、施工人员、施工机具、材料供应、生产物资、生活物资、施工用房等的准备。

2）三通一平准备：主要是水通、电通、路通和施工场地平整。水通指供水质量和数量应满足工程生产、生活需要，供水设施齐全，输水管路畅通，排水系统畅通，防止污水乱排乱泄。电通指供电设施齐全，电压、电流、电量应满足工程生产、生活负荷要求，输电线路的规格符合规定。路通指场内外交通畅通无阻，满足材料供应、生产物资、生活物资的运输要求。场地平整主要指铲除施工场区的土丘、树根、孤石等障碍，填平坑洼，确保施工场地基本平整，便于机械移动，材料运输，使施工能够顺利进行。

3）制定技术供应保障措施、生产安全保障措施、施工质量保障措施。

4）做好施工场地布置：主要是供电线路、交通道路、填料堆场。另外，还应考虑机械停放场、配电室、机修房、工人休息室、生产用房、生活用房、办公用房等的合理布设。

5）桩的定位：平整场地后，测量地面高程并符合设计要求。桩的定位主要是根据设计图纸的布桩要求，将各桩定点到实地位置，并在桩位打小木桩标出，桩位偏差不得大于5cm。

5.3.3.5 制桩工艺流程

成孔方法有沉管法（振动、锤击）、冲击法、挖孔法、螺旋钻进法，其中沉管法、冲击法与灰土桩、石灰桩的施工成孔方法是相同的，其详细施工工艺见第5.1节、第5.2节的相关部分。

1）沉管成孔

沉管成桩法是利用柴油沉桩机或振动沉桩机，将带有通气桩尖的钢制桩管沉入土中至设计深度，然后缓慢拔出，即形成桩孔。桩管用无缝钢管制成，壁厚不小于10mm，外径与桩孔直径相同，桩尖可做成活瓣式或活动锥尖式，以便拔管时通气。由起重机带动行走、起吊、定位和沉桩。

沉管法施工的工艺程序为：①起重机起吊桩管，并使其就位；②启动桩锤沉管挤土；③缓慢拔管成孔；④桩孔回填夯实成桩。施工程序示意见图5.1-3。

2）冲击成孔

冲击法成孔是使用冲击钻机将锥形冲击锤（锤头）提升一定高度后自由落下，反复冲击后成孔。其施工工序为：冲锤就位、冲击成孔、回填冲击、起锤成桩。施工程序示意见图5.1-4，锤头形式见图5.1-5。

冲击法成孔深度不受桩架高度限制，不但比沉管法能打更深的桩孔，而且成孔与填孔使用相同的机械，配套合理，夯填质量高，有利于组织施工，降低工程造价，特别适用于处理厚度较大的湿陷性黄土。

冲击钻机就位时，应准确平稳，锤尖要对准孔的中心，刚开始冲孔时需低锤多击，待锤头全部入土后再改用正常的冲程实施锤击成孔。成孔过程中，尽可能少用高冲程，以免引起塌孔和卡锤。

3）人工成孔

人工挖孔投料是利用洛阳铲成孔，人工回填并夯实。完成挖孔后，用小型水泵将孔内水排干，用长柄勺挖出孔底浮渣，立即用铁锹将拌制好的回填料填入孔中，每次虚填高度约 30～40cm，并压实到符合要求。并用铁夯（见图 5.2-4）夯击密实，每次夯击 10～14 次。施工时应准备 3～10m 不同柄长的铁夯，以便用于不同深度。铁夯板重约 30kg，夯实时，通常三人持夯，加力下击，夯的落距应为 50～80cm。

由于洛阳铲在切土和取土过程中，对孔周土层扰动很小，在软土甚至淤泥中均能保持孔壁稳定。洛阳铲制桩，不需机械设备，只用简单器具即可施工，方法简单，可在狭窄场地操作，对周边无有振动和噪声，节约能源，造价低廉，能够多人同时作业，工期很短，质量可靠，是我国大部地区都广泛采用的一种方法。

洛阳铲挖孔深度受到限制，一般孔深不超过 6m。能够用于一般性黄土、黏性土、粉土、淤泥等软土地区的施工。

挖孔投料的施工工艺流程是：铲具定位→深挖成孔→拔铲出孔→排干孔底渗水→掏出孔底浮渣→分层填料压实→成桩→封口压实。参见图 5.2-6。

4）螺旋钻成孔

先利用螺旋钻机成孔，而后分层回填水泥与土混合料并夯实。此法的优点是钻进过程能不断挤压孔壁，使孔壁保持稳定；并能一次成孔，不需要升降工序，造孔较深，钻进效率高。螺旋钻机成孔后，如果孔内有渗水，应采用小型抽水机将水抽干，并掏净孔底沉渣，将孔底夯实，然后才能分层填筑和夯实回填料。

螺旋钻成孔的优越性是：钻进均衡，自动排土，无振动、无噪声，进尺快、工期短，平稳可靠，是非常理想的钻孔机械。螺旋钻成孔的施工工艺流程是：钻机定位→钻进成孔→提出钻头至地面→排干孔内渗水→掏出孔底浮渣→分层填料压实→成桩。见图 5.3-1。

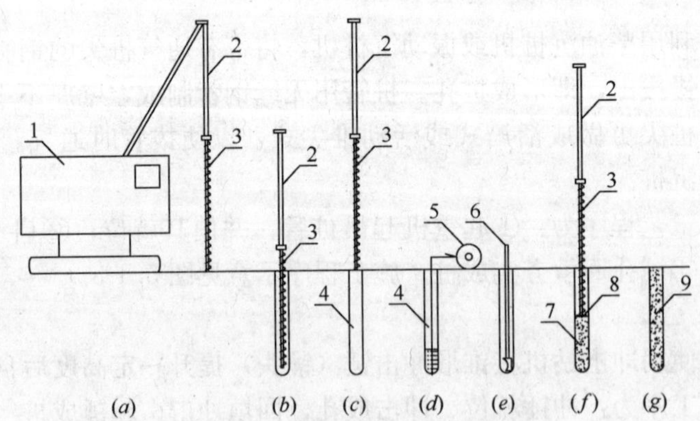

图 5.3-1　螺旋钻成孔施工工艺流程

（a）钻机就位；（b）钻进成孔；（c）将钻头提出地面；（d）抽干孔水；（e）掏出浮渣；（f）分层填料夯实；（g）成桩

1—钻孔机；2—钻杆；3—螺旋钻头；4—桩孔；5—抽水机；6—掏勺；7—填料；8—夯压板；9—桩

5.3.4 夯实水泥土桩的施工质量

夯实水泥土桩的施工质量应按以下控制：

1）施工过程作好记录，成桩后应及时抽样检查处理地基的质量。在施工中间，应在施工后 7d 进行；竣工验收检测，应在施工后 28d 进行。

2）施工检测可采用静力触探、动力触探或标准贯入试验。检测部位是桩中心及桩间土，检查组数不少于总桩数的 2%。

3）复合地基竣工验收时，承载力检验应采用单桩复合地基载荷试验。对于重要或大型工程，尚应进行多桩复合地基载荷试验。

4）成桩的强度、复合地基承载力、总沉降量等均应达到设计要求。

5）桩孔中心点偏差不应超过设计桩径的 1/4，对于条形基础不应超过设计桩径的 1/6。

6）桩孔垂直度偏差不应大于 1.5%。

7）根据设计图纸检查桩位、桩距、桩顶标高等是否符合设计要求。同时检查有无漏桩、漏料等，并作出检验记录。

8）桩孔直径和深度不得小于设计值。

5.4 柱锤冲扩桩

5.4.1 柱锤冲扩桩的特性

5.4.1.1 一般介绍

柱锤冲扩桩法是近十多年新发展起来的一种复合地基加固处理技术，普遍用于房屋地基、公路路基、铁路路基等工程建设中。

柱锤冲扩桩是指在软土中成孔后，向孔中填入拌制好的混合料并逐段夯实形成柱状桩体的一种地基加固方法。桩体材料为碎砖三合土、级配砂石、矿渣、灰土、水泥混合土等。

桩孔所用填料必须搅拌均匀，质量应达到设计要求，水泥应符合国家标准规定；土料应纯净，有机质含量不得超过 5%，不得含有冻土和膨胀土；水泥和土的混合料及石灰和土的混合料含水量应为最优含水量，水泥用量应满足配比试验的要求。

柱锤冲扩桩适用于处理杂填土、粉土、黏性土、素填土、黄土等地基，对地下水位以下饱和松软土层，应通过试验确定其适应性。地基处理深度不宜超过 6m，复合地基承载力值不宜超过 160kPa。

对于大型的、重要的、场地复杂的柱锤冲扩桩工程，应在正式施工前进行实地试验，取得可靠设计参数。

作为复合地基处理技术的柱锤冲扩桩，其处理效果是比较明显的，它的作用原理与石灰桩、灰土桩、夯实水泥土桩基本上是一样的，都是通过对填料的夯实作用，既挤密了孔周土层，又密实了桩体本身，从而提高了桩与桩间土的承载能力。

柱锤冲扩桩复合地基工程，必须事先进行岩土工程勘察，查明土层构造、厚度、组成、含水量、有机物含量、地下水腐蚀性等。

柱锤冲扩桩复合地基设计前，必须进行填料的配比试验，针对现场实际土质情况，选择合适的填料品种。

5.4.1.2 作用原理与性质

柱锤冲扩桩的加固机理主要有以下四点：①在成孔及成桩过程中，由于钻孔、填料、夯实等的挤压，对原状土所产生的动力挤密作用；②由于置入填料的吸水、固化等反应，对原状土所产生的动力固结作用；③混合料的填入和夯实所形成的桩体及挤入桩间土的骨料，对原状土所产生的面积置换作用；④水泥、生石灰所发生的水化与胶凝，对原状土所产生的化学置换作用。

对于上述作用依不同土类而有明显区别。对地下水位以上的杂填土、素填土、粉土、可塑状态黏性土、黄土等，在冲孔过程中成孔质量较好，无塌孔缩径现象，孔内无积水，成桩过程中地面不隆起甚至下沉，经检测孔底及桩间土在成孔和成桩过程中得到挤密，实验表明挤密土影响范围约为 2～3 倍桩径。而对地下水位以下饱和松软土层冲孔时塌孔严重，有时甚至无法成孔，在成桩过程中地面隆起严重，经检测孔底及桩间土在成孔和成桩过程中挤密效果不明显，桩体质量难以保证，故对地下水位以下饱和松软土层应慎用。对于湿陷性黄土地区，其处理深度及复合地基承载力特征值，可按当地经验确定。

5.4.2 柱锤冲扩桩加固设计

5.4.2.1 加固布桩范围

柱锤冲扩桩用作复合地基处理时，其布桩范围应大于建筑物基础范围。通常结合基础形状和尺寸，按照计算桩距进行布桩，其加固范围要求如下：

1）当为条形基础时：柱锤冲扩桩布孔不少于 2～3 排，布桩需要时，可使基础两边对称超出基底边沿 0.3～0.5m 的宽度。

2）当为十字交叉基础时：柱锤冲扩桩布孔不少于 2～3 排，布桩需要时，可使基础两边对称超出基底边沿 0.3～0.5m 的宽度。

3）当为筏形和肋板基础时：应在基底面积范围内满堂布桩，并且基底轮廓线外应按 30°的压力扩散角范围布桩或不小于基底下处理土层厚度的 1/2，且不少于 2 排桩。

5.4.2.2 一般技术要求

1）桩径

桩径一般取 500～800mm。

2）桩长

处理深度应考虑以下因素：①软弱土层厚度；②可液化土层厚度；③建筑结构形式；④地基变形条件。

限于成孔设备条件，通常柱锤冲扩桩的地基处理深度不宜超过 6m，过大的处理深度效果不明显。

3）桩距

桩孔按等边三角形、梅花形或正方形布置，通常桩孔中心距为 1.5～2.5m，或取桩体直径的 2～3 倍。

4）布桩形式

根据建筑物基础的要求，布桩形式可采用满堂布桩，如整体式房屋基础、水池基础、罐体基础、公路路基、铁路路基、渠堤基础等；也可以带状布置，如条形房屋基础、挡土墙基础等。

布桩可采用三角形、梅花形、长方形、正方形等不同形式，但最常用的是等边三角形、梅花形和正方形。带状基础下，可采用等腰三角形、等边三角形、长方形或正方形；筏形和肋板基础下大面积满堂布桩，可采用梅花形、正方形、长方形等，以梅花形最为常用。

5）充填料

柱锤冲扩桩的孔内填料（固化剂）主要是碎砖三合土，有条件时亦可采用级配砂石、级配碎石、矿渣、石灰土、水泥土等。当采用碎砖三合土时，其配合比（体积比）可采用生石灰：碎砖：黏性土＝1：2：4，当采用其他材料时，须通过试验确定适用性和配合比。

碎砖三合土中的石灰宜采用块状生石灰，土料尽量采用就地基坑开挖的黏性土料，碎砖的粒径应控制在60mm以内。

孔内填料（加固料）所用水泥应符合国家标准规定，工程中多用硅酸盐水泥，水泥强度等级多为32.5级，具体工程实践中应进行水泥品种试验确定。加固料中的土质必须符合设计要求，应纯净无杂质，有机质含量不超过5%，不含冻土和膨胀土，粒径不大于20mm。施工所用土料应为最佳含水量，其允许偏差不得大于±2%，这样对桩体密实度有较好的影响。

6）垫层

为保证复合地基的整体性，使建筑物基础与桩体能够有效联合受力以及当地基需要排水通道时，在桩顶与建筑物基础之间要铺设一层厚度为20～30cm的砂石褥垫层，垫层材料可为中砂、粗砂、级配碎砂石等，最大粒径应不大于30mm。垫层应分层铺筑和压实，夯实系数应小于0.9，以减小施工期间地基变形，施工过程应避免使土层扰动。

5.4.2.3 柱锤冲扩桩的主要计算

1）复合地基承载力计算

群桩与处理后的桩间土形成复合地基，柱锤冲扩桩复合地基承载力特征值，通过现场复合地基载荷试验确定。当无试验资料时，初步设计可按下述公式估算：

$$f_{spk}=[1+m(n_0-1)]f_{sk} \tag{5.4-1}$$

式中 f_{spk}——桩技术加固处理后的复合地基承载力特征值（kPa）；

f_{sk}——桩技术加固处理后的桩间土承载力特征值（kPa），按当地经验取值，当缺少实际资料时可取天然地基承载力特征值 f_k；

n_0——桩土应力分担比，通过试验获取，当无实测资料时，可取2～4，原状土强度低取大值，反之取小值；

m——桩土面积置换率，取值0.2～0.5，$m=\dfrac{A_p}{A}$；

A_p——单桩截面积（m^2）；

A——单桩承担的处理面积（m^2）。

2）单桩竖向承载力计算

柱锤冲扩桩处理目的主要是提高复合地基承载力，因此，必须计算复合地基承载力，而单桩竖向承载力通常可以不进行计算或通过现场试验求得。

由于规范没有给出单桩竖向承载力的计算公式，若必须计算单桩竖向承载力时，设计中可利用公式（2.2-1）予以估算。

3）复合地基压缩变形计算

柱锤冲扩桩复合地基压缩变形计算应符合现行国家标准《建筑地基基础设计规范》GB 50007—2002 的有关规定，其沉降计算表达公式仍是（3.1-4），即为：

$$s = s_1 + s_2$$

式中 s——在基础以上荷载作用下，复合地基总沉降量（mm）；

s_1——复合地基的加固体下沉量（mm），可用荷载试验的变形模量替代；也可参考《建筑地基处理技术规范》JGJ 79—2002 给的水泥土搅拌桩计算式（4.1-4）：

$$s_1 = \frac{(p_z + p_{zl})L}{2E_{cp}}$$

p_z——复合土层顶面的附加应力（kPa）；

p_{zl}——复合土层底面的附加应力（kPa）；

E_{cp}——复合土层的压缩模量（kPa）；

L——有效桩长（m）；

s_2——复合地基加固体以下未加固土层的下沉量（mm），按公式（2.2-19）计算。

在实际计算中，如果桩体穿透了压缩层，则复合地基下沉就只有 s_1，而没有 s_2，这种情况下，$s = s_1$。s_1 及 s_2 的具体计算见第 8.6 节。

4）复合地基压缩模量计算

柱锤冲扩桩复合地基压缩模量，宜通过桩身及桩间土压缩试验确定，初步设计可按公式（3.1-5）估算。

5.4.3 柱锤冲扩桩的施工

5.4.3.1 施工机具

成孔机具主要是柱锤，利用柱锤的反复提升、下落冲击成孔。柱锤的起吊和移位则采用 10～30t 自行杆式起重机、步履式夯扩桩机或其他专用机具设备。起重能力应通过计算确定，考虑柱锤的质量及冲孔提升柱锤时土层对柱锤的吸附力，可通过现场试验确定，但一般不应小于柱锤质量的 3～5 倍。

施工所用柱锤（柱状锤）的直径一般为 300～500mm，长度为 2～6m，质量为 1～8t。

加料设备可用人力推车，运料小车、也可采用小容量装载机。

桩孔的填料夯实是采用柱锤自身重量来完成。柱锤具有成孔、击实两重作用，简单方便。

工程中常用柱锤规格见表 5.4-1。

柱锤规格系列表 **表 5.4-1**

序号	柱锤规格			锤底形状
	直径（mm）	长度（m）	质量（t）	
1	325	2～6	1.0～4.0	凹形底
2	377	2～6	1.5～5.0	凹形底
3	500	2～6	3.0～9.0	凹形底

柱锤冲扩桩法有三种直径，设计时应考虑柱锤规格、土质情况和复合地基的设计要求，先根据经验假设一个桩径（常用 d=500～800mm），结合施工前的现场试桩资料，再进行桩径调整，达到设计要求。柱锤冲扩桩的三种直径是：

1）柱锤直径——它是柱锤实际直径，现已经形成系列，常用直径为 300～500mm，如公称 ϕ377 锤，就是指 377mm 直径的柱锤。

2）冲孔直径——它是冲孔达到设计深度时，土层被冲击成孔的直径，对于可塑状态黏性土其成孔直径往往比柱锤直径大。这个直径与土质情况和冲孔操作经验有直接关系。

3）桩的直径——它是桩身填料夯实后的平均直径，它比冲孔直径大，如 ϕ377 柱锤夯实后形成的桩径可达 600～800mm。因此，桩径不是一个常数，当土层松软时，桩径就大，当土层较密时，桩径就小。

5.4.3.2 设备布置

通常施工所用的机械、机具、设备、设施等都要针对场地情况和主要机具台数进行合理布置，应遵循方便施工、互不干扰、提高速度、节约资金的原则。

成孔机械是制桩的主要机械，应布置在有利位置，便于移位；控制操作台（或称电气操作台）起着指挥作用，应布置在距孔位较近的地方；装载机运输要方便供料，在填料堆场与孔位之间要有较短的通顺道路，利于装载机运行。填料堆场宜根据场地情况分散设置，避免集中设置，造成运输供应的麻烦。

成孔机具应视土质情况和设备台数进行布置。

5.4.3.3 施工方法

1）施工走向

柱锤冲扩桩的施工进退走向视机械台数和施工任务大小而定，当施工量很大时，可分成 3～4 块用 3～4 台机械同时施工；当施工现场距已有围墙或建筑物很近时，应先在靠近已有围墙或建筑物处进行制桩；当施工量一般时，可采用 2 台机械同时从中部开始，向两端逐渐退出；当工程量很小而采用 1 台机械施工时，可以从一端向另一端进行。

2）成孔方法

采用柱锤进行冲扩成孔施工，锤的质量 1～8t。通过起重机或其他专用设备，将柱锤提升至距地面一定高度后脱钩下落，在地基土中冲击成孔，并重复冲击至设计深度。

柱锤成孔的施工方法可依土质和地下水情况采用下述三种成孔方式：

（1）正常冲击成孔——将柱锤提升一定高度，再自动脱钩下落冲击土层，如此反复进行冲击，待接近设计成孔深度时，在孔内填少量砂石等粗骨料继续冲击，直到孔底被夯密实。

（2）填料冲击成孔——当成孔施工过程中出现缩径或塌孔时，可分次填入碎砖和生石灰块，边冲击边将填料挤入孔壁及孔底，待接近设计成孔深度时，填入少量碎砖继续冲击，直至挤密孔底土。

(3) 复打成孔——当塌孔严重难以成孔时，可提锤反复冲击至设计孔深，然后分次填入碎砖和生石灰块，待孔内生石灰块吸水膨胀、桩间土性质有所改善后，再进行二次冲击复打成孔。

如果土层很软，采用上述方法仍难以成孔的情况下，则可改用套管成孔，即在桩锤冲孔时，边冲孔边将钢套管压入土中，直至设计深度。

3) 填料与夯实

当冲击达到设计深度时，通过起重机或其他专用设备，将柱锤提升出地面，向孔内分层填料，并用柱锤分层夯实，直至桩顶形成桩体，同时对桩间土进行挤密，形成复合地基。

当采用套管进行成孔施工时，成孔后，边向孔中填料，边落锤夯实，边提升套管，直至桩顶。锤的质量、锤长、落距、分层填料量、分层夯实厚度、夯击次数、总填料量等应根据试验或按当地经验确定。每个桩孔应夯填至桩顶设计标高以上至少 0.5m，其上部桩孔宜用原槽土夯封。施工中应作好记录，并对发现的问题及时进行处理。

此外，成孔和填料夯实的施工顺序，宜间隔进行。基槽开挖后，应进行晾槽拍底或碾压，随后铺设垫层并压实。

柱锤冲扩桩的孔内填料要分层回填夯实，但是规范没有定出夯实系数，曾有设计工程实例提出了较高的夯实系数，即：桩体填料的夯实系数为 0.98，而桩间土的夯实系数为 0.95。

5.4.3.4 施工准备

柱锤冲扩桩的施工准备主要有：

1) 施工技术、施工人员、施工机具、材料供应、生产物资、生活物资、施工用房等的准备。

2) 三通一平准备：主要是水通、电通、路通和施工场地平整。水通指供水质量和数量应满足工程生产、生活需要，供水设施齐全，输水管路畅通，排水系统畅通，防止污水乱排乱泄。电通指供电设施齐全，电压、电流、电量应满足工程生产、生活负荷要求，输电线路的规格符合规定。路通指场内外交通畅通无阻，满足材料供应、生产物资、生活物资的运输要求。场地平整主要指铲除施工场区的土丘、树根、孤石等障碍，填平坑洼，确保施工场地基本平整，便于机械移动，材料运输，使施工能够顺利进行。

3) 制定技术供应保障措施、生产安全保障措施、施工质量保障措施。

4) 做好施工场地布置：主要是供电线路、交通道路、填料堆场。另外，还应考虑机械停放场、配电室、机修房、工人休息室、生产用房、生活用房、办公用房等的合理布设。

5) 桩的定位：平整场地后，测量地面高程并符合设计要求。桩的定位主要是根据设计图纸的布桩要求，将各桩定点到实地位置，并在桩位打小木桩标出，桩位偏差不得大于5cm。

5.4.3.5 制桩工艺流程

柱锤冲扩桩的施工工艺流程如下：机具就位并使柱锤对准孔位→反复落锤冲击土层成

孔→将柱锤提出地面→向孔内分层填料并夯实→成桩（见图 5.4-1）。

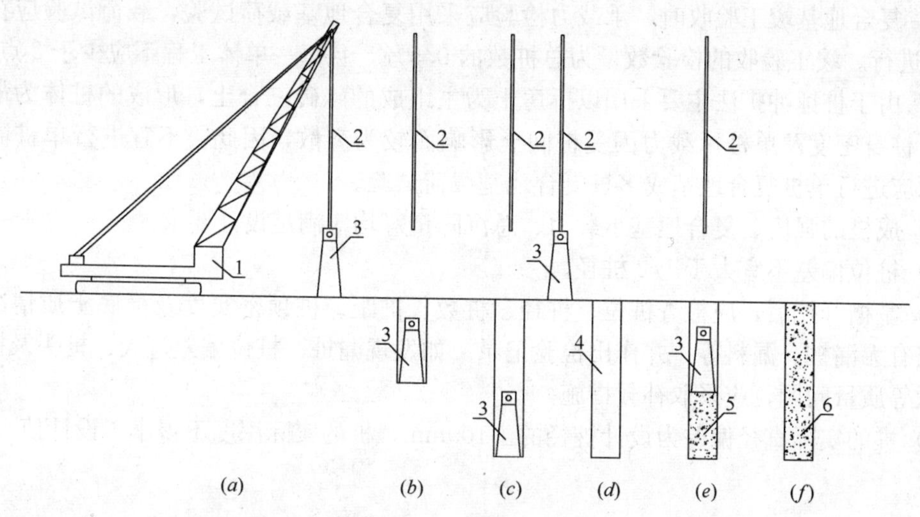

图 5.4-1　柱锤冲扩桩工艺流程

（a）机具就位；（b）落锤冲击；（c）反复冲击成孔；（d）提锤至地面；（e）分层填料夯实；（f）成桩

1—起重机；2—吊杆；3—柱锤；4—钻孔；5—填料；6—桩

完成一根桩后，机械移位至下一个孔，重复以上程序，直到全部完成制桩任务。施工中应设技术人员作好每根桩的记录，并对发现的问题及时进行分析处理。

5.4.3.6　施工过程注意事项

柱锤冲扩桩在施工过程中应注意以下问题：

1）桩锤冲扩法主要采用以拆房土为主组成的碎砖三合土作桩体材料，主要是为了降低工程造价，减少杂土丢弃对环境的污染。有条件时亦可采用级配砂石、级配碎石、矿渣、石灰土、水泥土等做填料，由于目前尚缺少足够的工程经验，因此在应用这些材料时，须通过试验确定适用性和配合比等有关参数。

2）柱锤冲扩桩是由地下向地表进行加固，由于地表约束减小，加之成桩过程中桩间土隆起造成桩顶及槽底土质疏松，因此为保证地基处理效果及扩散基底压力，对低于槽底的松散桩头及松软桩间土应予以清除，换填砂石垫层。

3）柱锤可用钢材制作或用钢板为外壳内部浇筑混凝土制成，也可用钢板为外壳内部浇筑铸铁制成。为适应不同工程的需要，钢制柱锤可制成装配式，有组合块和锤顶两部分组成，使用时用螺栓连成整体，调整组合块数量（一般为 0.5t/块），施工中即可按工程需要组合成不同质量和长度的柱锤。

5.4.4　柱锤冲扩桩的施工质量

柱锤冲扩桩的施工质量应按以下控制：

1）施工过程作好记录，成桩后应及时抽样检查处理地基的质量。对每根桩进行质量检测，对质量有怀疑的桩，应用重型动力触探进行检测。

2）柱锤冲扩桩施工结束后，应在施工后 7～14d 对桩体及桩间土进行抽样检验，可用重型动力触探进行，并对处理后的桩体质量和复合地基承载力作出评价。检查点数不少于总桩数的 2%，每一单体工程桩身及桩间土总检查点数均不应少于 6 点。

3）复合地基竣工验收时，承载力检验应采用复合地基载荷试验，载荷试验应在成桩 14d 后进行。竣工验收的检验数量为总桩数的 0.5%，且每一单体工程不应少于 3 点。

4）由于桩锤冲扩法主要采用以拆房土为主组成的碎砖三合土，形成的桩体为散体材料桩，桩身密度及单桩承载力因受桩间土影响而较为离散，因此，不宜进行单桩静载试验，而应进行单桩复合地基或多桩复合地基载荷试验。

5）成桩的强度、复合地基承载力、总沉降量等均应满足设计要求。

6）桩位偏差不宜大于 1/2 桩径。

7）基槽开挖后，应检查桩位、桩径、桩数、桩距、桩顶密实度及槽底土质情况，同时检查有无漏桩、漏料等，并作出检验记录。如发现漏桩、桩位偏差过大、桩头及槽底土质松软等质量问题，应采取补救措施。

8）桩的实际直径偏差为设计桩径的±100mm，桩的实际深度不得小于设计值。

6 灌注振实类桩

振实灌注类桩是指专用机械成孔后，向孔中灌注经水拌合的水泥碎石混合料或混凝土，并经振动密实后凝固成桩。《建筑地基处理技术规范》JGJ 79—2002 列入该类型的桩只有“水泥粉煤灰碎石桩”一种，未列入规范的还有“微型混凝土桩”（简称微型桩），它包括小直径灌注混凝土桩、小预制钢筋混凝土桩、楔形钢筋混凝土短桩、管芯高压注浆混凝土桩等桩型，本章列入了这些桩型的简要资料，以供参考。

振实灌注类桩除水泥粉煤灰碎石桩桩身为水泥碎石混合料构成外，其他桩型的桩身均为混凝土构成。

对于水泥粉煤灰碎石桩的刚性评价，目前说法不同一，有的说它属于半刚性桩，也有说它属于完全刚性桩。笔者认为，当水泥粉煤灰碎石桩的桩体混合料强度等级较低时，其桩体还不是完全刚性状态，还处于接近刚性体或者说是半刚性体；当桩体混合料强度等级较大时，水泥粉煤灰碎石桩应该算是刚性体。通常工程实践中，水泥粉煤灰碎石桩的桩体都采用强度较高的混合料作为桩体材料。因此本书把水泥粉煤灰碎石桩归纳为刚性桩范畴。这样，灌注振实类桩都是刚性桩。

6.1 水泥粉煤灰碎石桩

6.1.1 水泥粉煤灰碎石桩的特性

6.1.1.1 一般介绍

水泥粉煤灰碎石桩的英文写法是 Cement Fly-ash Grave，其英文缩写为 CFG，所以，水泥粉煤灰碎石桩又称 CFG 桩。

水泥粉煤灰碎石桩适宜处理黏性土、砂土、粉土、素填土和已自重固结的素填土等地基，对淤泥质土应按地区经验或通过现场试验确定其适应性。

水泥粉煤灰碎石桩（CFG 桩）是软土地基加固处理所用桩型，其桩体填充料为水泥、煤粉灰、碎石、石屑或砂子加水搅拌而成的高粘结强度混合料（一般不需要计算配筋），加固地基由桩、桩间土和褥垫层一起构成的复合地基。和桩基相比，由于 CFG 桩的桩体材料可以掺入工业废料粉煤灰、不配筋并能充分发挥桩间土的承载能力，工程造价一般仅为桩基的 1/3～1/2，经济效益和社会效益非常显著。

填充混合料硬结形成的桩体连同桩间土、褥垫层共同形成复合地基。复合地基通过褥垫层与建筑物基础相连接，无论桩端落在一般土层或是淤泥土质，均可保证桩间土始终参与工作。由于桩的强度和模量比桩间土大，在上部荷载作用下桩顶应力比桩间土的应力大，桩所承载的荷载向土层深度传递并相应减少桩间土承载的荷载。

CFG 桩法也是通过在地基中形成桩体作为竖向加固体，与桩间土组成复合地基，共同承担基础、回填土及上部结构荷载。当桩体强度较高时，CFG 桩类似于素混凝土桩(常称为刚性桩)，这样，不仅能很好发挥桩的端阻作用，而且在全部桩长范围内，桩侧摩阻力都能发挥，不存在柔性桩或半刚性桩的有效桩长问题。因此，承载力提高幅度及处理深度都优于柔性桩和半刚性桩。

随着各类工程规模越来越大，工程等级越来越高，对软弱地基的加固处理，已成为设计、施工越来越被关注的环节，CFG 桩复合地基法以其经济快捷、质量可靠、效果良好等优点，在工程建设中得到广泛应用。

水泥粉煤灰碎石桩属高粘结强度桩，与素混凝土桩的区别仅在于桩体材料的构成不同，在其受力和变形特性方面没有区别。混凝土的粗骨料分级较细，有严格的级配要求，粉煤灰根据需要而掺，而 CFG 桩的粗骨料仅为普通碎石和砂子的混合，且必须掺加粉煤灰。掺入粉煤灰，降低水化热，减小干缩性，提高抗裂性，改善和易性。因此，混凝土掺粉煤灰后多用于大体积混凝土、地下混凝土及海港混凝土；而 CFG 桩掺入粉煤灰，主要是为了节约工程投资，改善桩体性能。

尽管 CFG 桩的混合料与混凝土有一定区别，但是在很多文献中，都把 CFG 桩的混合料直接称为混凝土。

CFG 桩的骨干材料为碎石。石屑为中等粒径骨料，当桩体强度小于 5MPa 时，石屑的掺入可使桩体级配良好，对提高桩体强度起重要作用，在相同碎石和水泥掺量情况下，掺入石屑比不掺的强度增加 50%左右。其他材料为粉煤灰、水泥及水，其中粉煤灰可使桩体具有明显的后期强度；水泥具有较好的粘结性，可提高混合料的和易性；水主要起拌合作用，经拌合使各种掺入料混合均匀。

为了节约工程投资及改善桩体性能，通过试验确定，水泥粉煤灰碎石桩还可以掺入一定数量的掺合料（外加剂、外掺剂)。

水泥粉煤灰碎石桩的材料必须达到相关标准，符合设计要求，一般规定如下：

(1) 水泥：宜选用 32.5 级或 42.5 级的普通硅酸盐水泥或矿渣硅酸盐水泥。

(2) 砂：中砂或粗砂，含泥量不大于 5%，且泥块含量不大于 2%。

(3) 石子：卵石或碎石，粒径 5～20mm，含泥量不大于 2%。

(4) 石屑：粒径为 2.5～10mm，杂质含量小于 5%。

(5) 粉煤灰：应选用Ⅲ级或Ⅲ级以上等级的粉煤灰，条件许可时，宜选用Ⅰ级或Ⅱ级粉煤灰，细度分别不大于 12%和 20%。

(6) 外掺剂：早强剂、减水剂、泵送剂等，根据施工需要通过试验确定是否掺入及掺入量。

鉴于水泥粉煤灰碎石桩（CFG 桩）的桩身材料等级以混凝土相同的强度标准进行评价，当桩体混合料强度等级低于 C10 时，其混合料的空隙充填性较差，不够紧密，这时，水泥粉煤灰碎石桩还没有完全达到刚性结构，还处于接近刚性状态，而不完全是刚性；当桩体混合料强度等级大于 C10 时，其混合料的空隙充填较密实，水泥粉煤灰碎石桩能够达到刚性结构。工程实践中，水泥粉煤灰碎石桩，通过调整水泥的用量及配比，可使桩体强度等级范围在 C5～C35 之间变化，而复合地基加固中一般多采用 C20～C30 的混合料作为桩体材料，随着新建楼层高度的增加，也有采用 C35 的工程实例。由于 CFG 桩的桩体刚度很大，不同于一般柔性桩，在复合地基设计中，把水泥粉煤灰碎石桩归纳为刚性桩是比较合适的。

6.1.1.2 作用原理与性质

水泥粉煤灰碎石桩（CFG桩）加固软土地基主要有两种作用，一是桩体的置换作用，二是土层的挤密作用。

显而易见，用混合料制成桩体后，地基中的很多桩体替代了相当一部分天然土层，这些群桩使得一些地基土面积换成了桩的面积，由于桩体承载力较天然土层承载力大得多，而且桩越深，桩的荷载分担比越高，这就是在复合地基中桩体置换作用的积极意义。

水泥粉煤灰碎石桩主要采用长螺旋钻或振动沉管成孔，无论哪种方法成孔，桩的周边土层都会得到挤压。尤其是在使用沉管成孔的过程中，由于机具锤击、下压等作用，桩孔内的土被强制侧向四周挤出，桩周一定范围内的土被压缩、扰动和重塑。同时由于填料过程中，对混合料的振实作用，也会使桩的周围土层得到挤密。原本松散的天然软土层，经过挤密作用，土颗粒结构和密实性得以改善，桩间土层的承载能力得到提高，这就是在复合地基中桩间土层挤密作用的积极意义。当然长螺旋钻成孔时挤密作用很小，钻孔过程属于非挤密性，只是在填料过程才对孔周土层有所挤密。

由于桩越深，桩的荷载分担比越高，为了充分利用CFG桩的作用，通常桩长应放在相对承载力较高的土层作为持力层，这样桩端可以发挥一定的承载作用；当然桩体与桩周土的摩擦作用也可产生一定的承载力。

水泥粉煤灰碎石桩不同于碎石桩等其他桩型，它的桩身是具有一定粘结强度的混合料，比其他桩型有更大的承载能力。在荷载作用下，其桩身压缩量明显比周围软土小，因此基础传给复合地基的附加应力随地基的变形逐渐集中到桩体上，出现应力集中现象，充分体现了桩体的作用。根据工程资料，在复合地基中，CFG桩的单桩桩土应力比 $n_0=24.3\sim29.4$；四桩桩土应力比 $n_0=31.4\sim35.2$；而碎石桩复合地基的桩土应力比 $n_0=2.2\sim4.1$，足见CFG桩的复合地基桩土应力比明显大于碎石桩，具有更显著的桩体承载作用。

6.1.2 水泥粉煤灰碎石桩加固设计

6.1.2.1 加固布桩范围

水泥粉煤灰碎石桩在加固处理复合地基时，通常结合基础形状和尺寸，按照计算桩距进行布桩，一般情况下布桩范围不超过基础面积。

1）局部处理时：如独立柱基础等局部处理，通常布桩不得少于3根。

2）当为条形基础时：CFG桩布孔不少于2排。

3）当为十字交叉基础时：CFG桩布孔不少于2排。

4）当为筏形、肋板或箱形基础时：布桩范围不小于基底面积范围，必要时可在基底面积范围外布桩1～2排。

5）对于可液化地基，基础内可采用振动沉管水泥粉煤灰碎石桩与振动沉管碎石桩相间的处理加固方案，这时，基础以外需布设2～3排碎石桩。

6.1.2.2 一般技术要求

1）桩径

可根据成孔机械、施工工艺、场地土质等具体情况确定桩径大小，水泥粉煤灰碎石桩的桩径范围是350～600mm。

2）桩长

采用长螺旋钻或振动沉管成孔，通常情况下应优先选用长螺旋钻钻机成孔。长螺旋钻的钻孔深度可达30m，振动沉管的成孔深度通常为8m。

3）桩距

桩距应依承载力、变形和土质要求通过计算确定，通常桩距为3～5倍桩径，宜采用等边三角形、正方形、矩形布孔。

选用桩距时应考虑承载力的满足、充分发挥桩的作用、基础形式、方便施工、地质条件、工程造价等因素，见表6.1-1。

桩距选用参考表 **表6.1-1**

序号	布桩形式	下列土质情况时的桩距		
		挤密性好的土，如砂土、粉土、松散填土等	可挤密性土，如粉质黏土、非饱和黏土等	不可挤密性土，如饱和黏土、淤泥质土等
1	单、双排布桩的条基	$(3\sim5)d$	$(3.5\sim5)d$	$(4\sim5)d$
2	9根桩以下的独立基础	$(3\sim6)d$	$(3.5\sim6)d$	$(4\sim6)d$
3	满堂布桩的整块基础	$(4\sim6)d$	$(4\sim6)d$	$(4.6\sim7)d$

注：表中 d 为桩径，以成桩后的实际桩径为准。

4）布桩形式

根据建筑物基础的要求，布桩形式可采用满堂布桩，如整体式房屋基础、水池基础、罐体基础、公路路基、铁路路基、渠堤基础等；也可以带状布置，如条形房屋基础、挡土墙基础等；还可以块状布置，如独立柱基础、桥墩基础等，块状基础有正方形、长方形、圆形。

布桩可采用三角形、长方形、正方形等不同形式，但最常用的是等边三角形和正方形。独立基础下，可采用等腰三角形、等边三角形或正方形；带状基础下，可采用等腰三角形、等边三角形、长方形或正方形；筏形、肋板和箱形基础下大面积满堂布桩，可采用梅花形、正方形、长方形等，以梅花形最为常用。

5）充填料

桩体填充料为水泥、煤粉灰、碎石、石屑或砂子加水搅拌而成的高粘结强度混合料，密度大于2000kg/m^3。

规范没有给出桩体填充料的配比要求，但工程实践中，水泥粉煤灰碎石桩的桩身材料是以混凝土相同的强度标准进行评价，填充料都根据土质和承载大小的不同，依照与混凝土相同的强度等级进行配比，实用范围为C5～C20，而一般性多层楼房复合地基工程多用C15、C20作为配比标准，高层及特高层楼房工程多用C25～C35作为配比标准。

桩体填充料应严格控制配比，长螺旋钻钻孔、管内泵压混合料灌注成桩的混合料施工坍落度为160～200mm；振动沉管成孔灌注混合料成桩的混合料施工坍落度为30～

50mm。也可以说，混凝土泵车压力灌注混合料时，坍落度为160～200mm；通过料管自落卸料灌注混合料时，坍落度为30～50mm。

工程设计中应根据桩体的强度等级，进行配比试验，决定各种材料的掺量。为了参考，现介绍三个工程CFG桩浆液建议配合比如下：

(1) 工程一：每1m^{3}浆液中含量为：水（189kg）、水泥（175kg）、粉煤灰（207kg）、石屑（492.8kg）、碎石（1236.2kg），早强剂采用三乙醇胺，掺入量为水泥重量的0.2%。

(2) 工程二：泵送商品混合料，坍落度为160～200mm，重量比为：水泥：砂子：碎石：粉煤灰：外加剂：水=1：4.75：6：0.76：0.033：1。

(3) 工程三：现场搅拌混合料，坍落度为30～50mm，重量比为：水泥：砂子：碎石：粉煤灰：水=1：4.15：5.5：0.5：0.9。

6）垫层

为保证复合地基的整体性，使建筑物基础与桩体能够有效联合受力，在桩顶与建筑物基础之间要铺设一层厚度为15～30cm的褥垫层，垫层材料可为中砂、粗砂、级配碎砂石、级配碎石等，垫层材料粒径不大于30mm。垫层夯填度（夯实厚度与虚铺厚度的比值）不得大于0.9，通常按0.87～0.90控制采用。

褥垫层将建筑物基础与桩连为整体，形成良好的传力系统，如不设垫层，复合地基与普通的桩基础受力情况相似，只能利用桩的承载能力，桩间土的承载能力难以发挥，所以就不是复合地基。只有基础下设置垫层，才能发挥桩间土的承载作用，使桩与桩间土形成复合地基。

6.1.2.3 水泥粉煤灰碎石桩的主要计算

1）复合地基承载力计算

群桩与处理后的桩间土形成复合地基，水泥粉煤灰碎石桩复合地基承载力特征值应通过现场单桩或多桩复合地基载荷试验确定。初步设计当无试验资料时，可按下式进行估算：

$$f_{spk} = m\frac{R_a}{A_p} + \beta(1-m)f_{sk} \tag{6.1-1}$$

式中 f_{spk}——桩技术加固处理后的复合地基承载力特征值（kPa）；

f_{sk}——桩技术加固处理后的桩间土承载力特征值（kPa），按当地经验取值，当缺少实际资料时可取天然地基承载力特征值 f_k；

R_a——单桩竖向承载力特征值（kN）；

m——桩土面积置换率，$m=\dfrac{A_p}{A}$；

A_p——单桩截面积（m^2）；

A——单桩承担的处理面积（m^2）；

β——桩间土承载力折减系数，按当地经验取值，如无经验时可取0.75～0.95，天然地基承载力较高时取大值。

2）单桩竖向承载力计算

水泥粉煤灰碎石桩的单桩竖向承载力特征值 R_a 的计算，必须符合下列规定：

(1) 当采用单桩载荷试验时，应将单桩竖向极限承载力除以安全系数2，即：

$$R_a = \frac{q_u}{2} \tag{6.1-2}$$

式中 R_a——单桩竖向承载力特征值（kN）；

q_u——载荷试验时，单桩竖向极限承载力值（kN）。

（2）当无单桩载荷试验资料时，按下式估算：

$$R_a = u_p \sum_{i=1}^{n} q_{si} l_i + q_p A_p \tag{6.1-3}$$

式中 R_a——单桩竖向承载力特征值（kN）；

u_p——桩的周长（m）；

n——桩长范围内所划分的土层数；

l_i——第 i 层土的厚度（m）；

q_{si}——桩周第 i 层土的侧阻力特征值（kPa）；

q_p——天然土层桩的端阻力特征值（kPa）；

A_p——单桩截面面积（m^2）。

对于上述式（6.1-2）和式（6.1-3）的结果，设计中应取小值。

3）复合地基压缩变形计算

水泥粉煤灰碎石桩复合地基压缩变形计算应符合现行国家标准《建筑地基基础设计规范》GB 50007—2002 的有关规定，其沉降计算表达公式仍是（3.1-4），即为：

$$s = s_1 + s_2$$

式中 s——在基础以上荷载作用下，复合地基总沉降量（mm）；

s_1——复合地基的加固体下沉量（mm），可用荷载试验的变形模量替代；也可参考《建筑地基处理技术规范》JGJ 79—2002 给的水泥土搅拌桩计算式（4.1-4）：

$$s_1 = \frac{(p_z + p_{zl})L}{2E_{cp}}$$

p_z——复合土层顶面的附加应力（kPa）；

p_{zl}——复合土层底面的附加应力（kPa）；

E_{cp}——复合土层的压缩模量（kPa），规范规定，水泥粉煤灰碎石桩加固复合地基的压缩模量等于天然土层压缩模量的 ξ 倍，$\xi = f_{spk}/f_{ak}$；

f_{spk}——复合土层的承载力（kPa）；

f_{ak}——复合土层的原有天然土层承载力（kPa）；

L——有效桩长（m）；

s_2——复合地基加固体以下未加固土层的下沉量（mm），按第 2 章式（2.2-19）计算，即：

$$s_2 = \psi_s s' = \psi_s \sum_{i=1}^{n} \Delta s_i = \psi_s \sum_{i=1}^{n} \frac{p_0}{E_{si}} (z_i \bar{\alpha}_i - z_{i-1} \bar{\alpha}_{i-1})$$

在计算 s_2 时，其中的沉降计算经验系数 ψ_s 应根据当地沉降观测资料及经验确定，也可按表 6.1-2 数值采用。本表取自《建筑地基基础设计规范》GB 50007—2002 表 5.3.5

中基底附加压力 $p_0 \leqslant 0.75 f_{ak}$ 一栏。

沉降计算经验系数 ψ_s 值表 **表 6.1-2**

$\overline{E}_s$ (MPa)	2.5	4.0	7.0	15.0	20.0
ψ_s	1.1	1.0	0.7	0.4	0.2

表中 $\overline{E}_s$ 为变形计算深度范围内压缩模量的当量值，按式（5.3-4）计算：

$$\overline{E}_s = \frac{\Sigma A_i}{\Sigma \dfrac{A_i}{E_{si}}}$$

式中 A_i——第 i 层土附加应力系数沿土层厚度的积分值；

E_{si}——基础底面下第 i 层土的压缩模量值（MPa），桩长范围内的复合土层按复合土层的压缩模量取值。

在实际计算中，如果桩体穿透了压缩层，则复合地基下沉就只有 s_1，而没有 s_2，这种情况下，$s = s_1$。s_1 及 s_2 的具体计算见第 8.6 节。

4）复合地基压缩模量计算

水泥粉煤灰碎石桩复合地基压缩模量，采用与夯实水泥土桩相同的计算方法，即采用式（5.3-5）进行计算。即：

$$E_{cp} = \zeta E_c = \frac{f_{spk}}{f_k} E_c$$

式中 E_{cp}——复合土层的压缩模量（MPa）；

E_c——天然地基土层的压缩模量（MPa），按地质报告或试验资料确定；

ζ——系数，$\zeta = \dfrac{f_{spk}}{f_k}$；

f_{spk}——桩技术加固处理后的复合地基承载特征力（kPa）；

f_k——原状天然土层的承载力特征值（kPa）。

5）桩体试块强度计算

水泥粉煤灰碎石桩的桩体试块强度，采用与夯实水泥土桩相同的计算方法，即桩体28d 龄期试块的立方体抗压强度平均值，采用式（5.3-6）进行计算。

6.1.3 水泥粉煤灰碎石桩的施工

6.1.3.1 施工机具

水泥粉煤灰碎石桩施工的机械主要是成孔机械和灌注机械。成孔机械有长螺旋钻机及振动沉管机；灌注机械有混凝土泵、混凝土泵车、高压输送管。

辅助设备有强制式混凝土搅拌机、溜槽或导管。

混合料运输设施有手推车、机动翻斗车、小容量装载机、混凝土搅拌输送车等，其中混凝土搅拌输送车只用于远距离或商品混合料的运输。

采用长螺旋钻或振动沉管成孔，泵压（混凝土泵车）或灌注混合料成桩。

长螺旋钻具有无噪声、无污染、无振动、无冲击的特点，通常情况下应优先选用长螺旋钻钻机。长螺旋钻的钻孔深度可达 30m。混凝土泵车的自动化程度好，工作效率高，施工简单，无振动和噪声，尤其适用于城市建筑工程。

长螺旋钻是以钻杆上布有连续的螺旋状叶片而得名，它有动力头、钻杆、导向架、钻头等构成，它被安装在柴油打桩架导杆上，行走机构是履带式起重机或汽车式起重机。

部分振动沉管打桩机（振动沉拔桩锤）的规格性能详见第 3.2 节及第 5.1 节的相关部分。它的成桩深度受钻架高度限制，一般成桩深度不大于 8m。

部分 CFG 系列液压步履式长螺旋钻孔机主要技术参数见表 6.1-3。

CFG 系列液压步履式长螺旋钻孔机主要技术参数 **表 6.1-3**

项目	单位	钻机型号										
		CFG13	CFG15	CFG18	CFG20	CFG22	CFG23	CFG25	CFG26	CFG28	CFG30	CFG31
成孔直径	mm	300～600	300～600	300～800	400～800	400～800	400～800	400～800	400～800	400～800	400～800	400～800
成桩深度	m	13	15	18	20	22	23	25	26	28	30	31
动力头功率	kW	22×2	22×2	37×2	45×2	45×2	45×2	55×2	55×2	55×2	55×2	55×2
最大提拔力	kN	180	180	240	240	240	240	400	400	400	400	400
主机转速	r/min	21	21	24	24	24	24	21	21	16	16	12
输出扭矩	kN·m	15.8	15.8	34	34	34	34	48.5	48.5	63.7	63.7	83
行走步距	mm	1200	1200	1200	1200	1200	1200	1500	1500	1500	1800	1800
回转角度	度	±90	±90	±90	±90	±90	±90	±90	±90	±90	±90	±90
桩机质量	t	21	22	32	32.5	35	36	43	48	56	57	70

混凝土输送泵运送混凝土，质量能保证、效率高、减轻劳动强度，特别适用于场地狭窄处的施工。根据移动方式，混凝土泵分为拖行式、固定式、车载式和臂架式。臂架式混凝土泵通称混凝土泵车，它是将混凝土泵装在汽车底盘上，采用液压折叠式臂架管道输送，臂架具有变幅、曲折、回转三个动作，输送管道沿臂架铺设，在臂架活动范围内，可以任意改变混凝土浇筑位置，不须在现场临时铺设管道，节约辅助时间，提高工作效率，特别适用于混凝土浇筑量大和质量要求高的工程。

混凝土泵的技术性能见表 6.1-4，臂架式混凝土泵车的技术性能见表 6.1-5。

混凝土泵技术性能表 **表 6.1-4**

项目		混凝土泵型号				
		HB8	HB15	HB30	HB30B	HB60
排量(m^3/h)		8	10～15	30	15，30	60
最大输送距离(m)	水平	200	250	350	420	390
	竖直	30	35	60	70	65
输送管直径(mm)		150	150	150	150	150
混凝土坍落度范围(cm)		5～23	5～23	5～23	5～23	5～23
骨料最大粒径(mm)		卵石 50，碎石 40	卵石 50，碎石 40	卵石 50，碎石 40	卵石 50，碎石 40	卵石 50，碎石 40
输送管清洗方式		气洗	气洗	气洗	气洗	气洗

续表

项目	混凝土泵型号				
	HB8	HB15	HB30	HB30B	HB60
主电动机功率(kW)	—	—	45	45	55
额定压力(MPa)	—	—	10.5	16	20
整机总质量(kg)	A型(不带行走轮)2960 B型(带行走轮)3260	4800	Ⅰ型(轮胎式)4500 Ⅱ型(轨道式)4500	Ⅰ型(轮胎式)4500 Ⅱ型(轨道式)4500	Ⅰ型(轮胎式)5900 Ⅱ型(轨道式)5810 Ⅲ型(固定式)5500
外形尺寸(长×宽×高)(mm)	A型 3134×1590×1620 B型 3134×11590×1850	4458×2000×1718	Ⅰ型 4580×1830×1300 Ⅱ型 3620×1360×1160		Ⅰ型 4980×1840×1420 Ⅱ型 4075×1360×1315 Ⅲ型 4075×1360×1240

臂架式混凝土泵车技术性能表 **表 6.1-5**

项目		混凝土泵车型号					
		B-HB20	IPF85B	HBQ60	DC-S115B	NCP9FB	PTF75B
排量(m^3/h)		20	10~85	15~70	70	大排量 15~90 高压时 10~45	10~75
最大输送距离(m)	水平	270(管径 150mm)	310~750(因管径而异)	340~500(因管径而异)	270~530(因管径而异)	470~1720(因管径、压力而异)	250~600(因管径而异)
	竖直	50(管径 150mm)	80~125(因管径而异)	65~90(因管径而异)	70~110(因管径而异)	90~200(因管径、压力而异)	50~95(因管径而异)
骨料最大粒径(mm)		50 卵石,40 碎石	25~50(因骨料种类和管径而异)	25~50(因骨料种类和管径而异)	25~50(因骨料种类和管径而异)	25~50(因骨料种类和管径而异)	25~50(因骨料种类和管径而异)
混凝土坍落度范围(cm)		5~23	5~23	5~23	5~23	5~23	5~23
输送管清洗方式		气、水	水	气、水	气、水	气、水	气、水
臂架	最大水平长度(m)	17.96	17.40	17.70	17.70	18.10	17.40
	最大垂直高度(m)	21.20	20.70	21.00	21.20	20.60	20.70
整机总质量(kg)		约 15000	约 15000	约 15500	15350	约 16000	约 15400
外形尺寸(长×宽×高)(mm)		9490×2470×3445	9030×2490×3270	8940×2500×3340	8840×2475×3400	9135×2490×3365	8900×2490×3490

混凝土搅拌机按搅拌原理分为自落式和强制式两类。两者区别在于，搅拌叶片与搅拌桶之间没有相对运动的为自落式，有相对运动的为强制式。因强制式混凝土搅拌机功率大，工程中常使用，水泥粉煤灰碎石桩施工也多用强制式混凝土搅拌机，所以，这里只介绍强制式混凝土搅拌机的资料。

强制式混凝土搅拌机又分立轴强制式和卧轴强制式两种，其中，卧轴强制式又有单卧轴与双卧轴之分，卧轴强制式因在技术经济指标方面优于立轴强制式而得到更广泛应用。单卧轴混凝土搅拌机多用于一般工程施工中，双卧轴混凝土搅拌机适用于混凝土搅拌量大的工程中，如拌合楼主机、拌合站主机、大中型混凝土预制工厂等。

单卧轴式混凝土搅拌机主要技术性能见表 6.1-6，双卧轴式混凝土搅拌机主要技术性能见表 6.1-7。

单卧轴式混凝土搅拌机主要技术性能表 **表 6.1-6**

项目	单位	单卧轴搅拌机型号				
		JD150	JD150Ⅱ	JD200	JD250	JD350
额定出料量	L	150	150	200	250	350
额定进料量	L	240	240	300	400	560
搅拌时间	s	—	30	30～50	30～45	—
骨料最大粒径（卵石/碎石）	mm	60/40	60/40	60/40	60/40	60/40
搅拌轴转速	r/min	43.7	38.6	36.3	30.0	29.2
料斗提升速度	m/s	—	0.34	0.30	—	0.27
最大生产率	m^3/h	7.5～9	7.5～9	10～14	12～15	17～21
搅拌电动机功率	kW	5.5	5.5	7.5	11	15
卷扬电动机功率	kW	2.2	2.2	—	4.5	—
水泵电动机功率	kW	0.55	0.55	0.55	0.55	0.55
整机长度	mm	2800	2780	3150	4100	2130
整机宽度	mm	1830	1850	2060	3030	2570
整机高度	mm	2000	2970	2240	4000	2350
整机质量	t	1.49	1.8	2.07	3.2	3.2

双卧轴式混凝土搅拌机主要技术性能表 **表 6.1-7**

项目	单位	双卧轴搅拌机型号				
		JS350	JS500	JS500B	JS1000	JS1500
额定出料量	L	350	500	500	1000	1500
额定进料量	L	560	800	800	1600	2400
搅拌时间	s	30～50	35～45	—	—	—
骨料最大粒径（卵石/碎石）	mm	60/40	80/60	80/60	80/60	80/60
搅拌轴转速	r/min	36	35.4	33.7	24.3	22.5
料斗提升速度	m/s	0.19	0.19	0.18	—	—
最大生产率	m^3/h	14～21	25～35	20～24	50～60	70～90

续表

项　目	单位	双卧轴搅拌机型号				
		JS350	JS500	JS500B	JS1000	JS1500
搅拌电动机功率	kW	15	18.5	17	37	44
卷扬电动机功率	kW	4	5.5	7.5	—	—
水泵电动机功率	kW	1.5	0.75	2.3	—	—
整机长度	mm	2880	3200	3030	2056	2260
整机宽度	mm	3160	3010	3030	2056	2260
整机高度	mm	2770	4420	4125	1300	1560
整机质量	t	3	4.5	4	4.5	6

6.1.3.2 设备布置

通常施工所用的机械、机具、设备、设施等都要针对场地情况和主要机具台数进行合理布置，应遵循方便施工、互不干扰、提高速度、节约资金的原则。

成孔机械是制桩的主要机械，应布置在有利位置，便于移位；控制操作台（或称电气操作台）起着指挥作用，应布置在距孔位较近的地方；运输设施要方便供料，在填料堆场与孔位之间要有较短的通顺道路，利于运料机具运行。填料堆场宜根据场地情况设置在拌合机附近，避免运输供应的麻烦。

成孔机械应视土质情况和设备台数进行布置。

6.1.3.3 施工方法

1）施工走向

施工进退走向视机械台数和施工任务大小而定，当施工量很大时，可分成3～4块用3～4台机械同时施工；当施工现场距已有围墙或建筑物很近时，应先在靠近已有围墙或建筑物处制桩；当施工量一般时，可采用2台机械同时从中部开始，向两端逐渐行进；1台机械施工时，可以由一端向另一端行进。

2）成孔方法

水泥粉煤灰碎石桩的成孔、成桩方法有三种：

(1) 长螺旋钻钻孔灌注成桩时，适用于地下水位以上的黏性土、粉土、素填土、中等密实以上的砂土。该方法是用长螺旋钻成孔，运料车通过受料斗和溜管灌注混合料成桩。

(2) 长螺旋钻钻孔、管内泵压混合料灌注成桩时，适用于地下水位以下及地下水位以上的黏性土、粉土、砂土以及对噪声或淤泥污染要求严格的场地。该方法是用长螺旋钻成孔，混凝土泵车通过高压输料管灌注混合料成桩。

(3) 振动沉管成孔灌注混合料成桩时，不受地下水位限制，适用于黏性土、粉土、素填土及松散的饱和粉细砂等地基。该方法是用振动沉管打桩机（振动沉拔桩锤）成孔，运料车通过受料口和桩管灌注混合料成桩。

上述三种成孔、成桩方法，前两项属于非挤土成桩工艺，即长螺旋钻成孔对孔周土层不产生挤密作用；后者振动沉管成孔属于挤土成桩工艺，成孔过程中对孔周土层将产生有效的挤密作用。

长螺旋钻机施工的最大优点是穿透力强、成孔深度大、无振动、低噪声、无泥浆污染、施工效率高、质量容易控制等，可广泛用于城市建设中，但它的不足是成孔时对孔周土层没有挤密作用，并且要求桩长范围内无地下水，以保证造孔时不塌孔。

振动沉管法成孔是用打桩机将带有特制桩尖的钢管打入土层中，并达到设计深度，然后缓慢拔出桩管后成孔，方法简单易行，孔壁光滑平整，挤密效果较易控制，但处理深度受桩架高度限制，一般不超过7～9m。振动沉管成孔灌注成桩法的优点是可用于地下水位以下、对孔周土层会产生较好的挤密作用，但难以穿透厚的硬土层、砂层和卵石层等，在饱和黏性土中成桩，会造成地面隆起，挤断已打桩，并且振动与噪声污染严重，在城市居民区施工受到限制。在夹有硬的黏性土层时，可先用长螺旋钻机引孔，再用振动沉管打桩机制桩。

上述可知，CFG桩是采用振动沉管机和螺旋钻机施工成桩，而选用哪一类成桩机和什么型号，要视工程的具体情况而定。如在我国北方大多数地区存在的夹有硬土层地质条件的地区，单纯使用振动沉管机施工，会对已打桩形成较大的振动，从而导致桩体被振裂或振断。对于灵敏度和密实度较高的土，振动会造成土的结构强度破坏，密实度减小，引起承载力下降。故不能简单使用振动沉管机。此时宜采用螺旋钻预引孔，然后再用振动沉管机制桩。这样的设备组合避免了已打桩被振坏或扰动导致桩间土的结构破坏而引起复合地基的承载力降低。所以，在施工准备阶段，必须详细了解地质情况，从而合理地选用施工机械。这是确保CFG桩复合地基质量的有效途径。

在工程建筑中，已有采用泥浆护壁钻孔灌注混合料成桩的实例，适用于地下水位以下的黏性土、粉土、砂土、人工填土、碎石（砾）石土及风化岩层分布的地基。由于泥浆护壁钻孔灌注成桩的施工工艺比较复杂，成本较高，所以，工程实践中采用较少。

3）填料与夯实

机械成孔后，将搅拌好的混合料用混凝土泵车打入孔中，在拔管过程中利用高差产生的重力自振捣效果，使混合料自振密实的同时还挤密了桩间土，从而使处理后的复合地基的强度和抗变形能力明显提高。因此，CFG桩实际是水泥粉煤灰与碎石料搅拌混合而成的近似混凝土桩，在基础开挖前用钻机打孔造桩。

螺旋钻机的钻杆是空心的，先把钻杆打到地下规定的深度，然后再往上拔出钻杆。在拔钻杆的过程中，用混凝土泵车把混合料注入钻杆空心内，混合料随着钻杆的拔起落入土中就形成了桩，并以落差自重力实现已灌注混合料的密实。

6.1.3.4 施工准备

水泥粉煤灰碎石桩的施工准备主要有：

1）施工技术、施工人员、施工机具、材料供应、生产物资、生活物资、施工用房等的准备。

2）三通一平准备：主要是水通、电通、路通和施工场地平整。水通指供水质量和数量应满足工程生产、生活需要，供水设施齐全，输水管路畅通，排水系统畅通，防止污水乱排乱泄。电通指供电设施齐全，电压、电流、电量应满足工程生产、生活负荷要求，输电线路的规格符合规定。路通指场内外交通畅通无阻，满足材料供应、生产物资、生活物资的运输要求。场地平整主要指铲除施工场区的土丘、树根、孤石等障碍，填平坑洼，确保施工场地基本平整，便于机械移动、材料运输，使施工能够顺利进行。

3）制定技术供应保障措施、生产安全保障措施、施工质量保障措施。

4）做好施工场地布置：主要是供电线路、交通道路、填料堆场。另外，还应考虑机械停放场、配电室、机修房、工人休息室、生产用房、生活用房、办公用房等的合理布设。

5）桩的定位：平整场地后，测量地面高程并符合设计要求。桩的定位主要是根据设计图纸的布桩要求，将各桩定点到实地位置，并在桩位打小木桩标出，桩位偏差应符合设计要求。

6.1.3.5 制桩工艺流程

1）长螺旋钻钻孔灌注成桩

用长螺旋钻成孔，运料车通过受料斗和溜管灌注混合料成桩。此方法只适用于地下水位以上的作业，施工中必须配置混凝土搅拌机，现场拌制桩体混合料，由机动翻斗车等运输工具将拌制好的混合料运至孔口，卸入受料斗，并通过导溜管灌入孔中。混合料灌注靠自重力而密实，灌注过程应均匀，慢速上升，从孔底直至孔口，完成一根桩的灌注任务。由于桩顶段落差小，混合料的自重力也小，常常密实性较差，可用软轴振动器对桩顶2～3m进行振捣。

为防止灌注混合料时发生离析现象，影响桩体均匀性和强度，溜管出口距混合料灌注面的高度不应大于2～3m。

螺旋钻机就位时，必须保持平衡，不发生倾斜、位移，为准确控制钻孔深度，应在机架上或机管上做出控制的标尺，以便在施工中进行观测、记录。

长螺旋钻机成孔灌注桩的施工步骤：

（1）钻机就位，并使钻头对准桩孔中心，同时准备好混合料的供应；

（2）启动电动机施钻，钻机边钻进边排土，并及时清理孔口周边弃土，当钻至预定深度后停钻；

（3）提升钻杆至孔外地面；

（4）运料车供混合料，并通过受料斗和导溜管灌注混合料，由下而上直至桩顶（高出设计桩顶50cm），整桩混合料的坍落度按30～50mm控制；

（5）对桩顶段用软轴振动器进行振捣；

（6）成桩后，桩顶封黏性土进行有效养护和保护；

（7）移机到新的桩孔，重复上述步骤，直至全部完成工程制桩任务。

长螺旋钻机成孔灌注桩的施工流程如图6.1-1所示。

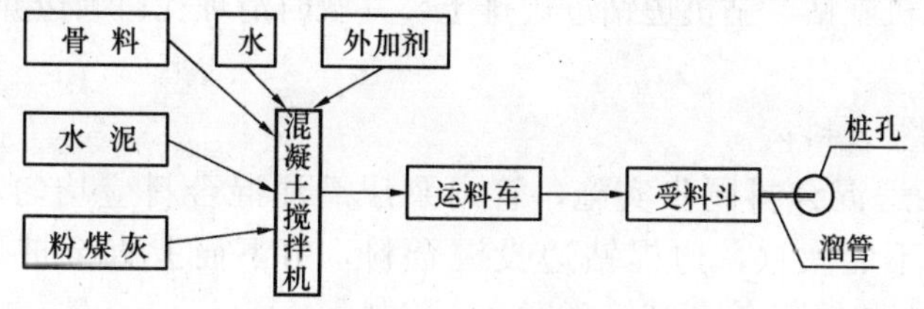

图6.1-1 长螺旋钻成孔灌注桩施工流程

2）长螺旋钻钻孔、管内泵压混合料灌注成桩

长螺旋钻孔、管内泵压混合料成桩的方法，就是采用长螺旋钻成孔，混凝土泵车通过

高压输料管灌注混合料成桩，是国内近几年来使用比较广泛的一种新工艺。泵车的高压输料管与螺旋钻机的钻杆内管直接连接，形成密封完整的混合料管道输送系统，既可用于地下水位以上，也可用于地下水位以下。泵车输送效率高、灌注可靠、机械化程度高，减轻劳动强度。

长螺旋钻孔、管内泵压混合料成桩施工，在钻至设计深度后，应准确掌握提拔钻杆时间，混合料泵送量应与拔管速度相配合，遇到饱和砂土或饱和粉土层，不得停泵待料。

在钻机架上预先做好深度标记，利用深度标记进行成孔深度控制。钻孔开始时，要先慢后快，减少钻杆的晃动，发现钻杆摇晃或难钻进时，应放慢进度，以防桩孔偏斜、位移。按设计要求钻至设计深度后，停止钻进，开始提升钻杆、压灌混合料，边泵送混合料，边提升钻杆。

该方法一般用于地下水位以下，在钻孔深度达到要求后，应先灌注一定高度的孔底混合料（一般2～3m），然后提钻并使出料管口埋入已灌混合料中约1m，再正式开始泵送混合料，管内空气从排气阀排出，待钻杆内管及输送软管、硬管内混合料连续时提钻。边提钻边灌注，始终保持出料口埋入已灌混合料中1m深左右，每打泵一次提升200～250mm，由下而上，直至孔口。

长螺旋钻孔、管内泵压混合料灌注成桩的施工要点如下：

(1) 开始泵送混合料后，边提钻边灌注，均匀提钻并保证钻头始终埋在混合料中。

(2) 施工中应避免出现混合料搅拌不均、混合料坍落度小、成桩时间过长、混合料初凝、水泥或粗骨料不合格、外加剂与水泥配比性不好等现象，以免发生混合料堵管事故。

(3) 当遇到饱和粉细砂及其他软土地基，且桩间距小于1.3m时，宜采取跳打的方法，以避免发生串桩现象。

(4) 施工中应控制提钻速度，避免提钻速度过快，提钻的速率与混合料的泵送速率协调一致，避免发生钻尖不能埋入混合料中的现象，从而导致缩颈、夹泥现象。

(5) 施工时若出现混合料灌注中断时间超过1h或混合料产生离析现象，应重新钻孔成桩。

(6) 工程量大时应采用商品混合料，如采用现场搅拌，应计量准确，保证搅拌时间不少于规定时间，以保证混合料的和易性、坍落度满足设计要求。

长螺旋钻孔、管内泵压混合料灌注成桩的施工步骤如下：

(1) 钻机就位，并使钻头对准桩孔中心，同时准备好混合料的供应；

(2) 启动电动机施钻，钻机边钻进边排土，并及时清理孔口周边弃土，当钻至预定深度后停钻；

(3) 灌注孔底混合料；

(4) 提钻与泵送混合料同步实施，管内泵压灌注混合料应均匀，拔管速度控制在1.2～1.5m/min，不能太快，边提钻边投混合料，由下而上直至桩顶（高出设计桩顶50cm），整桩混合料的坍落度按160～200mm控制；

(5) 将钻杆提出孔外地面；

(6) 对桩顶段用软轴振动器进行振捣；

(7) 成桩后，桩顶封黏性土进行有效养护和保护；

(8) 移机到新的桩孔，重复上述步骤，直至全部完成工程制桩任务。

长螺旋钻孔、管内泵压混合料灌注成桩的施工流程如图 6.1-2 所示。

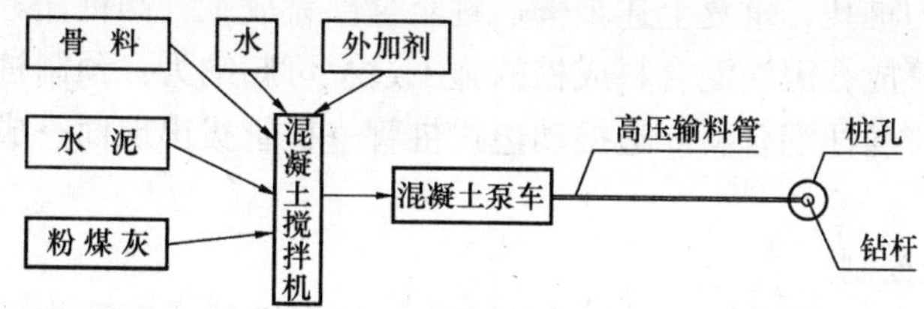

图 6.1-2 长螺旋钻孔、管内泵压混合料灌注成桩施工流程

3) 振动沉管成孔灌注混合料成桩

用振动沉管打桩机（振动沉拔桩锤）成孔，运料车通过沉管顶设置的进料口和桩管灌注混合料成桩。

桩机进入现场，根据设计桩长、沉管入土深度确定机架高度和沉管长度，并进行设备组装。沉桩设备就位后必须平正、稳固，确保在施工中不发生倾斜、移动。为准确控制沉桩深度，振动沉管机沉管表面应有明显的进尺标记，并根据设计桩长、沉管入土深度确定机架高度和沉管长度。桩身必须垂直，应在机架上相互垂直两面上分别设置两个 0.5kg 重的吊线锤，并画上垂直线。

振动沉管成孔灌注混合料成桩法的施工方法及工艺流程概述如下：

(1) 设置桩尖和桩管：按照施工放样的桩位中心，先行预制钢筋混凝土桩尖，并将桩尖埋入地表以下 30cm 左右。

(2) 桩机就位：调整沉管与地面垂直度，确保垂直度偏差不大于 1%，桩架安装必须水平，桩管应垂直套入桩尖，二者在同一轴线上。

(3) 沉管：启动马达沉管到预定深度后停机。沉管过程中作好记录，每沉 1m 记录电流表、电流量一次，并对土层变化予以说明。在振动沉管过程中，不得有偏心，并随时检查预制钢筋混凝土桩尖有无破损，桩管有无偏移或倾斜，若有上述情况应立即纠正。桩管内不允许进入水或泥浆，当有水或泥浆进入时，应灌入 1.5m 高的封底混合料后再开始沉管。

(4) 灌注混合料：沉管到达深度后，用料斗通过管顶进料口立即向管内投料，每次向桩管内灌注混合料时应尽量多灌，用长桩管打短桩时，混合料可一次灌足；打长桩时第一次灌入桩管的混合料应尽量灌满。第一次拔管高度应以能容纳第二次所需要灌入的混合料量为限，不宜拔得太高。在拔管过程中应设专人用测锤检查管内混合料面的下降情况。混合料按设计配比经搅拌机加水拌合，拌合时间不得少于 2min。加水按坍落度 30～50mm 控制，成桩后浮浆厚度以不超过 10cm 为宜。

(5) 拔管：当混合料灌满桩管后（混合料与桩管顶部投料口齐平），启动电动机进行拔管。由于采用了预制桩尖振动沉入的桩管，应使沉管在原地留振 5～10s 再开始拔管，边振动边拔管，若填料不足，应继续补充投料。每上拔 1m，应停拔并留振 5～10s，如此反复操作至桩管全部拔出。根据实际情况，拔管速度应控制在 0.8～1.2m/min 以内。如遇淤泥质土，拔管速度可放快至 1.4m/min。拔管过程中不允许反插。如上料不足，须在拔管过程中投料，以保证成桩后桩顶标高达到要求（高出设计桩顶 50cm）。

(6) 桩管拔出地面确认成桩符合设计要求后，用粒状材料或黏性土封桩顶，进行覆盖养护。

(7) 移机到新的桩孔，重复上述步骤，直至全部完成工程制桩任务。

据此，振动沉管成孔灌注混合料成桩的施工过程可归纳为：预制桩尖→桩机就位→沉管至设计深度→满管灌注混合料→边振动边拔桩管→桩管拔出地面→成桩→黏性土封桩顶→移机到新的桩孔。

6.1.3.6 施工过程控制

1）施工过程中，桩体混合料应抽样做试验，每台机械一天至少做一组（3 块）试件(试块为边长 150mm 的立方体)，标准养护 28d，测其立方体抗压强度。

2）为检验 CFG 桩施工工艺、机械性能及质量控制，核对地质资料，在工程桩施工前，应先做不少于 3 根试验桩，并在竖向全长钻取芯样，检查桩身混合料密实度、强度和桩身垂直度等，根据发现的问题，修订施工工艺，并为设计提供设计参数。

3）由于桩顶卸料落差小，混合料自重压力就小，加之桩顶浮浆等因素，通常桩顶的混合料密实度差，强度低，可对实际灌注桩顶以下 2～3m 范围内采用混凝土振动器进行捣固，以提高密实度。

4）在有地下水的土层中成桩时，为确保水下成桩质量，要求钻杆钻至设计标高后不提钻，先向空心钻杆内灌注 2～3m 高的混合料，然后再提钻进行桩底混合料灌注。之后，边灌注边提钻，保持连续灌注、均匀提升，可基本做到钻头始终埋入混凝土内 1m 左右。严禁采用先提钻后灌注混合料的做法。

5）要做好成孔、灌注、提钻各道工序的密切配合，提钻速度应与混凝土泵输送量相匹配，严格掌握混合料的输入量大于提钻产生的空孔体积，使混合料面经常保持在钻头以上 1m，以免在混合料中形成充水的孔洞和影响混合料的强度。

6）当采用振动沉管在饱和软土中成桩时，桩机的振动力较小，在采用连打作业时，由于饱和软土的特性，新打桩将挤压已打桩，使桩体形成椭圆或不规则形态，产生严重的缩颈和断桩。此时，应采用隔桩跳打施工方案。而在饱和的松散粉土中施工时，由于松散粉土振密效果好，先打桩施工完后，桩周土体密度会有显著增加。而且，打的桩越多，土的密度越大。这样，在打新桩时，会加大沉管难度，并容易造成已打桩断桩。此时，则不宜采用隔桩跳打。在这种情况下，也可采用螺旋钻机引孔的方法，避免新打桩的振动造成已打桩的断桩。

7）长螺旋钻成孔、管内泵压混合料成桩，当钻至设计深度后，应准确掌握提拔钻杆时间和拔管速率。拔管速度太快可能导致桩径偏小或缩颈断桩，而拔管速度过慢又会造成水泥浆分布不匀，桩项浮浆过多，桩身强度不足并形成混合料离析，导致桩身强度不足。

拔管速度与混合料泵送量要匹配，遇到饱和砂土或饱和粉土层，不得停泵待料；沉管灌注成桩施工的拔管速度应均匀，拔管速度应控制在 1.2～1.5m/min，如遇淤泥或淤泥质土，拔管速度应适当放慢。

8）控制好混合料的坍落度。大量工程实践表明，混合料坍落度过大，会形成桩项浮浆过厚，桩体强度也会降低。严格控制坍落度，和易性好，灌注容易掌握，一般情况桩顶浮浆可控制在 10cm 左右，成桩质量容易控制。

9）设置保护桩顶。在加料制桩时，使桩体灌注比设计桩长高出 0.5m，并用插入式振动器对桩顶混合料加振 3～5s，提高桩顶混合料密实度。上部用土封项，增大混合料表面的高度即增加了自重压力，可提高混合料抵抗周围土挤压的能力，避免已打桩受振动挤压而造成变形，同时避免混合料上涌使桩径缩小。

10）拔管过程避免反插。采用振动沉管施工，在拔管过程中若出现反插，由于桩管垂直度的偏差，容易使土与桩体材料混合，导致桩身掺土影响桩身质量，因此应避免反插。

11）当用机械对桩顶保护土层及钻孔弃土进行挖除时，应避免超挖，并应预留不少于 50cm 厚度的土层用人工清除，以免造成桩头断裂或扰动桩间土。

12）冬期施工应采取有效保暖措施，避免混合料在初凝前遭到冻结，保证混合料的入孔温度大于 5℃。如果实施材料加热，根据材料加热的难易程度，一般先加热拌合水，而后是石和砂；有条件时，水泥和粉煤灰可存放在加温的仓库内。清除完保护土层和桩头后，要立即对桩间土及桩头用草帘、保温塑料等保温材料进行覆盖，防止桩间土冻胀而造成桩体拉断。

13）褥垫层宜采用静力压实法，避免扰动桩间土。当基础底面下桩间土的含水量较小时，也可采用动力压实法。对较干的砂石料，虚铺后可适当洒水再进行碾压或夯实。

6.1.3.7 振动影响的防治

当采用振动沉管法制桩时，会产生较大的振动力，对邻近建筑物及其可液化土层的振陷均产生不同程度的影响；同时振动也产生一定的噪声，对施工人员和环境也会有一些影响。因此，施工中应采取必要的措施，最大程度减小振动所造成的影响。通常可参照砂石桩部分第 3.2.3.6 节的措施进行防治。

6.1.4 水泥粉煤灰碎石桩的施工质量

水泥粉煤灰碎石桩的施工质量应按以下控制：

1）施工过程中应对每根桩的施工时间、投料量、桩长、发生的问题等详细作好施工记录，成桩后应及时检查水泥粉煤灰碎石桩处理地基的质量，主要检查施工记录、混合料坍落度、孔的深度和用料量、桩数、桩位偏差、褥垫层厚度、夯实度及桩体试块抗压强度等。

2）水泥粉煤灰碎石桩地基竣工验收时，承载力检验应采用复合地基载荷试验（单桩或多桩复合地基载荷试验）确定，并且载荷板的面积应与受检测桩所承担的处理面积相同。

3）竣工后地基承载力检验应在桩身强度满足试验荷载条件，并宜在施工结束 28d 后进行，抽样检查的数量，宜为总桩数的 0.5%～1%，且每个单体工程的检验数量不应少于 3 点；1000m^2 以上工程，每 100m^2 至少应有 1 点，3000m^2 以上工程，每 300m^2 至少应有 1 点。每一独立基础下至少应有 1 点，基槽每 20 延米应有 1 点。

选择试验点位置应有代表性、分散性，并选择不同钻机，应本着随机分布的原则进行。

4）成桩的强度、复合地基承载力、总沉降量等均应满足设计要求。

5）应抽取不少于总桩数 10%的桩进行低应变试验，检验桩体的完整性。

6）桩孔施工垂直度偏差不应大于 1%；对满堂布桩基础，桩位偏差不应大于桩径的

40%；对于条形布桩基础，桩位偏差不应大于桩径的 25%；对单排布桩，桩位偏差不应大于 60mm。

7）根据设计图纸检查桩数、桩位、桩距、桩顶标高等是否符合设计要求。同时检查有无漏桩、断桩、缩径、强度不够等质量缺陷，并详细作出检验记录，认真研究对策，采取可靠的补救措施。

8）桩孔的直径和深度：参考很多施工中的实用资料，桩长允许偏差为＋100mm，桩径允许偏差为±20mm。

6.2 微型混凝土桩

所谓微型桩，当然是指桩的断面尺寸和长度相对比较小的桩，这些桩主要是用在复合地基加固处理上。通常所说的常规桩，断面尺寸和长度都比较大，主要用于独立竖向承载。《建筑地基处理技术规范》JGJ 79—2002 中未收录各类型微型混凝土桩（简称微型桩），但工程实践中已得到较多应用，它们是小直径灌注混凝土桩（微型灌注桩）、小预制钢筋混凝土桩（微型预制桩）、楔形钢筋混凝土短桩（楔形短桩）、管芯高压注浆混凝土桩（微型注浆混凝土桩）等。各微型混凝土桩的功能可用于两个方面，一是复合地基加固处理，二是抗侧向水平拉力。

由于混凝土桩刚性大、坚固耐久、承载力高、不受地下水和潮湿变化的影响、处理效果明显，在建筑工程中得到广泛应用。

对于按刚性桩理论进行设计的微型桩，其桩长设计应满足两个条件：一是满足单桩承载力的要求；二是满足进入相对较好持力层的要求。对于按复合地基理论进行设计的微型桩主要是要满足复合地基承载力的要求，但不宜将桩端置于软弱土层上，以免造成日后建筑物沉降偏大。

在复合地基加固处理中，微型混凝土桩所发挥的作用是：①桩周侧土摩阻力；②桩底端阻力；③桩体置换承载力；④桩间土承载力的提高。在复合地基加固处理方面，与前面已经讲过的复合地基加固处理方法相比，微型混凝土桩具有以下优点：

1）由于桩的断面尺寸小，桩长短，体积较轻，从而决定了施工机械设备具有小型、轻便、快速、灵活、无噪声、振动小等特点，因此施工灵活轻便，节约投资，布置面积小，适用各种土层，对周边影响小。

2）根据不同的微型混凝土桩采用不同的成孔成桩方法，如振捣、灌注、静压等均能促使桩与地基土紧密结合，并对桩周土层产生一定压力，有明显的加固效果。

3）微型桩全部为刚性桩，桩体强度高，承载力大，均可较好的用于复合地基加固及侧向水平力承载。

4）桩的孔径小，因而施工时对原有基础影响小，对地基土几乎都不产生附加应力，也不干扰邻近建筑物的正常使用。

5）微型桩均能穿透各种障碍物，适用于各种不同的土质条件，既可在无地下水的条件下施工，也可在有地下水的条件下施工。

鉴于微型桩具有一定的优点，从它们问世起，就愈来愈多的被建筑工程界所认可，为便于了解，现对各微型桩简要阐述于后，仅供读者参考。

6.2.1 微型混凝土桩的一般介绍

6.2.1.1 小直径灌注混凝土桩

小直径灌注混凝土桩又称钻孔灌注微型混凝土桩（简称微型灌注桩），用于复合地基加固处理时，一般采用素混凝土桩体；用于抗侧向水平拉力时，一般采用钢筋混凝土桩体。这里只介绍小直径灌注混凝土桩用于复合地基加固处理的功能。

在复合地基加固处理领域中，小直径灌注混凝土桩与常规灌注混凝土桩相比，差别是明显的，主要有：①小直径灌注混凝土桩，其直径小，一般在250～400mm，桩长通常小于15m，采用小型钻孔机具；而常规灌注混凝土桩，其直径一般在500～1500mm，桩长多数在15～40m，采用大型钻孔机具。②小直径灌注混凝土桩是利用桩与桩间土的联合受力，承受上部建筑物荷载；而常规灌注混凝土桩是利用独立桩体作用，承受上部建筑物荷载。③小直径灌注混凝土桩加固地基通常是素混凝土桩体；常规灌注混凝土桩总是钢筋混凝土桩体。

小直径灌注混凝土桩的成孔机械有工程地质钻孔机、微型钻孔机、长螺旋钻孔机等，钻机具有造价低、噪声小、无冲击、无振动、无污染等优点。当孔深不大于6m时，也可采用洛阳铲人工成孔。

小直径灌注混凝土桩的混凝土强度等级可为C25、C30。用于复合地基加固时，桩间距可取桩径的3～5倍。

混凝土的运输机具有人力推车、机动翻斗车、小容量装载机等，适用于场区内运输；当运距较远或采用商品混凝土时，应用混凝土搅拌输送车运输。

混凝土的拌制则是混凝土搅拌机、混凝土搅拌站等；当采用商品混凝土时，混凝土生产工厂则采用混凝土搅拌楼拌制混凝土。

小直径灌注混凝土桩最适用于无地下水的砂土、粉土、黏性土等软弱土层中，这种情况下施工比较简单，那就是通过一定的方法或手段在地基中先成孔并经清底后，用合适的运料车将拌制好的混凝土运至孔口，通过受料斗及溜管进行混凝土灌注。为避免混凝土离析，溜管的出料口至已灌混凝土表面的距离应为2～3m。小直径灌注混凝土桩宜采用细石混凝土，由孔底至孔口逐渐灌注。

6.2.1.2 小预制钢筋混凝土桩

所谓小预制桩或微型预制桩，顾名思义就是断面小、桩长短，通常采用的圆桩断面为直径200～直径400mm，方形断面为200mm×200mm、250mm×250mm、300mm×300mm、400mm×400mm，桩长不大于15m。在单层厂房及7层以下的民用建筑中应用较多，其造价低廉、施工方便，质量可靠，施工期短、效果明显，有较好的推广应用空间。

钢筋混凝土小预制桩适用于无地下水及有地下水的砂土、粉土、黏性土、淤泥、杂填土、砂砾石等土层中。

钢筋混凝土小预制桩的混凝土强度等级一般采用C30～C40，特殊情况可采用更高的强度等级。用于复合地基加固时，桩间距可取桩径的3～5倍。

由于现场条件较差，钢筋混凝土小预制桩一般要在工厂预制成桩，且应在良好养护28d后用平板汽车或载重汽车运至工地，再用汽车式或履带式起重机起吊扶直，最后根据环境条件选择打桩机进行沉桩。常用的沉桩方法有锤击沉桩、振动沉桩和静压沉桩，前两种方法为动力打桩，后一种方法为静力打桩，由于动力打桩对土层扰动大，影响桩间土结构，所以应优先选用静力压桩法，尤其是在城市或居民集中处更是如此。因复合地基桩数量很多，正式沉桩施工前应进行试打桩施工，取得可靠经验后，再开始全面施工。

混凝土小预制桩复合地基系采用静力压桩设备直接将预制桩压入地基土中，预制桩作为竖向增强体与周围土体共同构成复合地基。为了容易进桩，无论圆形桩还是方形桩，其桩的底端应做成尖状形。当遇到较硬土层或砂砾石层进桩困难时，可采用钻机引孔后再压桩。

静力压桩机是以桩机本身的重量将预制桩压入地层，具有无振动、无噪声、无污染、效率高、不受桩长限制等优点，适用于软土地带压植预制桩。静力压桩机有机械式（绳索式）和液压式，国内生产和使用的多为液压式。静力压桩机的主要技术性能见表 6.2-1。

静力压桩机主要技术性能表 **表 6.2-1**

项目	单位	压桩机型号				
		YZY80	YZY120	YZY160	WYC160	DYG320
最大夹持力	kN	2600	3530	5000	5000	6000
夹持速度	m/min	0.7	0.7	0.56	0.56	—
最大压入力	kN	900	1200	1600	1500	3200
压桩速度	m/min	1.7	2.0	1.81	2.4，1.2	—
最大顶升力	kN	1440	2430	1840	3000	—
顶升速度	m/min	1	1	1.01	0.6	—
最大桩段长度	m	12	12	10	15	20
最大桩段截面	mm	400×400	400×400	450×450	400×400	45～63号工字钢
最小桩段截面	mm	300×300	350×350	350×350	350×350	—
液压系统额定压力	MPa	13	17	17	16	32
液压系统额定流量	L/min	146	154	176.5	118	400
主发动机功率	kW	30	30	40	40	55
副发动机功率	kW	13	13	30	30	17
外形尺寸：长	mm	9000	9000	11450	10200	11900
宽	mm	6760	6760	7800	8000	11090
高	mm	6450	6450	15480	6530	15000
机体质量	t	110	120	188.5	180	160

国内某机械厂生产的环保 YZY 型全液压步履式静力压桩机，其特点是：①带起重机的全液压步进顶压和连续顶压式静力压桩机，不但作业方便，而且不需另选起重机；②完全无损抱夹，不会损坏桩体；③安装有导入桩设置，使顶压桩机容易与桩对准，提高压桩效率；④工作装置更换简单、迅捷。

YZY 型全液压步履式静力压桩机系列技术性能见表 6.2-2。

表 6.2-2

YZY 型全液压步履式静力压桩机技术性能表

项　目	单位	压桩机型号							
		YZY250	YZY320	YZY400	YZY500	YZY600	YZY720	YZY800	YZY1000
最大压桩力	kN	2500	3200	4000	5000	6000	7200	8000	10000
最大压桩速度	m/min	4.2	4.2	3.1	3.8	3.8	3.8	2.9	2.9
使用方柱规格	mm	250～350	300～400	300～400	300～500	300～500	300～500	300～500	300～500
使用圆柱规格	mm	ϕ300～ϕ500	ϕ300～ϕ500	ϕ300～ϕ600	ϕ300～ϕ600	ϕ300～ϕ600	ϕ300～ϕ600	ϕ300～ϕ600	ϕ300～ϕ600
使用柱段长度	m	14	14	14	16	16	16	16	16
主电动机功率	kW	55	2×30	2×37	2×45	2×55	2×55	2×55	3×45
吊机功率	kW	15	15	22	22	22	22	30	30
散热器功率	kW	—	—	—	0.6	1	1	1	1
长履接地面积	m²	27	35.2	40.8	43.2	48	52.8	52.8	52.8
短履接地面积	m²	26.4	30.7	35.8	38.1	42.2	46.2	46.2	46.2
回转角度	度/次	14	14	13	13	12	12	12	12
压边桩距离	m	1.2	1.2	1.2	1.2	1.2	1.2	1.2	1.2
托运外形尺寸：长	m	10	10.5	11	12	12	12	12	12
宽	m	3.1	3	3.2	3.36	3.36	3.36	3.36	3.36
高	m	2.6	2.9	3	3.1	3.1	3.2	3.2	3.2
主机托运质量	t	30	35	38	42	45	50	55	60

6.2.1.3　楔形钢筋混凝土短桩

楔形钢筋混凝土短桩（简称楔形短桩）是指桩身全部为楔形体，或下半段为锥形体而上半段为棱柱体，这是一种很老的桩型，我国20世纪70年代开始应用于工程建设中。楔形桩的桩体可以是实心，也可以是方形或圆形空心，其顶端截面边长（或直径）范围为500～700mm，底端截面边长（或直径）范围为50～100mm；桩长1.5～4m；锥角依土质条件而定，一般软土锥角为9°～13°，中密土为8°～9°，密实土为5°～7°。锥角过大，沉桩困难，容易引起邻桩上升；锥角过小，则达不到明显的技术效果；用于复合地基加固时，桩间距可取顶端截面边长（或直径）的3～4倍。

楔形桩的类型如图6.2-1所示。

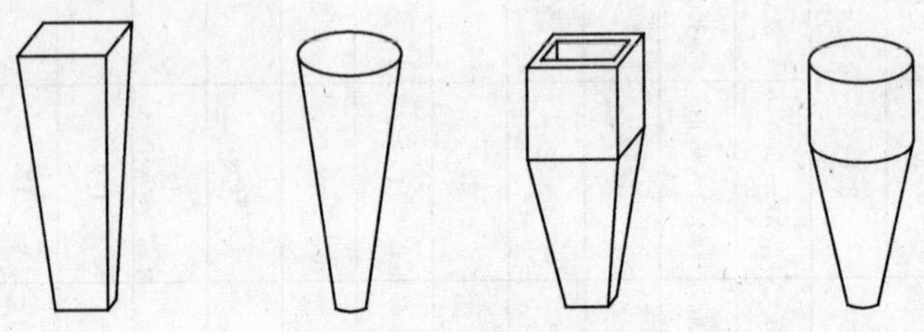

图6.2-1　楔形桩的类型

楔形钢筋混凝土短桩与钢筋混凝土小预制桩的适用条件、预制方法、优越性等均相同，但是楔形桩比小预制桩尚具有以下优点：①楔体形状入土，能够改变桩周土的天然结构状态，改善土的物理力学性质；②桩的楔形侧面提高了摩阻力与咬合力，有利于发挥桩与土的联合作用，使它比同长度等截面桩的单位体积承载力大50%以上；③桩的长度较短，通常在2～4m，方便于工厂预制和运输；④可适用于较多的土类，尤其适用于临时工程或小型工程的地基加固。

楔形桩分为工厂预制和现场灌注两种成桩方法。

当在工厂预制生产成桩时，预制采用金属定型模板或钢木结构箱形模板。预制后应在良好养护28d后运到工地进行沉桩施工，其施工要求及沉桩方法与钢筋混凝土小预制桩相同。

当现场灌注施工成桩时，先用锤击或振动方法将楔形模具（钢外壳混凝土内板）打入土中成孔，然后在孔中放入钢筋笼，再灌注混凝土。

6.2.1.4　管芯高压注浆混凝土桩

管芯高压注浆混凝土桩（也称微型注浆混凝土桩），它是按要求桩径通过钻机成孔后，将一根ϕ40～ϕ50的钢管（壁厚3.2～3.5mm）置入孔中，钢管底端2～3m高度布满ϕ3～ϕ4的小孔眼，此段钢管称为花管。孔眼梅花形布置，孔眼间距5～8cm。钢管（管芯）固定后，向管周孔中填入级配碎石，并在顶部一定厚度（地面以下不小于2m）用黏性土或2∶8灰土封闭压实，只保持钢管（管芯）畅通。

微型注浆混凝土桩的桩长度一般为6～12m，直径依土质松软程度而定，松土直径大，密实土直径小，工程中采用的直径范围为ϕ150～ϕ300，桩间距可取桩径的3～4倍。该型桩不但常用来做岸坡支护，而且也可用于复合地基加固。

浆液由水泥粗砂拌合而成，采用注浆泵高压注浆，注浆管置入钢管内并深入底部，浆液通过花管段的小孔眼向四周碎石层渗透，注浆由孔底开始，浆液由孔底向孔顶逐渐返流并充填所有碎石空隙，待达到一定注浆压力后，浆液停止压入，表明该桩制作完成。

注浆泵的注浆压力以0.5～3.0MPa为宜，松软土质取小值，密实土质取大值，开始用小值，后来用大值，若对地基承载力有较高的要求，压力可适当大些。

注浆钢管（管芯）、碎石和浆液形成微型混凝土桩体，直接承受部分荷载，起到卸荷的作用。高压注浆对于地基承载力不足、浸水沉陷、软弱土层，土层不均匀的加固，效果显著。由于所需施工空间场地小，特别适用于对既有建筑物加固。

通过静力压浆后，大部分浆液注入管芯周围的碎石中，当碎石中充满浆液后，浆液尚会被压入到桩间土体的孔隙中去，在一定的压力下，浆液会沿阻力最小的方向流动，并充填于桩间土体中的孔隙中，使土层密度增大，地基土的承载力提高。这对于人工填土和砂性土尤为明显。经微型注浆混凝土桩处理后的地基桩间土的强度一般会提高10%～30%。

由于微型注浆混凝土桩的桩体变形模量远远大于桩间土的变形模量，于是当微型注浆混凝土桩与周围土体共同承担上部基底应力时，基底应力会向微型注浆混凝土桩上集中。静载荷试验资料表明，仅占承压板面积约10%的微型桩承担了总荷载的50%～60%，而占承压板面积约90%的桩间土仅承担了总荷载的40%～50%。因此，微型注浆混凝土桩降低了基底下一定深度范围内土层中的附加应力，从而也就减小了持力层内可能产生的大量压缩变形。此外，微型注浆混凝土桩对桩间土也能起侧向约束作用，限制桩间土的侧向位移。对于一定的基底应力而言，微型注浆混凝土桩承担的基底应力份额大了，其桩间土所承担的基底应力份额自然减小，这样一来，地基土的承载力无疑也就提高了。

6.2.2 微型混凝土桩计算

规范没有收录微型混凝土桩，所以也没有规定计算方法，作为一种近似值，按照通常原理，建议各类微型混凝土桩采用以下统一计算方法。

6.2.2.1 单桩竖向承载力计算

可按式（2.2-1）计算，即：

$$R_a = u_p \sum_{i=1}^{n} q_{si} l_i + q_p A_p$$

6.2.2.2 复合地基承载力计算

可按式（6.1-1）计算，即：

$$f_{spk} = m \frac{R_a}{A_p} + \beta(1-m) f_{sk}$$

6.2.2.3 复合地基沉降计算

其沉降计算表达公式仍是（3.1-4），即为：

$$s = s_1 + s_2$$

6.2.2.4 桩间距计算

小直径灌注混凝土桩（微型灌注桩）、钢筋混凝土小预制桩（微型预制桩）、楔形钢筋混凝土短桩（楔形短桩）等，按每根桩承担处理面积为$A=2\sim3\text{m}^2$；花管高压注浆桩（微型注浆桩），按每根桩承担处理面积为$A=1.0\sim2.0\text{m}^2$。桩的间距a按下式计算：

等边三角形布桩：$a=1.08\sqrt{A}$

正方形布桩：$a=\sqrt{A}$

6.2.3 微型混凝土桩的施工质量

微型混凝土桩的施工质量建议按以下措施控制：

1）施工过程中应对每根桩的施工时间、投料量、桩长、发生的问题等详细作好施工记录，成桩后应及时检查所处理复合地基的质量，主要检查施工记录、混凝土坍落度、孔的深度和用料量、桩数、桩位偏差、褥垫层厚度、夯实度及桩体试块抗压强度等。对预制桩应在预制工厂检查其质量，主要有试块强度、桩的长度和形状、桩的断面尺寸、外表平整度等。

2）地基竣工验收时，承载力检验应采用复合地基载荷试验（单桩或多桩复合地基载荷试验）确定，并且载荷板的面积应与受检测桩所承担的处理面积相同。

3）竣工后地基承载力检验应在桩身强度满足试验荷载条件时进行，现场灌注桩应在施工结束 28d 后进行；预制桩应在施工结束 7d 后进行。

4）应抽取不少于总桩数 10%的桩进行低应变试验，检验桩体的完整性。选择试验点位置应有代表性、分散性，并选择不同钻机，应本着随机分布的原则进行。

5）成桩的强度、复合地基承载力、总沉降量等均应满足设计要求。

6）桩孔施工垂直度偏差不应大于 1%；桩位偏差不应大于桩径的 25%。

7）根据设计图纸检查桩数、桩位、桩距、桩顶标高等是否符合设计要求。同时检查有无漏桩、断桩、缩径、强度不够等质量缺陷，并详细作出检验记录，认真研究对策，采取可靠的补救措施。

8）桩孔的直径和深度：预制桩不应小于设计值；现浇桩可按水泥粉煤灰碎石桩标准，桩长允许偏差为+100mm，桩径允许偏差为±20mm。

7 复 合 地 基 设 计

7.1 复合地基设计资料准备

复合地基应用广泛，由于新材料、新技术的不断推广，复合地基的发展前景愈来愈好。复合地基设计同其他建筑设计一样，必须具有完整、可靠的基础资料。尤其是复合地基涉及上部建筑工程的成败，资料准备更为重要。主要资料包括地质勘察资料、试验资料、建筑物设计资料、现场实地情况及建设单位对复合地基设计所提出的要求等。这些资料取得后，还应进行分析研究，从中取出设计上所需要的确切资料作为设计依据，确保复合地基设计的经济、合理、安全、可靠。

为了确保复合地基设计的顺利进行，在复合地基设计之前，必须将复合地基设计所需资料准备完整，在进行复合地基加固设计时，应具备下列七个方面的资料：

1）工程建设基本资料

（1）根据建设单位的委托设计任务书，熟悉具体的设计内容和要求，了解建设单位的具体意见，使设计有明确的方向和目的，避免不必要的返工及时间、人力的浪费。

（2）该工程立项的相关批准文件、上级指示和有关政策、规定。

（3）有关的技术标准、条例、规范。

2）建筑物设计基本资料

（1）建筑物的类别、规模、等级和长、宽、高等主要尺寸。

（2）建筑物的基础形式、基底平面布置图及基底各部尺寸。

（3）建筑物的底面积，即建筑物的计算底面积，它是建筑物基础直接坐落在地基上的实际面积（建筑物基底范围内的孔洞面积均应扣除）。

（4）建筑物基底标高。

（5）场区现地面标高。

3）天然地基土资料

天然地基土资料应由地质勘探部门在工程地质勘察报告中提出，主要有：

（1）各土层的土质名称、性质、埋深、厚度、结构特点及不良地质情况。

（2）各土层的物理力学指标，主要包括土的重度、承载力、摩阻力、端承力、压缩模量、孔隙比、含水量、有机质含量、可溶盐含量、塑性指数、液性指数、内摩擦角和黏聚力等。

（3）地下水埋深及水质评价。

（4）工程所在地的抗震设防烈度。

（5）地基土评价，主要包括地基土的湿陷性、可液化性、沉陷性、压缩性以及做建筑物地基的可靠性。

(6) 对建筑物基础形式的建议。

(7) 现地面的绝对标高。

(8) 钻孔的平面布置图、剖面图及地质柱状图。

4) 桩的有关参数

桩的参数主要包括：选用桩的直径、桩底持力层、桩长、桩顶标高、桩底标高、桩间土重度、桩间土的抗剪指标等。

5) 建筑物计算参数

建筑物计算参数主要应有桩顶以上的建筑物总重、设计要求的地基承载力、设计要求的地基沉降量、建筑物荷载的分布情况等。

6) 试验资料

(1) 室内试验资料包括桩体材料掺入量、各种材料的掺入比、桩体的重度、桩的无侧限抗压强度等。

(2) 现场试桩所获得各种设计参数，如实际桩体材料掺入量、掺入比、桩体抗压强度、单桩竖向承载力以及施工过程、钻进速度、故障处理方法等。

7) 建筑物场地情况

进行现场实地察看，主要弄清楚建筑物场地的范围大小、周围既有建筑物布置、周边环境、进场交通等情况。

7.2 复合地基设计方案选择

7.2.1 复合地基方案比较

这里所说的复合地基方案比较，专指各种桩组成的不同复合地基之间的比较，不包括复合地基与其他地基的比较，如桩承载地基、加筋土地基、强夯地基、换土地基、预压地基、天然地基等。

前面已经讲过，复合地基桩的种类很多，因此所构成的复合地基类型也很多，进行复合地基设计，关键在于它的适应性、安全可靠和经济合理。所以，对于复合地基设计，首先要做好方案比较与选择工作。

所谓适应性，主要是指在各种方案的比较中，所选的方案最适宜天然土层地基的加固与改善，复合地基承载力能够达到建筑物的承载要求，复合地基压缩性能够满足建筑物的变形需要，复合地基的总沉降计算值在规定范围以内。

所谓安全可靠，则指所选复合地基方案在承载力、沉降值等技术指标完全符合设计要求的前提下和建筑物在正常使用条件下，各项特征指标符合国家规范规定，确保工程绝对安全。

所谓经济合理，是指在满足工程建设和保证建筑物正常使用条件下，所选方案的工程总造价相对是经济和合理的。

通常各种复合地基的方案选择，可从以下方面进行比较：

1) 具有经济、合理、安全、可靠的特点，在使用上有明显的经济效益和社会效益。

2) 施工机具应用普遍，施工工艺简单、施工进度快、制桩成本相对低廉、施工不受季节影响或受季节影响小。

3）制桩施工过程中有关振动、噪声、污水、对附近建筑物影响及对周围居民生活干扰的程度大小。

4）适应天然土层的加固与改善，复合地基承载力提高明显。

5）所用桩体材料易于获得，价格低廉，掺入量少，制桩方便。

6）所用机械设备简单，重量轻，便于转移，易于操作，维修方便，移位、钻进、制桩一条龙作业，机械化程度好，减轻工人的劳动强度，提高成桩效率。

7）施工过程中，辅助机械应少，石料、水泥、砂子等大量材料用量要少，占地面积小，便于组织施工，能够减少辅助工程投资。

8）天然土层的颗粒组成、分层构造、物理性能、地下水位、软弱下卧层等，对方案选择的影响。

9）建筑物的类别、规模、主要尺寸、基础形式以及对地基承载力的要求。

10）各种复合地基桩的自身特性、刚度、强度、适应范围（土层、桩径、深度、地下水等）、施工难易程度等。

7.2.2 各类复合地基特性

认识复合地基特性，是为了更好进行复合地基方案比较。复合地基特性，实际就是复合地基桩的特性，为了认识复合地基，首先要把各种复合地基桩认识清楚。为方便叙述，现将各种复合地基桩主要特性以列表形式进行阐述。

1）复合地基桩基本技术特性

前面已经谈到，主要应用的复合地基桩有振冲桩、砂石桩、石灰桩、灰土挤密桩、水泥粉煤灰碎石桩、夯实水泥桩、水泥土搅拌桩（又分喷浆型和喷粉型两种）、高压喷射注浆桩、柱锤冲扩桩等。各种桩有着不同的适用范围、技术特点和设计参数。复合地基桩基本技术特性见表 7.2-1。

复合地基桩基本技术特性表 **表 7.2-1**

桩　名	直径（cm）	桩长（m）	褥垫层			填充料		桩身强度标准
			类别	厚度（cm）	压实系数	种　类	压实系数	
土挤密桩和灰土挤密桩	30～45	5～15	2∶8灰土	20～40	≥0.95	石灰∶素土（2∶8或3∶7）	0.96	28d
石灰桩	30～45	5～15	砂石	20～30	—	生石灰	击实	28d
振冲桩（湿法碎石桩）	80～120	6～15	碎石	30～50	—	粗砂、碎石	自振	—
砂石桩（干法碎石桩）	30～80	5～20	碎石	30～50	—	粗砂、碎石	击实	—
夯实水泥土桩	30～60	5～10	砂石	10～30	夯实度≤0.9	水泥与土	0.93	28d
浆液喷射桩（喷浆型搅拌桩）	50～80	6～22	砂石	20～30	—	水泥或石灰	自拌密实	90d

续表

桩名	直径(cm)	桩长(m)	褥垫层			填充料		桩身强度标准
			类别	厚度(cm)	压实系数	种类	压实系数	
粉体喷射桩（喷粉型搅拌桩）	50～100	6～16	砂石	20～30	—	水泥或石灰	自拌密实	90d
高压喷射注浆桩（高压旋喷桩）	30～200	10～25	砂石	20～30	—	水泥	自拌密实	28d
水泥粉煤灰碎石桩（CFG桩）	35～60	6～30	砂石	15～30	夯实度≤0.9	水泥、粉煤灰、粗砂、碎石	重力自振	28d
柱锤冲扩桩	50～80	3～6	砂石	20～30	—	碎砖三合土、灰土、水泥土、砂石	击实	—

注：1 石灰桩、搅拌水泥桩的填充料可依需要加入掺合料，如粉煤灰、外加剂等；
2 为保证桩身质量，所有复合地基桩在制桩时，均需比设计桩长多出50cm，然后凿除；
3 砂石垫层指用中砂、粗砂、级配碎砂石、级配碎石等做的基础褥垫层。

2）复合地基桩施工特性

由于各种复合地基桩有着不同的适应土层及填料，所以施工机具和施工方法也不相同。复合地基桩施工特性见表7.2-2。

复合地基桩施工特性表 **表7.2-2**

桩名	一般桩距	适应水位	适应处理土层	成孔机具	施工方法
土挤密桩和灰土挤密桩	2.0～2.5倍桩径	地下水位以上	湿陷性黄土、素黄土、杂填土等	沉管（振动、锤击）及冲击	成孔、人工分层投料、夯实挤密（机械或人工夯实）
石灰桩	2～3倍桩径	地下水位以下	饱和黏性土、淤泥、淤泥质土、素填土、杂填土等	沉管（振动、锤击）、螺旋钻、洛阳铲	成孔、人工或机械分层投料、夯实挤密（机械或人工夯实）
振冲桩（湿法碎石桩）	1.3～3.0m（与桩锤有关）	地下水位以下	砂土、粉土、粉质黏土、素填土、杂填土等地基，也可以处理液化土层	振冲器振密成孔	振冲器成孔，汽车起重机或履带起重机升降振冲器、高压水泵供水、人工或机械分层投料
砂石桩（干法碎石桩）	2.0～4.5倍桩径	地下水位以上	砂土、粉土、黏性土、素填土、杂填土；松散砂土及塑性指数不高的非饱和黏性土；液化土层	沉管（振动、锤击）；冲击	成孔、人工或机械分层投料、夯实挤密（机械或人工夯实）
夯实水泥土桩	2～4倍桩径	地下水位以上	粉土、黏性土、素填土、杂填土等	沉管（振动、锤击）、冲击、长螺旋钻、洛阳铲	成孔、人工或机械分层投料、夯实挤密（机械或人工夯实）

续表

桩名	一般桩距	适应水位	适应处理土层	成孔机具	施工方法
浆液喷射桩（喷浆型搅拌桩）	2～4倍桩径	地下水位以上	淤泥质土、粉土、饱和黄土、黏性土、素填土以及无流动地下水的饱和松散砂土	单、双轴深层搅拌机	成孔、高压喷浆、充分搅拌、提升钻杆
粉体喷射桩（喷粉型搅拌桩）	2～4倍桩径	地下水位以下		粉喷桩机	成孔、高压喷粉、充分搅拌、提升钻杆
高压喷射注浆桩（高压旋喷桩）	2～4倍桩径	地下水位以上	淤泥、淤泥质土、粉土、砂土、黄土、素填土、碎石土及流塑、软塑或可塑黏性土	单管、双管或三管旋喷搅拌机	成孔、向土中喷浆、钻杆一边旋转，一边向上提升，应充分搅拌
水泥粉煤灰碎石桩（CFG桩）	3～5倍桩径	地下水位以上及以下	黏性土、砂土、粉土、素填土和已自重固结的素填土	长螺旋钻、振动沉管	成孔、泵送或灌注混合料、重力自振、提升钻杆
柱锤冲扩桩	1.5～3.0倍桩径	地下水位以上及以下	杂填土、粉土、黏性土、素填土、黄土	柱锤及起重设备	成孔、人工分层投料、夯实挤密

注：1　凡用洛阳铲造孔，孔深不得大于6m；

2　地下水位以上指一般性土层；地下水位以下指饱和度大的土层或水位以下土层。

7.3　复合地基设计中的一些技术问题

复合地基设计是一个较复杂的技术问题，它涉及岩土力学、建筑结构、建筑材料、建筑施工、地基与基础工程等多方面的问题。因此，在进行复合地基设计时，请注意掌握以下一些技术问题，以便把复合地基设计得更好。这里仅仅是简要提出问题，以引起设计者重视，具体尚需从相关章节中，详细阅读所选桩型的资料。

7.3.1　布桩范围及形式

因为不同桩型有不同的强度和刚度，其地基承载力的提高与桩体刚度有直接关系，桩体强度越高，单桩承载力越大，地基承载力提高越显著。根据这一特点，布桩设计时要依桩的种类因地制宜，区别对待，一般刚度较大的刚性桩只布置在上部结构基础范围以内即可，如水泥粉煤灰碎石桩、各类微型混凝土桩等；对于某些刚性较小的半刚性桩，布桩范围可适当超出基础外沿线较小的宽度，如水泥土搅拌桩、水泥土夯实桩、高压喷射注浆桩、石灰桩、柱锤冲扩桩等；而刚性很小的柔性桩，通常需要在基础以外设置一定宽度的保护桩，如振冲桩、砂石桩、灰土桩、土桩等。

当然，布桩范围与天然土层的性质也有直接关系，对于一般性土层，布桩范围要小；对于有软弱层、下卧层、淤泥层、湿陷层等的天然土层，布桩范围要大。

布桩形式应依建筑物基础宽度及计算桩距合理选择。条形基础时，一般在基础范围内布置2～3排桩；两排桩时，可按正方形、长方形、三角形布桩；三排桩时，可按正方形、长方形或梅花形布桩；当基础面积较大时，可满堂布桩，桩的排列可按长方形、正方形或梅花形布桩。

7.3.2 详细分析地质资料

除了解地质勘探的常规资料外，应特别了解土层的厚度、埋深及承载力，以便确定桩底持力层；应了解天然土的含水量、有机质含量、可溶盐含量、总烧失量，以便选择水泥品种；应了解地下水埋深及水质分析（硫酸盐含量、酸碱度、有害物质等），以便选择加固料品种和制定施工工艺。

当天然地基中存在古墓、洞穴、坑道等不良地质现象时，首先应采取有效的处理措施，而后再进行复合地基设计。

7.3.3 桩长的确定

依计算需要决定桩长。一般说桩长与桩身强度、灰土置换率、天然地基承载力有直接关系。在一定荷载下，加固料掺入量越多，桩身强度越大，灰土置换率越高；天然地基承载力越高，所需桩长越短，反之，需要桩长越长。由于桩的传力从桩顶自上而下逐渐减小，而且桩的顶部3～5倍桩径范围内负荷较集中，以下轴向力收敛较快，桩的下部不能充分发挥作用，故过长的桩是不经济的。因此，提高搅拌桩的自身强度和灰土置换率比单纯增加桩的长度效果更为显著。通常情况下，桩长可根据合适的持力层来确定。

设计中，确定桩长的原则是：①经计算满足上部建筑荷载的承载力要求；②选择承载力相对较高的硬土层作为持力层，桩尖应伸入持力层不小于1m；③当加固层厚度较小，并且加固范围内土层较均匀时，以计算确定桩长；④当加固厚度内存在软弱土层时，桩的长度应穿过该软弱土层；⑤当加固厚度以下存在软弱下卧层时，应对下卧层进行承载力复核验算。

7.3.4 持力层的选择

复合地基底层就是桩的持力层，一般应选择天然承载力较高的土层作为持力层。但是，通常复合地基桩的轴向应力在桩上部3～5倍桩径长度以下收敛较快，当桩具有足够长度时（一般大于8m），则桩端持力层对单桩承载力影响很小，所以桩端持力层选择并不要求很严格。通常工程中一些承载力较低不能作刚性桩持力层的土层，往往可以选为柔性桩的持力层。

这里要特别注意的是，复合地基持力层与一般工程中刚性桩（如钢筋混凝土灌注桩）的持力层是两个不同的概念。复合地基持力层，是发挥桩与桩间土的共同作用，桩端阻力不是重要的，而独立承载的刚性桩，桩端阻力是很重要的因素。因此，复合地基持力层的选择，相对要简单得多。

7.3.5 桩体强度设计

桩体强度与桩身材料有关，所有复合地基桩都有固定的桩体填充料，这些填充料都依据不同的要求按比例配合而成。

复合地基承载力是由桩体强度和桩周土强度决定的，桩的自身强度在单桩承载力中占有突出位置。同时，复合地基桩轴向应力有上大下小的特点，多发生浅层破坏，因此进行复合地基设计时，应在施工工艺方面采取措施，不能沿桩深从下至上等量、均匀喷射加固料，而应该在桩的下段少喷加固料，在桩的上段和特殊地层段多喷加固料，使桩的上段有较高的强度，以适应桩的受力特点。因此，一般情况下，桩身填充料由上而下逐渐减少，通常将桩体分为上部、中部、下部三部分，上部喷射加固料最多，中部较少，下部最少。

7.3.6 考虑对环境影响

环境影响是复合地基设计中的一个重要环节。不同的复合地基类型，有不同的施工机具、施工方法和施工工艺。选择桩型和施工方法，应结合周边地域情况，在满足工程需要的前提下，尽量避免对环境造成影响。在农村、空旷地区，可以考虑有振动、有噪声、有轻污染的施工方法；在城市建筑物群、人口密集的地方，应实施无振动、无噪声、无污染的施工方法，当无法避免这些影响时，应当采取有效措施，防止或降低这些有害影响。

7.3.7 加固料掺入量的确定

不同桩型有不同的桩体加固料，加固料掺入量一般有个范围，但具体到某个工程时，并不是任取一个掺入百分比就可以了。真正的掺入量应该从经济合理性出发，结合具体土质情况确定最佳掺入量。因此，在进行设计之前，应针对地层土质选用不同的掺入量作室内强度试验，取用稍高于设计要求的掺入量作为设计掺入量。掺入量过小满足不了设计要求；而掺入量过大，桩体强度过高也是不经济的。我们需要的是具体条件下的最佳掺入量，“最佳”二字包含着经济、安全、合理和实用。

7.3.8 配比试验

应按设计桩体强度要求进行各种桩体材料配比试验，求得不同配比的抗压强度，通过试验确定桩体材料组成，依此作为设计参数，用于制桩施工。

7.3.9 试桩及修改设计

设计完成后，应在现场进行试桩施工，根据工程重要性、工程规模、土质情况、已有经验，试桩的数量为 2～5 根。试桩完成后，应按工程竣工验收的相同方法对试桩进行质量检验，主要检测单桩竖向承载力、复合地基承载力、桩体抗压强度、固化剂掺入量、施工进度等，以取得确切技术参数。必要时，设计单位应根据试桩所得资料进行修改设计。

7.3.10 载荷试验

复合地基除应进行静载荷试验外，尚应进行竖向增强体及周边土的检验。应在桩体强度符合试验荷载条件时进行，一般宜在施工结束后 2～4 周后进行。

复合地基施工竣工后，需要达到规定的强度标准时间间隔（一般为 28d），才能采用复合地基载荷试验进行承载力检验，承载力检验包括单桩复合地基载荷试验和多桩复合地基载荷试验。进行单桩或多桩复合地基载荷试验时，其承压板面积必须与单桩或实际桩数所承担的处理面积相等。复合地基载荷试验要点见附录 A。

复合地基载荷试验时，地基土含水量变化或地基土受到扰动，均会影响试验结果的准确性。引起地基土含水量变化的因素有：暴晒、刮风、蒸发、降雨、基坑浸水、人工降低地下水位等。因此，试验前应采取有效的预防措施，以保持地基土的原有状态。

复合地基载荷试验数量应符合规范要求，且每个单体建筑工程不应少于 3 点。规范规定的检验数量大体是一样的，但因桩略有不同，具体为：石灰桩按处理面积布置检验点，每 $200m^2$ 设点 1 个；振冲桩、砂石桩、灰土挤密桩、土挤密桩和柱锤冲扩桩等的检验数量为总桩数的 0.5%；水泥粉煤灰碎石桩、水泥土搅拌桩、夯实水泥土桩、高压喷射注浆桩等的检验数量为总桩数的 0.5%～1%。

当有单桩强度检验要求时，检验数量为总数的 0.5%～1%，但不应少于 3 根。

7.3.11　基础垫层的形式

所有复合地基，其建筑物基础下与桩顶之间均应设置垫层，并使桩顶能嵌固在垫层内一定深度。基础、垫层与桩体共同组成一个联合受力体系，确保其建筑基础的整体性及上部荷载的均匀传递。垫层形式与基础类别有关。

垫层也称褥垫层，有灰土垫层、砂石垫层和素混凝土垫层。在《建筑地基处理技术规范》JGJ 79—2002 的规定中，除土挤密桩和灰土挤密桩采用灰土垫层外，其余各桩均采用砂石垫层。但实际工程中，也不尽如此，笔者认为，垫层种类可结合工程实际决定。

当为砖砌基础时，常采用灰土垫层，也可用砂石垫层；当为钢筋混凝土基础时，可采用砂石垫层或素混凝土垫层。灰土垫层一般采用二八灰土或三七灰土，厚 200～300mm；砂石垫层是级配碎石、碎石、砾石、砂石的统称，厚 200～400mm；素混凝土垫层可用 C10 混凝土，厚为 100～150mm。

复合地基桩的桩顶必须嵌入垫层中一定深度，当为灰土或碎石垫层时，嵌入厚度为 100mm；当为素混凝土垫层时，嵌入厚度为 50mm。

所有灰土垫层及砂石垫层都要进行合理压实或夯实，压实机具要根据规范要求、桩的类型和土质情况选用。《建筑地基处理技术规范》JGJ 79—2002 中只给出了少数桩的压实系数（见表 7.3-1），但笔者认为，按照《建筑地基基础设计规范》GB 50007—2002 表 6.3.4 的规定，所有桩型垫层的压实系数（设计压实干密度与击实试验最大干密度的比值）均不得小于 0.95；若以夯实度（夯实后的垫层厚度与虚铺厚度的比值）为标准，所有桩型垫层的夯实度均不得大于 0.9。因为夯实度法很粗糙，精确度差，现场不便操作，所以工程使用中，多采用压实系数法判定土层的压实标准，现场取样通过室内标准击实试验求得；施工过程中，也可现场采用专用仪器进行检查观测。

现将《建筑地基基础设计规范》GB 50007—2002 所要求的压实系数列入表 7.3-1，设计者可依工程实际情况参考使用。

压实填土的压实系数表 **表 7.3-1**

结构类型	填 土 部 位	压实系数 λ_c	控制含水量（%）
砌体承重结构和框架结构	在地基主要受力层范围以内	≥0.97	最优含水量 $W_{cp}\pm 2$
	在地基主要受力层范围以下	≥0.95	
排架结构	在地基主要受力层范围以内	≥0.96	
	在地基主要受力层范围以下	≥0.94	

注：1 压实系数 λc 为压实土的控制干密度与最大干密度的比值；

2 地坪垫层以下及基础底面标高以上的压实填土，压实系数不应小于 0.94。

基础、垫层与桩顶相互关系见图 7.3-1。

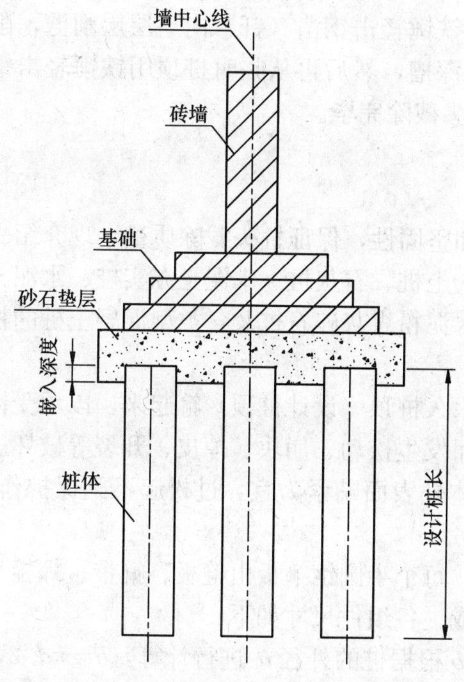

图 7.3-1 基础、垫层与桩顶关系

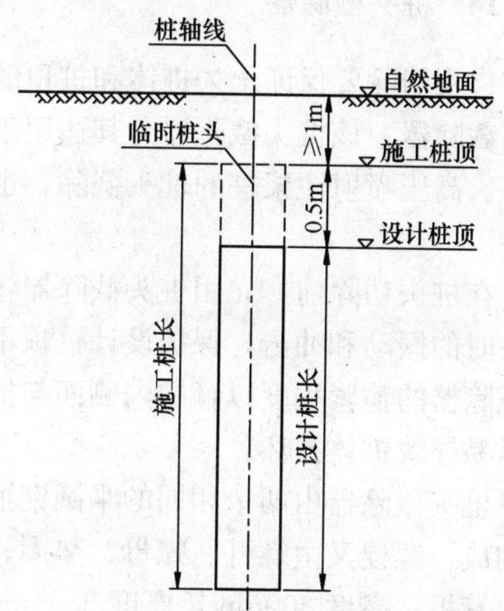

图 7.3-2 设计桩长、施工桩长及桩顶覆土相互关系

7.3.12 桩的施工长度

由于桩顶覆土厚度小，压力不够，造桩时容易冒浆、跑浆，常会造成桩顶质量较差。为保证桩顶的成桩质量，在施工制造复合地基桩时，施工桩长都要比设计桩长高出 50cm，高出的 50cm 为临时性的，以后还要凿除掉。为保证一定的制桩压力，施工桩顶以上应有不少于 1m 厚的土层。

永久桩顶以上土层开挖时，如开挖量大，需用机械进行挖运作业，弃土宜堆放在基坑边沿以外的安全地方，以备基坑回填之用。但是，为保证桩体安全，永久桩顶以上应保留不小于 50cm 厚的土层实施人工开挖。

设计桩长、施工桩长及桩顶覆土相互关系见图 7.3-2。

7.3.13 截除桩头

为保证桩顶的成桩质量，施工桩长都要比设计桩长高出 50cm，高出的 50cm 通常称之为桩头，桩头是要凿除的。桩头切除要保证桩体的完整和坚固，所以凿除桩头必须细心操作，方法得当，轻凿慢削，以不损坏保留的桩顶和桩体。桩头切除后，其永久桩顶的切削面应大致平整，如保留桩顶切削面出现凸凹不平、周边缺损等现象，这时，可用 M15 水泥砂浆对永久桩顶进行修补。

目前尚无凿除桩头的专用设备，工程实际中都是人工采用钢凿、钢钎和铁锤进行凿除。为不使保留桩头在凿除临时桩头中遭到损坏，应采用以下凿除方法：先沿设计桩头顶周边锤击凿进 3～5cm 深槽，然后从临时桩顶用铁锤轻击钢凿（钎）向下层层削劈，削劈一圈后，再沿设计桩头顶周边锤击凿进 3～5cm 深槽，然后再从临时桩顶用铁锤轻击钢凿（钎）向下层层削劈，如此反复，直到将临时桩头截除完毕。

7.3.14 桩头截除器

桩头切除要保证永久桩体和桩顶的完整性和坚固性，保证桩头截除质量，现介绍一种桩头截除器。该桩头截除器尤其适用于土桩、灰土桩、石灰桩、水泥土夯实桩、水泥土搅拌桩、高压喷射注浆桩的桩头截除，也可用于水泥粉煤灰碎石桩及各类型混凝土桩的桩头截除。

在桩头切除前，先用桩头截除器将保留的永久桩顶（设计桩顶）箍起来，以承受锤击桩头时的振动和冲击，保护设计桩顶不因凿除而发生松动、崩块、掉皮、开裂等破坏。桩头截除器的箍紧程度以箍的内侧面与拟切除桩体外表面贴紧为宜，过松起不到保护作用，过紧易导致桩体损坏。

桩头截除器由两个相同的半圆钢箍板组成，每个半圆钢箍板由箍板、箍带、螺栓三部分构成，螺栓又由螺杆、螺母、垫圈、垫板组成。各组件尺寸如下：

箍板：高度 300mm，厚度 3～4mm，宽度 b 根据桩的外径 d 进行计算，$b=\pi d/2$，并按半径 $r=d/2+4$mm 弯曲加工成半圆状。

箍带：宽度为 40mm，厚度 3～4mm，长度 $l=b+120$mm。箍带中部同样弯曲加工成半圆状，弯曲半径 $R=r+\delta$（δ 为箍板厚度）。共有两个箍带，并分别焊在箍板的上下两端，箍带两端超出箍板部分折成直板。

螺栓：螺杆直径 14mm，总长 50mm，中部 14mm 为光杆段，两端为螺纹段；螺母为六角形，高 7mm，内径 14mm；垫圈为圆形，厚 2mm，孔径 16mm，外径 24mm；夹板为 40mm×30mm 矩形板，厚 6mm，孔径 16mm。

每套桩头截除器所需组件：箍板 2 个，箍带 4 个，螺栓 4 套（螺杆 4 根，螺母 8 个，垫圈 8 个，夹板 4 个）。

桩头截除器加工简单，使用方便，可广泛用于工程中。采用桩头截除器的工程，应根据截桩工程量、进度要求、施工安排，提前加工桩头截除器 4～8 套。

采用桩头截除器的施工顺序是：准备截除器→沿设计桩顶直径缠绕包裹物（麻袋、编织袋、塑料布等均可）→安装截除器（上沿与设计桩顶平齐）→凿除临时桩头→卸掉截除器→清扫桩顶表面，检查桩顶质量→（需要时）M15 水泥砂浆修补桩顶并养护。

桩头截除器的安装位置见图 7.3-3。桩头截除器组装见图 7.3-4。

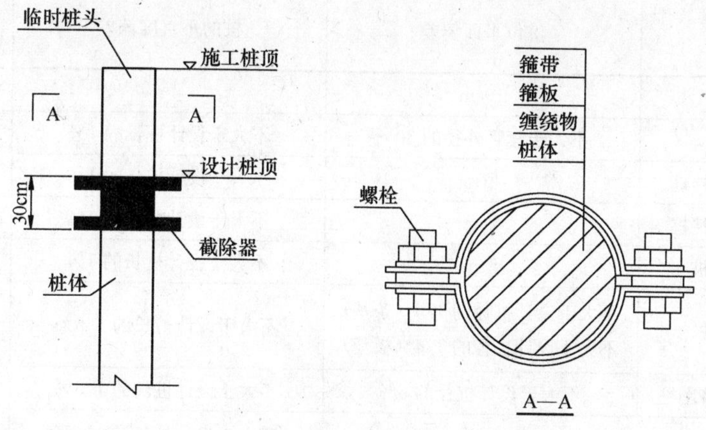

图 7.3-3 桩头截除器安装位置

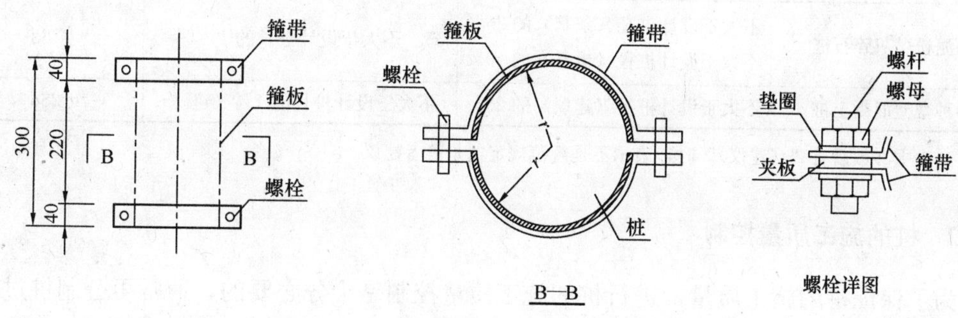

图 7.3-4 桩头截除器组装

7.4 桩的质量控制与事故处理

设计人员必须了解复合地基桩的技术标准和施工质量要求，了解质量检测方式，掌握质量事故处理方法。因此特写本节，以便设计人员熟悉这些问题。

7.4.1 桩的主要质量要求

各类型桩的质量要求与控制已在第 3～6 章中详细介绍，这里把桩的主要质量要求列出如下：

1）桩长和桩径一般不小于设计要求。

2）桩顶标高和桩间距必须符合设计规定。

3）桩体强度、单桩承载力、复合地基承载力、总沉降量及总桩数均应达到设计要求。

4）桩的布置方式和范围应符合设计规定。

5）桩身密实度应具有连续性和均匀性，不得有断桩、缩径等现象。

6）桩位平面偏差、桩的施工垂直度偏差及桩体强度标准养护时间如表 7.4-1 所示。

表 7.4-1 各桩型偏差及强度标准时间

桩的类别	桩位平面偏差	桩的垂直度偏差	桩体强度标准时间
振冲桩	10cm	—	—
砂石桩	不大于套管外径的 30%	不大于设计桩长的 1%	—
喷浆型水泥土搅拌桩	5cm	不大于设计桩长的 1%	90d
喷粉型水泥土搅拌桩	5cm	不大于设计桩长的 1%	90d
高压喷射注浆桩	5cm	不大于设计桩长的 1%	28d
夯实水泥土桩	不大于设计桩径的 1/6（条基） 不大于设计桩径的 1/4（板基）	不大于设计桩长的 1.5%	28d
土挤密桩及灰土挤密桩	不大于设计桩径的 5%	不大于设计桩长的 1.5%	28d
石灰桩	不大于设计桩径的 50%	不大于设计桩长的 1.5% （建议）	28d
柱锤冲扩桩	不大于设计桩径的 50%	—	—
水泥粉煤灰碎石桩	不大于设计桩径（条基）的 25% 不大于设计桩径（板基）的 40%	不大于设计桩长的 1%	28d
各种微型混凝土桩	不大于设计桩径（建议）的 25%	不大于设计桩长的 1%（建议）	28d

注：表中参数后有“（建议）”时，表示不是规范规定，是笔者建议。

7.4.2 桩的施工质量控制

为了保证桩的施工质量，进行桩的施工质量控制是十分必要的，通常可分制桩过程和竣工结束两个阶段的质量控制。制桩过程的质量控制非常重要，它是主动性的，是保证质量的关键所在，发现质量问题可以立即解决；而竣工结束后控制是被动性的，发现质量问题只能作一些弥补。

1）制桩过程质量控制

制桩过程质量控制，在于早日发现施工存在问题并及时纠正，避免质量事故的发生，杜绝质量问题的扩大和蔓延。制桩过程质量控制主要是施工单位自检和监理单位复查。

施工时更要精心组织施工，要加强现场施工指导，严把各道工序质量关，精益求精，使工程建设达到安全、经济、实用、美观的目的。

施工单位应具有相应的施工设备、人力、技术和经验；应按照国家有关施工规范规定，按设计要求组织施工；应注意从各方面收集、整理、学习、了解复合地基桩的技术资料和施工工艺，以便工程施工的顺利开展；应熟悉相应规范、验收标准以及施工监控注意事项；应编制详细的施工组织计划。做到对材料质量、施工工艺、施工过程以及技术标准等各个环节进行严格的技术把关，确保工程质量。

施工单位应作好施工记录，记录好每根桩的施工情况，主要包括：桩的编号、开钻时间、终结时间、桩体材料配比、桩体材料喷入量、发生问题及解决办法。

施工过程中，从始至终应有监理工程师现场监控。施工单位必须接受监理工程师的指令，在监理工程师批准的施工组织设计的基础上详细编制技术方案和施工工艺，认真组织施工。

2）施工后的质量检查

所有桩施工完成后，应由监理工程师组织施工、监理、设计、建设等单位进行全面检查。其方法是首先进行基槽开挖，使所有桩都露出开挖基底一定高度，再截掉多余施工长度，使桩顶标高符合设计要求，然后请具有资格的检测单位进行全面检测。

通常桩体缺陷应逐根检查；桩体强度可抽查总桩数的 2%，并不少于 3 根；单桩竖向承载力可抽检总桩数的 10%；复合地基承载力按规范规定（见 7.3.10 节）进行载荷试验，并且每个单项工程不少于 3 点；对于水泥粉煤灰碎石桩、微型混凝土桩等大刚性桩，可用低应变动力试验，检测桩身完整性，抽查桩数不少于总桩数的 10%。

全面检查时间可依工期要求而定，如果时间允许，一般应在全部桩施工完成并达到 28d 养护期后进行；若时间紧迫，可在最后一批桩成桩 7～14d 内进行桩体强度检测（复合地基承载力不允许提前试验）。

对重要工程还应设立沉降观测点进行总沉降量观测。沉降量观测延续时间较长，通常工程建成后一年内沉降可达到稳定，所测结果称为最终沉降量，用它与设计沉降量进行比较，可看出地基加固效果。沉降观测应在建筑物施工结束后就开始。

7.4.3 桩的现场质量检测方法

由于复合地基桩多数强度较低，制桩目的并不在于单纯利用桩体自身，而是利用桩与桩间土的联合作用，因此，对桩体通常不做破坏性试验。

对复合地基桩，现场检测具有直观、快速、代表性强、避免取样运送过程中的扰动等优点，但每一种方法都有一定的局限性，因此进行桩的检测时，尽量采用多种手段进行综合评价，并应辅以适当的室内试验。

现场检测的任务是要对所有桩的质量及地基加固作出评价，主要是确定合格和不合格桩的数量。不合格桩包括桩长不够、断桩、缩径、桩径达不到要求、桩身质量差、强度低、偏位大、缺桩等。在地基加固方面主要是测出复合地基承载力、单桩承载力、复合地基变形模量等。

针对各类复合地基，现场质量检测方法主要有以下几种：

1）测量放线检查

全部制桩完成后进行基槽开挖，基槽开挖后，桩顶都会露出 1m 左右的长度，按设计桩顶标高截掉设计桩顶以上多余部分，再用经纬仪和水准仪进行测量。经纬仪主要用来测出建筑物轴线位置及有关尺寸；水准仪则用来控制开挖深度和测出桩顶标高。经过测量检查，可以了解桩的偏位、桩顶标高、开挖标高等情况。

2）人工直接观察

基槽开挖后，组织人力对现场进行直接检查，可以了解桩的成形、桩径、缺桩、桩顶质量、桩顶缺陷、桩位偏离、桩顶强度等情况。在这些检查项目中，除桩顶强度外，全部可用视力检查确定。对于桩顶强度，除观察搅拌均匀程度并进行分析外，还可以采用简易检测法判断土、灰土、石灰土、水泥土类桩的桩体质量，即用一根长 2m、直径 16mm 的平头钢筋，竖直立于桩顶，若用人力能将其压入桩体 10cm 以上（28d 龄期）或桩顶出现崩裂现象，表明施工质量可能有问题，需用其他可靠方法取样作进一步检查。

3）桩身取样强度检查

桩身强度取样因桩而异：①对于水泥粉煤灰碎石桩及各类混凝土桩，应在桩体材料搅拌灌注前，按规范规定现场留取试块，标准养护 28d 进行强度抗压试验；②对于土、灰土、石灰土、水泥土类桩的桩身强度，可在制桩 7d 后用轻便触探器对桩体进行一般性检验。由于轻便触探器的检查结果只能定性而不能定量，因此轻便触探器检测后，如对某些桩体强度有怀疑时，尚应对怀疑桩取样，进一步做更精确检验，即用钻机对桩身取芯样，用以测定桩身强度。钻孔直径粗细因桩而定，以保证制成的试块符合规定为原则；③对振冲桩、砂石桩、柱锤冲扩桩等，一般不需要作桩体强度检验。

4）静力触探

静力触探是将一定规格的圆锥形探头，按一定的速率压入土层中，量测土对探头的阻力，借以分析土的性质。静力触探是检验地基处理效果的有效手段，具有质量好、效率高、成本低、使用方便等优点，所以得到广泛应用。静力触探既是工程地质勘探手段，又是原位测试技术。在复合地基加固处理工程中，静力触探除用于对桩体进行成桩 7d 内静探外，还可用于对桩周土进行静探。静力触探的测试结果可判定被探桩体或土层的密实性、均匀性、地基处理前后的承载力、不排水强度、土的压缩性质等，还可用来计算出单桩承载力。

5）动力触探

动力触探是利用一定重量的落锤打击钻杆，将安装在钻杆端头的钻头打入土层，根据钻头打入土层中的难易程度来探测土的工程性质。动力触探设备简单，效率较高，应用也较广。动力触探的检测目的与静力触探基本一样，即通过动力触探可以判断被探物体的密实性、均匀性、地基处理前后的承载力及变形特性等。但是，影响动探的因素较多，所测结果较为粗略。

6）反射波测试法

反射波测试法属于原位测试技术，用于桩身质量测试，通常用于混凝土类桩的检测。此方法根据激振力的大小分为低应变和高应变两种测试法。但是，复合地基桩的强度多数较低，并且并不单独受力，所以通常不使用施工复杂、费用昂贵、具有一定破坏性的高应变法进行测试，而一律都采用激振力小的低应变反射波法作复合地基检测。

低应变反射波法是利用电子仪器和计算机进行测试处理，设备轻便、使用简单、质量好、效率快，应用非常广泛。具体测试时，是在桩顶安装仪器的拾振器，用小锤对桩顶施加激振力，振动波沿桩身向下传播，遇波阻抗差异界面（桩底或缺陷部位）即产生回波反射，反射波传至桩顶，由桩顶的拾振器接受信号，并传给桩基检测仪，检测仪将波信号变成一定的波形并展现在仪器的显示屏上，可用肉眼直接观察分析。这种波形经计算机分析处理后，由打印机输出检测结果，供室内分析使用。其工作原理见图 7.4-1。

利用低应变法可以判定桩体有无缺陷、缺陷的性质和部位。这里所说的缺陷，主要包括断桩、缩径、低强度层、桩长不够等。它根据打印机输出的时域曲线和频域曲线来判断，如果时域曲线规律整齐，底反信号清晰或有底反迹象，频域曲线主峰明显，表明桩体完整；若有同相较弱的桩间反射，说明桩间局部强度较低，但桩的完整性尚好；若时域曲线严重畸变或为多次能量较强的周期波，说明浅部或桩间有严重缺陷。

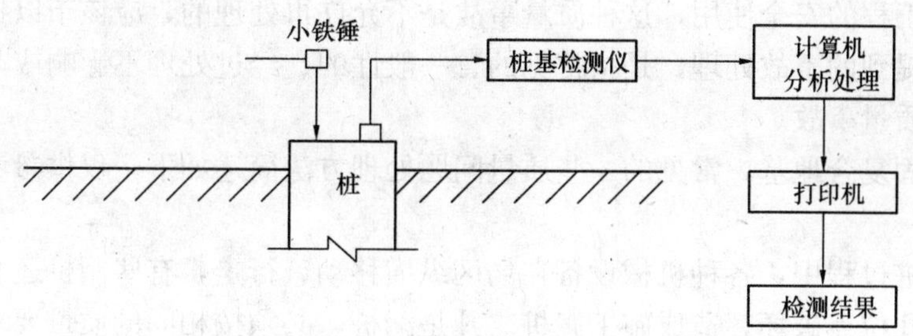

图 7.4-1　低应变检测装置

7）静载试验

静载试验是较为直观、成果可靠的原始测试方法。通过静载试验可以测得复合地基承载力和变形模量，是所有复合地基竣工后都要使用的一种测试方法，其试验要点见附录 A。

静载试验的典型代表是平板载荷试验，它是在被测试的坑中安置一定规格的平板，在板上逐级施加静力荷载，测出各级荷载作用下的沉降量，绘制出荷载—沉降关系曲线，根据此曲线确定地基承载力，进而计算土的变形模量，分析土的特性。但平板试验也有局限性，它所测试的成果，主要反映承压板下 1.5～2.0 倍承压板直径深度范围内土的状态，若要测试更深土层的性质，在技术上难度较大。

当然，静载试验操作起来比较复杂，需要较多的人力、物力和试验设施，费用比较高。

上述列出了七种现场质量检测方法，但在实际工程中，并不是全都用上，要依据工程需要选择检测方法，一般第 1、2、3、7 四项是必需的，其他三项按需要而定。

7.4.4　质量事故处理

从工程安全性来说是不允许出现质量事故的，因为一旦出现质量问题就必须进行处理，不但增加了工程投资，而且拉长了施工工期。尤其是地下工程，事故处理非常困难，处理结果难以达到理想要求，常常事倍功半，甚至有些事故无法弥补和处理，造成工程的前功尽弃。所以，保证施工质量，避免事故发生，是施工质量控制过程中的头等大事。

各类复合地基桩都是埋在地下的，它的施工质量好坏，在施工过程中往往难以完全揭示，到后期检测中发现问题已经晚了。因此，施工中一定要分阶段认真进行质量把关，坚决从原材料、材料配比、施工队伍、施工设备、施工工艺、质量检查方法、质量检验制度等全方位进行质量控制，严格按照技术规范、设计要求及施工程序组织施工，把事故杜绝在发生之前。那种忽视质量管理，甚至投机取巧、偷工减料、敷衍了事的施工方式是万万要不得的。任何一个有资格的施工单位，一旦承担了复合地基加固的施工任务，从一开始就必须把施工质量放在第一位。

但是，事情总是有偶然性的。尽管人们在施工中认真管理，严格把关，或大或小的工程质量问题不时会有发生，这就涉及工程质量事故如何处理的问题。

工程质量事故处理没有格式化的东西，对于地下工程更是难以制定标准化的处理方法。不同事故的处理，要依质量事故的严重程度而定，非常严重的质量问题，即使进行处理后也会影响工程的安全使用，这种质量事故是不允许再处理的，应该予以报废，彻底重新再来。本节提到的事故处理，是指常见的、一般性的、经过处理不影响或基本不影响工程安全使用的质量事故。

对于桩加固复合地基，常见的一些质量问题处理方法简述如下，仅供参考。

1）缺桩

由于在制桩过程中，各种机械设备在场区纵横移动、行走，有些制桩还会造成地面污染，常常会将孔位点破坏，造成施工漏桩。凡是漏桩，必须按相同的质量要求，一根不少的按原设计补上。

2）桩偏位

桩的偏位值是有具体规定的，当桩的偏位超出规定时，通常需要进行补强处理，补强方法依据偏位大小而定。对于很大的偏位，如偏离一倍桩径以上时，则应在原桩位重新再制一根桩；偏位较小时，如偏离一倍桩径以内，应依实际偏位点，在偏位桩的附近再打上一根桩；对偏位很小时，如偏位超出允许值 3～5cm，并且不超出桩径，原则上也应在偏位桩的附近再打上一颗桩，但若该桩处于上部荷载较小的基础下，经设计复核不影响地基承载力的要求，由设计单位作出决定或联合会议作出决定，并留有记录，可以不再补桩。因为在复合地基中，桩的小偏位一般不影响地基的承载要求。

3）桩长不够

如果桩底没有达到原设计标高，即桩的长度不够，原则上应在该桩的附近按设计要求再打上一根桩；若经设计复核，由设计单位作出决定，补打新桩的长度也可短于原设计桩长。

4）桩顶过高

桩顶必须按设计要求控制标高，凡高出设计桩顶的多余桩长均应截除，不得出现实际桩顶高于设计标高的情况，以确保所有桩的均匀受力。

5）桩顶过低

桩顶必须按设计要求控制标高，不得出现实际桩顶低于设计标高的情况，以确保所有桩的均匀受力。凡低于设计桩顶的桩必须进行接长。接长方法因桩而异，如水泥粉煤灰碎石桩和各类混凝土桩，需用与桩体材料强度等级相同或高一级的混凝土予以接高；对于灰土类桩型，可用 M15 水泥砂浆进行接高；对于振冲桩、砂石桩、柱锤冲扩桩等，可用与桩体材料相同的材料经水泥拌合进行接高。

接桩时应将截除表面清扫干净，用水充分湿润，然后用钢板或木板做圆形模板，也可砖砌圆外模，然后灌注混凝土、水泥砂浆等材料并捣实。

6）桩顶缺陷

多余桩顶切除后，如发现桩顶段仍存在搅拌不均匀、桩体表面不整齐、强度低等缺陷时，则仍应继续对桩体进行截除（截除长度要比缺陷长度长出 10～20cm），再将截除表面清扫干净，用水充分湿润，然后用钢板或木板做圆形模板，也可砖砌圆外模，然后根据桩型按第 5 项灌注混凝土、水泥砂浆等材料并捣实，将桩接长至设计标高。

7）桩身缺陷

桩身缺陷主要是指桩的顶段以下才存在有断桩、缩径、体型不匀称、强度低等缺陷。出现上述问题时，由于缺陷位置在地下，无法处理，所以一般情况应在有缺陷桩的附近再制一根新桩，如果依据上部荷载，新桩位置不好确定时，应该补打两根新桩以弥补其不足。

8）桩径不够

在制桩过程中或制桩后发现实际桩径小于设计桩径时，应补打新桩；如果经检查，该桩质量特别好，强度比要求高，或者外荷载作用小，经设计复核满足要求，也可由设计单位决定不再补桩。

9）不露桩顶

有些桩因施工操作不当，使桩未达到设计桩顶，就停止了喷灰（浆），造成实际桩顶低于设计桩顶，基槽开挖后桩顶不外露。对这种桩应先进行探测，如用洛阳铲、尖头粗钢筋、尖头钢管等工具实施挖、钻探测，当判明埋入地下比较浅时（如不超过 3m），则人工将其挖出外露 1m，检查质量，如无质量问题，则将桩头清洗干净后，将桩接长至设计标高；如有桩身缺陷或埋深较深，应将此桩废除，重新在附近再制一根新桩。

10）群桩缺陷

如果有一般性缺陷的桩比较集中地分布在某一区域内，在该区域补桩比较困难或无法补桩，此时可经过设计论证，考虑改变基础形式。如在该缺陷区域增设整体钢筋混凝土板，板的范围应比桩的缺陷区域扩大，增大整体地基受荷面积，减少地基反力。板的范围、局部沉陷及配筋应由设计单位计算确定，板下地基反力值应小于要求的复合地基承载力值。

7.5 复合地基设计方法

7.5.1 计算方法与步骤

复合地基设计的目的是为了满足工程所需，采用桩类加固地基，目的是获得足够的复合地基承载力。现对复合地基设计程序进行以下分析。

加固地基设计是在要求的复合地基承载力下求得所需的桩数，而不能依单桩承载力来确定桩数。在桩身强度已定的情况下，单桩承载力是可以确定的，这时，桩数与桩径、桩长、桩距有直接关系，其中桩径是已知的，这样，总桩数只与桩长和桩距有关。桩长可以依据地层构造来确定，也就是选择承载力相对较高、埋深适宜的土层作持力层；而桩距则依据建筑物基础尺寸和要求的地基承载力大小按一般经验大体确定。一个桩的负荷面积不宜过大或过小，各种桩的单桩承载面积，大体可在 1.0～2.0m^2 范围内确定。进行桩的设计时，很难一次计算达到要求，当最终计算结果不能满足设计要求时，常常用调整桩长和桩距的方法进行重复计算，直至满足要求。在进行调整计算时，既可只调整桩长或桩距，也可两者同时调整。

复合地基计算步骤大体如下：

1）收集资料。主要是研究地质勘探资料、试验资料、建筑物施工图以及建设单位提出的有关要求；按设计所需的资料要求从中摘出设计中需要的数据，如各土层天然承载力、重度、基础尺寸、固化剂最佳掺入比、柱体抗压强度等。

2）计算要求的地基承载力。主要根据上部结构的自重及承受的外荷载确定基础尺寸并计算出要求的地基承载力值。经加固后的复合地基承载力应大于上部建筑物要求的地基承载力。

3）复合地基承载力计算：

（1）选定桩距和桩长。桩长根据地层结构结合上部荷载大小确定。桩距按每一根桩承担面积 1.0～2.0m^2 来估算或按桩径倍数来估算。

（2）计算单桩轴向承载力。根据试验所得的桩体材料掺入比和桩体的无侧限抗压强度计算。

（3）计算灰土置换率。

（4）计算桩数。

（5）桩位布置。进行桩位布置时可根据建筑物基础尺寸适当调整桩距。

（6）计算复合地基承载力。如不能满足要求，应调整桩长、桩距重新计算。

4）复合地基验算。主要计算桩土应力分担比，进而计算出桩土分别承担的应力值。桩所承担的应力应小于桩体抗压强度；桩间土承担的应力应小于桩间土的允许承载力。

5）桩端持力层地基强度验算。根据上部结构总重及桩的自重、桩长范围内的土重计算出桩端土层的总应力，使其小于该土层天然承载力，如不符合要求，应调整桩长和桩距重新计算。

6）下卧层承载力计算。当持力层下存在有软弱下卧土层时，还应进行下卧层承载力计算，即将下卧层以上所有的结构重及土重加在下卧层顶面上进行地基压力计算，其计算值应低于该土层的承载力设计值。

7）复合地基实际承载能力计算。当总桩数及布桩范围确定后，可计算复合地基的实际承载能力，其计算结果应大于要求的复合地基承载力。

8）总沉降量计算。按公式计算出的总沉降量不得大于允许沉降量值，否则应调整桩数重新计算。

复合地基的设计程序步骤如图 7.5-1 所示。

7.5.2 施工图内容

复合地基设计分计算和制图两个阶段，计算工作仅是设计任务的一半。所以，计算结果只是复合地基设计的中间成果，还应根据计算结果进行复合地基制图设计，从而完成全部设计过程。所以，复合地基桩设计图是复合地基设计的最终成果，它是复合地基桩施工的具体依据。复合地基桩施工图主要是桩位平面布置图和桩体竖向剖面图两部分。

各类不同桩加固而成的复合地基，其施工图的内容是基本一样的，现叙述如下：

不管被加固地基的类别如何，复合地基桩施工图均分桩位平面布置图和桩体结构剖面图两种。这两个图可依图幅之大小分别画出或画在一张图上。制图比例平面图常用 1∶100，剖面图可取 1∶20～1∶50。

1）桩位平面布置图

桩位平面布置图是显示建筑物加固地基范围内的桩体分布情况。在桩位平面布置图中，应将全部桩逐一编号，以利于施工管理和质量检测。应该提及的是，由于上部结构荷载大小不同，对基础布桩范围内的桩距和桩排数要求也不同。在桩位平面图中应按上部荷载的大小，依实际需要分区进行布桩设计；为求经济合理，绝不能选择最大受力区作为布

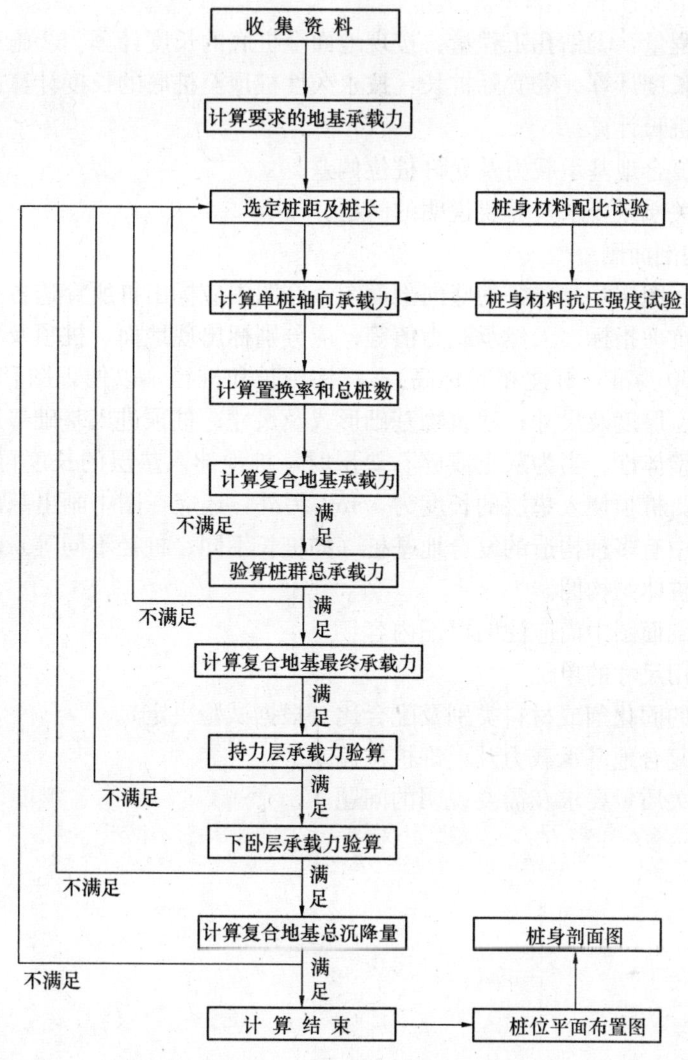

图 7.5-1　复合地基设计程序框图

桩设计的标准。在全部基础内设置相同桩距的布桩是极大的浪费。当然，如果上部结构布置是比较均匀的，各部位荷载相差不大，为了施工的方便，应该均匀布置的桩距和桩排数，根本无需分区布桩。

在桩位平面图中应明确表示出桩距、排距、布桩形式、布桩范围、基础尺寸等，尚应注明以下内容：

(1) 图中所用尺寸的单位。

(2) 现地面、桩顶及桩底的标高（通常都以建筑物±0.00 为准，标注相对标高）。

(3) 基础垫层的类别、厚度及尺寸。

(4) 制桩用的固化剂或材料类别及配合比（根据试验决定）。

(5) 总桩数、桩径、桩长及桩顶伸入垫层的长度。

(6) 制桩过程中，桩顶一段常常由于地面覆盖薄、压力小等原因，使得喷灰量少而造成桩体质量差，故应在图中注明喷灰长度应比要求的桩顶高出 40～50cm，待施工结束后，再截去高出部分。

（7）制桩工程量：①钻孔工程量：按现地面至桩底的长度计算。②施工桩长：按喷灰从桩顶至桩底的长度计算。③实际桩长：按永久性桩顶至桩底的长度计算。④固化剂或材料用料：按施工桩长计算。

（8）要求的复合地基承载力及允许桩位偏差。

（9）其他有关质量要求及需要说明的问题。

2）桩体结构剖面图

桩体结构剖面图实际是单桩的竖向剖面图，在图中应标出桩所穿透各土层及桩端持力层的土层名称、抗剪指标、天然承载力值等；应分别标出现地面、桩顶及桩底标高（通常都以建筑物±0.00为准，标注相对标高）；标注桩长和桩径，以便识图和了解桩的构造；基础垫层的类别、厚度及尺寸；建筑物基础形式及尺寸；桩顶进入基础垫层内的长度，以保证桩和基础的整体性。当为灰土或碎石垫层时，桩顶伸入垫层的长度可取10cm；当为素混凝土垫层时，桩顶伸入垫层的长度为5cm。另外，还应在图中画出基础结构形式及垫层构造。当设计中有多种构造的复合地基桩（如桩长不同、桩径不同等）时，尚应分别画出各不同构造的桩体结构图。

在桩体结构剖面图中尚应注明以下内容：

（1）图中所用尺寸的单位。

（2）制桩用的固化剂或材料类别及配合比（根据试验决定）。

（3）要求的复合地基承载力及允许桩位偏差。

（4）其他有关质量要求及需要说明的问题。

8 复合地基计算

进行复合地基桩处理计算，首先应准备一些基础资料，有些资料可以从其他文件或图纸中摘录出来，有些需要进行计算。

复合地基计算所需要的一些基本资料已在第7章中列出，它们应该从以下资料文件中取得：

(1)《工程地质勘察报告》及相应地质图。

(2)《工程试验报告》(包括室内试验和现场试验两部分)。

(3) 建筑物施工图和有关设计文件。

(4) 建设单位提出的有关要求和意见。

(5) 其他与复合地基设计有关的资料。

8.1 群桩的工作原理

这里所说群桩的工作原理，实际就是复合地基的工作原理。正如第1章中所说，凡用以加固复合地基的桩，统称复合地基桩。由于复合地基桩直径小、强度低，所以单桩承载能力相对于承载型桩来说低得多，故复合地基桩不能单独利用其单桩承载作用，而主要是利用其群桩的作用。也就是说，要用复合地基桩来提高地基强度，应依据计算，在建筑物基础下布置很多个复合地基桩以形成群桩基础，发挥其群桩的作用。

为说明群桩的工作原理，先介绍单桩的受力情况。

以竖向承载为主的单桩承载力取决于土对桩的阻力。一般说，天然土层愈密实，承载力愈高，对桩的阻力也愈大。土对桩的阻力由桩侧表面摩阻力 Q_1 和桩底端阻力 Q_2 两部分组成，根据静力平衡条件，作用在桩顶的总荷载 Q_p 应为：

$$Q_p = Q_1 + Q_2 \tag{8.1-1}$$

桩侧摩阻力 Q_1 实际上就是土与桩之间的粘着力，即土沿桩身周边的极限抗剪强度；桩的端阻力 Q_2 则是桩端土对桩的反力。由式（8.1-1）可知，如果作用在桩顶的总荷载 Q_p 已定，那么提高侧阻力 Q_1 和端阻力 Q_2 都会对提高桩的竖直承载力有明显作用。桩径已定的情况下，增加桩长是提高 Q_1 的唯一途径，而选择较密实的土层作桩的持力层将是提高 Q_2 的最好方法。

当桩顶施加竖向荷载后，桩身受到压缩而产生相对于土的向下位移，桩侧表面便受到土向上作用的摩阻力，桩所承受的荷载将会通过这种桩侧摩阻力传到桩周土层中去。在桩顶加载初期，侧阻力 Q_1 增长比较快，端阻力 Q_2 则作用较小，随着桩顶荷载的增大，桩身压缩量和位移量增大，荷载沿桩身向下传递，侧阻力 Q_1 增大到极限值后就不再增大。如果继续加大桩顶荷载，则外荷载主要靠端阻力 Q_2 来承担，直到 Q_2 也达到极限值。此时，若再增加桩顶荷载，则桩端持力层将产生大量压缩而使土层发生塑性挤出，桩体遭到破坏，进而使基础失稳，建筑物失事。由此可知，进行单桩设计，主要是依据上部荷载的大小来确定桩的承载能力。

群桩进行地基加固，不仅仅靠桩本身的承载能力，而且还考虑桩间土的承载能力。大家知道，一般承载型桩有端承桩和摩擦桩之分。一般情况下，端承桩的桩端持力层天然承载力非常大，其桩尖下的压力分布面积很小，各桩的压力叠加作用小。因此，当由端承桩组成群桩时，可以认为群桩承载力等于各单桩承载力之和，其沉降与单桩也几乎相同。这种情况下群桩的作用理论与单桩理论基本相同。当群桩由摩擦桩组成时，其作用理论与上述完全不同，所以，这里所说的群桩理论主要是针对摩擦桩而言。

当群桩的桩距较小时，由于摩擦力的扩散作用，各桩传递的应力相互重叠，故桩尖处土层所受的压力要比单桩大，压力传递范围也比单桩深。因此，当上部作用荷载相同时，群桩的沉降量比单桩大。但是由于压力的相互重叠，使桩与桩之间的土形成一个整体，近似一个深埋实体基础，这种实体基础比天然土层具有大得多的承载能力，利用这种更大的承载能力作建筑物基础，将会使建筑物安全可靠，这就是群桩的工作原理。

复合地基桩用来加固软土地基，都布置成群桩形式，桩距都很小，桩体布满基础范围，从性质上来说属于摩擦桩，完全符合群桩理论。所以复合地基桩加固地基就是利用“深埋实体地基”这种群桩原理进行地基强度和变形计算，从而得到良好的建筑物改良地基。所谓“深埋实体地基”，就是把桩体加固深度范围以内的软土层看成是一个整体，这个整体比天然土层具有更高的负荷能力，作为上部建筑物的实体地基，能够满足其承载要求。

因此，复合地基虽然是利用桩体加固，但并不是利用桩体的独立承载能力，而是利用桩体和桩间土的共同承载作用。

复合地基比天然地基有更大的承载能力的原因，要从以下几个方面进行分析：①桩体刚性比土体大，因此桩体比土体承载力大，由于桩体置换了一部分土体，所以为新的地基增加了承载能力；②在地基受力过程中，荷载向负荷大的桩上集中，使桩体分担了更大的承载份额；③由于制桩过程的挤压作用，使桩间土密实度得以提高，承载能力增强；④桩与桩周土摩擦所增生的竖向力，有效加大了新的地基承载力；⑤利用土层对桩端的压力（或称端承力）增加了新地基的承载能力；⑥桩顶设置的褥垫层与建筑物基础、实体地基形成了一个整体，共同承受上部传力，使其新的地基承载力得到增强。

8.2 复合地基承载力计算

8.2.1 要求的复合地基承载力计算

要求的复合地基承载力值就是建筑物基础底面的压力值，它是由基础底面以上的总作用荷载决定的。上部作用荷载越大，基底压力也愈大。复合地基桩加固软土地基的目的在于较大提高承载力，达到或超过上部建筑物要求的复合地基承载力值。要求的复合地基承载力可按下列方法计算：

（1）当轴心荷载作用时：

$$p = \frac{Q}{A} = \frac{F+G+N}{L+B} \tag{8.2-1}$$

（2）当偏心荷载作用时：

$$p_{max} = \frac{F+G+N}{A} + \frac{M}{W} \tag{8.2-2}$$

$$p_{min} = \frac{F+G+N}{A} - \frac{M}{W} \tag{8.2-3}$$

式中 p——基础底面处平均压力设计值（kPa）；

p_{max}——基础底面边缘处最大压力设计值（kPa）；

p_{min}——基础底面边缘处最小压力设计值（kPa）；

Q——基础底面以上作用在基础上的总荷载（kN），$Q=F+G+N$；

A——建筑物基础底面总面积（m^2）；

L——基础总长度（m）；

B——基础总宽度（m）；

F——上部结构作用在基础顶面的竖向力设计值（kN）；

G——基础自重设计值（kN）；

N——作用在基础上的土重特征值（kN）；

M——作用在基础底面的力矩设计值（kN·m）；

W——基础底面的截面模量（m^3），截面模量 W 等于截面惯性矩除以离开某轴最远点距离，即：$W_x = \frac{I_x}{y_{max}}$，式中 y_{max} 为对 x 轴的最远点距离；

$W_y = \frac{I_y}{x_{max}}$，式中 x_{max} 为对 y 轴的最远点距离。

部分图形的惯性矩 I 和截面模量 W 计算方法见表 8.2-1。

截面的几何性质计算公式 **表 8.2-1**

截面名称	图形及形心轴位置	面积 A	惯性矩		截面模量	
			I_x	I_y	W_x	W_y
正方形	y, o, x, a, a	a^2	$a^4/12$	$a^4/12$	$a^3/6$	$a^3/6$
长方形	y, o, x, a, b	ab	$ba^3/12$	$ab^3/12$	$ba^2/6$	$ab^2/6$
三角形	y, o, x, a, b	$ab/2$	$ba^3/36$	$ab^3/36$	$W_{x1} = \frac{ba^2}{12}$ $W_{x2} = \frac{ba^2}{24}$	$W_{y1} = \frac{ab^2}{12}$ $W_{y2} = \frac{ab^2}{24}$

续表

截面名称	图形及形心轴位置	面积 A	惯性矩		截面模量	
			I_x	I_y	W_x	W_y
圆形		$\pi D^2/4$	$\pi D^4/64$	$\pi D^4/64$	$\pi D^3/32$	$\pi D^3/32$
箱形		$ab-a_1b_1$	$\dfrac{ba^3-b_1a_1^3}{12}$	$\dfrac{ab^3-a_1b_1^3}{12}$	$\dfrac{ba^3-b_1a_1^3}{6a}$	$\dfrac{ab^3-a_1b_1^3}{6a}$

注：表中各量的常用单位为：mm、cm、m。对大构件，如桥墩、挡土墙等一般用 m 为单位；对中型构件，如梁、柱等通常用“cm”为单位；对小构件，如型钢、铁件等都以“mm”为单位。

需要指出的是，当偏心荷载作用时，复合地基承载力值必须按基础最大压力 p_{max} 来控制，应使基础下的地基承载力达到最大压力 p_{max}，并经验算，最小压力 p_{min} 应符合规定。

偏心荷载作用时，基础压力有两种形式，如图 8.2-1 所示。图 8.2-1（a）表示总竖向力作用在基础底面的核心以内，即不超出底宽中间 1/3 范围。此时地基土壤全部受压，基础压力按式（8.2-2）和式（8.2-3）求出。图 8.2-1（b）表示总竖向力作用在基础底面核心以外，其作用点超出了中间1/3底宽。此时，基础受压的范围减少了，当其受压范围减小到某一宽度后，基础则产生拉应力。因为软土地基不能承受拉应力，故必须限制竖向力作用点的位置。如果竖向合力的偏心距小于 $b/6$，且作用点距最大压力一端的距离不小于 $a/3$，地基将不会发生拉应力，此时基础最大压力 p_{max} 应按下式计算：

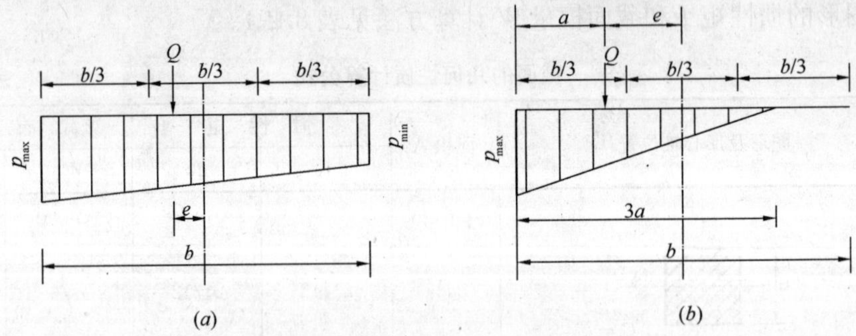

图 8.2-1　基底压力

（a）$e<b/6$ 时基底压力；（b）$e>b/6$ 时基底压力

$$p_{max}=\frac{2(F+G+N)}{3La} \tag{8.2.4}$$

式中　L——垂直于力距作用方向的基础底面边长（m）；

a——竖向力距最大压力边缘距离（m）；

其余符号同式（8.2-1）～式（8.2-3）。

式（8.2-1）～式（8.2-4）是整体基础计算公式，其上部作用荷载计算非常麻烦，对于同一建筑基础来说，如果各部位基础受力大小不同，尚须分区分块进行计算，计算工作量比较大。为了减小基础荷载的计算工作量，对于具有长方形基础的建筑物，如条形房屋基础、挡土墙基础等可截取 1m 长条进行简化计算，此时只需计算 1m 长度的上部荷载进行基础压力计算即可。当截取 1m 长度进行基础压力计算时，式（8.2-1）～式（8.2-4）可分别改成如下形式：

$$p=\frac{F'+G'+N'}{B} \tag{8.2-5}$$

$$p_{\max}=\frac{F'+G'+N'}{B}\left(1+\frac{6e}{B}\right) \tag{8.2-6}$$

$$p_{\min}=\frac{F'+G'+N'}{B}\left(1-\frac{6e}{B}\right) \tag{8.2-7}$$

$$p_{\max}=\frac{2(F'+G'+N')}{3a} \tag{8.2-8}$$

式中 F'——1m 长度内上部结构作用在基底顶面的竖向力设计值（kN）；

G'——1m 长度内基础自重设计值（kN）；

N'——作用在 1m 长度内基础上的土重标准值（kN）；

e——竖直合力偏心距（m）；

其余符号与式（8.2-1）～式（8.2-4）相同。

在上述地基压力的各个计算公式中，作用在基础底面以上的荷载，土重是取其特征值，上部结构重及基础自重是取其设计值。土重可按土的体积乘以土的重度作为标准值；上部结构重及基础自重则按其荷载组合方式进行计算。为简化计算工作，可将其标准值乘以荷载分项系数作为设计值取用。

8.2.2 地基承载力值计算

地基承载力有极限值、特征值、设计值之分。

1）地基承载力的极限值系指地基土可能承受的最大压力值，超过这一值时，地基将会失去平衡而破坏；此值只能通过测试方法求得，它是理论值，对工程设计无实际意义。

2）地基承载力的特征值可以通过静载试验、轻便触探、标准贯入、取样室内抗压试验、原位检测、按土的抗剪强度指标确定等方法求得，这是工程设计中不可缺少的一项土的力学指标。它由工程地质人员经外业地质勘探和内业试验后在地质报告中提出，供设计人员采用。

3）地基承载力的设计值是直接用来确定地基压力标准的一个指标，它根据地基承载力特征值进行计算求得。

通常岩石地基承载力很高，承载力的设计值应通过试验确定，如地质报告没有提供承载力设计值，而只有承载力特征值，为减少计算工作量，其承载力特征值可以直接作为承载力设计值使用。

《建筑地基基础设计规范》GB 50007—2002 中对建筑物基础底面压力的大小作了如下规定：

1）当轴心荷载作用时：

$$p\leqslant f_{\mathrm{a}} \tag{8.2-9}$$

2）当偏心荷载作用时：

$$p_{max} \leqslant 1.2 f_a \tag{8.2-10}$$

式中 p——基础底面处的平均压力设计值（kPa）；

p_{max}——基础底面边缘的最大压力设计值（kPa）；

f_a——修正后的地基承载力特征值（kPa）。

软土地基的承载力较低，其特征值往往满足不了设计要求，故软土地基的承载力特征值常按下述方法进行修正求得，即：

当建筑物（或挡土墙）的基础宽度大于 3m 或基础埋深大于 0.5m 时，地基承载力设计值 f_a 由下式计算：

$$f_a = f_k + \eta_b \gamma (b-3) + \eta_d \gamma_p (d-0.5) \tag{8.2-11}$$

式中 f_a——天然地基承载力设计值（kN/m^2）；

f_k——天然地基承载力特征值（kN/m^2），由地质报告提供；

b——基础底面宽度（m），当基础底面宽度小于 3m 按 3m 考虑，大于 6m 按 6m 考虑；

d——基础埋深（m），取值方法：一般工程以现有地面以下的基础深度计算；当有填方时，则从填土表面算起（建筑物施工后填土不算）；对于地下室，当为箱基或筏基时，基础埋深自室外地面算起，当为条基或独立基础时应从室内地面算起；

γ——基底以下土的重度（kN/m^3），地下水位以下取土的有效重度 γ'（或称浸水重度，也称浮重度）；土的有效重度 $\gamma' = \gamma - (1-n)\gamma_s$，$n$ 为孔隙率（%），γ 为土的重度，γ_s 为水的重度；当缺少实际资料时，可采用 $\gamma' = \gamma - \gamma_s$，$\gamma_s$ 为水的重度，一般为 $10kN/m^3$；

γ_p——基底以上各层土的加权平均重度（kN/m^3），地下水位以下取有效重度（即浮重度）；

η_b——基础宽度承载力修正系数，按表 8.2-2 查用；

η_d——基础埋深承载力修正系数，按表 8.2-2 查用。

地基承载力修正系数 **表 8.2-2**

土的类别		η_b	η_d
淤泥和淤泥质土		0	1.0
人工填土		0	1.0
e 或 $I_L \geqslant 0.85$ 的黏性土		0	1.0
红黏土	含水比 $\alpha_w > 0.8$	0	1.2
	含水比 $\alpha_w \leqslant 0.8$	0.15	1.4
大面积压实填土	压实系数大于 0.95，黏粒含量 $\rho_c \geqslant 10\%$ 的粉土	0	1.5
	最大干密度大于 $2.1t/m^3$ 的级配砂石	0	2.0
粉土	黏粒含量 $\rho_c \geqslant 10\%$ 的粉土	0.3	1.5
	黏粒含量 $\rho_c < 10\%$ 的粉土	0.5	2.0
e 或 I_L 均小于 0.85 的黏性土		0.3	1.6
粉砂、细砂（不包括很湿与饱和时的稍密状态）		2.0	3.0
中砂、粗砂、砾砂和碎石土		3.0	4.4

注：1. 本表摘自《建筑地基基础设计规范》（GB 50007—2002）；
2. 强风化和全风化的岩石，可参照所风化成的相应土类取值；
3. e 为孔隙比，I_L 为液性指数；
4. 地基承载力特征值按深层平板载荷试验确定时 η_d 取 0。

8.2.3 复合地基桩基本参数选定

进行桩处理复合地基设计之前，应首先选定桩的基本参数，主要包括桩径、桩长、桩距、桩数及固化剂掺入比等。

桩径是按成孔钻机确定的，目前工程中的桩直径多为0.3～0.8m，各类复合地基桩的适应直径，在第3～6章中都有具体规定。

桩的固化剂掺入量一般通过试验确定，具体详见第3～6章中的相关部分。

桩距一般可在0.8m～2.5m范围内选用，设计中通常桩距取桩径的3～5倍，具体详见第3～6章中的相关部分。当已确定单桩承担的加固面积时，其正方形布桩情况下的桩距可按式（8.2-12）计算，等边三角形布桩情况下的桩距可按式（8.2-13）计算，

$$a = \sqrt{A} \tag{8.2-12}$$

$$a = 1.08\sqrt{A} \tag{8.2-13}$$

式中 A——1根桩承担的处理面积，一般取值1～2m²。$A = \dfrac{A_p}{m}$，A_p为单桩截面积，m为面积置换率。

当为长方形布桩时，可由A值试算确定两个方向的桩距a_1和a_2。

通常，桩距a值取至小数点后一位即可，否则将给计算带来不便。多数情况下，桩距a和一个桩承担的加固面积A要进行互相试算和调整后加以确定。

当桩距确定后，即可进行桩位布图，从而可得总桩数。

桩长的确定有以下三种方法：

1）当因地质条件及施工因素限制桩的加固深度时，或者根据土层结构可以定出桩底标高时，应先按实际情况定出桩长。

2）当桩的加固深度不受限制时，应先通过室内试验选定固化剂掺入比μ_p和试验的无侧限抗压强度；利用下节所述的公式求出单桩承载力；由单桩承载力可求出桩长。

3）根据作用在基础上的总荷载和总桩数，先选定单桩承载力，然后再利用单桩承载力公式求出桩长。

8.3 单桩承载力的确定

8.3.1 单桩竖向承载力计算

复合地基桩设计应确保在上部荷载作用下，桩体结构不被破坏；单桩或群桩周围土不发生剪切破坏；基础不会发生不均匀沉降而影响建筑物使用。为达到上述目标，首先应该控制单桩承载力，使其在允许范围内。

单桩承载力值也分极限值、特征值和设计值三种。

单桩极限承载力系指桩体结构不发生破坏、桩周土不出现整体剪切破坏且桩基础不丧失整体稳定情况下的最大承载能力。根据《建筑地基基础设计规范》GB 50007—2002规定，单桩竖向极限承载力R_u除以安全系数2，得单桩竖向承载力特征值R_k，考虑上部结构的荷载系数等条件后，取$1.2R_k$则为单桩竖向承载力设计值R，单桩承载力必须达到R

的要求。

复合地基桩主要承受较小的轴向力，所以对大块基础，如楼房的筏形基础、条形基础、罐体基础及挡土墙基础等有较好的适应性；对受竖向力不太大的柱基础也有较好的适应性，但对有水平力作用的柱基不太适应（因有弯矩和剪力），对受竖向力很大的柱基及其他基础无法适应。

确定单桩承载力的方法很多，主要有公式计算法、静载试验法及原位测定法三大类，而每一类中又有若干种方法。对复合地基设计来说，通常采用公式计算法确定单桩承载力，而静载试验和原位观测常常用于成桩后的检测，如果需要为设计提供数据，则必须打试验桩进行现场单桩试验，测量确定单桩承载力。

1）单桩竖向承载力 R_a 计算

用来确定单桩竖向承载力 R_a 的计算公式很多，不同桩有不同的计算公式，本书引用《建筑地基处理技术规范》JGJ 79—2002 中的公式作为单桩承载力的确定标准。在该规范中，对单桩承载力值计算，作出了如下规定（见表 2.2-1）：

（1）土挤密桩和灰土挤密桩、石灰桩、振冲桩、砂石桩、柱锤冲扩桩等，需由现场试验确定。

由于规范没有给出这几种桩的单桩竖向承载力的计算公式，若必须计算单桩竖向承载力时，设计中可利用公式（2.2-1）予以粗略估算。

（2）夯实水泥土桩、高压喷射注浆桩、水泥粉煤灰碎石桩（CFG 桩）等，采用式（2.2-1）进行计算，即：

$$R_a = u_p \sum_{i=1}^{n} q_{si} l_i + q_p A_p$$

（3）水泥土搅拌桩（含浆液喷射桩和粉体喷射桩），采用式（2.2-2）进行计算：

$$R_a = u_p \sum_{i=1}^{n} q_{si} l_i + \alpha q_p A_p$$

在利用公式（2.2-1）、（2.2-2）计算时，式中的各符号含义因桩而异，需根据设计桩型在第 3～6 章中寻求答案。在这些章节中，对每种桩型都写出了单桩竖向承载力计算公式，并注明了符号含义。

2）按桩体强度确定单桩竖向承载力 R_a

按桩体强度确定单桩竖向承载力的计算公式为：

$$R'_a = \eta f_{cu} A_p \geqslant R_a$$

式中 R'_a ——按桩体强度计算的单桩竖向承载力特征值（kN），其计算值应小于或等于按式（2.2-1）和式（2.2-2）所计算的单桩竖向承载力特征值 R_a；

A_p ——单桩截面积（m^2）；

η ——桩身强度折减系数；

f_{cu} ——与设计桩身配比相同的室内加固土试块（70.7mm×70.7mm×70.7mm 立方体，也可采用边长为 50mm 的立方体），在标准养护条件下规定龄期的立方体抗压强度平均值（kPa）。

此公式在《建筑地基处理技术规范》JGJ 79—2002 中，只有喷浆型水泥土搅拌桩、喷粉型水泥土搅拌桩和高压喷射注浆桩有所规定，其余桩型均无计算规定。

8.3.2 桩体强度计算

复合地基桩桩体强度与所用加固料、掺入量、土质及加固土龄期等因素有关，设计中可依实际室内试验选用各种强度配方。在进行单桩设计时，应使桩身强度略大于地基承载力所需的桩身强度，这样就可以使桩身强度与承载力相协调，桩身强度能充分发挥作用。

1）桩体强度的设计值

桩体强度设计值的确定有两个途径：

（1）先行确定。如果有条件进行试验，应首先通过室内试验，根据不同的固化料掺入量，确定出桩体极限强度平均值 p_u，为复合地基桩设计提供依据。此时，桩体强度设计值按式（8.3-1）计算。

$$q=\frac{p_u}{2} \tag{8.3-1}$$

（2）后行确定。如果已根据上部荷载首先计算出了单桩竖向承载力值 R_a，则桩身的实际强度应按式（8.3-2）进行计算。

$$q=\frac{R_a}{A_p} \tag{8.3-2}$$

式中 q——桩体强度设计值（kPa）；

R_a——单桩竖向承载力值（kN）；

p_u——桩体材料试验抗压强度极限值（kPa）；

2——单桩承载力安全系数；

A_p——桩身截面积（m^2）。

2）桩体强度的试验值

如果先由式（8.3-1）求出了桩体截面的实际抗压强度设计值 p，则应选用不同配比的固化料掺入量进行室内试验，满足下式所需桩体材料的抗压强度试验值 p_u：

$$p_u=\frac{2R_a}{A_p} \tag{8.3-3}$$

式中 p_u——相当于桩体材料的无侧限抗压强度极限值（kPa）；

R_a——单桩竖向承载力计算值（kN）；

A_p——单桩截面积（m^2）；

2——单桩承载力安全系数。

8.4 复合地基计算方法

8.4.1 复合地基承载力计算

复合地基承载力特征值应在成桩后通过现场复合地基荷载试验检测决定，但在进行复合地基桩设计时，往往无条件进行试验，故必须按公式先计算出复合地基的承载力值。

复合地基承载力特征值的计算公式很多，本文推荐《建筑地基处理技术规范》JGJ 79—2002 中的公式来计算复合地基承载力的特征值。

从表 2.2-1 中可以看出，《建筑地基处理技术规范》JGJ 79—2002 对不同桩型共列出了三个复合地基承载力计算公式，具体如下：

1）土挤密桩和灰土挤密桩，按当地试验确定复合地基承载力。

2）柱锤冲扩桩，采用公式（2.2-4）进行复合地基承载力计算，即：

$$f_{spk}=[1+m(n_0-1)]f_{sk}$$

3）石灰桩、振冲桩、砂石桩等，采用公式（2.2-5）进行复合地基承载力计算，即：

$$f_{spk}=mf_{pk}+(1-m)f_{sk}$$

4）夯实水泥土桩、浆液喷射搅拌桩、粉体喷射搅拌桩、高压喷射注浆桩、水泥粉煤灰碎石桩等，采用公式（2.2-6）进行复合地基承载力计算，即：

$$f_{spk}=m\frac{R_a}{A_p}+\beta(1-m)f_{sk}$$

在利用公式（2.2-4）、式（2.2-5）及式（2.2-6）计算时，式中的各符号含义因桩而异，需根据设计桩型在第3～6章中寻求答案。在这些章节中，对每种桩型都写出了复合地基承载力计算公式，并注明了符号含义。

8.4.2 面积置换率和总桩数计算

面积置换率和总桩数是互为计算的参数，需在计算过程中反复调整而最后确定。通常可首先按照常规定出每根桩能够承担的处理面积，初步定出桩距，有了桩距可计算出一根桩实际承担的处理面积，再依据一根桩实际承担的处理面积和地基处理总面积初算出总桩数，有了总桩数则可计算出面积置换率。也可以先计算出面积置换率，再计算出总桩数。

1）总桩数 n_p 计算

总桩数可由桩位总布置图中查得，也可以按下式计算：

$$n_p=\frac{mA_z}{A_p} \tag{8.4-1}$$

式中 n_p——加固地基总桩数（根）；

A_z——建筑物实际基础底面积（m^2）；

A_p——单桩截面积（m^2）；

m——面积置换率。

按公式计算的总桩数应与桩位布置图中的总桩数基本一致，若计算量大于或小于图中数量较多，则需对桩距调整修改后重新绘制桩位布置图。

2）面积置换率 m 计算

桩的面积置换率又称桩土面积置换率，它是指桩的面积所占基础面积的比例，大多数在11%～20%范围，其计算方法有以下三种：

(1) 由复合地基承载力计算式（2.2-4）、式（2.2-5）及式（2.2-6）分别推导出来。

如以公式（2.2-4）进行推导得出：

$$m=\frac{f_{spk}-f_{sk}}{f_{sk}(n_0-1)} \tag{8.4-2}$$

如以公式（2.2-5）进行推导得出：

$$m=\frac{f_{spk}-f_{sk}}{f_{pk}-f_{sk}} \tag{8.4-3}$$

如以公式（2.2-6）进行推导得出：

$$m = \frac{f_{spk} - \beta f_{sk}}{\frac{R_a}{A_p} - \beta f_{sk}} \tag{8.4-4}$$

式中　m——桩土面积置换率；

f_{spk}——桩技术加固处理后的复合地基承载力设计值（kPa）；

f_{sk}——桩技术加固处理后的桩间土承载力设计值（kPa），当缺少实际资料时可按下述方法取值：①对较硬土质取原状土的天然承载力特征值 f_k，即 $f_{sk} = f_k$；②对较软土质取原状土的 1.05～1.20 倍天然承载力特征值 f_k，即 $f_{sk} = (1.05 \sim 1.20) f_k$；

f_{pk}——单桩桩体承载力(kPa)，$f_{pk} = \frac{R_a}{A_P}$；

R_a——单桩竖向承载力（kN）；

n_0——桩土应力分担比，通过试验获取；初步设计时应依不同桩型按《建筑地基处理技术规范》JGJ 79—2002 的规定；取值原则是原土强度低取大值，原土强度高取小值；

A_p——单桩截面积（m^2）；

β——桩间土承载力折减系数，根据不同桩型按《建筑地基处理技术规范》JGJ 79—2002 规定取值，通常，天然地基承载力值较高者取值大，较低者取值小。

（2）由总桩数计算式（8.4-1）推导得：

$$m = \frac{n_p A_p}{A_z} \tag{8.4-5}$$

（3）由计算式（8.4-5）推导得：

$$m = \frac{A_p}{A} \tag{8.4-6}$$

式中　A_p——单桩截面积（m^2）；

A——单桩承担的处理面积（m^2）。

置换率 m 的三个计算式具有相同的计算效力，应根据已知条件选用。当知道一根桩的承担处理面积时，用式（8.4-6）来计算 m；当知道总桩数和基底总面积时，采用式（8.4-5）计算 m；当知道复合地基承载力值时，则用式（8.4-2）～式（8.4-4）来计算 m 值。同时，利用式（8.4-2）～式（8.4-4）计算出的 m 值代入式（8.4-6）中，可以初定出一根桩的处理面积，进而确定出总桩数，此时总桩数 n_p 的计算公式为：

$$n_p = \frac{A_z}{A} \tag{8.4-7}$$

式中　n_p——复合地基总桩数（根）；

A_z——建筑物实际基础底面积（m^2）；

A——单桩承担处理面积（m^2）。

8.4.3　桩土应力分担计算

复合地基承载力满足要求后，还不等于复合地基完全满足需要，还必须进行桩体和桩间土应力分担的验算。桩和桩间土各自分担的应力都满足要求后，此时的复合地基承载力则完全达到了设计要求，否则应进行调整复算。

1）应力分担比

桩及桩间土应力分担比按下式计算：

$$n_0=\frac{f_{pk}}{f_{sk}}=\frac{p}{f_s} \tag{8.4-8}$$

式中 n_0——桩土应力分担比，取值见式（8.4-10）；

f_{pk}——桩体单位面积的承载力设计值（kPa）；

f_{sk}——桩间土单位面积的承载力设计值（kPa）；

p——桩体强度设计值（kPa）；

f_s——桩间土天然承载力特征值（kPa）。

2）应力系数

（1）应力集中系数：

$$\zeta=\frac{n_0}{1+(n_0-1)m}>1 \tag{8.4-9}$$

（2）应力减小系数：

$$\lambda=\frac{1}{1+(n_0-1)m}<1 \tag{8.4-10}$$

式中 ξ——应力集中系数；

λ——应力减小系数；

m——面积置换率；

n_0——桩土应力分担比。

若缺少进行计算的资料，也可选定 n_0 值，其取值范围为：柱锤冲扩桩 $n_0=2\sim4$；砂桩 $n_0=3\sim5$；碎石桩 $n_0=2\sim5$；石灰桩 $n_0=3\sim10$；水泥桩 $n_0=3\sim10$。在此种情况下，应经试验确定桩体强度使其符合应力分担要求。条件具备时，应尽可能在基础底面的桩和桩间土中埋设土压力盒，施工完成后测定其应力分担值，验证与设计是否符合。

3）应力分担计算

根据桩土应力分担比和应力系数，即可计算出桩土各自承担的应力值。

（1）桩体承担的应力：

$$p_c=\xi p<q \tag{8.4-11}$$

（2）桩间土承担的应力：

$$p_s=\lambda p<f_s \tag{8.4-12}$$

式中 p_c——桩体承担的应力；

p_s——桩间土承担的应力；

ξ——应力集中系数；

λ——应力减小系数；

p——建筑物基底压力，即要求的最小复合地基承载力值，由式（8.2-1）～式（8.2-4）计算；

q——桩体的计算强度，按式（8.3-1）或式（8.3-2）进行计算；

f_s——桩间土天然承载力特征值，由地质报告提供。

8.4.4 复合地基实际承载力计算

经过上述计算，基础总面积、总桩数、单桩承载力和桩体强度都已知道，则可利用下式计算复合地基的实际承载能力：

$$f_{zk}=\frac{n_pR_a+(A_z-n_pA_p)f_k}{A_z} \tag{8.4-13}$$

式中 f_{zk}——复合地基最终实际承载力值（kPa）；

f_k——桩间土天然承载力特征值（kPa）；

n_p——总桩数（根）；

R_a——单桩承载力（kN）；

A_z——基础总面积（m^2）；

A_p——单桩截面积（m^2）。

利用式（8.4-13）计算所得的 f_{zk} 值应大于要求的复合地基承载力值，且应与复合地基承载力计算式（2.2-4）～式（2.2-6）的计算值相接近。

从经济观点出发，实际的复合地基承载力 f_{zk} 不能过大，如果比要求的复合地基承载力大得太多，应调整桩距和桩数后，再用式（8.4-13）复算，直至满意。

8.5 天然地基承载力验算

在各类桩体加固地基设计中，一般需要进行建筑物基底、桩端持力层和软弱下卧层三种地基承载力验算。这三种地基承载力的验算方法各不相同，现分述如下。

8.5.1 建筑物基底地基承载力验算

根据建筑物上部结构的受力性质，可分别选用式（8.2-9）和式（8.2-10）进行基底承载力计算，如满足公式要求，即计算所得的地基承载力设计值大于基底压力，就不需要进行桩体处理；若地基承载力设计值小于基底压力，则说明必须用桩体进行加固处理。但通常情况下，凡决定采用桩体加固的地基土天然承载力值都很低，所以建筑物基底承载力计算仅作为复核桩体加固地基的必要性而用，通过计算就会知道天然土层承载力值距要求相差多大，应该采用什么桩型进行加固处理。

对于有经验的设计者，该项计算常常可以省略而不进行计算。同时，有的建筑物基底埋深很浅，底宽也小，地基承载力不需修正，土层的天然承载力就是计算所用的设计承载力，则更不必进行此项承载力验算。

8.5.2 桩端持力层地基承载力验算

前面已经叙述，桩体加固地基的原理是把桩和桩周土作为一个深埋实体基础对待的，因此持力层地基验算是将桩端以上的桩和桩间土当成一个实体，仍然利用类似（8.2-9）和式（8.2-10）的形式进行计算，若计算结果满足要求，即地基承载力设计值大于持力层压力，说明确定的桩长和桩距符合要求，桩的设计是成功的。反之，若地基承载力小于持力层压力，应调整桩长和桩距重复计算，以满足实际要求为止。所以说，持力层地基承载力验算是必不可少的。持力层承载力验算是指验算实体基础底面（即桩尖平面处）的地基承载力是否满足承载要求。现介绍三种计算方法供读者选用。

1）将桩及桩间土一起作为一个假想实体基础，认为荷载从最外一排桩的桩顶以 $\varphi_0/4$ 的扩散角四周方向向下传递（见图 8.5-1），并按下列公式进行计算：

（1）当中心荷载时

$$p_a=\frac{Q+V}{A_z}\leqslant f \quad (8.5\text{-}1)$$

（2）当偏心荷载时

$$p_{max}=\frac{Q+V}{A_z}+\frac{M_x}{W_x}+\frac{M_y}{W_y}\leqslant 1.2f \quad (8.5\text{-}2)$$

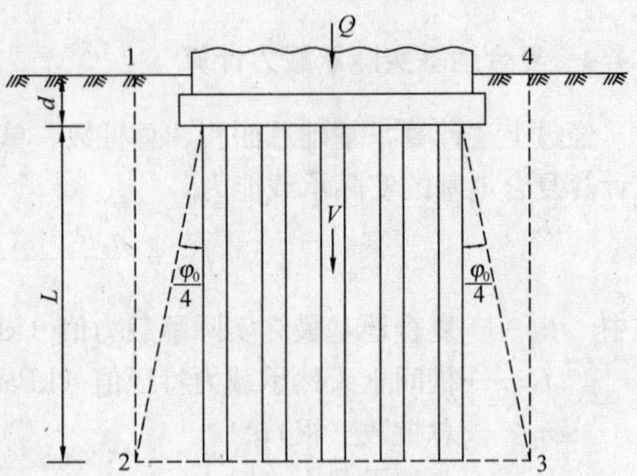

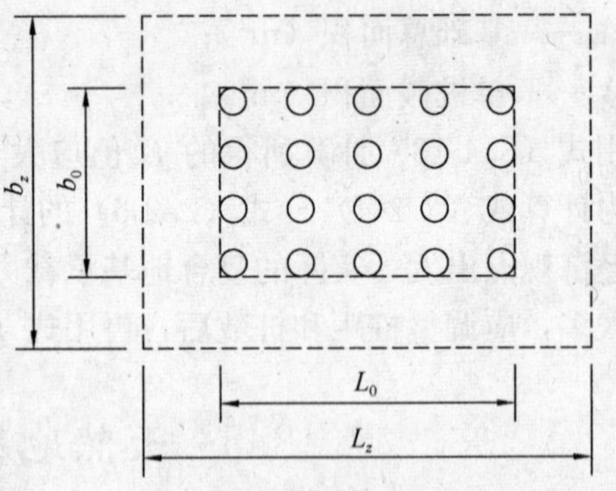

图 8.5-1　实体基础地基强度验算之一

式中　p_a——桩尖底面处平均压力（kPa）；

p_{max}——桩尖底面处边缘最大压力（kPa）；

Q——作用在建筑基础底面以上的总荷重（kN）；

V——实体基础自重，即图 8.5-1 中 1 2 3 4 范围内的土重和桩重之和（kN）；

f——桩尖平面处设计地基承载力（kPa），按式（8.2-11）计算；

M_x，M_y——上部荷载作用于实体基础底面（桩尖平面处）上，对实体基础主轴 X 和 Y 的力矩（kN·m）；

W_x，W_y——实体基础底面积 A_z 对实体基础主轴的截面抵抗矩（截面模量）（见表 8.2-1）；

A_z——实体基础底面积（m²），$A_z=l_z\times b_z$；

l_z——实体基础的总长度 $l_z=l_0+2\,l\tan\frac{\varphi_0}{4}$；

b_z——实体基础的总宽度 $b_z=b_0+2\,l\tan\frac{\varphi_0}{4}$；

l_0——桩群外围的长度（m）；

b_0——桩群外围的宽度（m）；

l——桩长（m）；

φ_0——桩长 l 深度内各土层内摩擦角的加权平均值，$\varphi_0=\frac{\Sigma\varphi_i h_i}{\Sigma h_i}$；

φ_i——第 i 层土的内摩擦角；

h_i——第 i 层土的厚度。

2）将桩与桩间土一起作为一个假想实体基础，考虑实体基础侧面摩擦阻力的支承作用（图 8.5-2），并按下列公式进行计算：

（1）当中心荷载时

$$p_a = \frac{(Q+V)-(\Sigma U q_{su}/K)}{A_z} \leqslant f \tag{8.5-3}$$

（2）当偏心荷载时

$$p_{max} = \frac{(Q+V)-(\Sigma U q_{su}/K)}{A_z} + \frac{M_x}{W_x} + \frac{M_y}{W_y} \leqslant 1.2f \tag{8.5-4}$$

式中 A_z——实体基础底面积，$A_z = l_0 \times b_0$；

l_0——桩群外围长度（m）；

b_0——桩群外围宽度（m）；

U——不同土层的实体基础侧表面积（m^2）；

q_{su}——不同土层的极限侧摩阻力（kPa），由地质报告提供；

K——安全系数，一般对刚性桩取 $K=2.5$，对半刚性桩及柔性桩取 $K=3$；

其他符号含义同前。

3）将桩及桩间土一起作为一个假想实体基础，考虑实体基础侧面摩阻力的支持和实体基础周边软土支持的共同作用（图 8.5-3），其计算公式如下：

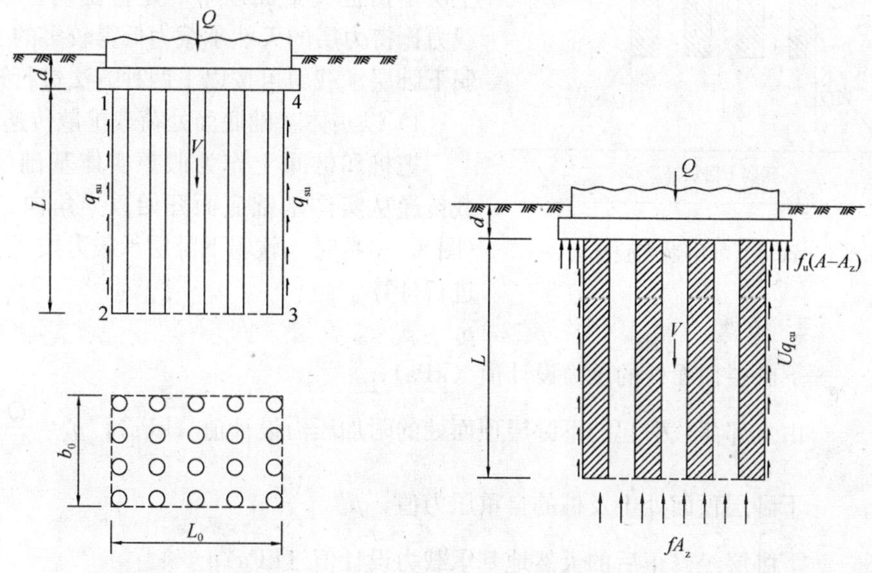

图8.5-2 实体基础地基强度验算之二　　图 8.5-3 实体基础地基强度验算之三

$$p_a = \frac{f_{spk}A + V - \Sigma U q_{cu} - (A - A_z) f_k}{A_z} \leqslant f \tag{8.5-5}$$

式中 f_{spk}——复合地基承载力设计值（kPa），根据桩型选用式（2.2-4）、式（2.2-5）或式（2.2-6）计算求得；当由这些公式求出的 f_{ck} 值过大时，应采用实际要求的复合地基承载力值；

A——加固地基面积（建筑物基底面积）（m^2）；

A_z——实体基础总面积（m^2），按图 8.5-3 确定；

V——实体基础自重（kN）；

U——实体基础侧表面积（m^2）；

q_{cu}——实体基础侧表面的摩阻力特征值（kPa），由试验确定或地质报告提供；当无试验时，可参照其他工程资料选用，桩侧土的摩阻力 q_{cu} 与土的性质、坚硬程度及桩体强度有关，一般软土地基的侧阻力为 5～20kPa，如果土质较硬，桩体抗压强度大于 800kPa 时，桩侧土的摩阻力可达 80kPa 以上；

f_k——实体基础顶部边缘土层（即基础底面处的土层）的天然承载力特征值；

f——桩端持力层土的承载力设计值，按式（8.2-11）计算。

在上述桩底持力层承载力验算的公式中，实际复合地基设计中多采用式（8.5-5）来计算，因为它的直观性强，计算较为简单。

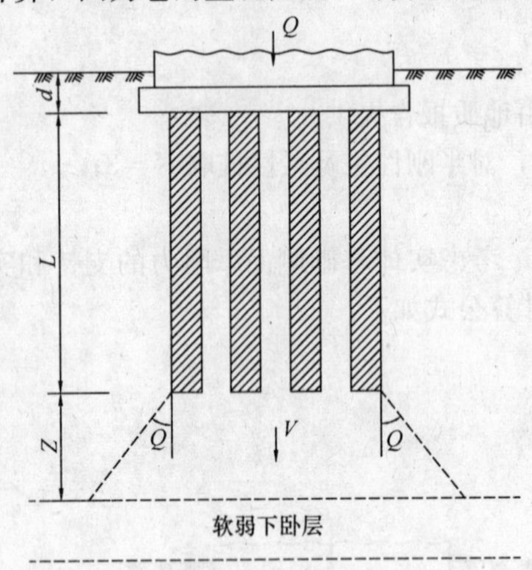

图 8.5-4 软弱下卧层强度验算之一

8.5.3 软弱下卧层承载力验算

如果桩端持力层以下还存在着软弱土层，则应对此软弱土层进行承载力验算，其计算值应小于该土层承载力设计值，否则应重新进行复合桩设计，直至满足要求。这里所说的软弱土层是指桩尖平面以下一定范围内，其天然承载力比持力层的天然承载力低得较多的土层。软弱下卧层承载力可按以下两种方法进行计算：

1）以实体基础底面处荷载扩散传递

把桩和桩间土作为假想实体基础，认为荷载传递从实体基础底面开始以 θ 角向四周扩散（图 8.5-4）时，软弱下卧层承载力按式（8.5-6）进行计算。

$$p_w = p_z + p_{cz} \leqslant f \tag{8.5-6}$$

式中 p_w——下卧层顶面处的压力设计值（kPa）；

p_z——由上部荷载引起的下卧层顶面处的附加压力设计值（kPa），$p_z=\dfrac{Q}{A_w}$；

p_{cz}——下卧层顶面处土及桩的自重压力值，$p_{cz}=\dfrac{V_w}{A_w}$；

f——下卧层经修正后的天然地基承载力设计值（kPa）；

Q——建筑物上部荷载总设计值（kN）；

V_w——下卧层顶面以上总的土重及桩重设计值（kN）；

A_w——下卧层顶面处的受力面积，$A_w=l_w\times b_w=(L+2Z\tan\theta)\times(B+2Z\tan\theta)$；$l_w$ 和 b_w 分别为下卧层顶面受力面积的长度和宽度；L 和 B 分别为实体基础底面的长度和宽度；Z 为下卧层顶至实体基础底的高度；θ 为压力扩散角。

对于条形基础和矩形基础，式（8.5-6）中的 p_z 值可按下列公式简化计算：

（1）当条形基础时：

$$p_z = \frac{B(p_n - p_t)}{B + 2Z\tan\theta} \tag{8.5-7}$$

（2）当矩形基础时：

$$p_z = \frac{LB(p_n - p_t)}{(B + 2Z\tan\theta)(L + 2Z\tan\theta)} \tag{8.5-8}$$

式中 B——矩形基础或条形基础底边的宽度（m）；

L——矩形基础底边的长度（m）；

p_n——上部荷载产生的基础底面处压力设计值（kPa）；

p_t——实体基础底面处土的自重压力值（kPa）；

Z——下卧层顶至实体基础底的竖直距离（m）；

θ——地基压力扩散角，与土的压缩模量和下卧层埋深有关，根据《建筑地基基础设计规范》GB 50007—2002 规定，按表 8.5-1 取值。

地基压力扩散角 θ 值 **表 8.5-1**

E_{s1}/E_{s2}	Z/B	
	0.25	0.50
3	6°	23°
5	10°	25°
8	20°	30°

注：1 E_{s1} 和 E_{s2} 分别为上层土和下卧层土的压缩模量；

2 $Z/B<0.25$ 时取 $\theta=0$，必要时宜由试验确定；$Z/B>0.50$ 时 θ 值不变。

2）以实体基础顶面（建筑物基础底面）处荷载扩散传递

这种方法是以建筑物的实际基础底面作为荷载扩散传递面（图 8.5-5），即以荷载从最外一排桩的顶部以 $\varphi_0/4$ 的扩散角向下四周传递的理论为依据，进行软弱下卧层的承载力计算，其计算方法仍然是公式（8.5-6），但下卧层顶面处的受力面积为：

$$A_w = l_w \times b_w = \left(L + 2Z_w \tan\frac{\varphi_0}{4}\right) \times \left(B + 2Z_w \tan\frac{\varphi_0}{4}\right)$$

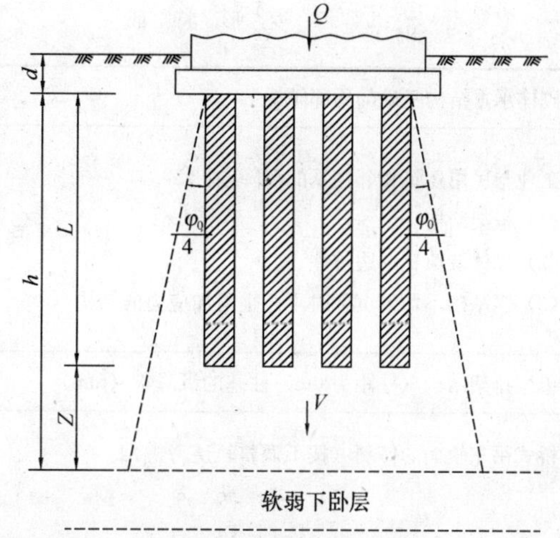

图 8.5-5 软弱下卧层强度验算之二

式中 l_w 和 b_w 分别为下卧层顶面受力面积的长度和宽度；L 和 B 分别为实体基础顶面的长度和宽度；Z_w 为下卧层顶至实体基础顶（建筑物基底）的竖直距离；$\varphi_0/4$ 为压力扩散角；φ_0 为下卧层顶至实体基础顶 Z_w 深度内各土层内摩擦角的加权平均值（见式 8.5-1 解释）。

此时，对于条形基础和矩形基础，式（8.5-6）中的 p_z 值可按下列公式简化计算：

（1）当条形基础时：

$$p_z = \frac{B(p_n - p_t)}{B + 2Z_w \tan\frac{\varphi_0}{4}} \tag{8.5-9}$$

（2）当矩形基础时：

$$p_z = \frac{LB(p_n - p_t)}{\left(B + 2Z_w \tan\frac{\varphi_0}{4}\right)\left(L + 2Z_w \tan\frac{\varphi_0}{4}\right)} \tag{8.5-10}$$

上述两种软弱下卧层的承载力计算方法，其区别仅在于下卧层顶面受力面积 A_w 不同。也就是说，这两种计算方法的区别只是软弱下卧层顶面受力面积 A_w 的确定方法不同，其他完全一样。但是，这两种计算方法之间没有必然的联系，两者计算结果可能会相差较大，读者可以依据具体情况选择任一个公式，对于重要工程，宜按两种方法计算承载力，并取其较小值。

8.6 地基总沉降量的计算

8.6.1 建筑物变形的基本概念

建筑物的地基变形可分为沉降量、沉降差、倾斜、局部倾斜。

建筑物的地基变形计算值，不应大于地基变形允许值，其地基变形允许值按表 8.6-1 的规定采用，否则建筑物将会遭到不同程度的损坏。表 8.6-1 中未包括的其他类型建筑物的地基变形允许值，可依上部结构对地基变形的适应能力和使用上的要求确定。

建筑物的地基实际最终变形允许值 **表 8.6-1**

变 形 特 征	地基土类别	
	中、低压缩性土	高压缩性土
砌体承重结构基础的局部倾斜	0.002	0.003
工业与民用建筑相邻柱基的沉降差：		
（1）框架结构	$0.002S$	$0.003S$
（2）砌体墙填充的边排柱	$0.0007S$	$0.001S$
（3）当基础不均匀沉降时不产生附加应力的结构	$0.005S$	$0.005S$
单层排架结构（柱距为 6m）柱基的沉降量（mm）	（120）	200
桥式吊车轨面的倾斜（按不调整轨道考虑）：		
纵 向	0.004	0.004
横 向	0.003	0.003
多层和高层建筑的整体倾斜	$H \leqslant 24$	0.004
	$24 < H \leqslant 60$	0.003
	$60 < H \leqslant 100$	0.0025
	$H > 100$	0.002
高耸结构基础的倾斜	$H \leqslant 20$	0.008
	$20 < H \leqslant 50$	0.006
	$50 < H \leqslant 100$	0.005
	$100 < H \leqslant 150$	0.004
	$150 < H \leqslant 200$	0.003
	$200 < H \leqslant 250$	0.002

续表

变 形 特 征		地基土类别	
		中、低压缩性土	高压缩性土
高耸结构基础的沉降量（mm）	$H \leqslant 100$	400	
	$100 < H \leqslant 200$	300	
	$200 < H \leqslant 250$	200	
体型简单的高层建筑基础的平均沉降量（mm）		200	

注：1 有括号中仅适用于中压缩性土；
2 S 为相邻柱基的中心距离（mm）；H 为自室外地面起算的建筑物高度（m）；
3 倾斜指基础倾斜方向两端点的沉降差与其距离的比值；
4 局部倾斜指砌体承重结构沿纵向 6～10m 内基础两点的沉降差与其距离的比值。

根据《建筑地基基础设计规范》GB 50007—2002 的规定，在考虑地基变形时，应注意下列两点：

1）由于建筑地基不均匀、荷载差异很大、体型复杂等因素引起的地基变形，对于砌体承重结构，应由局部倾斜值控制；对框架结构和单层排架结构，应由相邻柱基的沉降差控制；对多层或高层建筑和高耸结构，应由倾斜值控制；必要时尚应控制平均沉降量。

2）在必要情况下，需要分别预估建筑物在施工期间和使用期间的地基变形值，以便预留建筑物有关部分之间的净空，选择连接方法和施工顺序。一般多层建筑物在施工期间完成的沉降量，对于砂土可认为其最终沉降量已完成 80％以上，对于其他低压缩性土可认为已完成最终沉降量的 50％～80％，对于中压缩性土可认为已完成 20％～50％，对于高压缩性土可认为已完成 5％～20％。

桩类加固地基的建筑物同样存在地基变形问题，同时凡是各类桩加固的地基，土质都比较松软，承载力低，压缩性较大，故应进行地基变形的控制。通常需要在建筑物周边设置沉降观测点，在施工过程中和投入使用前几年，对建筑物变形进行监控。

在进行桩类加固地基设计时，一般应进行总沉降量计算。因建筑物的类别、形式、地基情况、承载方式等是多种多样的，所以其允许沉降量值的准确确定有一定难度，按表 8.6-1 所得到的建筑物允许沉降量值只是从宏观上的考虑。因而进行地基总沉降量计算，不单单是验算是否满足允许沉降量的规定，更主要的是根据计算出的总沉降量认真分析判断对建筑物的影响程度，以便在进行建筑物结构设计时加以考虑，妥善对待。

用各类桩加固的地基不同于浅基础，它是把桩群及其未加固的桩间土作为一个实体基础来考虑的，所以建筑物的天然地基不是建筑物基础底面土层，而是桩端下的土层。这样，根据建筑物沉降的基本原理，其总沉降量包括实体基础本身的沉降和实体基础下土层的沉降两部分，所以总沉降量的计算，就是要计算出这两部分沉降量的总和。

8.6.2 地基总沉降量的计算方法

地基的沉降量是由于地基的压缩变形产生的。地基变形的计算方法很多，对于桩体加固的复合地基来说，笔者认为应该以《建筑地基处理技术规范》JGJ 79—2002 中推荐的地基变形的计算方法为准。该规范明确规定，桩类复合地基的变形包括桩群体的压缩变形和桩端下未处理土层的压缩变形两部分（图 8.6-1），即：

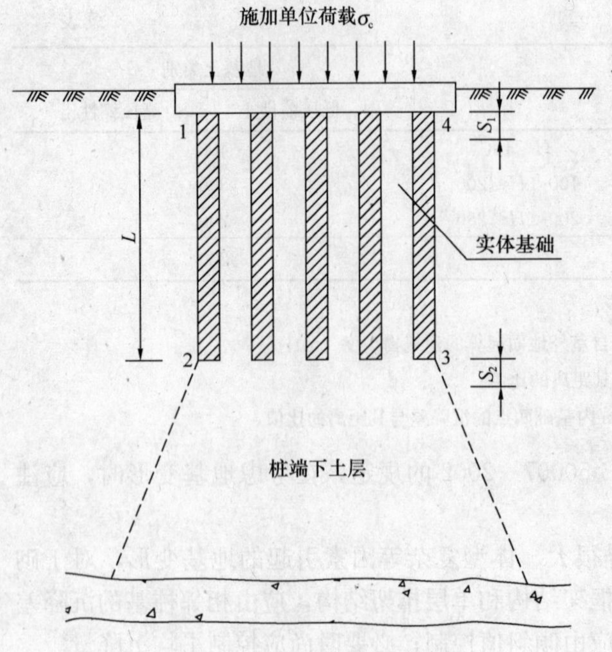

图 8.6-1 实体基础沉降示意

$$s = s_1 + s_2 \quad (8.6\text{-}1)$$

式中 s——基础的总沉降量。

s_1——实体基础的沉降量（即实体基础的压缩变形值），在第2章式（2.2-14）中介绍了三种 s_1 的计算方法，可供选用，但这些方法都是理论性的，使用上不够方便。为了简化计算工作，也可根据上部荷载、桩长和桩身强度等采用式（8.6-2）进行计算，该公式就是第4章中的式（4.1-4）。

s_2——桩端下未处理土层的沉降量（即桩端下未处理土层的压缩变形值），可按式（8.6-8）进行计算，该公式就是第2章中的式（2.2-19）。

在实际计算中，如果桩体穿透了压缩层，桩尖落在了相对的硬土层，则复合地基下沉就只有 s_1，而没有 s_2，这种情况下，$s=s_1$。

1）桩群体（加固土层）压缩变形 s_1 计算

桩群及桩间土构成桩群实体土层，它是建筑物的假想实体基础。复合地基的加固体下沉量（mm）s_1，有条件时可用荷载试验的变形模量替代；也可参考《建筑地基处理技术规范》JGJ 79—2002 给出的水泥土搅拌桩计算式进行估算，即：

$$s_1 = \frac{(p_z + p_{z1})L}{2E_{cp}} \quad (8.6\text{-}2)$$

式中 s_1——复合地基的加固实体下沉量（mm）；

p_z——复合土层顶面的附加应力（kPa），按式（8.6-4）计算；

p_{z1}——复合土层底面的附加应力（kPa），按式（8.6-5）计算；

E_{cp}——复合土层的压缩模量（MPa），试验获得，或按式（8.6-6）和式（8.6-7）计算；

L——有效桩长（m）。

在利用式（8.6-2）计算实体基础的压缩变形 s_1 时，采用的施加压力是复合土层顶面和底面压力的附加应力平均值，即 $\frac{p_z + p_{z1}}{2}$。为了使计算更简单，对于很浅的复合土层，也可采用实体基础顶面的平均压力 p 代替 $\frac{p_z + p_{z1}}{2}$，这样，式（8.6-2）可变换为另一种表示形式，即：

$$s_1 = \frac{(p_z + p_{z1})L}{2E_{cp}} = \frac{pL}{E_{cp}} \quad (8.6\text{-}3)$$

式中 p——实体基础顶面平均压力，即前面计算的建筑物基底压力。

其他符号同前。

（1）实体基础顶面处的附加应力为：

$$p_z = \frac{f_{ck}A - f_u(A - A_z)}{A_z} \tag{8.6-4}$$

式中 f_{ck}——要求的复合地基承载力（不小于基底压力）(kPa)；

f_u——桩顶处土层天然承载力特征值（kPa)；

A——基础底面积（m^2）；

A_z——实体基础面积（最外桩范围以内的面积）（m^2）。

（2）实体基础底面处的附加应力为：

$$p_{oz} = p_a - \gamma_{ps}L \tag{8.6-5}$$

式中 p_a——实体基础底面压力，由式（8.5-6）计算；

γ_{ps}——实体基础（桩和桩间土）的平均重度（kN/m^3）；

L——有效桩长（m）。

（3）实体基础压缩模量为：

$$E_{cp} = E_p\frac{n_pA_p}{A} + E_c\frac{A - n_pA_p}{A} \tag{8.6-6}$$

灰土置换率 $m=\frac{n_pA_p}{A}$ 得到 $A=\frac{n_pA_p}{m}$。

将 A 值代入式（8.6-6）中可得：

$$E_{cp} = mE_p + (1-m)E_c \tag{8.6-7}$$

式中 E_p——桩体材料的压缩模量（MPa)，根据试验由式（8.3-1）或式（8.3-2）求得，对于水泥土搅拌桩，规范规定 E_p 可取（100～120）q_{uc}，q_{uc} 为桩体材料的无侧限抗压强度设计值；

E_c——桩间土的压缩模量（MPa)，由地质报告提供；

m——灰土置换率；

A_p——单桩截面积（m^2）；

n_p——总桩数（根）；

A——建筑物基底面积（m^2）。

2）实体基础底面未加固土层压缩变形 s_2 计算

桩及桩间土形成了建筑物的假想实体基础，它直接作用在桩端下的土层上，该土层在施工前受土的自重压力，这种压力所产生的变形过程早已完成，故可保持自身稳定。但施工后，除土的自重压力外，由于上部荷载作用而产生了新的附加压力，这种附加压力引起土层新的变形，导致基础沉降。由于作用在土层上的附加压力随着深度的增加而减小，则土的压缩性随着深度的增加而降低。通常只考虑基础以下一定深度范围内的压缩量对建筑物所产生的危害，在这个深度以下土层的压缩量小到可以忽略不计，这个深度以内的土层称为压缩层。故基底以下土层压缩变形的计算就是该压缩层的压缩量（或称沉降量）的计算。

如果我们把实体基础当做一般形式的建筑物基础来看待，那么实体基础以下土层

的压缩变形 s_2 的计算方法应依据结构形式和上部荷载类别按国家标准《建筑地基基础设计规范》GB 50007—2002 的有关规定选用计算方法。这里仅列出分层总和法计算地基压缩变形的公式，可适用于一般房层和构筑物的变形计算。分层总和法的基本含义是建筑物基础的最终总沉降量等于基底以下压缩层范围内各土层压缩量的总和，其表达方式为：

$$s_2 = \psi_s s' = \psi_s \sum_{i=1}^{n} \Delta s_i = \psi_s \sum_{i=1}^{n} \frac{p_0}{E_{si}}(z_i \bar{\alpha}_i - z_{i-1} \bar{\alpha}_{i-1}) \tag{8.6-8}$$

式中 ψ_s——沉降计算经验系数，根据地区沉降观测资料及经验确定，无地区经验资料时按表 8.6-2 规定采用；

s'——按分层总和法计算出的地基沉降量；

Δs_i——压缩层内某一土层的计算沉降量（或称计算压缩量），显然有：

$$\Delta s_i = \frac{p_0}{E_{si}}(z_i \bar{\alpha}_i - z_{i-1} \bar{\alpha}_{i-1}) \tag{8.6-9}$$

p_0——对应于荷载效应准永久组合时的基础底面处的附加应力（kPa），由于基底中心处的附加应力一般最大，所以常取基底中心处的 p_0 值；

E_{si}——实体基础底面以下第 i 层土的压缩模量（MPa），应取土的自重压力至土的自重压力与附加压力之和的压力段计算，压缩模量一般由地质试验报告提供；

z_i 、z_{i-1}——实体基础底面至第 i 层土、$i-1$ 层土底面的距离（m）；

$\bar{\alpha}_i$ 、$\bar{\alpha}_{i-1}$——实体基础底面计算点至第 i 层土、$i-1$ 层土底面范围内平均附加应力系数，按附录 B 查得；

n—实体基础底面以下土层沉降计算深度范围内划分的土层数（图 8.6-2）。

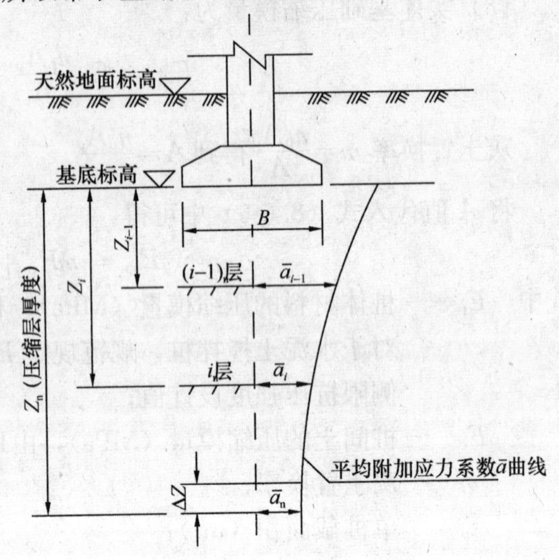

图 8.6-2 基础沉降计算土层划分示意

沉降计算经验系数 ψ_s **表 8.6-2**

实体基础底面附加压力（kPa）	压缩模量的当量值$\bar{E}_s$（MPa）				
	2.5	4.0	7.0	15.0	20.0
$p_{oz} \geqslant f_k$	1.4	1.3	1.0	0.4	0.2
$p_{oz} \leqslant 0.75 f_k$	1.1	1.0	0.7	0.4	0.2

注：表中 p_{oz}为实体基础底面处平均附加压力；f_k 为实体基础底面地基承载力特征值；$\bar{E}_s$ 为变形计算深度范围内压缩模量的当量值。

在利用式（8.6-8）计算最终沉降量 s_2 时，必须按式（8.6-10）计算出压缩模量的当量值 $\bar{E}_s$，才能从表 8.6-2 中查出系数 ψ_s，然后再进行计算，即：

$$\overline{E}_s = \frac{\Sigma A_i}{\Sigma \dfrac{A_i}{E_{si}}} \tag{8.6-10}$$

式中 E_{si}——实体基础底面下第 i 层土的压缩模量（MPa）；

A_i——第 i 层土的附加应力系数沿土层厚度的积分值，即第 i 层土的附加应力分布面积。

为便于对式（8.6-10）的理解，现将该式变成如下的形式：

$$\overline{E}_s = \frac{\Sigma A_i}{\Sigma \dfrac{A_i}{E_{si}}} = \frac{A_1 + A_2 + A_3 + \cdots\cdots A_n}{\dfrac{A_1}{E_{si}} + \dfrac{A_2}{E_{s2}} + \dfrac{A_3}{E_{s3}} + \cdots\cdots \dfrac{A_n}{E_{sn}}} \tag{8.6-11}$$

根据式（8.6-11）可知，沉降范围内各土层压缩模量的当量值等于各土层压缩模量的附加应力面积（或称应力分布面积）的加权平均值。当然，如果只有一层土，压缩模量的当量值就是该层土的压缩模量值。

由于基础以下土的附加应力沿深度的分布是非线性的，其附加应力分布是曲线形的，各土层的应力分布面积直接受到此曲线的制约，故压缩模量的当量值 $\overline{E}_s$ 用土层厚度的加权平均值来代替，计算误差就太大。所以，规范推荐用应力分布面积的加权平均值来计算当量值 $\overline{E}_s$。面积加权平均计算方法虽然直观性差，比厚度加权平均计算要麻烦一些，但采用面积的加权平均值得出的压缩模量值作为压缩模量的当量值，能充分体现各土层的压缩模量 E_s 值在整个沉降计算中的作用，使在沉降计算中 E_s 完全等效于分层的 E_s，以其提高计算的精确度。

在按式（8.6-11）计算 $\overline{E}_s$ 值时，需要知道各土层的压缩模量 E_{si} 和应力分布面积 A_i；E_{si} 一般是已知的，而 A_i 是附加应力沿土层厚度的积分值，其简化计算式推导如下：

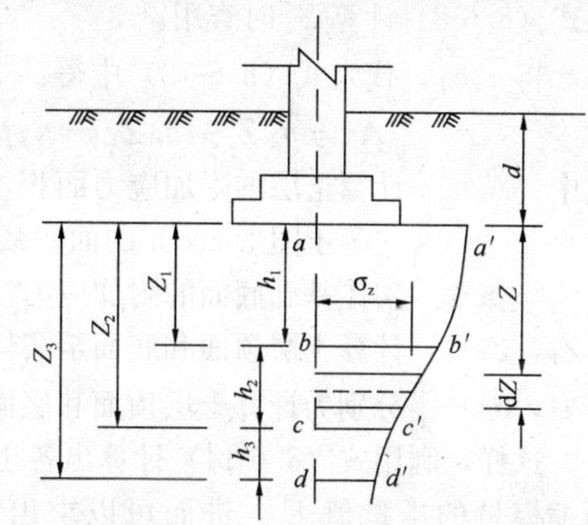

图 8.6-3 附加应力图计算

在图 8.6-3 中，基础以下有三层土，土层厚度分别为 h_1，h_2，h_3，它们的底面距基础底面的深度分别为 Z_1，Z_2，Z_3，现试求第二层土的压力图形面积 A_i。在该土层中取出任意单元 dZ，该处的附加应力为 σ_z，那么以 Z_1 和 Z_2 作为积分的下限和上限，可得出该土层的附加应力面积 A_i 为：

$$\begin{aligned} A_i &= \int_{z_1}^{z_2} \sigma_z \mathrm{d}Z = \sigma_z \int_{z_1}^{z_2} \mathrm{d}Z \\ &= \sigma_z [Z_i]_{z_1}^{z_2} = \sigma_z [Z_2 - Z_1] = \sigma_z Z_i \end{aligned} \tag{8.6-12}$$

式中 A_i——计算土层的附加应力系数积分值，相当于该土层的压力图形面积；

σ_z——计算土层的附加应力，相当于计算十层厚度中心处的平均附加应力值，

Z_i——计算土层的厚度，$Z_i = Z_2 - Z_1 = h_2$。

由于建筑物基底的附加应力 p_c，一般都为已知，从建筑物基底到各土层的附加应力值都与基础底面的附加应力有关，为避免计算各土层的附加应力带来的麻烦，可把计算土层的附加应力面积的公式变为与基底附加应力有关的关系式。设：

$$A_i = \sigma_z Z_i = A_{i2} - A_{i1} = \bar{\sigma}_{z2} Z_2 - \bar{\sigma}_{z1} Z_1 \tag{8.6-13}$$

式中 A_{i1}——计算土层顶面至基底之间的压力图形面积，在图 8.6-3 中为 abb′a′所包围的面积，

$$A_{i1} = \int_0^{Z_1} \sigma_{z1} \mathrm{d}Z_{i1} = \bar{\sigma}_{z1} Z_1;$$

A_{i2}——计算土层底面至基底之间的压力图形面积，在图 8.6-3 中为 acc′a′所包围的面积，

$$A_{i2} = \int_0^{Z_2} \sigma_{z2} \mathrm{d}Z_{i2} = \bar{\sigma}_{z2} Z_2;$$

$\bar{\sigma}_{z1}$——计算土层顶面至基础底面的附加应力平均值；

$\bar{\sigma}_{z2}$——计算土层底面至基础底面的附加应力平均值；

Z_1——计算土层顶面至基底的距离；

Z_2——计算土层底面至基底的距离。

令 $$\bar{\alpha}_{i1} = \frac{\bar{\sigma}_{z1}}{p_e} = \frac{\dfrac{\int_0^{Z_1} \sigma_{z1} \mathrm{d}Z_{i1}}{Z_1}}{p_e} \qquad \bar{\alpha}_{i2} = \frac{\bar{\sigma}_{z2}}{p_e} = \frac{\dfrac{\int_0^{Z_2} \sigma_{z2} \mathrm{d}Z_{i2}}{Z_2}}{p_e}$$

$\bar{\alpha}_{i1}$ 和 $\bar{\alpha}_{i2}$ 称为附加应力系数，附录 B 中的各平均附加应力系数即是依此式进行编制的，供式（8.6-8）计算 S_2 时查用。

将 $\bar{\alpha}_{i1}\bar{\alpha}_{i2}$，代入式（8.6-13）中得：

$$A_i = \bar{\sigma}_{z2} Z_2 - \sigma_{z1} Z_1 = \bar{\alpha}_{i2} p_e Z_2 - \bar{\alpha}_{i1} p_e Z_1 = p_e(\bar{\alpha}_{i2} Z_2 - \alpha_{i1} Z_1) \tag{8.6-14}$$

式中 A_i——计算土层的附加应力面积，本例为图 8.6-3 中的第二层土的附加应力面积，它等于图形 acc′a′的面积减去 abb′d′的面积；

p_e——实体基础底面的附加应力；

Z_1，Z_2——计算土层顶面和底面至实体基底的距离，见图 8.6-3；

$\bar{\alpha}_{i1}$，$\bar{\alpha}_{i2}$——分别为计算土层顶面和底面处的附加应力系数的平均值，可由附录 B 查得。

这样，利用式（8.6-14）计算出各土层的应力分布面积后，即可依式（8.6-11）求出压缩模量的当量值 $\bar{E}_s$，进而可以求出压缩土层的沉降量。需要指出的是，我们在式（8.6-12）～（8.6-14）所说的基础均指实体基础，而基础底面附加应力 p_e 亦均指实体基础底面附加应力 p_{oz}。这里只是引用普通建筑物基础以下土层的沉降计算方法作示例，读者在实际应用时务必注意。

8.6.3 压缩土层厚度的计算

土的附加应力随着土层埋深的增加而减小。一般情况下，土的压缩性随着深度的增加而降低。因而，在基础底面以下一定深度范围内的土层的压缩量是不可忽视的，而在这个深度以下的土层的压缩量则可以忽略不计，这个深度以内的土层称为压缩层厚度（或称沉降计算深度、地基变形计算深度）。

沉降量与沉降计算深度 Z_n（即压缩层厚度）有直接关系，通常都采用试算法来确定压缩层厚度。一般可取附加应力与自重应力的比值为 0.2（软土时取 0.1）处作为压缩层的底部界限进行计算，计算结果满足式（8.6-15）时的某计算深度 Z_n 就是压缩层的厚度；

当不满足要求时，应继续取 Z_n 进行试算，直至符合式（8.6-15）的要求为止。

$$\Delta s_n \leqslant 0.025 \sum_{i=1}^{n} \Delta s_i \tag{8.6-15}$$

式中 Δs_i——在计算深度范围内第 i 层土的计算沉降值（或称计算变形值）；

Δs_n——在由计算深度底向上取厚度为 ΔZ 的土层计算沉降值，ΔZ 见图 8.6-2 并由表 8.6-3 确定。表 8.6-3 中的 ΔZ 值是按 0.3（1+ln$B$）m 的向上取值方法进行计算得出的。

ΔZ 值 **表 8.6-3**

基础宽度 B（m）	$B\leqslant2$	$2<B\leqslant4$	$4<B\leqslant8$	$8<B$
ΔZ 值（m）	0.3	0.6	0.8	1.0

附加应力与自重应力的比值为 0.2 的确定方法，详见第 10 章复合地基计算实例相关部分。当确定的压缩层下部仍有软弱土层时，应继续向下计算，直到满足式（8.6-15）。

当无相邻荷载影响，基础宽度 B 在 1～30m 范围内时，基础中点的地基沉降深度也可按下列简化公式计算：

$$Z_n = B(2.5 - 0.4\ln B) \tag{8.6-16}$$

当压缩层范围内存在基岩时，Z_n 可取至基岩顶面；当存在较厚的坚硬黏性土层，其孔隙比小于 0.5，压缩模量大于 50MPa，或存在较厚的密实碎石层、砾石层、卵石层等，其压缩模量大于 80MPa 时，其 Z_n 取值至该土层的顶部为止。

8.7 有关计算的几点说明

1）本章系统全面地叙述了桩体加固地基的设计和计算方法，主要目的是让读者掌握计算的全过程，方便广大读者应用。在进行工程实际设计中，并不一定非要按本章的计算内容全部进行计算，而应依据工程实际情况确定计算内容，以满足工程要求为准。譬如，实体基础以下不存在软弱夹层时，则无须进行下卧层承载力验算；对于一些小规模的工程或者对沉降要求不很高的工程（如一般公路路基），也不必进行最终沉降量计算等。

2）本计算方法仅是以整体基础作为计算对象进行探讨的，实际上应该依工程的具体情况来确定计算单元。当基础面积较小、上部荷载简单时，可取整块基础作计算单元；当基础面积范围大且荷载在基础范围内的分布不均匀或基础形状不规则时，应将基础按基础形式和上部荷载分成若干个计算单元进行计算；当是受力均匀的条带状基础时，可取 1m 长的基础板条作计算单元；当是多种类型的基础时，则应分别采用不同类型的基础作计算单元。

3）本章大体是以计算程序的先后来介绍其计算方法的，但这并不是绝对的，因为有些计算互相制约，常常进行试算，符合要求后才为计算完成，很难说哪个应先计算，哪个应后计算。如单桩承载力与桩身强度的计算、地基承载力与桩群抗剪承载力的计算、桩长与桩的竖直承载力的计算、单桩承载面积和桩土应力分担比的计算等，都存在一个试算过程，都不能把它们的计算先后绝对化。因此，读者完全可以根据工程实际情况确定自己的计算程序。

4）如果要使桩技术加固处理地基设计达到安全、经济、合理，可靠的基础资料十分重要，不但要有地质勘探资料，而且还须有必要的试验资料。勘探资料为设计提供天然地基土的有关参数，试验为设计提供固化剂掺入量、桩体土的无侧限抗压强度和抗剪强度指标等参数。有些桩技术加固处理地基设计，往往只有地质资料而缺少试验资料，这样，使得设计人员在进行复合地基设计时，会采用一些不很准确的基础资料，严重影响计算精度。因此，进行复合地基设计时，建设单位应提供相应的室内试验资料。那种认为试验无关紧要、可有可无的想法是不对的；认为试验要耽误时间、浪费资金则更是本末倒置。

5）复合地基类型很多，设计前一定要进行方案比较，确定最佳的加固处理方法，正确选定采用的桩型，以使设计达到经济、安全、合理的目的。

9 基坑开挖边坡支护设计

复合地基与基坑支护是设计领域中的两个独立概念，但为了使广大读者能够充分理解、认识复合地基桩的作用，我们特意增编了“基坑开挖边坡支护设计”一章。本章出发点，并不是介绍通常所说的那些基坑支护方法，而是重点介绍复合地基桩的岸坡支护功能。当然，岸坡支护方案是多种多样的，随着工程规模越来越大，开挖基坑越来越深，一种支护手段往往解决不了问题，很多情况下，常常需要采取多种方法进行综合支护，因此，也会谈到复合地基桩以外的其他岸坡支护方法。

9.1 复合地基桩的抗侧压力作用

从理论上讲，所有复合地基桩都具有抗水平侧压力作用，其中一些复合地基桩的抗侧压力作用比较小，效果不够理想，利用价值不大。因此，目前国内常用来抵抗侧向水平压力的复合地基桩只有水泥土浆液喷射搅拌桩、水泥土粉体喷射搅拌桩、高压喷射注浆桩、水泥粉煤灰碎石桩、小直径灌注混凝土桩、管芯高压注浆混凝土桩等几种。因此可以看出，用来抗水平侧压力的复合地基桩大体分两类，一类是混凝土结构，另一类是水泥土结构。混凝土结构类桩体有较高的强度，而且配有钢筋，具有较高的抗弯作用，可以抵抗较大的水平侧压力；而水泥土类结构桩，虽然桩身强度比较低，但桩身土十分致密，不但有较好的防渗作用，而且有一定的抗弯强度，可承受一定的水平力。

混凝土结构类桩，在基坑支护中常用作立柱，并与水泥土墙、土钉挂网、锚杆等结构形成联合支护体，如图 9.1-1、图 9.1-2 所示。水泥土类结构桩，除与混凝土结构类桩组成联合支护体外，还可以互相搭接形成一定厚度的实体式、格状式、箱式、台阶式等重力式挡土墙，在有地下水情况下，还兼作防渗墙，如图 9.1-3、图 9.1-4、图 9.1-5 所示。

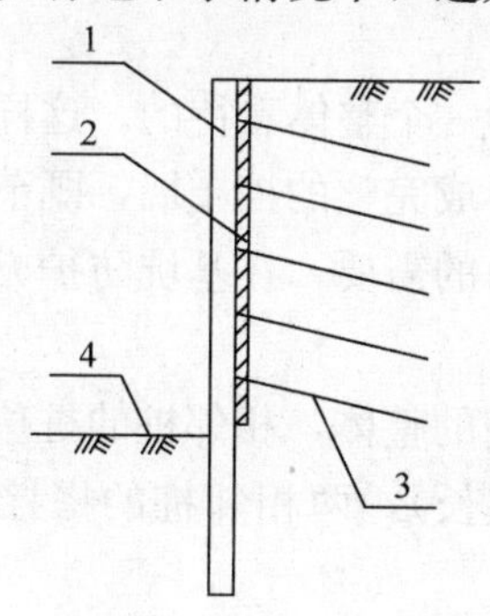

图 9.1-1 土钉挂网支护

1—小直径混凝土桩立柱；2—挂网喷混凝土面层；3—土钉；4—基坑底

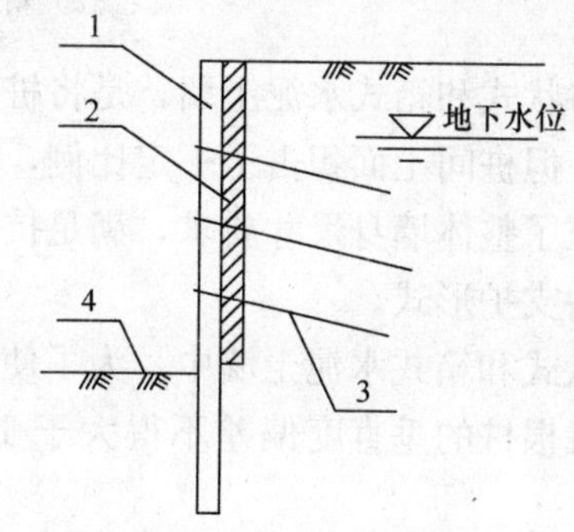

图 9.1-2 锚杆水泥土墙支护

1—小直径混凝土桩立柱；2—水泥土防渗墙；3—锚杆；4—基抗底

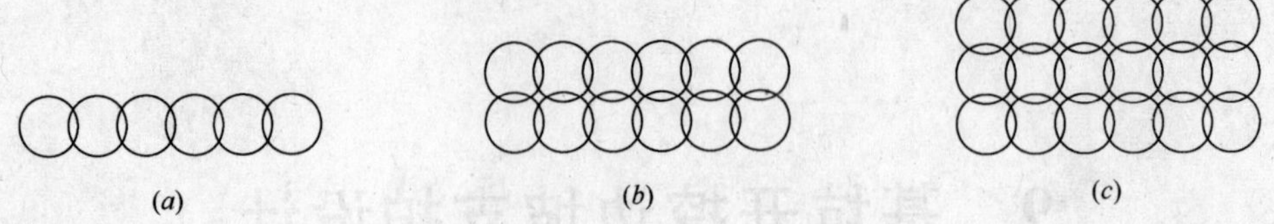

图 9.1-3　实体水泥土平面图

(*a*) 单排布置；(*b*) 双排布置；(*c*) 三排布置

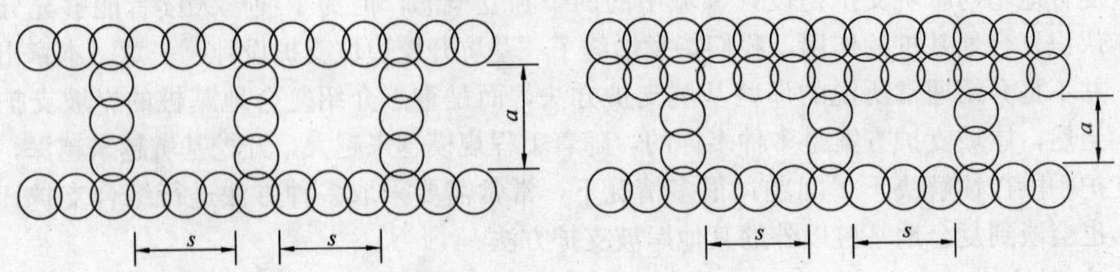

图 9.1-4　格状水泥土墙平面图

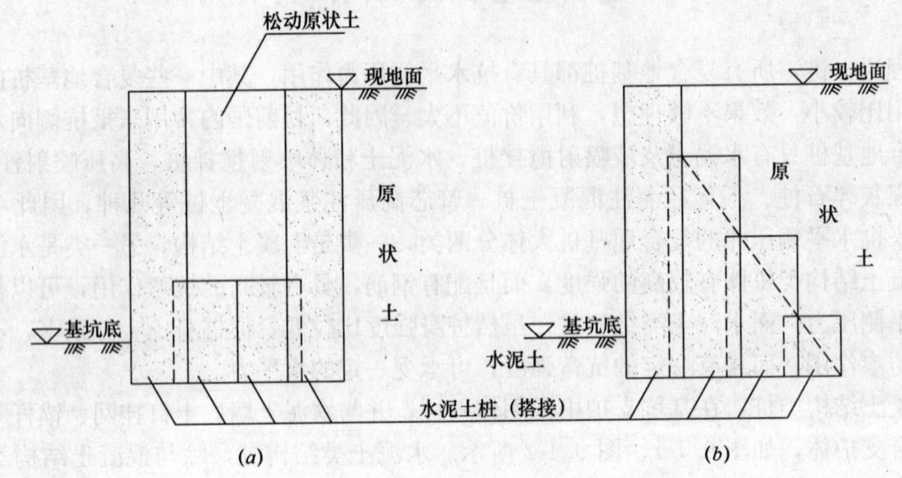

图 9.1-5　水泥土墙剖面图

(*a*) 箱式；(*b*) 台阶式

对于格状式和箱式水泥土墙，是将桩和桩间土视为一个整体看待的。这样，尽管桩体面积较小，但桩间土面积占了一定比例，桩和桩间土形成完整的挡土墙，既节约了墙身材料，又保证了整体墙身尺寸要求，满足抗侧向水平压力的需要，在基坑防护方面，是值得推广的一种支护形式。

在格状式和箱式水泥土墙中，为了使单桩形成封闭的整体，相邻桩的桩位偏差不得大于 2cm，每根桩的垂直度偏差不得大于 $1\%L$（L 为桩长），两相邻桩的搭接宽度不宜小于 20cm。

格状式水泥土墙，其桩的截面积不应小于整个挡墙截面积的 70%；临坑面的水泥土桩排数通常多于临土面，并且沿墙纵向的前后两墙肢的净间距 a 不宜大于 1.5m；连接前后两墙肢的横向墙肋的净间距 s 不宜大于 2.0m。见图 9.1-4。

水泥土墙的重度接近天然土层的重度，对于格状式水泥土挡墙，墙体重度取天然土层的重度；对于实腹式水泥土挡墙，墙体重度取天然土层重度的1.03～1.05倍。

水泥土墙的抗压、抗剪、抗拉强度宜通过试验确定，当无试验资料时，初步估算可按下列公式计算：

$$q_u = (1/2 \sim 1/3) f_{cuk} \tag{9.1-1}$$

$$q_j = \frac{1}{3} q_u \tag{9.1-2}$$

$$q_l = 0.15\, q_u \tag{9.1-3}$$

式中 q_u——水泥土抗压强度设计值（kPa）；

q_j——水泥土抗剪强度设计值（kPa）；

q_l——水泥土抗拉强度设计值（kPa），并不得大于200kPa；

f_{cuk}——与搅拌桩身水泥土配比相同的室内水泥土标准试块（边长70.7mm或50mm的立方体）龄期90d的无侧限抗压强度特征值。也可用7d龄期强度f_{cu7}推算90d的强度f_{cuk}，$f_{cuk} = f_{cu7}/0.3$。

在图9.1-3～图9.1-5中，其重力式水泥土墙的宽度和埋深，应依据土质情况和墙体形式计算确定。初步估算墙的尺寸可按下式确定（土质差者取高值）：

$$D = (0.8 \sim 1.2) H \tag{9.1-4}$$

$$B = (0.6 \sim 0.9) H \tag{9.1-5}$$

式中 D——水泥土挡墙埋入基坑底面以下的深度；

B——水泥土挡墙的底部宽度；

H——水泥土挡墙的挡土高度。

水泥土墙的尺寸初步确定后，应按重力式挡土墙进行墙身强度（应力）、抗水平滑动、抗整体滑动、抗倾覆等稳定性验算，当计算不能满足要求时，需要修改墙的断面尺寸，重新进行计算，直至符合要求。

重力式水泥土挡土墙按土压力理论进行计算，具体计算方法将在9.4节介绍。

9.2 边坡稳定性分析

9.2.1 边坡稳定分析的基本原理

所有的天然边坡和人工边坡，都在随着客观环境影响而变化，本来稳定的边坡可能变为不稳定。导致边坡损坏的原因主要有：(1) 由于长期气候变化产生的风蚀、水蚀，损坏了原有土坡表面；(2) 地震力破坏造成的滑动、坍塌；(3) 植物根系生长形成的土体隆起、开裂；(4) 人类生存活动的不良行为所促使的破坏；(5) 不正确的边坡设计值或施工开挖值等。

上述原因都会对边坡产生不利的影响，工程建设中应引起重视，尤其是如何正确决定边坡开挖值。因此，无论是基坑开挖或是普通岸坡开挖，都要先进行边坡设计，正确确定边坡值，否则开挖施工过程中或永久运营中，边坡可能会发生滑塌事故。所以，对于设计和施工人员来说，了解影响边坡稳定的因素非常重要。

影响边坡稳定的因素很多，但我们的任务是认识和研究土体的本身结构变化，以保证工程建设的顺利进行。一般情况下，天然或人工土坡失去稳定、发生滑动，主要是土体内部抗剪强度降低或剪应力增加的结果。

引起抗剪强度降低的原因有：(1) 气候的影响使土质松软；(2) 黏土夹层因浸水而产生润滑作用；(3) 饱和的细砂、粉砂因受振动而液化等。

引起土体内部剪应力增加的原因有：(1) 坡面或坡顶荷载增加，尤其是附近有动荷载产生；(2) 因下雨使土的含水量增加，这一方面使土的自重增加，另一方面水在土中渗流产生一定的动水压力；(3) 土体裂缝中的水产生静水压力。当土体中的剪应力超过抗剪强度时，土坡就会失去稳定。

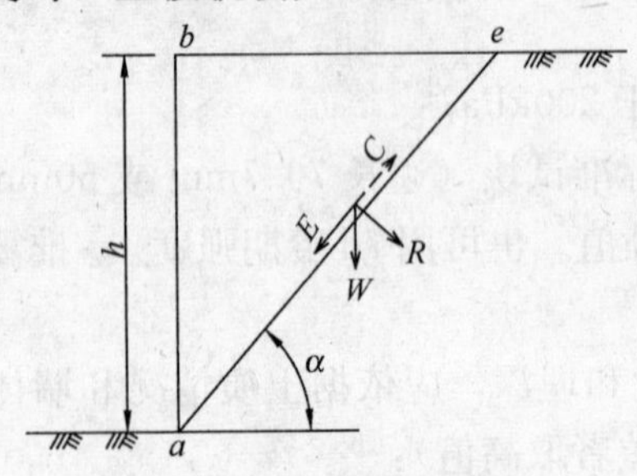

图 9.2-1 黏性土坡稳定分析

确定土方开挖边坡时，除采取有效措施，防止上述各种外界因素损害边坡造成坍塌外，还需认真研究地质勘察报告，考虑土质本身的因素，正确选定土的物理力学参数。下面讨论一下土坡是如何保持稳定的。

1) 黏性土边坡

黏性土的边坡发生滑动时，土体是沿滑动面整块下滑，由图 9.2-1 可知，滑动体 abe 的重量为：

$$W = \frac{rh\,\overline{be}}{2} = \frac{\gamma h^2}{2}\cot\alpha$$

下滑力：

$$E = W \cdot \sin\alpha = \frac{\gamma h^2}{2}\cot\alpha \cdot \sin\alpha = \frac{\gamma h^2}{2} = \cos\alpha$$

对黏性土不考虑颗粒之间的摩擦力，所以稳定安全系数 K 即为内聚力 c 与下滑力 E 的比值：

$$K = \frac{cl}{E}(l\text{ 为滑动面长度})。$$

黏性土的边坡稳定就是计算出的边坡稳定安全系数应符合规范规定，可采用滑动圆弧法进行计算。

2) 非黏性土边坡

非黏性土（无黏性土）的颗粒之间无内聚力，它的稳定是靠土坡面上各个土粒的自身保持稳定，如果这样，该土坡也就是稳定的。假设在坡面有一土粒 A（图 9.2-2），其自重为 G，

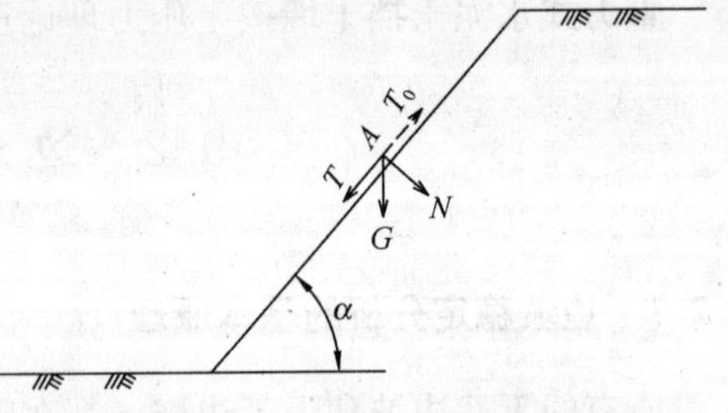

图 9.2-2 非黏性土坡稳定分析

其下滑力 $T = G\sin\alpha$（α 为坡线与水平线的夹角）；法向分力 $N = G\cos\alpha$，由法向分力产生的摩擦阻力（抗滑力）$T_0 = Nf = N\tan\varphi = G\cos\alpha\tan\varphi$（$f$ 为摩擦系数，φ 为土的内摩擦角）。

当土粒 A 处于极限平衡时：$T = T_0$

则 $$G\sin\alpha = G\cos\alpha\tan\varphi$$

上式可写为 $$\frac{\sin\alpha}{\cos\alpha} = \tan\varphi$$

所以 $$\tan\alpha = \tan\varphi，即 \alpha = \varphi$$

由上式可知，此类土当 $\alpha = \varphi$ 时土坡极限平衡，与土坡高度无关；若 $\alpha < \varphi$，则土坡稳定；若 $\alpha > \varphi$，则不论土坡高低都不能保持稳定。

9.2.2 滑动圆弧法计算边坡稳定

这里所说的边坡是指人工建筑工程，如楼房建筑、挡水土坝、公路路基、输水渠堤、河流堤防、护岸支挡物等的边坡，按照填筑的土质类别，边坡分为黏性土壤边坡和非黏性土壤边坡两种。对于需要做开挖支护的基坑边坡，基本都是软土边坡，都属于黏性土壤边坡的范畴，这种边坡的稳定计算，通常都采用滑动圆弧瑞典分条法解决，以下简称“滑动圆弧法”。

1）均质黏性土边坡

图 9.2-3（a）为一个均质黏性土边坡采用滑动圆弧分条稳定分析图，ABC 是滑动土体，AC 为滑动圆弧。将 ABC 滑动土体分成若干个土条，每个土条都有自己的质量和切线角（以土条圆弧中心为切点），我们任意选取一个土条 i，假设它的质量为 G_i，G_i 在切线方向的分力为 H_i，G_i 在法线方向的分力为 N_i，土条质量产生的摩擦力为 S_i。

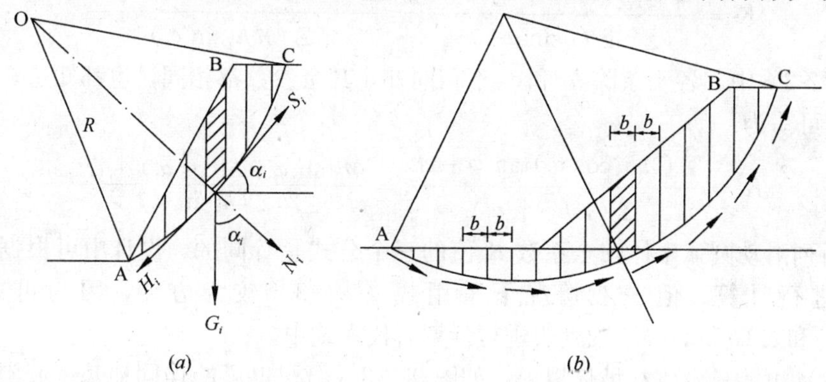

图 9.2-3 均质黏性土滑动圆弧分条稳定分析图

（a）坡体滑动；（b）坡体及地基一起滑动

如果设定 G_i 与圆弧半径 R 的夹角为 α_i（α_i 就是圆弧半径 R 与竖直线的夹角，也是摩擦力 S_i 与水平线的夹角），φ 为土的内摩擦角，γ 为土的重度，c 为土的单位凝聚力（假定在圆弧长度内是均匀分布），L 为圆弧的总长度，这样：

G_i 是土条质量，$G_i = \gamma W_i$（W_i 为土条体积）；

H_i 是滑动力，$H_i = G_i \sin \alpha_i$；

N_i 是 G_i 在法线方向的分力，$N_i = G_i \cos \alpha_i$；

S_i 是摩擦力（阻滑力），$S_i = N_i \mu = N_i \tan \varphi$（$\mu$ 为摩擦系数，$\mu = \tan\varphi$）；

cL_i 是土条在圆弧上的黏聚力（L_i 为土条圆弧长度）。

如果把作用在 ABC 滑动土体上的总力确定为：

G 为 ABC 滑动土体总重，$G = \Sigma G_i$；

H 为 ABC 土体总滑动力，$H = \Sigma H_i - G\sin \alpha$，应依据方向判断其正负值；

N 为 ABC 土体在法线方向的总分力，$N = \Sigma N_i = G\cos \alpha$，方向总是向下（总是正值）；

S 为 ABC 土体总摩擦力，$S=\Sigma S_i = N\tan\varphi = G\cos\alpha\tan\varphi$；

cL 为圆弧上的总黏聚力，$cL=\Sigma cL_i$。

ABC 滑动土体在上述总力 G、H、S、cL 作用下保持平衡的条件是 $\Sigma MO=0$（O 为圆弧的圆心点），即 $HR-SR-cLR=0$，将已知值代入式中得：

$G\sin\alpha R - G\cos\alpha\tan\varphi R - cLR=0$，去掉半径 R 后得：

$$G\sin\alpha - G\cos\alpha\tan\varphi - cL=0$$

或 $G\sin\alpha = G\cos\alpha\tan\varphi + cL$

所以，ABC 滑动土体的安全系数 K 是：

$$K=\frac{\text{阻滑力}}{\text{滑动力}}=\frac{S+cL}{H}=\frac{G\cos\alpha\tan\varphi+cL}{G\sin\alpha}=\frac{\Sigma G_i\cos\alpha_i\tan\varphi+cL}{\Sigma G_i\sin\alpha_i} \tag{9.2-1}$$

实际上，在划分土条时，如图 9.2-3（b）那样，都是把土条划分为等宽的，只有土条高度各不相同，并且各土条的内摩擦角 φ 和土的重度 γ 也都相同，因为任意一个土条的质量可写为 $G_i=\gamma bh_i$，于是公式（9.2-1）也可写为：

$$K=\frac{\Sigma(G_i\cos\alpha_i)\tan\varphi+cL}{\Sigma G_i\sin\alpha_i}=\frac{\Sigma(\gamma bh_i\cos\alpha_i)\tan\varphi+cL}{\Sigma(\gamma bh_i\sin\alpha_i)} \tag{9.2-2}$$

式（9.2-2）中，各土条除 h_i 和 α_i 不相同外，其余参数都相同，也都知道，所以公式（9.2-2）又可写为：

$$K=\frac{\Sigma(\gamma bh_i\cos\alpha_i)\tan\varphi+cL}{\Sigma(\gamma bh_i\sin\alpha_i)}=\frac{\gamma b\tan\varphi\Sigma(h_i\cos\alpha_i)+cL}{\gamma b\Sigma(h_i\sin\alpha_i)} \tag{9.2-3}$$

上面所列滑动圆弧土体安全系数 K 值的三个公式是等同的，设计中可根据具体情况任取一式进行计算。但一般情况下采用式（9.2-3）较为方便，因为可以分别把 $\Sigma(h_i\cos\alpha_i)$ 和 $\Sigma(h_i\sin\alpha_i)$ 单独列表进行计算后代入式中。

边坡滑动可能只发生在坡体以内，如图 9.2-3（a）；也可能连同地基一起滑动，如图 9.2-3（b）。滑动圆弧分条稳定分析法是通用的边坡稳定分析法，用于各类黏性土边坡工程，也可以用于本书所讲的各类支护墙边坡工程。

2）非均质黏性土边坡

对于非均质黏性土边坡，因为各部填料的摩擦角、重度、摩擦系数各不相同，稳定分析要复杂一些。处理方法是，在划分土条后，可分别计算每个土条的各个部分重量，再将其加在一起作为该土条的总重量进行力的分析，分析方法与均质黏性土相同。也可采用减少或增人各土条高度的方法（换算高度法），将土条化为同一土壤，然后按均质黏性土进行稳定分析。如图 9.2-4 所示，因地基土与堤身填料土质不同，进行换算高度，将滑动体 ABCMK 换算成剖面 ABCDEFK 来计算。假设地基土重度为 γ_1，堤身填料重度为 γ_2，如果某土条的地基部分高度为 h_1，堤身部分高度为 h_2，则该土条的换算高度为：

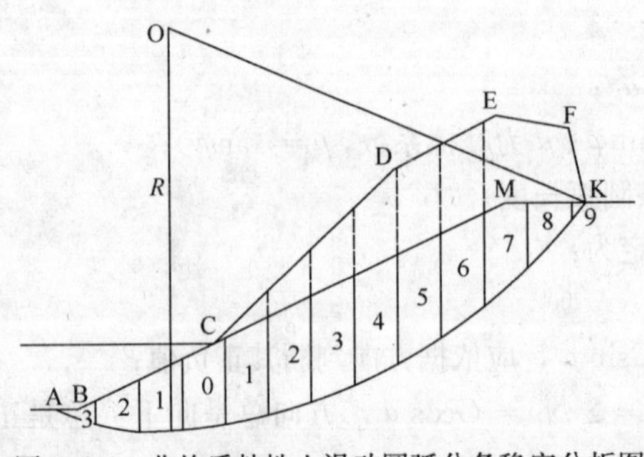

图 9.2-4　非均质粘性土滑动圆弧分条稳定分析图

$$h = h_1 + \frac{\gamma_2}{\gamma_1} h_2 \tag{9.2-4}$$

或

$$h = h_2 + \frac{\gamma_1}{\gamma_2} h_1 \tag{9.2-5}$$

9.3 锚杆结构的基本计算

由于边坡支护中，很多采用了锚杆加固原理，所以，此处集中介绍锚杆加固理论的基本计算方法，以方便读者应用。

土坡的锚固工程包锚筋、锚索、锚杆、土钉等结构，它们虽然具有各自不同的构造、用途和使用环境，但它们的共同之处就是都有锚拉杆，而且锚拉杆都涉及一个抗拔力的计算，抗拔力的计算原理和方法基本上是相同的。

锚杆是受拉杆件的总称，锚杆由锚固体、拉杆及锚头三个基本部分组成。锚杆的材料主要是单根钢筋、多根钢筋、预应力钢筋、钢管、工字钢、高强钢丝、钢绞线、预应力钢绞线等。

锚固工程中，实际采用的钢筋直径多为 $\phi16$～$\phi32$；实际采用的钢管内径多为 $d20$～$d40$（壁厚按需要计算确定）；实际采用的钢丝直径可为 $\phi4$～$\phi9$；实际采用的钢绞线多为 3 根一股、5 根一股和 7 根一股，公称外径范围可为 $\phi9$～$\phi18$。

9.3.1 锚杆抗力计算

锚杆抗力也称抗拔力，或称锚固力，通常从三方面进行计算，并取其中最小值作为设计值。这三个方面是：(1) 锚杆自身的抗拉强度；(2) 锚杆与周边介质的握裹力；(3) 孔壁与介质之间的抗剪力。

1）锚杆自身的抗拉强度

锚杆或称锚拉杆，多采用钢筋和钢管；对于较重要的、复杂的、规模大的加固处理工程则采用钢绞线、钢丝束、预应力钢绞线、工字钢、冷拉钢筋束、带肋钢筋束等。

本处仅以单根钢筋为例列出计算公式。

$$p_1 = \beta A f_y \tag{9.3-1}$$

式中 p_1——锚杆的抗拉强度（抗拔力）(kN)；

β——力的单位 N 折换 kN 的折换系数，为 1/1000=0.001；

A——1 根锚杆的截面面积（mm^2）（见表 9.3-1、表 9.3-2）；

f_y——钢筋的抗拉强度设计值（见表 9.3-3、表 9.3-4）。

对其他锚固材料，将相应的 A、f_y 值代入即可。

钢筋的计算面积和公称质量 **表 9.3-1**

直径 d (mm)	下列根数时的钢筋计算截面面积（mm^2）									钢筋质量 (kg/m)
	1	2	3	4	5	6	7	8	9	
3	7.1	14.2	21.2	28.3	35.3	42.4	49.5	56.5	63.6	0.055
4	12.6	25.1	37.7	50.2	62.8	75.4	87.9	100.5	113.0	0.099
5	19.6	39	59	79	98	118	138	157	177	0.154

续表

直径 d (mm)	下列根数时的钢筋计算截面面积（mm^2）									钢筋质量 (kg/m)
	1	2	3	4	5	6	7	8	9	
6	28.3	57	85	113	142	170	198	226	255	0.222
6.5	33.2	68	100	133	166	199	232	265	299	0.260
8	50.3	101	151	201	252	302	352	402	453	0.395
8.2	52.8	106	158	211	264	317	370	423	475	0.432
10	78.5	157	236	314	393	471	550	628	707	0.617
12	113.1	226	339	452	565	678	791	904	1017	0.888
14	153.9	308	461	615	769	923	1077	1232	1385	1.210
16	201.1	402	603	804	1005	1206	1407	1608	1809	1.580
18	254.6	509	763	1017	1272	1526	1780	2036	2290	2.000
20	314.2	628	941	1256	1570	1884	2200	2513	2827	2.470
22	380.1	760	1140	1520	1900	2281	2661	3041	3421	2.980
25	490.9	982	1473	1964	2454	2945	3436	3927	4418	3.850
28	615.8	1232	1847	4263	3079	3695	4310	4926	5542	4.830
32	804.3	1609	2413	3217	4021	4826	5630	6434	7238	6.310
36	1017.9	2036	3054	4072	5089	6107	7125	8143	9161	7.990
40	1256.6	2513	3770	5027	6283	7540	8796	10053	11310	9.870
50	1964	3928	5892	7856	9820	11784	13748	15712	17676	15.420

注：1 本表源于《水工混凝土结构设计规范》SL/T 191—2008。

2 表中直径 d=8.2mm 的钢筋指标仅适用于有纵肋的热处理钢筋。

预应力钢筋的公称截面积和公称质量 **表 9.3-2**

钢筋类别		公称直径 d（mm）	截面面积（mm^2）	公称质量（kg/m）
钢绞线	1×2（股）	8	25.3	0.199
		10	39.5	0.310
		12	56.9	0.447
	1×3（股）	8.6	37.4	0.295
		10.8	59.3	0.465
		12.9	85.4	0.671
	1×7（股）标准型	9.5	54.8	0.432
		11.1	74.2	0.580
		12.7	98.7	0.774
		15.2	139.0	1.101
钢　丝		4	12.57	0.099
		5	19.63	0.154
		6	28.27	0.222
		7	38.48	0.302
		8	50.26	0.394
		9	63.62	0.499
精轧螺纹钢筋		18	254.3	2.1
		25	490.9	4.1
		32	804.2	6.6
		40	1247.0	10.3

普通热轧钢筋的抗拉抗压设计强度 **表 9.3-3**

钢筋等级	钢筋的标准强度 f_k（N/mm²）			钢筋抗拉抗压设计强度 f_y（N/mm²）		
	建设部	水利部	交通部	建设部	水利部	交通部
Ⅰ	235	235	235	210	210	195
Ⅱ	335	335	335	300	300	280
Ⅲ	400	400	400	360	360	330
Ⅳ	—	540	—	—	500（抗拉） 400（抗压）	—

注：未注明时，即表示抗拉抗压设计强度相同。

本表源于《混凝土结构设计规范》GB 50010—2002、《水工混凝土结构设计规范》SL/T 191—2008、《公路钢筋混凝土及预应力混凝土桥涵设计规范》TJG D62—2004。

预应力钢筋强度设计值（MPa） **表 9.3-4**

钢筋类别		公称直径 d（mm）	标准强度值 f_{pk}	抗拉强度值 f_{pt}	抗压强度值 f_{py}
钢绞线	1×2（二股）	8	1470、1570、1720、1860	1000、1070、1170、1260	390
		10			
		12	1470、1570、1720	1000、1070、1170	
	1×3（三股）	8.6	1470、1570、1720、1860	1000、1070、1170、1260	390
		10.8			
		12.9	1470、1570、1720	1000、1070、1170	
	1×7（七股）标准型	9.5	1860	1260	390
		11.1	1860	1260	
		12.7	1860	1260	
		15.2	1720、1860	1170、1260	
消除应力钢丝	光 面 螺旋肋	4、5	1470、1570、1670、1770	1000、1070、1140、1200	410
		6	1570、1670	1070、1140	
		7、8、9	1470、1570	1000、1070	
	刻痕	5、7	1470、1570	1000、1070	
精轧螺纹钢筋		18、25、32	540、785、930	450、650、770	400
		40	540	450	

2）锚杆与周边介质的握裹力

锚杆孔直径依实际情况一般以钻孔直径为 100～200mm；对于较小的钢筋锚杆孔径为 50～80mm；对于较大的钢管、群杆孔径可再大。

锚杆与孔壁之间隙视填充材料而定，通常间隙 δ 为 10～100mm，当填充材料是化学材料时，δ 不小于 5 mm；为水泥浆时，δ 不小于 10mm；为水泥砂浆时，δ 不小于 15mm；为细石混凝土时，δ 不小于 20mm。

填充锚杆孔的介质有细石混凝土、水泥砂浆、水泥浆、化学材料（如环氧树脂）等，灌孔混凝土及砂浆的强度等级不应低于 30MPa，即混凝土为 C30，砂浆为 M30。本处仅以砂浆和细石混凝土作为介质列出计算公式。

$$p_2 = \pi d l \mu \tag{9.3-2}$$

式中 p_2——钢筋与砂浆（或混凝土）的握裹力（kN）；

π——3.1416；

d——钢筋（锚杆）直径（m）；

l——有效锚固长度（m）：

对（岩石或混凝土）锚筋：l=孔深；

对（土层或岩层）锚杆：l=有效锚固段长度；

对（土层或风化层）土钉：l=土钉入土深度；

μ——砂浆或混凝土与锚杆的粘着力（kN/m^2），试验资料知 μ 约等于砂浆（或混凝土）标准抗压强度的10%～20%；同时资料还表明，钢筋与混凝土之间的粘着力约为：光面钢筋 1.5～3.5N/mm^2，螺纹钢筋 2.5～6N/mm^2。

有关锚固材料与砂浆（混凝土）之间的粘结强度（粘着力）μ 参考值如下：

钢筋、钢绞线与砂浆之间的粘结强度 μ 值 **表 9.3-5**

锚 固 类 型	水泥浆或水泥砂浆强度等级		
	M25	M30	M35
水泥砂浆与螺纹钢筋间	2.10MPa	2.40MPa	2.70MPa
水泥砂浆与高强钢丝、钢绞线间	2.75MPa	2.95MPa	3.40MPa

注：1 当采用 2 根钢筋点焊成束的做法时，粘结强度应乘折减系数 0.85；

2 当采用 3 根钢筋点焊成束的做法时，粘结强度应乘折减系数 0.70；

3 $1MPa=1N/mm^2=1000kPa=1000kN/m^2$；

4 表中数据源自《公路路基设计规范》JTGD 30—2004。

钢筋与砂浆之间的粘结强度 μ 值 **表 9.3-6**

水泥砂浆与螺纹钢筋间	水泥砂浆强度等级				
	M15	M20	M25	M30	M35
μ 值（kPa）	1600	2200	2400	2700	3000

注：1 当采用 2 根钢筋点焊成束的做法时，粘结强度应乘折减系数 0.85；

2 当采用 3 根钢筋点焊成束的做法时，粘结强度应乘折减系数 0.70；

3 成束钢筋不应超过 3 根，钢筋总面积不应超过孔径面积的 20%，以保证钢筋在砂浆中的锚固效果，除非采用特殊的锚固段钢筋和注浆设计，并通过实验可适当增加钢筋数量；

4 表中数据源自赵明阶等著《边坡工程处治技术》。

3）孔壁与介质之间的抗剪力

仅以砂浆（或混凝土）为介质列出计算公式：

$$P_3 = \pi D l \tau \tag{9.3-3}$$

式中 P_3——锚杆孔壁（土体）与介质（锚固体）之间的抗剪力；

π——3.1416；

D——锚杆孔径（m）：

对（岩石或混凝土）锚筋：D=60～80mm；

对（土层或岩层）锚杆：D=100～200mm；

对（土层或风化层）土钉：$D=d$（打入型）；

D=100～200mm（钻孔注浆型）；

l——锚杆有效锚固长度（m）；

τ——锚固段周边土层抗剪强度，也称孔壁与砂浆或混凝土之间的粘着力（摩阻力），与孔壁性质有关，单位采用 kN/m^2。

τ 值可按下面三种方法取值：

（1）对混凝土孔壁，可取混凝土或砂浆的抗剪指标，即取混凝土或砂浆的抗拉设计强度，一般孔壁混凝土强度等级低于灌孔混凝土强度等级，故应取孔壁混凝土的抗拉设计强度（即取孔壁混凝土和介质混凝土的较低者），如孔壁混凝土为 C15，灌孔混凝土为 C30，则取 C15 混凝土的抗拉设计强度，即 $\tau = f_t = 0.9N/mm^2 = 900kN/m^2$。

（2）对土层而言，尤其松软土层，由于土层强度较低，锚杆孔壁对混凝土或砂浆的摩阻力 τ 取决于沿接触面外围的土层抗剪强度 τ_0，因此，当具备条件时，也可按土层抗剪强度公式进行计算。土层抗剪强度 τ_0 的计算式（见《地基处理手册》第 627 页）为：

$\tau_0 = c + \sigma\tan\varphi$ 或 $\tau_0 = c + K_0\gamma h\tan\varphi$，此时应采用 τ 和 τ_0 的较小者。

式中 τ_0——土层抗剪强度（kPa）；

c——土层的黏聚力（kPa）；

σ——孔壁周边法向压应力（kPa）；

φ——土的内摩擦角（°）；

K_0——锚固段孔壁的土压系数，一般取 $K_0 = 1.0$；

γ——锚固段地基土重度（kN/m^3）；

h——锚固段以上地层覆盖厚度（m）。

对松软土层，往往通过扩孔或扩大头的方法来增大锚杆的抗拔能力。

（3）对土质或岩质孔壁，τ 值参见如下资料：

粘结强度 τ 值 **表 9.3-7**

土体类型	土的状态	黏结强度 τ 值（kPa）
黏性土	坚硬	32～40
	硬塑	25～32
	软塑	15～20
砂土	松散	30～50
	稍密	50～70
	中密	70～105
	密实	105～140
碎石土	稍密	60～90
	中密	80～110
	密实	110～150

注：1 表中数据适用于注浆强度等级为 M30；

2 表中数据仅适用于初步设计，施工时应通过试验检验；

3 表中数据源自《公路路基设计规范》JTG D30—2004。

9.3.2 锚杆设计抗力及孔深

1）锚杆抗力设计值

锚杆的抗力计算值除以安全系数为设计抗力，即：

$$N = P_i/K > f \tag{9.3-4}$$

式中 f——要求锚杆抵抗的外力值（kN），需另行计算确定；

N——锚杆抗力设计值（kN）；

P_i——锚杆抗力计算值（kN），即前面所述的 P_1、P_2 或 P_3；

K——锚杆安全系数，见表 9.3-8。

锚杆安全系数 k 值 **表 9.3-8**

锚杆破坏后危害程度	锚杆安全系数 K 值	
	临时锚杆	永久锚杆
危害较轻，不会构成公共安全问题	1.4～1.6	1.6～1.8
危害较大，但公共安全无问题	1.6～1.8	1.8～2.0
危害大，会出现公共安全问题	1.8～2.0	2.0～2.2

注：1 如果在土体或风化岩中，应取表中较高值；

2 锚杆服务时间不大于 2 年为临时性锚杆，锚杆服务时间大于 2 年为永久性锚杆。

2）锚杆有效锚固长度

将式（9.3-4）与式（9.3-2）或式（9.3-3）联立，可解出有效锚固长度。

将式（9.3-4）与式（9.3-2）联立得：$l = KP_2/\pi d\mu$；

将式（9.3-4）与式（9.3-3）联立得：$l = KP_3/\pi D\tau$。

根据经验，实际工程中通常采用的有效锚固长度 l 为：

钢筋锚杆 5～25m；

钢管锚杆 10～30m；

工字钢锚杆 20～40m；

钢索 30～50m；

预应力钢索 30～60m。

3）锚杆孔深

锚杆有效锚固长度亦称固定长度，是锚杆的实际受力长度。对于锚筋、土钉及岩石锚杆，其有效锚固长度就是孔深；而对于存在不能受力土层（松散土层、强风化土层等）或大型预应力钢索锚固，尚存在自由段长（含不受力土层段），自由段长又称非锚固长度；有些锚杆孔尚需在孔口设置套管或用黏土、胶泥填塞，称为孔口处理段，其孔深应按下述公式计算：

锚杆孔深＝有效锚固孔长＋自由段孔长＋孔口处理长度。

具体的锚杆孔深应依工程实际情况确定。

4）锚杆布置

锚杆布置依土层情况、受力情况而定，一般为：

土钉：0.5～4m^2/根；

锚杆：水平及竖直间距 1.5～4m。

锚杆的倾角一般为 15°～20°，一般最大不得大于 35°，极个别情况下也可布置成水平的。

锚杆总长度＝有效锚固长度＋自由段长＋端部外露长度。

9.4 支护挡墙的基本计算

土压力是指墙后填土由于土体的自身重量或作用在填土表面上的荷载对墙背所产生的侧向压力，它的性质和大小与墙身位移、墙背形状、墙体材料、墙的高度、结构形式、填土性质、填土表面形状、外荷载布置等情况有关，其中又以墙身位移、墙的高度和填土的物理力学性能最为重要。

根据挡土墙的移动情况，土压力可分为主动土压力、被动土压力和静止土压力三种，其中主动土压力值最小，被动土压力值最大，静止土压力值则介于两者之间。主动土压力作用在墙后，被动土压力作用在墙前。在图 9.4-1 中，W 为墙的总重，E_a 为主动土压力，E_p 为被动土压力，B 为墙体宽，H 为挡土墙总高度，h_1 为基坑深度（挡土高度），h_2 为墙体埋深，q 为墙后均布荷载，z_1 为主动土压力力臂，z_2 为被动土压力力臂。边坡工程涉及的土压力只是主动土压力和被动土压力，因此，这里仅介绍主动土压力和被动土压力的计算方法。

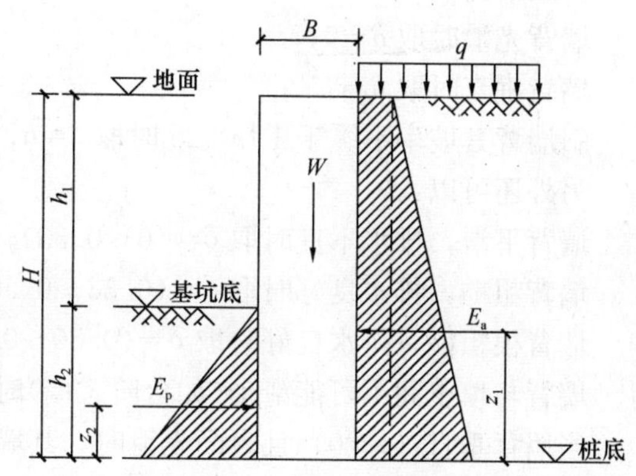

图 9.4-1　水泥土挡墙结构布置图

9.4.1　主动土压力计算

1）主动土压力计算公式

总土压力值实际上是土压力作用图面积与挡十墙长度的乘积，而挡土墙总是长条形的，而且一定长度段内的墙体断面形式也是不变的，因此，通常只取 1m 墙长作为挡土墙的计算单元。这样，总土压力值就是土压力图形的面积，则由图 9.4-2（a）所示的土压力三角形面积得主动土压力计算公式为：

$$E_a = \frac{1}{2}Hq_H = \frac{1}{2}H\gamma HK_a = \frac{1}{2}\gamma H^2 K_a \tag{9.4.1}$$

式中　E_a——作用在墙背上的总土压力（kN）；

γ——墙后填土的重度（kN /m³）；

H——挡土墙总高（m），不管是直墙背还是斜墙背，均取实际竖直墙高；

K_a——主动土压力系数，可由附录 C 查得，也可自行计算，K_a 的表达式很多，此处仅列举常用的计算公式为：

$$K_a = \frac{\cos^2(\varphi-\alpha)}{\cos^2\alpha\cos(\alpha+\delta)\left[1+\sqrt{\dfrac{\sin(\delta+\varphi)\sin(\varphi-\beta)}{\cos(\delta+\alpha)\cos(\alpha-\beta)}}\right]^2} \tag{9.4-2}$$

式中　φ——墙后填土的内摩擦角（°），由地质报告提供，一般砂及砂砾石 $\varphi \geqslant 35°$，小石块 $\varphi = 40°$；黏性土按等值内摩擦角 φ_d 计，一般 $\varphi_d = 25° \sim 35°$；

α——墙背的倾斜角（°），即墙背与垂直线的夹角，以垂直线为准，反时针向墙后转为正（称俯斜），顺时针向墙前转为负（称仰斜）；

β——墙后填土表面的倾斜角（°），当填土表面水平时 $\beta=0$，填土表面向上抬起（仰斜）时 β 为正，填土表面向下俯卧（俯斜）时 β 为负；

δ——墙背与填土间的摩擦角，称外摩擦角（°），它与填土性质、墙背粗糙程度、排水条件、填土表面轮廓及填土表面作用荷载等因素有关，应由试验确定，也可按下列数据采用：

一般情况取　$\delta=3°\sim15°$；

墙背光滑时取 $\delta=0$；

墙背垂直时取 $\delta=15°$；

斜墙背其坡率不缓于 1∶0.25 时取 $\delta=\alpha$；

另外还可以：

墙背平滑，排水不良时取 $\delta=(0\sim0.33)\varphi$；

墙背粗糙，排水良好时取 $\delta=(0.33\sim0.50)\varphi$；

墙背很粗糙，排水良好时取 $\delta=(0.50\sim0.67)\varphi$；

墙背与填土间不可能滑动(如台阶式墙)时取 $\delta=(0.67\sim1.00)\varphi$。

当墙背垂直（$\alpha=0$）且表面光滑时，其墙背与填土间的摩擦力非常小，此时，可近似认为外摩擦角 $\delta=0$。因此，如果墙背垂直（$\alpha=0$）、墙背表面光滑（$\delta=0$）和填土表面水平（$\beta=0$）且与墙顶齐平时，主动土压力系数为 $K_a=\tan^2\left(45°-\frac{\varphi}{2}\right)$，故此时的挡土墙土压力计算公式可简化为：

$$E_a=\frac{1}{2}\gamma H^2\tan^2\left(45°-\frac{\varphi}{2}\right) \tag{9.4-3}$$

2）总土压力的作用点及作用方向

（1）总土压力的作用点

主动土压力强度沿墙高按直线分布，分布图为三角形。因此，如果以 E_a 表示主动土压力，则总土压力作用点至墙底的距离：

$Z_E=\frac{1}{3}H$（H 为墙高），如图 9.4-2 所示。

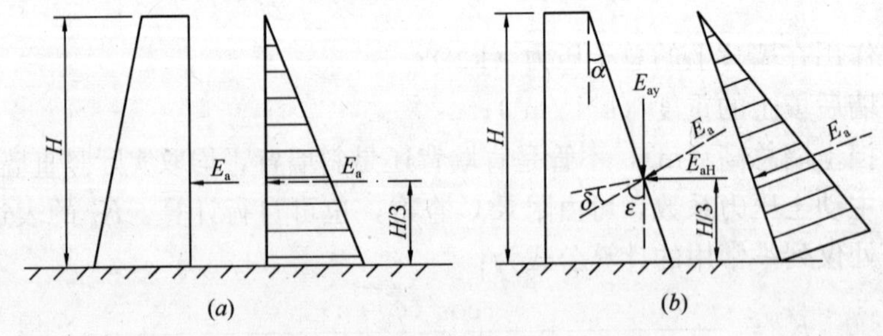

图 9.4-2　总土压力的作用方向

（a）直背墙；（b）斜背墙

（2）总土压力的作用方向及分力。

对于墙背直立的挡土墙（图 9.4-2a）来说，由于不考虑墙背与填土间的摩擦力，故计算出来的总土压力是水平的。方向垂直指向墙背，作用点在 $H/3$ 处。当墙背为斜面时（图 9.4-2*b*），由于墙背与填土间的摩擦力存在，总土压力指向墙背，但并不垂直于墙背，其方向与墙背的法线成 δ 角（δ 角为外摩擦角），这样总土压力 E_a 可以分解为两个分力，即水平分力 E_{aH} 和垂直分力 E_{ay}。分力的计算公式为：

水平分力：$E_{aH}=E_a\sin\varepsilon=E_a\cos(\alpha+\delta)$ (9.4-4)

垂直分力：$E_{ay}=E_a\cos\varepsilon=E_a\sin(\alpha+\delta)$ (9.4-5)

实际在斜墙背的总土压力的两个分力中，水平分力近似等于直墙背时的总土压力计算值，而垂直分力近似等于作用在斜墙背上的土重。因此，对于斜墙背（含折线墙背）来说，总土压力的计算，可以按竖直墙背情况计算一个水平土压力 E_a，另外计算一个土重 V（图 9.4-3）。其水平分力 E_a 仍按直墙背土压力计算公式（9.4-3）计算，作用点在 $H/3$ 处；而土重 V 按 Δabc 的面积和填土重度计算，作用点位于三角形面积的重心。这种计算方法比用式（9.4-1）计算要简单一些，这里计算出的土压力 E_a 为水平的。

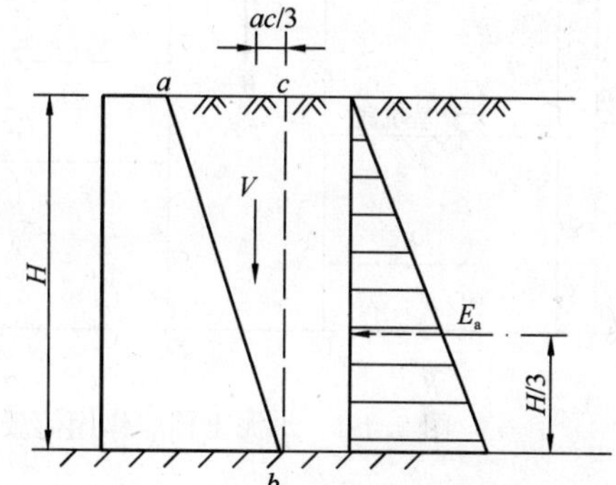

图 9.4-3 斜墙背土压力的计算

9.4.2 被动土压力计算

1）被动土压力计算公式

被动土压力计算公式为：

$$E_b=\frac{1}{2}\gamma H^2K_b \quad (9.4\text{-}6)$$

式（9.4-6）中被动土压力系数 K_b 按下式计算：

$$K_b=\frac{\cos^2(\varphi+\alpha)}{\cos^2\alpha\cos(\alpha-\delta)\left[1-\sqrt{\dfrac{\sin(\delta+\varphi)\sin(\varphi+\beta)}{\cos(\alpha-\delta)\cos(\alpha-\beta)}}\right]^2} \quad (9.4\text{-}7)$$

同样，当挡土墙的墙背垂直（$\alpha=0$）、墙背表面光滑（$\delta=0$）和填土表面水平（$\beta=0$）时，式（9.4-7）可简化为：

$$K_b=\tan^2\left(45°+\frac{\varphi}{2}\right) \quad (9.4\text{-}8)$$

式中 E_b——被动土压力（kN）；

K_b——被动土压力系数；

其他符号意义同主动土压力计算公式。

2）墙前被动土压力处理

前面已经提及，由于被动土压力计算值要比主动土压力大得多，有些情况下其值大得在设计中无法采用，所以，实际工程中真正采用被动上压力来设计挡土墙的情况比较少。

鉴于挡土墙自身稳定的要求，其墙身总是要按构造要求嵌入地面以下一定深度，这样墙前产生的土压力将会挤压墙体向后推移，发生被动土压力。设计中若全部按被动土压力进行计算，会使挡土墙存在安全隐患。

通常在设计中，对墙前被动土压力可作如下处理：（1）当挡土墙按构造要求嵌入地面以下 1m 以内的浅层时，可忽略不计墙前被动土压力的影响；（2）当挡土墙按稳定要求嵌入地面以下 1m 以上的深层时（多数可达 2～4m），可按主动土压力计算影响，而不按被动土压力计算；（3）当按被动土压力计算时，不考虑墙前填土表面外荷载的作用，并对被动土压力的计算值予以折扣，即按被动土压力的某个百分数来考虑，如有些文献建议按其 30%～50%采用。

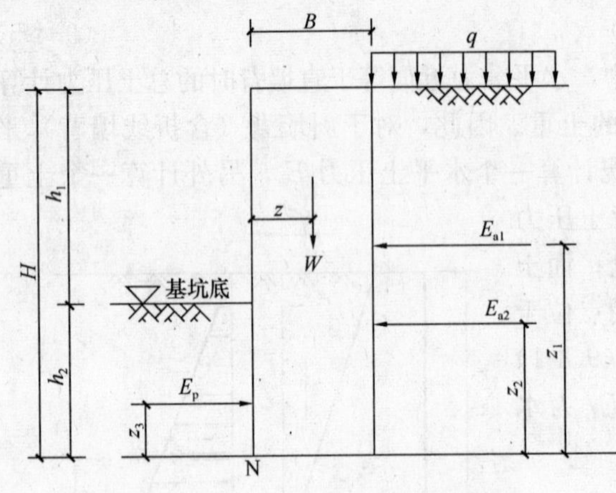

图 9.4-4　水泥土挡墙作用荷载

9.4.3　挡土墙强度计算

1）墙身应力计算

对于图 9.4-4 所示水泥土挡墙的作用荷载，由于水平力的存在，将对墙体产生弯矩，墙体处于偏心受压状态，同普通挡土墙一样，墙体两侧边沿将产生最大应力和最小应力，最大应力不得超过允许强度值，最小应力不应小于零。

计算截面（墙底或任意墙身截面）的应力计算公式为：

$$\sigma_{\min}^{\max} = \frac{\Sigma V}{B}\left(1 \pm \frac{6e}{B}\right) \leqslant f \tag{9.4-9}$$

式中　$\sigma_{\max}$——计算截面边缘处的最大法向应力（kN/m^2），应小于地基土的允许压力或墙体的规定抗压强度；

$\sigma_{\min}$——计算截面边缘处的最小法向应力（kN/m^2），应小于墙体的规定抗压强度，若出现较小的拉应力，应小于 0 或墙体的规定抗拉强度；

f——地基或墙体允许抗压强度；考虑到水泥土墙的搅拌不均匀性，当为水泥土墙时，$\sigma_{\max} \leqslant f \leqslant 0.5q_u$，$\sigma_{\min} \leqslant f \leqslant 0.075q_u$；

q_u——为水泥土墙体抗压强度设计值；

ΣV——计算截面以上竖向力代数和（kN）；

B——计算截面的宽度（m）；

e——计算截面以上部分的荷载作用偏心距（m），即：

$$e = \frac{B}{2} - e' = \frac{B}{2} - \frac{\Sigma M}{\Sigma V} \leqslant \frac{B}{4} \tag{9.4-10}$$

式中 ΣM 表示计算截面以上部分所有荷载对截面边缘 N 点的力矩代数和，如以基底为计算截面（图 9.4-4），则：

$$\Sigma M = Wz + E_p z_3 - E_{a1} z_1 - E_{a2} z_2 \tag{9.4-11}$$

2）墙身剪应力计算

挡墙的墙身剪应力计算公式为：

$$\tau = \frac{\Sigma H - \Sigma V\lambda}{B} \leqslant [\tau] \tag{9.4-12}$$

式中　τ——计算截面上的剪切应力（kN/m^2）；

$[\tau]$——计算截体的允许抗剪强度（kN/m^2），水泥土墙可取 $0.15q_u$，混凝土结构取其抗剪强度；

ΣV——计算截面以上竖向力代数和（kN），$\Sigma V=W$；

ΣH——计算截面以上水平力代数和（kN），$\Sigma H=E_{a1}+E_{a2}-E_p$；

B——计算截面的宽度（m）；

λ——墙体材料的抗剪断系数，水泥土墙可取 0.4～0.5，混凝土墙可取 0.65～0.70。

9.4.4 挡土墙自身稳定计算

1）抗滑动稳定计算

滑动稳定性是用抵抗滑动的力（抗滑力）与引起滑动的力（滑动力）的比值，用 K_s 表示，比值越大，安全性越高；反之，比值越小，安全性越低。

仍以图 9.4-4 为例，挡土墙的抗水平滑动稳定计算公式为：

$$K_s=\frac{\Sigma V\mu}{\Sigma H}=\frac{W\mu}{E_{a1}+E_{a2}-E_b}\geqslant 1.3 \tag{9.4-13}$$

式中 K_s——抗滑动稳定安全系数，正常设计情况时，一般不小于 1.3，对大于 12m 的高墙或重要性大的挡土墙应视具体情况适当提高 K_s 值；对于地震、临时工程等校核情况时，一般为 1.1～1.2，低墙取小值，高墙取大值；

ΣV——抗滑力之和，这里指竖向力之代数和（kN），通常竖向力方向向下为正，方向向上为负；

ΣH——滑动力之和，这里指水平力之代数和（kN），通常水平力方向向前为正，方向向后为负；

μ——墙基底与地基土之间的摩擦系数，参考表 9.4-1 查得，本表亦可用于水泥土墙。

挡土墙基底摩擦系数 μ **表 9.4-1**

序号	基底土类别	摩擦系数 μ
1	淤泥	0.10～0.20
2	淤泥质土	0.20～0.25
3	软塑黏土	0.20～0.25
4	硬塑黏土	0.25～0.30
5	亚黏土、轻亚黏土	0.30～0.40
6	砂类土	0.30～0.50
7	碎、卵石类土	0.40～0.50
8	软质岩石	0.30～0.50
9	硬质岩石	0.60～0.70
10	有滑腻表面的岩质土壤（泥质灰岩、泥质页岩）	0.25（潮湿）～0.30（干燥）
11	表面不滑腻的岩石	0.60

2）抗倾覆稳定计算

倾覆稳定性是取挡土墙的墙趾 N 点为力矩中心（见图 9.4-4），以稳定力矩与倾覆力矩的比值 K_t 来表示的，比值越大，安全性越高；反之，比值越小，安全性越低。抗倾覆稳定性按照下式进行计算：

$$K_t = \frac{\Sigma M_N}{\Sigma M'_N} = \frac{Wz + E_p z_3}{E_{a1} z_1 + E_{a2} z_2} \geqslant 1.5 \tag{9.4-14}$$

式中 K_t——抗倾覆稳定安全系数，正常设计情况时，一般不小于1.5，对大于12m的高墙或重要性大的挡土墙应视具体情况适当提高 K_t 值；对于地震、临时工程等校核情况时，一般为1.20～1.30，低墙取小值，高墙取大值；

ΣM_N——抗倾覆力矩之和，这里指对N点的稳定力矩之代数和，单位通常为kN·m；

$\Sigma M'_N$——倾覆力矩之和，这里指对N点的倾覆力矩之代数和，单位通常为kN·m；

W——墙体自重（kN）；

E_p——墙前被动土压力（kN）；

E_{a1}——墙顶荷载 q 产生的主动土压力（kN）；

E_{a2}——墙后土体产生的主动土压力（kN）；

z——墙体自重对N点的力臂（m）；

z_1——主动土压力 E_{a1} 对N点的力臂（m）；

z_2——主动土压力 E_{a2} 对N点的力臂（m）；

z_3——被动土压力 E_p 对N点的力臂（m）。

9.4.5 抗圆弧滑动稳定计算

基坑岸坡支护结构的抗圆弧滑动稳定计算方法与第9.2.2节所讲的无支护岸坡抗圆弧滑动稳定计算是一样的，它是通过对圆心 O 点建立滑动稳定安全系数的方法进行计算，通常应按墙体部分及墙体连同地基部分两种工况予以验算。一般情况下，边坡支护工程都按均质土进行圆弧滑动稳定计算，由于深基坑开挖，边坡经常需要设置钢筋混凝土立柱、锚杆、土钉墙、水泥土墙等支护，所以深基坑开挖边坡圆弧滑动稳定可按挡土墙支护、无支护、锚杆支护三种情况进行计算：

1）挡土墙支护边坡

挡土墙支撑包括重力式挡墙、水泥土桩形成的挡土墙、“土钉＋挂网喷混凝土护面”形成的挡土墙、“小直径混凝土桩＋土钉＋挂网喷混凝土护面”形成的挡土墙等支护结构形式，均按重力式挡墙理论按照9.4.4节所讲的方法进行稳定计算，通常情况可不进行抗圆弧滑动稳定计算。

2）无支护边坡

无支撑边坡就是天然开挖边坡，其圆弧滑动稳定计算仍然是9.2.2节所表示的通用表达式：

$$K = \frac{M_R}{M_S} = \frac{\Sigma(\gamma b h_i \cos\alpha_i)\tan\varphi + cL}{\Sigma(\gamma b h_i \sin\alpha_i)} = \frac{\gamma b \tan\varphi \Sigma(h_i \cos\alpha_i) + cL}{\gamma b \Sigma(h_i \sin\alpha_i)} \geqslant 1.2 \tag{9.4-15}$$

3）锚杆支护边坡

当边坡有锚杆支撑时，由于增加了锚杆拉力，其圆弧滑动稳定可参考《挡土墙设计实用手册》导出如下计算式：

$$K = \frac{M_R}{M_S} = \frac{M_k + r(R\cos\theta + R\sin\theta\tan\varphi) - r(V\sin\theta - V\cos\theta\tan\varphi)}{M_h}$$

$$= \frac{M_k + rR(\cos\theta + \sin\theta\tan\varphi) - rV\sin\theta + rV\cos\theta\tan\varphi}{M_h} \geqslant 1.2 \quad (9.4\text{-}16)$$

上两式中 M_R——墙后所有力对圆心 O 点产生的抗滑力矩；

M_S——墙后所有力对圆心 O 点产生的滑动力矩；

M_k——墙后锚杆拉力以外的所有力对圆心 O 点产生的抗滑力矩；

M_h——墙后锚杆拉力以外的所有力对圆心 O 点产生的滑动力矩；

R——墙后锚杆拉力的总水平分力；

V——墙后锚杆拉力的总竖直分力；

θ——圆弧切线与水平线的夹角；

φ——墙后土层平均内摩擦角。

9.4.6 挡土墙抗隆起计算

当坑底为饱和土层，或者说基坑的支护桩体嵌入地基的土层为软弱土层时，尚应验算桩体的嵌固长度（即埋深）是否满足基坑抗隆起要求，也就是支护桩体或挡墙的底端以下土层能否向上涌起，见图 9.4-5。基坑抗隆起稳定计算公式如下：

$$K_L = \frac{\gamma t N_q + cN_c}{\gamma(h+t)+q} \geqslant 1.6 \quad (9.4\text{-}17)$$

式中 K_L——基坑抗隆起稳定安全系数，不应小于 1.6；

γ——地基土的重度（kN/m^3）；

t——挡土墙（支护结构）的嵌固长度（坑底以下埋深）；

h——挡土墙（支护结构）的挡土高度；

q——地面荷载（kPa）；

c——坑底土层的黏聚力（kPa）；

N_q——均布力影响的地基承载力系数，$N_q = \tan^2(45° + \varphi/2)e^{\pi\tan\varphi}$（其中 π=3.1416，e=2.7183）；

N_c——黏聚力影响的地基承载力系数，$N_c = (N_q - 1)/\tan\varphi$；

φ——坑底土层的内摩擦角（°）。

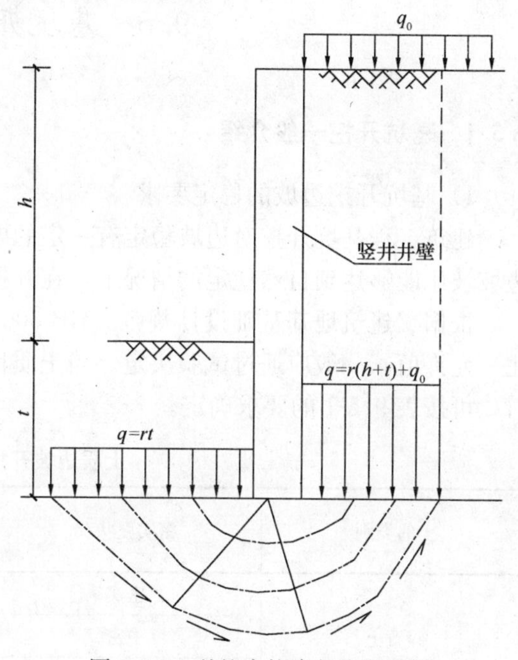

图 9.4-5 基坑底抗隆起稳定验算

9.4.7 挡土墙抗管涌稳定计算

如果水泥土支护墙的基坑底部以下为砂土层或粉十层且有地下水，在墙的前后形成水位差的情况下，应进行抗管涌稳定验算，也就是挡墙的嵌固长度尚需满足抗管涌稳定要求，见图 9.4-6。抗管涌稳定计算公式为：

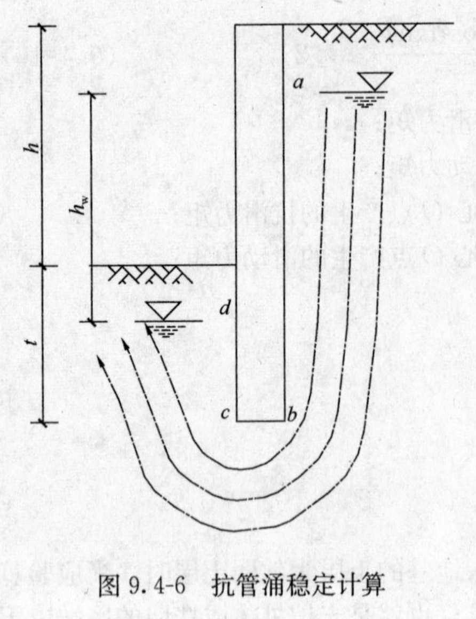

图 9.4-6 抗管涌稳定计算

$$K_e = \frac{i_c}{i} \tag{9.4-18}$$

式中 K_e——抗管涌稳定安全系数，按照基坑的重要性可取 2.5～3.0；

i——平均水利坡度，$i = h_w/L$；

h_w——挡墙前后水位差（m）；

L——产生水头损失的最短渗透流线长度（m），可取图 9.4-6 中的 $abcd$ 范围长度；

i_c——极限平均水利坡度，

$$i_c = (G_s - 1)/(1+e)\text{；}$$

G_s——基坑以下土的颗粒比重，由试验提供；

e——土的孔隙比，由试验提供。

9.5 基坑开挖岸坡支护

9.5.1 基坑开挖一般介绍

1）基坑开挖边坡的稳定要求

建筑工程基坑开挖对边坡稳定有一定的要求，根据第 9.2 节边坡稳定性分析可知，在边坡坡比能够达到自然稳定的情况下，在开挖施工过程中，边坡可以保持稳定。

根据《建筑地基基础设计规范》GB 50007—2002 的规定，土质开挖边坡的坡度（坡比）允许值，一般应通过试验决定。当土质良好且均匀，无不良地质现象，地下水不丰富时，可按表 9.5-1 的要求确定。

土质边坡开挖坡度允许值 **表 9.5-1**

土的类别	密实度状况	坡度允许值（高宽比）	
		坡高在 5m 以下	坡高为 5～10m
碎石土	密实	1∶0.35～1∶0.50	1∶0.50～1∶0.75
	中密	1∶0.50～1∶0.75	1∶0.75～1∶1.00
	稍密	1∶0.75～1∶1.00	1∶1.00～1∶1.25
黏性土	坚硬	1∶0.75～1∶1.00	1∶1.00～1∶1.25
	硬塑	1∶1.00～1∶1.25	1∶1.25～1∶1.50

2）基坑开挖施工注意事项

无论是浅基坑或是深基坑，在基坑开挖施工过程中必须注意以下各点：

（1）施工前做好场区施工规划布置，做到平、竖布置合理，工序连接有序，边坡安全可靠，环境影响最小，基坑开挖顺利。尤其在城市中的施工，建筑较密集，地面空间小，居住人口多，减少对周边的施工干扰是基坑开挖中的一个突出问题。

(2) 基坑四周边沿尽量不要堆放机械、设备、砂石、灰土、材料等物品，以免增加基坑边沿荷载。对于必须布置的边沿荷载，应采取相应的安保措施。

(3) 做好基坑四周排水，不得使雨水、施工污水排入基坑内。若下大雨，基坑存积雨水较深，要及时抽排出基坑以外。

(4) 按照设计要求组织施工，保证基坑边坡开挖支护结构的承载力、尺寸和稳定。基坑支护工程施工质量，不仅是基坑本身安全的保证，而且是建筑物安全使用的保证。因此，加强基坑支护工程的施工质量和施工管理，是十分必要的。

(5) 由于基坑支护工程多为临时性工程，工程相对复杂，投资占比例较大，在工程实际中，常常得不到建设方的应有重视，以至于降低支护要求，给工程造成安全隐患。所以，基坑支护工程，必须得到建设、设计、施工等各方的重视，支护工程的设计和施工应严格遵照国家的相关规范，不能有丝毫放松。

(6) 应制定详细、认真的基坑开挖安全保证措施，实施安全责任制，基坑施工做到事事有人管，处处有监督，确保施工安全。

9.5.2 基坑开挖支护方法选择

工程上常会遇到边坡不稳定情况，对于不稳定边坡，必须进行支护才能确保工程安全。因此，边坡支护是一项专业性很强的技术，是工程设计、工程施工、工程地质、基础处理等部门的一个共同研究课题，是这些单位的相关技术人员必须掌握的一门技术。

基坑边坡需要做支护的条件主要是：(1) 基坑存在的滑坡、裂隙、土质不良、岩体破碎等情况；(2) 由于环境条件限制，开挖基坑的边坡坡比无法达到设计要求；(3) 土质特别松软，边坡自身稳定困难。

对于不稳定边坡，必须进行边坡支护设计，要根据支护高度合理选择支护方案，支护方案可以是单一结构形式的或组合结构形式的。所选支护方案宜结合实践经验，进行必要的认真计算，不允许完全采用经验方法确定结构尺寸。

1) 常用支护结构

目前国内基坑开挖中，多采用的边坡支护结构有：

(1) 重力式墙结构：此种方法结构合理，施工简单，稳定性好，经济可靠，多用在挡土高度小于 6m 的基坑开挖中。重力式墙大体分两种结构形式，一是通常所说的混凝土、浆砌石、砌砖等，他们主要用在永久性工程中；二是水泥土墙，主要包括水泥浆喷桩墙、水泥粉喷桩墙、水泥高压旋喷桩墙、水泥土墙＋锚杆、水泥土墙＋土钉等，他们主要用在临时性工程中。

(2) 悬臂结构：在临时工程中，主要是平板式钢板桩墙。此种方法结构承载力大，抗弯性能好，施工速度快，可回收重复利用，多用在小于 8m 的基坑开挖中。

(3) 支点结构：此方法与悬臂结构基本相同，仅仅是在钢板桩顶部设外置拉杆一排，拉杆由钢筋或钢管组成。支点结构多用在大丁 10m 的基坑开挖中。

(4) 地下连续墙：主要是指钢筋混凝土地下连续墙。此种方法结构承载力大，抗弯性能高，是竖向承载、水平抗弯、防水渗透均好的支护结构体，可做成直墙式、折线式、圆形、方形等多种形式，多用在挡土高度较大的基坑开挖中，开挖深度可达 30m。

(5) 土钉结构：分为土钉分打入型和注浆型两种。打入型常用在边坡基本稳定（坡比达到规定要求）的情况下，主要为防止坡面疏松滑塌、水流冲刷等设置；注浆型常用在边坡欠稳定（坡比不满足要求）的情况下，具有一定的抗拉作用，可做土钉墙结构。土钉墙结构主要有土钉和挂网喷面两部分组成，打入型土钉一般用 $\phi18 \sim \phi22$ 的圆钢筋，注浆型土钉一般用 $\phi18 \sim \phi22$ 的螺纹钢筋，土钉长度为 3～10m。挂网喷面主要是指 8～10cm 厚的 C20 或 C25 混凝土面层，面层内设 $\phi8 \sim 10$ 的钢筋网片，网眼尺寸为 30～40mm 的方孔或矩孔。

土钉结构只适用于地下无水或人工降水至土钉结构以下的情况。

（6）锚杆支护：锚杆体系作支护时，一般只用于岩石和较坚硬土层的坡面，过于疏松的土层不适于作锚杆支护。锚杆可用钢筋、钢管、钢绞线、钢索等。

（7）锚杆联合支护：近些年来，锚杆联合支护由于社会效益和经济效益的明显提高而得到广泛的应用，尤其在高层楼房建筑工程领域，几乎随处可见。这种联合支护，抗拔力强，稳定性大，安全性高，实用性好，可用于 10～18m 的深基坑。锚杆可用钢筋、钢管、钢绞线、预应力钢筋等。

锚杆联合支护的结构形式很多，通常有以下各种：混凝土灌注桩＋锚杆、小直径混凝土灌注桩＋锚杆、混凝土灌注桩＋水泥土墙＋锚杆、小直径混凝土灌注桩＋水泥土墙＋锚杆、管芯注浆混凝土桩＋水泥土墙＋锚杆等。

这些联合支护结构中，无水泥土墙时，用于无地下水情况；有水泥土墙时，用于有地下水情况。

2）浅基坑开挖支护

通常情况下，开挖深度小于 5m 的基坑称为浅基坑。一般的平房或多层房屋工程，大部不设地下室，开挖深度都在 2m 以内，所以基本上都能按要求坡比放坡开挖，都不存在支护问题。在城市由于建筑密度大，对于设一层地下室的楼房工程，很多情况是不能按坡比规定放坡开挖的，这就需要进行支护开挖施工。浅基坑的支护方法很多，相对深基坑也较简单。

对于土质边坡，基坑开挖支护除结合地下室侧墙为永久性结构外，其余大都为临时性支护。浅基坑施工支护应遵循便于施工、提高速度、节省投资、合理安全的原则。工程实用中常采用的支护方法有以下几种：

（1）对于开挖深度小于 5m 的各类建筑基坑中，建议优先采用各种形式的重力式水泥土墙，见图 9.1-3、图 9.1-4、图 9.1-5、图 9.4-1 等。这种水泥土墙自身稳定性好，同时具有支护和防渗作用，安全可靠，节省投资，施工简单，施工期短，在不同土质的基坑开挖中，可以得到广泛使用，能够获得较好的经济效益和社会效益。尤其在有地下水的情况下，水泥土墙互相搭接，可以沿基坑周边形成封闭的防水幕墙，做到防渗、支护双重利用。

（2）某市 16 层办公楼设 1 层地下室，黏性地层土质为主，地下水位低于现地面 1.7m，采用深埋式粉喷桩护岸墙进行基坑开挖施工，见图 9.5-1。这种水泥土墙虽然埋深较大，但墙体较薄，工程量小，施工速度快，支护效果好，特别适用于有地下水的情况。

（3）某小区地下车库开挖施工，一般性黄土地层，基坑深 4m，无地下水，由于施工时间较长，为了保持边坡稳定和有足够的施工场地，采用了台阶式黏土砖砌挡墙，见图 9.5-2。砖砌挡墙自重大，耐久性好，成墙后可以在墙背回填土方，以形成墙背后的施工场地，进而进行车库基坑开挖。

（4）某 12 层住宅楼工程，设 1 层地下室，基坑深 4m，黏性土，土质较坚硬，基坑开挖边坡 1∶0.75 已满足设计要求。但是，基坑东侧顶距边沿不足 1m 处是场区主干道，来往车量频繁，对边坡有一定影响，为保证边坡的安全运用，决定对基坑东侧予以土钉挂网支护，避免边坡因汽车荷载而滑塌。经计算，采用了钻孔注浆型“土钉挂网”支护（孔径 100mm），即布置 4m 长的 ϕ22 螺纹钢筋土钉，梅花形布孔，竖直向共设 3 层土钉，水平向土钉间距为 2.5m，表面挂 ϕ8 钢筋网，网孔尺寸 30cm×30cm，面层喷 8cm 厚的 C20 混凝土。详见图 9.5-3。

(5) 对于较浅的基坑，可采用悬臂式钢板桩支护，优点是施工速度快，节约投资，地下工程完成后可将钢板桩拔除回收，见图 9.5-4。钢板桩支护对于松软土层、饱和土层及有地下水土层有较好的适应性。

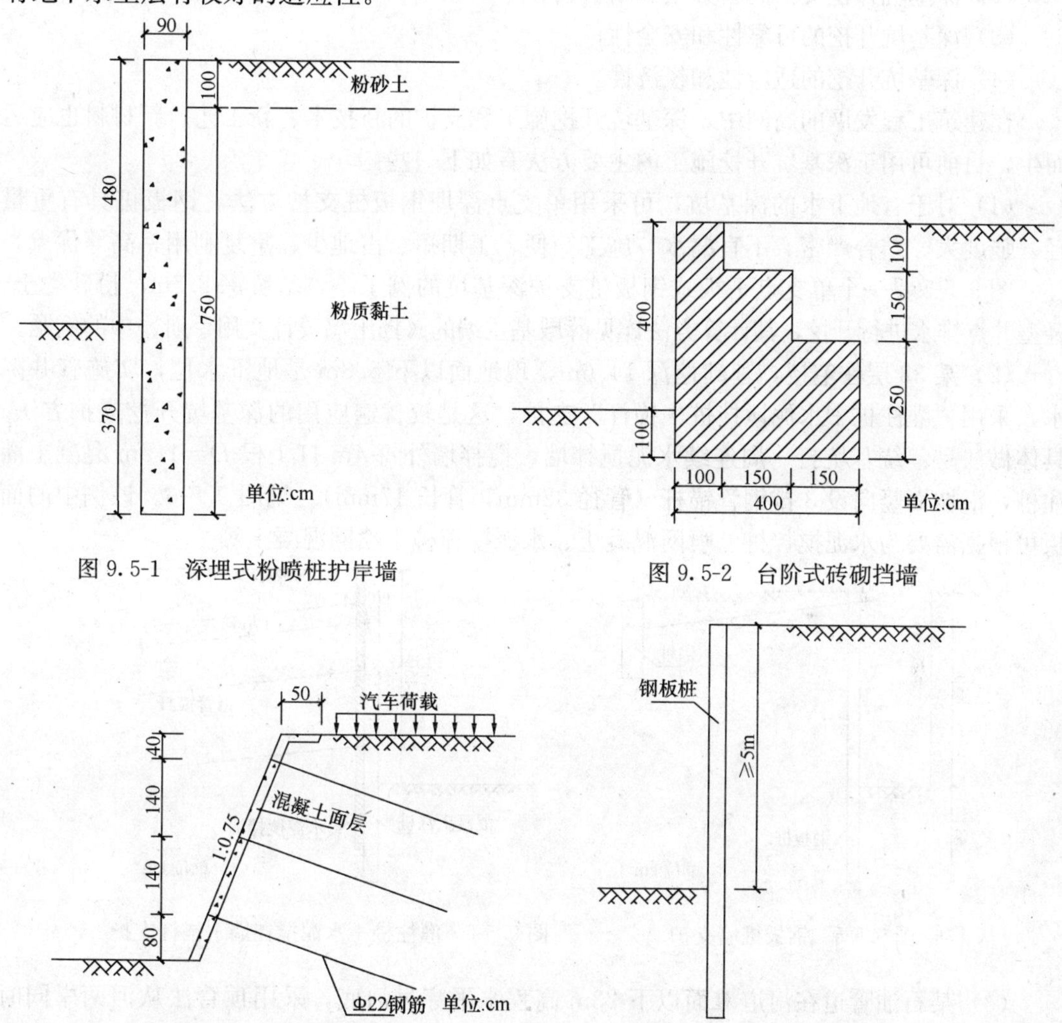

图 9.5-1　深埋式粉喷桩护岸墙

图 9.5-2　台阶式砖砌挡墙

图 9.5-3　土钉挂网支护

图 9.5-4　悬臂式钢板桩支护

3）深基坑开挖支护

随着城市的大力发展，建筑用地越来越紧张，高大楼房建筑迅猛增多，为了满足各类功能的需要（譬如地下车库、仓库、商场、设施、人防等），同时为了达到抗震、承载力、空间的要求等，楼房的地下层设置成了必然趋势，几乎所有高层楼房和部分多层楼房都设计了地下室。多层楼房一般都设1层地下室，基坑开挖深度不会超过6m；高层楼房多设1～2层地下室，基坑开挖深度可达10m以上；少数也有设3层地下室的，基坑开挖深度可达15m以上。有些高楼，即便只有2层地下室，为了达到抗震和承载力需要，基坑开挖深度也可达15m之多。

建筑基础埋深的加深，放坡开挖便成为难题，尤其建筑用地紧张、建筑密度大的城市，更是不可能。这样，建筑深基坑的开挖施工和边坡支护就成了突出障碍，使工程技术人员不得不思考并着手解决下列问题：

（1）深基坑开挖的新技术和新工艺；

（2）深基坑开挖支护的新方法和新材料；

（3）深基坑开挖的可靠性和安全性；

（4）深基坑开挖的适应性和经济性。

在建筑工程发展的高潮中，深基坑开挖施工和支护的新技术、新工艺、新材料也应运而生，目前可用于深基坑开挖施工的主要方法有如下一些：

（1）对于有地下水的深基坑，可采用单支点深埋钢板桩支护方法。钢板桩具有重量轻、强度大、结合严密、不宜漏水、施工简便、工期短、占地少、重复利用率高等优点。

图9.5-5是一个单支点平板式钢板桩支护深基坑的例子。该基坑深8.5m，粉砂类土，轻型井点排水进行开挖，其计算方法详见薛殿基主编的《挡土墙设计实用手册》中的例题。

（2）某33层住宅楼，基础挖深14.6m，现地面以下5.8m是地下水位，实施管井降水，采用“灌注桩＋水泥搅拌桩＋锚杆”支护，这是较普遍应用的深基坑开挖支护方法。具体做法是：绕基坑打一周连续水泥搅拌墙，搅拌墙外每4m打1根$D=1.5$m混凝土灌注桩，沿坡面竖向设3排钢管锚杆（管径32mm，管长17mm）。见图9.5-6。该例中的面板可根据需要为水泥搅拌桩、喷网混凝土、水泥搅拌桩＋喷网混凝土等。

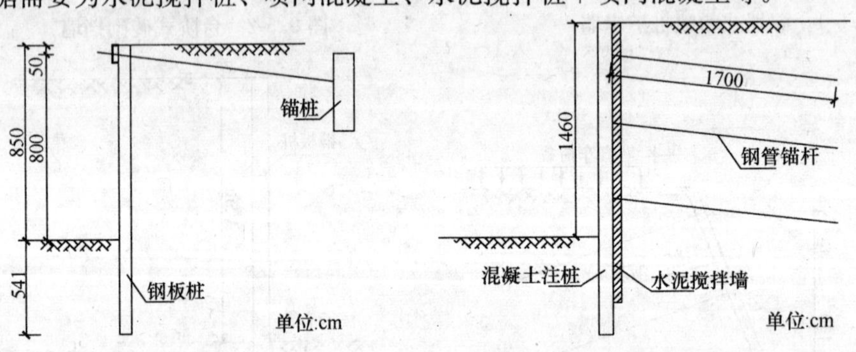

图9.5-5　钢板桩墙支护　　图9.5-6　灌注桩＋水泥搅拌墙＋锚杆支护

（3）某石油管道在河道滩面以下23m高程水平穿过河底，采用顶管法从河两岸同时施工进管，在中部管道对接处需要设竖井予以接管作业，采用地下钢筋混凝土连续墙竖井支护，竖井外径12m，壁厚1m。见图9.5-7。

钢筋混凝土连续墙具有负荷强度大、抗弯刚度高、防渗性能好、整体稳定高的特点，可用于地下较深土层支护。

（4）当有条件部分放坡的情况下，可采用“钢板桩＋放坡”进行支护。图9.5-8是“钢板桩＋放坡”的支护方案，钢板桩挡土高宜在6m以下。

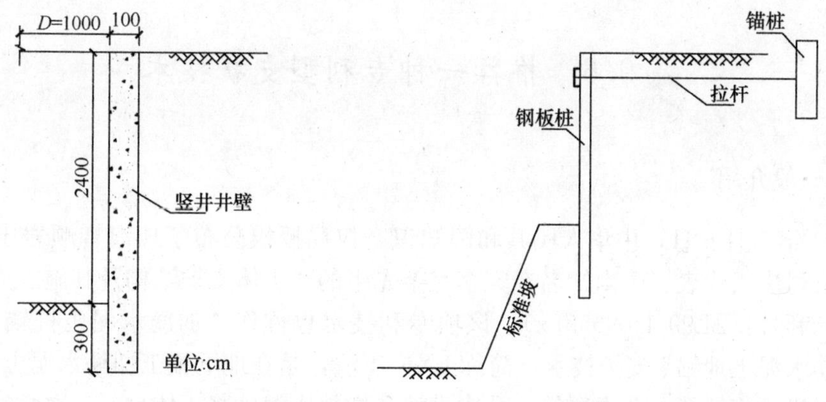

图 9.5-7 钢筋混凝土竖井支护　　　图 9.5-8 钢板桩+放坡支护

（5）当开挖深度在 4～6m 范围时，可采用管芯高压注浆混凝土桩与锚杆联合支护。管芯高压注浆混凝土桩是近两年发掘的新型桩，是微型桩的一种，由于轻巧灵活、效果可靠、设备简单、速度快捷等优点，得到施工单位的青睐。该桩型常用直径为 15～30cm，桩距通过土压力计算确定，通常桩距为 3～4 倍桩径，入土深度根据结构稳定计算确定。

“管芯高压注浆混凝土桩＋锚杆＋坡面喷浆挂网”支护方案见图 9.5-9。

这种支护方案，横梁采用槽钢、角钢制作；锚杆采用 ϕ18～ϕ25 钢筋制作，锚杆孔为 ϕ80～ϕ120；锚头由钢板、垫圈、螺栓组成。表面挂 ϕ8 钢筋网，网孔尺寸 30～40cm，面层喷 8～10cm 厚的 C20 或 C25 混凝土。

（6）当开挖深度在 4～8m 范围时，可采用“小直径灌注混凝土桩＋锚杆＋坡面喷浆挂网（或水泥土墙）”联合支护。小直径灌注混凝土桩，也是微型桩的一种，桩径在 ϕ250～ϕ400，桩长通常小于 15m，桩距通过土压力计算确定，通常桩距为 3～5 倍桩径，入土深度根据结构稳定计算确定。小直径灌注混凝土桩采用 C30 或 C25 混凝土浇筑，强度高，抗侧压力能力大，可以较好的用于支护工程。

当有地下水时，坡面宜采用连续水泥土墙；当无地下水时，坡面应采用喷浆挂网。“小直径灌注混凝土桩＋锚杆＋坡面喷浆挂网”联合支护方案见图 9.5-10。

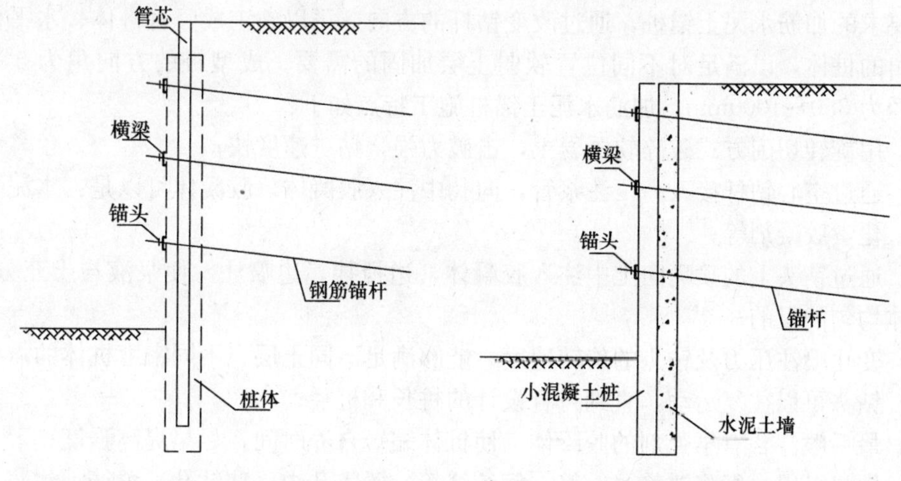

图 9.5-9 管芯注浆桩联合支护　　　图 9.5-10 小直径混凝土桩联合支护

9.6 推荐一种专利型支护技术

9.6.1 一般介绍

2003年8月6日，中华人民共和国知识产权局授权公布了珠海智顺岩土工程专利技术有限公司法人代表、国内知名专家李宪奎先生的“土体支护结构及其施工方法”的专利技术（专利号：ZL99 1 09655.x），该项专利技术也称作“加筋水泥土桩锚”支护技术，或“加筋水泥土地锚”支护技术，简称LXK工法，是在地下施工加筋水泥土桩锚支护时，通过专用机械将钻孔、孔内置筋、孔中灌注和搅拌水泥砂浆一体化，一次性完成，形成施工工艺、施工装备和施工管理的完整工法。此工法施工完成的岩土支护与加固结构，可用于维护基坑稳定、加固边坡、掩护开挖、承担基础浮力等，具有安全性、经济性、方便施工与缩短工期、对周边环境影响小、适用不同土层等优点，可用于较深的边坡支工程护中。

加筋水泥土桩锚可用于基坑开挖支护，也可用于地基与基坑加固。目前，该技术已在深圳、珠海、广东、杭州、河南、山东、江苏、北京及东北等地广泛应用，基坑支护深度最高已达30m以上，成桩直径达1m，从未发生基坑工程事故，表明该结构应用方面的合理与成熟。因此，加筋水泥土桩锚支护结构具有重要的推广应用价值，从安全、经济、环保的角度来看，将产生较大的社会和经济效益。

9.6.2 专利技术要点

土体支护结构及其施工方法（加筋水泥土桩锚支护）适用于砂土、黏性土、粉土、杂填土、黄土、饱和土、淤泥、淤泥质土等土层的基坑支护和地基、土体加固。该方法的核心技术是专用钻孔机械能够在实施钻孔过程中，把钻孔、孔内置筋、孔中灌注和搅拌水泥砂浆一次成桩，比分阶段成桩的传统方法要简便得多，机械化程度高，降低劳动强度，施工快，工期短，节约投资，安全可靠。这种专用钻机，根据设计需要，可以按不同方向施工出所要求的加筋水泥土锚桩，通过改变钻杆的方向，可以施工成竖直桩体、水平桩体和不同倾角的桩体，以满足对不同位置软弱土层加固的需要。成型桩的方向角为5°～90°，成桩直径为350～1000mm。加筋水泥土锚桩施工特点如下：

（1）用旋转切削方式破碎软弱岩土，击破力强，钻进速度快；

（2）通过空心钻杆接入高压注浆管，向孔中注入胶凝体，胶凝体可以是：水泥浆、水泥砂浆、化学胶凝剂等；

（3）通过钻头上的喷嘴向土中注入胶凝体，边搅拌，边喷注，使浆液与土充分混合，达到桩体均匀的目的；

（4）变化喷注压力及钻头的旋转速度，能够满足不同土层、不同密度桩体的需要；

（5）钻头可以往复运动，直到符合设计的桩长和桩径；

（6）最后喷注含有早强剂的胶凝体，使桩体缩短自养时间，尽早提高强度；

（7）钻机可以自行将锚筋（钢筋、钢绞线等）置入孔中，使钻孔、置筋、注浆、搅拌一次成桩，简化施工，节约工时；

(8) 水泥浆在孔内搅拌，不污染地面，保护环境；

(9) 钻机可调节角度，能够施打任意方向的水泥土桩；

(10) 钻机在基坑内工作，不受基坑深度和施工场地的限制。

施工机具作业示意见图 9.6-1，钻头结构及置筋示意见图 9.6-2。

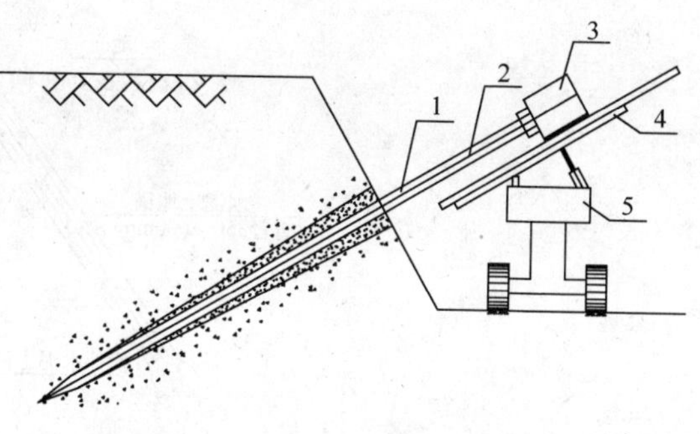

图 9.6-1 施工机具作业示意

1—旋转轴；2—中空钻杆；3—可调角度的钻机；4—托架；5—运载装置

前述可知，该工法可施打水平桩、竖直桩及不同角度的斜桩，桩与桩的搭接可形成连续性加筋水泥土墙（根据需要也可是无筋水泥土墙），竖直的加筋水泥土墙为支挡结构，水平或倾斜的加筋水泥土桩可形成锚拉结构，支挡结构与锚拉结构一起组成重力式加筋水泥土墙，形成完整的边坡加固支挡体系，保证基坑开挖的安全。这种加筋水泥土桩锚支护体系与常规的支护体系不同，它是由加筋水泥土斜向锚桩与竖直锚桩或常规桩墙组合构成，使结构体内的土被包裹，土体与加固体形成整体支护结构，它是主动支护体系，它们能有效地增强结构自身的稳定性和承载力，大大约束地基及边坡的变形。基坑开挖中常用的支护结构形式有“人字形”、“门字形”、“ 彡字形”，见图 9.6-3。

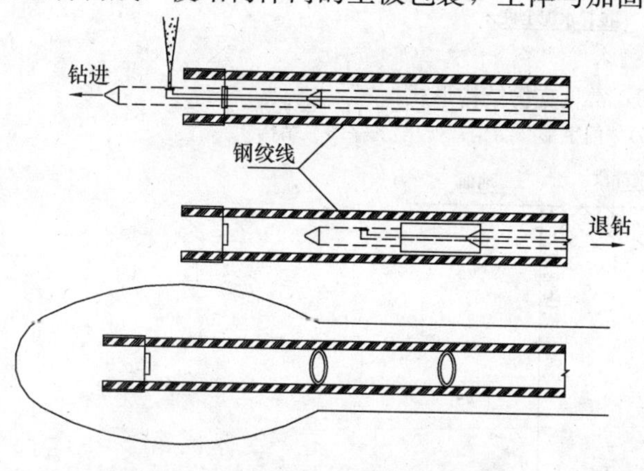

图 9.6-2 施工钻头及锚筋置入示意

该工法专用机械所用的施工钻头能自行扩孔，可在孔底及孔中的任何部位进行扩大孔而形成支盘，增加结构体的抗拔力，显着提高结构的抗水平力能力，有效阻止土体滑移，见图 9.6-4。

加筋水泥土桩锚支护技术（LXK 工法）与传统支护体系相比具有以下优点：

(1) 安全可靠：由于加筋水泥土桩锚支护可以施工成竖向、横向、斜向等不同方向的桩体，多方向的桩体连同包围的土体，形成一个完整的重力式挡土止水结构，这种结构自身体积大，重量大，稳定性好，抗滑动及抗倾覆能力强，从而使整个基坑安全可靠性大大提高。

(2) 方便快捷：使用特制机械打桩施工，钻机可调节方向，施打任何方向的桩；并且可以钻孔、孔内置筋、注浆、搅拌一次成桩，简单方便，节约工时，比传统支护方法可节约工期 1/2 以上。

(3) 环保节能：此工法在孔内搅拌、注浆，浆液与原位土充分混合成桩，不向地面排放泥浆，对环境无污染；并且噪声低，占用空间小，对周边影响很小。

(4) 节省投资：本技术能充分利用地下土体作为支护结构的一部分，并且施工工艺简单，工期短，比传统支护方法可节约资金约 1/3～1/4。

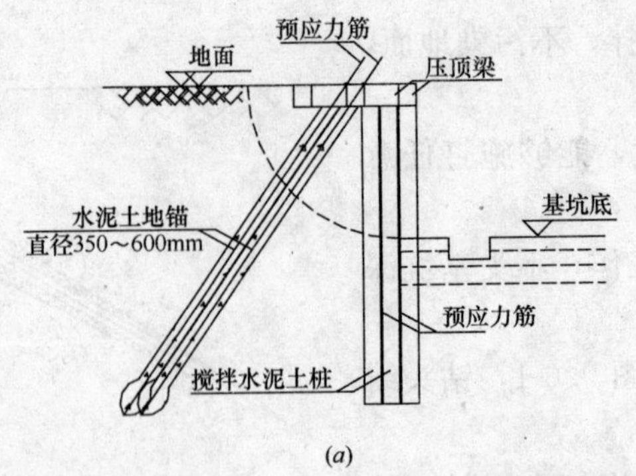

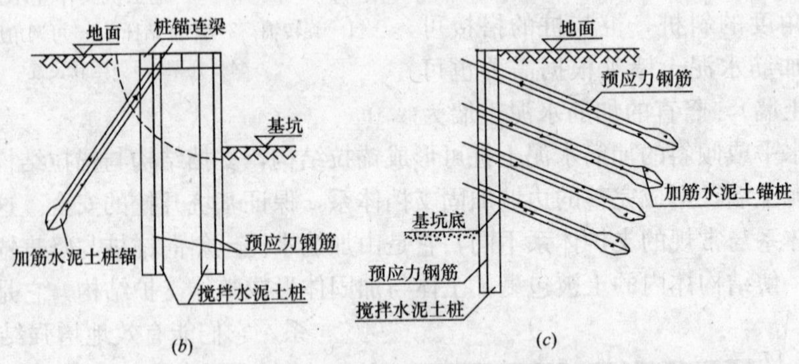

图 9.6-3　常见支护结构形式

(a)“人字形”结构；(b)“门字形”结构；(c)“乡字形”结构

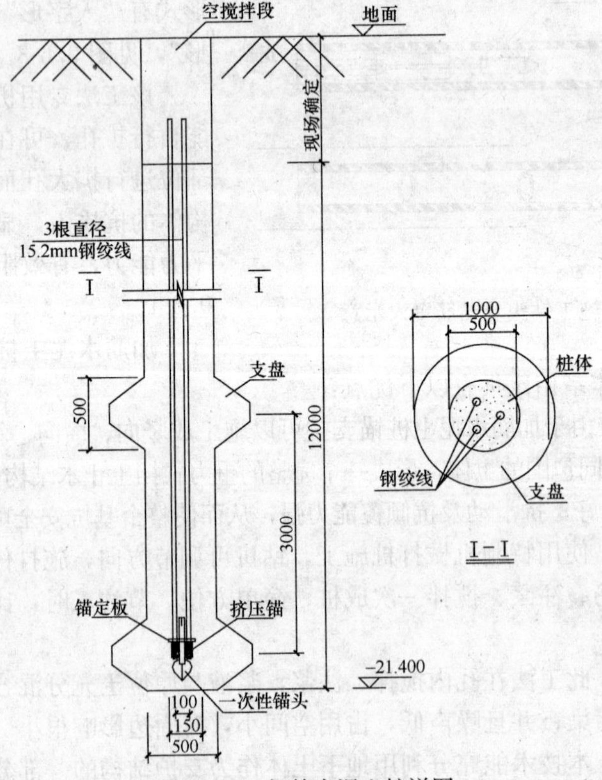

图 9.6-4　加筋水泥土桩详图

10 计 算 实 例

10.1 粉喷桩加固地基设计

10.1.1 基本资料

（一）工程概况

某两单元七层住宅楼工程，砖混结构，占地总长度 33.5m，总宽度 13.3m，地面以上总高度为 21m，地面以下基础埋深 2.15m。采用条形基础，其纵横轴线的条形基础十字相交。基础为钢筋混凝土结构，基础上砌 370mm 砖墙至首层室内地坪。

楼房底层地面高于室外地面 45cm，现设定首层室内地面标高为±0.00，基础底标高为－2.05m，基础下为 100mm 厚的素混凝土垫层，垫层底标高－2.15m。±0.00 以上为 240mm 砖墙，层高均为 3m，预制预应力钢筋混凝土楼板。

地基土为粉土类软质土层，天然土层的承载力不能满足上部荷载的要求，经方案比较，决定采用粉喷桩进行地基加固处理。

（二）主要设计参数

（1）地质资料：根据工程地质报告，地基土的主要物理力学性能见表 10.1-1。

各土层物理力学指标表 **表 10.1-1**

层次	土壤名称	层厚 (m)	含水量 (%)	重度 (kN/m³)	压缩模量 (MPa)	抗剪指标		承载力特征值 f_k(kPa)
						φ(°)	c(kPa)	
1	杂填土	1.03	—	19.50	—	—	—	105
2	粉土	3.47	23.7	19.22	10	21.5	23	130
3	粉土	3.24	25.6	19.06	4.9	18.2	9	95
4	粉土	4.96	25.4	19.24	9.1	18.2	10	120
5	粉土	2.22	27.3	18.82	10	17.8	7	140
6	粉土	1.48	59.2	16.42	4	4.6	22	110
7	粉细砂	9.70	22.5	19.65	26	—	—	200
8	粉土	未揭穿	—	—	—	—	—	—

（2）地震设防烈度为 7 度。

（3）地下水位埋深，现地面以下 1.85m，稳定水位标高－2.30m。

（4）粉喷桩采用 42.5 级水泥作固化料。因无掺合比试验，故决定采用水泥掺入量为 15%。

（5）最大条形基础宽度为 1.8m。

（6）基础占地范围面积 $A'=B\times L=13.3\times 33.5=445.55\text{m}^2$。

（7）基础底板实有面积 $A=371.14\text{m}^2$。

（8）上部结构荷载总重（含基础结构）$V=64560\text{kN}$。

（9）基础底面的平均设计压力 $p'=\dfrac{V}{A}=\dfrac{64560}{371.14}=174\text{kPa}$。

（三）计算方法

本工程为十字交叉的条形基础，为简化计算工作，取受上部结构荷载最大的条基（此条基宽度最大）进行计算，并截取 1m 长条作计算单元。由于计算单元为最大受力部位，故取 1m 长条为计算单元即能够满足整个建筑物的结构要求。

10.1.2 需要的复合地基承载力

（一）地基承载力计算

采用公式
$$p=\frac{F+G+N}{A_0}$$

式中 F——上部结构重，$F=$板传荷载$+$墙重$=144+118=262\text{kN}$；

G——基础自重，经计算为 24kN；

N——基础上的土重，经计算为 53kN；

A_0——计算单元面积，$A_0=lb=1\times 1.8=1.8\text{m}^2$；

所以
$$p=\frac{F+G+N}{A_0}=\frac{262+24+53}{1.8}=\frac{339}{1.8}=188.33\approx 190\text{kPa}$$

基础放在第二土层中，该土层承载力标准值为 130kPa，且其下有较软的下卧层，故不能满足要求，必须用粉喷桩加固，使复合地基承载力达到 190kPa。

（二）基础底面的附加应力 p_e
$$p_e=p-\gamma_p h$$

式中 p——基础应力，即复合地基承载力；

γ_p——基础埋深范围内土的加权平均重度，经计算为 19.37kN/m^3；

h——基础埋深 2.15m。

所以
$$p_e=p-\gamma_p h=190-19.37\times 2.15=190-41.6=148.4\text{kPa}$$

10.1.3 粉喷桩计算

（一）搅拌桩设计

（1）桩径：按设备确定为 $d=50\text{cm}$。

（2）桩长：根据地层情况，选用第四层作持力层，以桩长进入持力层不小于 1m 为原则，确定有效桩长为 $l=9\text{m}$。

（3）桩距：按每颗桩承担的处理面积为 1.5m^2 来控制，则桩距 $a=\sqrt{A_c}=\sqrt{1.5}=1.22\text{m}$，取 $a=1.2\text{m}$。

（4）桩位布置：根据桩距画出桩位布置图（图 10.1-1）。

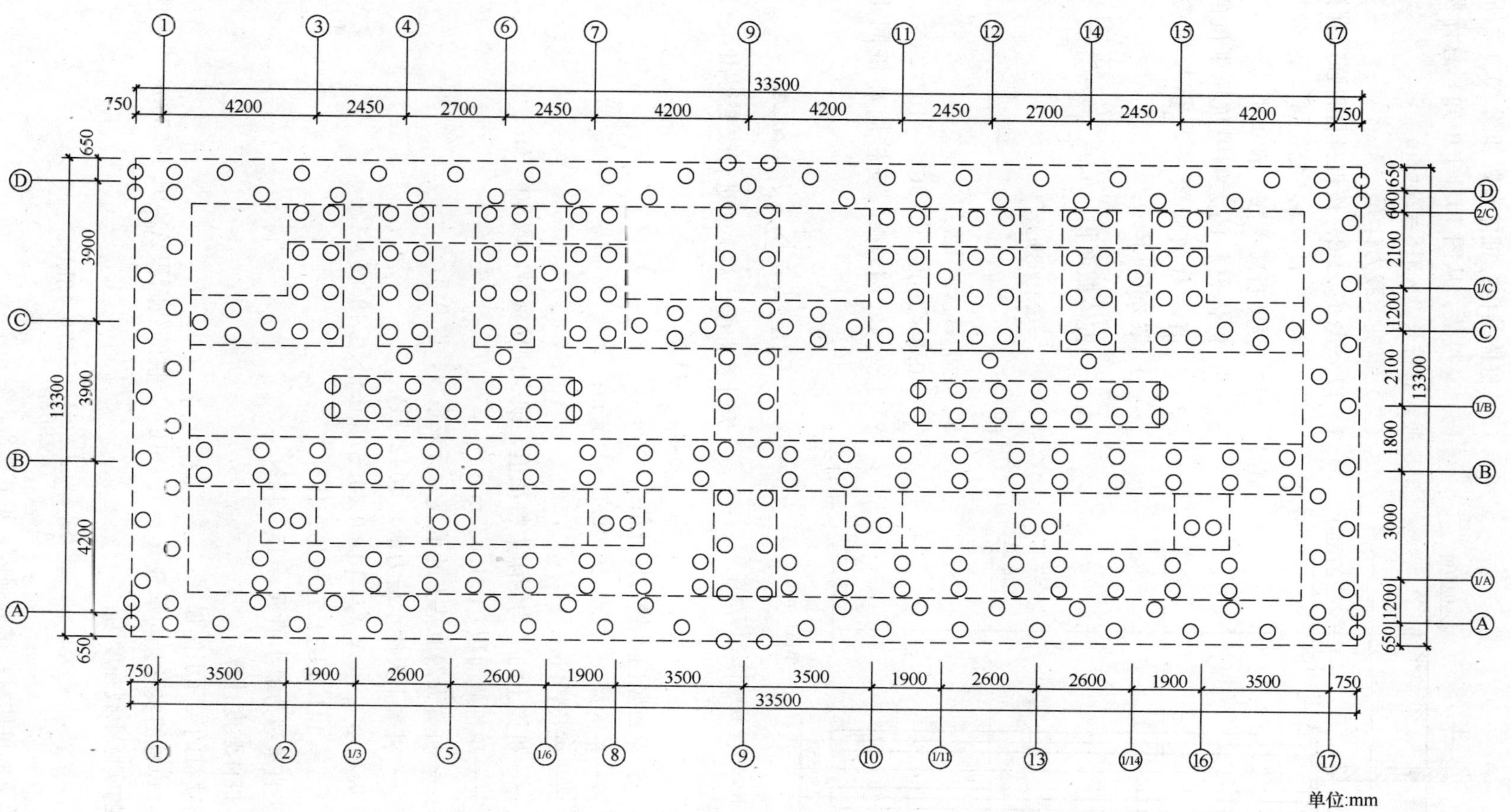

图 10.1-1 粉喷桩平面布置

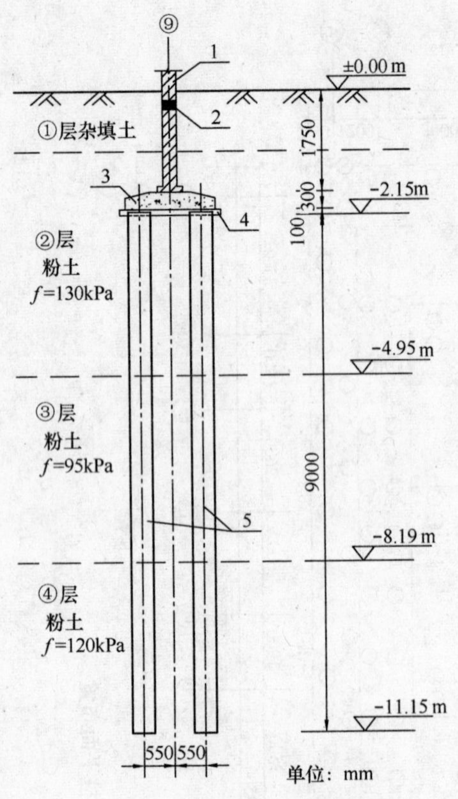

图 10.1-2　粉喷桩结构布置

(5) 桩体结构：桩体布置如图 10.1-2 所示。

(6) 总桩数：从图 10.1-1 中知，总计粉喷桩 318 根，总桩长 9×318=2862m。

(二) 单桩承载力计算

1) 以公式（4.1-3）按桩身材料强度计算。

$$R_a = \eta q_{uc} A_p$$

式中　η——强度折减系数，取 0.3；

q_{uc}——桩体材料的无侧限抗压强度的平均值，无试验资料，参考相关资料取 2600kPa；

A_p——桩体截面积，$A_p = \frac{\pi d^2}{4} = \frac{3.1416 \times 0.5^2}{4} = 0.19635\text{m}^2$。

则

$$R_k = \eta q_{uc} A_p = 0.3 \times 2600 \times 0.19635 = 153.2\text{kN}$$

2) 以公式（4.1-2）按桩周和桩间土抗力计算。

$$R_a = u_p \sum_{i=1}^{n} q_{si} l_i + \alpha q_p A_p$$

为计算方便，对上式进行改变得出：

$$R_a = q_s l u_p + \alpha A_p f_k$$

式中　R_a——单桩竖向承载力特征值（kN）；

u_p——桩的周长，3.1416×0.5=1.57m；

l——桩长，9m；

q_s——桩周土的平均侧阻力特征值，缺少地质资料，取 10 kPa；

A_p——单桩截面积，0.19635m²；

α——桩端天然地基土的承载力折减系数，取 0.5；

f_k——桩端土天然承载力值，取 120kPa。

所以　$R_a = q_s l_S + \alpha A_p f_k = 10 \times 9 \times 1.57 + 0.5 \times 0.19635 \times 120 = 141.3 + 11.78 = 153.1\text{kN}$

单桩竖直承载力取小值 $R_a = 153.1\text{kN}$。

(三) 桩体强度计算

1) 粉喷桩的实际工作强度：

已知：单桩的实际竖向承载 $R_a = 153.1\text{kN}$，桩的截面积 $A_p = 0.19635\text{m}^2$。

则桩的实际承载强度为：

$$q_c = \frac{R_a}{A_P} = \frac{153.1}{0.19635} = 779.73\text{kPa}$$

2) 要求的桩体材料试验强度，见式（8.3-3）：

$$q_c = \frac{2R_a}{A_p} = \frac{2 \times 153.1}{0.19635} = 1559.5\text{kP}_a$$

式中　R_a——单桩竖向承载力计算值，153.1kN；

A_p——单桩截面积 0.19635m²；

2——单桩承载力安全系数。

因此，必须使水泥土的无侧限抗压强度值达到 1559.3kPa 以上。应采用 42.5 级水泥进行原位土的掺合比试验，以 $q_c \geqslant 1559.3\text{kPa}$ 作为设计值。

10.1.4　复合地基承载力验算

复合地基承载力特征值用下式进行计算：

$$f_{ck} = m\frac{R_a}{A_p} + \beta(1-m)f_s > p$$

式中　f_{ck}——设计的复合地基承载力特征值（kPa）；

R_a——单桩竖向承载力值，153.1kN；

A_p——桩截面积，0.19635m²；

f_s——桩间土天然承载力标准值，经计算，其加权平均值为 110kPa；

β——桩间土承载力折减系数，取 0.7；

p——要求的地基承载力，190kPa；

m——灰土的面积置换率，按下式计算：

$$m = \frac{n_p A_p}{A}$$

n_p——总桩数，318 根；

A——基底总面积为 371.14m²。

所以

$$m = \frac{n_p A_p}{A} = \frac{318 \times 0.19635}{371.14} = 0.168$$

将上列数值代入式中：

$$\begin{aligned} f_{ck} &= m\frac{R_k}{A_p} + \beta(1-m)f_s \\ &= 0.168 \times \frac{153.1}{0.19635} + 0.7 \times (1-0.168) \times 110 \\ &= 131.0 + 64.1 = 195.1\text{kPa} > 190\text{kPa} \end{aligned}$$　满足要求。

10.1.5　应力分担计算

（一）总桩数

根据前面计算参数，粉喷桩总数量为：

$$n_p = \frac{mA}{A_p}$$

式中　m——面积置换率，取 0.168；

A——建筑物基底实有面积，371.14m²

A_p——单桩截面积，0.19635m²

故 $n_p=\frac{mA}{A_p}=\frac{0.168\times371.14}{0.19635}=317.6\approx318$ 根　　符合要求。

（二）应力分担比

采用公式：

$$n_0=\frac{q_c}{f_s}$$

式中　q_c——单桩竖向承载力的实际抗压强度，为 779.73kPa；

f_s——桩间土天然承载力特征值，为 110kPa。

所以
$$n_0=\frac{q}{f_s}=\frac{779.73}{110}=7.09$$

（三）应力系数

应力集中系数为：

$$\xi=\frac{n_0}{1+(n_0-1)m}=\frac{7.09}{1+(7.09-1)\times0.168}=\frac{7.09}{2.023}=3.51$$

应力减小系数为：

$$\lambda=\frac{1}{1+(n_0-1)m}=\frac{1}{1+(7.09-1)\times0.168}=0.49$$

（四）应力分担

(1) 桩体承担的应力为：

$$p_c=\xi p$$

式中　p_c——桩体自身分担的应力；

ξ——应力集中系数为 3.51；

p——建筑物基底计算压力 190kPa。

所以　$p_c=\xi p=3.51\times190=666.9\text{kPa}<q_c=779.73\text{kPa}$　　满足要求。

(2) 桩间土承担的应力为：

$$P_s=\lambda p=0.49\times190=93.1\text{kPa}<f_s=110\text{kPa}$$　　满足要求。

10.1.6　地基承载能力验算

（一）复合地基的实际承载能力

$$f_{zk}=\frac{n_pR_k+(A-n_pA_p)f_s}{A}>p$$

式中　n_p——总桩数 318 根；

R_k——单桩承载力 153.1kN；

f_s——桩间土承载力 110kPa；

A_p——桩截面积 0.19635m²；

A——计算基础总面积 371.14m²；

p——要求的复合地基承载力 190kPa。

则　$f_{zk}=\frac{n_pR_k+(A-n_pA_p)f_s}{A}$

$$= \frac{318 \times 153.1 + (371.14 - 318 \times 0.19635 \times 110)}{371.14}$$

$$= \frac{48686 + 33957}{371.14} = \frac{82673}{371.14}$$

$$= 222.7\text{kPa} > 190\text{kPa} \quad \text{条件满足。}$$

（二）桩底持力层承载能力

桩底持力层承载能力按下式进行计算：

$$p_a = \frac{f_{ck}A + V - \Sigma U q_{cu} - f_u(A - A_z)}{A_z} \leqslant f$$

式中 f_{ck}——复合地基承载力计算值，195.1kPa；

A——基底面积，1m 截条面积 $A=1\times1.8=1.8\text{m}^2$；

A_z——实体基础面积，$A_z=1.5\text{m}^2$；

V——实体基础自重，$V=lF\gamma_{ps}$；

l——实体基础深度 9m；

F——1m 截条的实际基础面积 1.8m^2；

γ_{ps}——实体基础的自身重度，取 19.2kN/m^3，有 $V=lF\gamma_{ps}=9\times1.8\times19.2=311.04\text{kN}$；

ΣU——实体基础侧表面，$\Sigma U=(1.8+1)\times2\times9=50.4\text{m}^2$；

q_{cu}——实体基础侧表面的摩阻力，无试验资料，因在水中摩阻力较低，取 7kPa；

f_u——实体基础顶部土层的承载力标准值，属第二土层，$f_u=130\text{kPa}$；

f——桩端土层的承载力设计值，即 $f=f_k+\eta_b\gamma(b-3)+\eta_d\gamma_p(d-0.5)$；

f_k——实体基础下土层的天然承载力，第四层为 120kPa；

γ——实体基础下土层的重度为 19.24kN/m^3，扣除水的浮重度约 10kN/m^3，则 $\gamma=19.24-10=9.24\text{kN/m}^3$；

γ_p——实体基础范围内的土层平均重度，经计算为 19.64kN/m^3，扣除水的浮重度为 $\gamma_p=19.64-10=9.64\text{kN/m}^3$；

b——实体基础宽度，取 1.8m；

d——实体基础埋深，$d=1.85+9=10.85\text{m}$；

η_b——实体基础宽承载力修正系数，桩端为粉土层，饱和度 $S_r=0.94$，孔隙比 $e=0.88$，查表 8.2-2 得 $\eta_b=0$；

η_d——实体基础埋深承载力修正系数，查表 8.2-2 取 1.1。

故
$$f = f_k + \eta_b\gamma(d-3) + \eta_d\gamma_p(d-0.5)$$
$$= 120 + 0\times9.24(1.8-3) + 1.1\times9.64(10.85-0.5)$$
$$= 120 + 0 + 109.75 = 229.75\text{kPa}$$

将上列各数值代入得：

$$p_a = \frac{f_{ck}A + V - \Sigma U q_{cu} - f_u(A - A_z)}{A_z}$$

$$= \frac{195.1\times1.8 + 311.04 - 50.4\times7 - 130\times(1.8-1.5)}{1.5}$$

$$=\frac{351.18+311.04-352.8-39}{1.5}$$

$$=\frac{270.42}{1.5}=180.28<f=229.75\text{kPa} \quad \text{满足条件。}$$

（三）软弱下卧土层承载力 p_w（图 10.1-3）

实体基础的持力层为第四层土，其下第六层土为软弱土层，承载力为 110kPa，压缩模量为 4MPa，故应进行承载能力复核。按下列公式计算：

$$p_w = p_z + p_{cz} \leqslant f$$

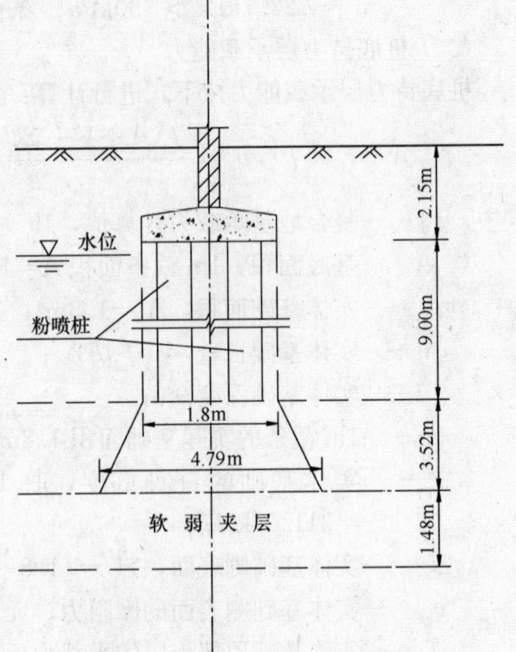

图 10.1-3　软弱下卧层承载力计算

式中　p_z——下卧层顶面处的附加应力设计值，$p_z=\frac{Q}{A_w}$；

Q——建筑物上部荷载总重，在 1m 长条上，$Q=F+G+N=262+24+53=339\text{kN}$；

A_w——下卧层顶面受力面积（图 10.1-3）；根据图中数据，按表 8.5-1 查得压力扩散角 $\theta=23°10'$，已知实体基础宽为 1.8m，经计算下卧层顶面受力宽度为 4.79m，则 $p_z=\frac{Q}{A_w}=\frac{339}{1\times4.79}=70.8\text{kPa}$；

p_{cz}——下卧层顶面处土及桩的自重压力标准值，$p_{cz}=\frac{V}{A_w}$；

V——下卧层顶面以上的土和桩重，经计算土及桩的加权平均重度为 12.4kN/m^3，下层卧层顶面以上深度为 14.67m，则 $V=\gamma_p h=12.4\times14.67=181.91\text{kN}$，$p_{cz}=\frac{V}{A_w}=\frac{181.91}{4.79}=37.98\text{kPa}$；

f——下卧层承载力设计值，$f=f_{ck}+\eta_b\gamma(b-3)+\eta_d\gamma_p(d-0.5)$；

f_{ck}——下卧层天然承载力 110kPa，本层土的孔隙比 $e=1.726$，饱和度 $S_r=0.96$，依 e 及 S_r 查表 8.2-2 得 $\eta_b=0$，$\eta_d=1.1$；

γ_p——下卧层以上土的平均重度 12.4kN/m^3；

d——下卧层顶面以上的埋深 14.67m。

所以

$$\begin{aligned} f &= f_{ck}+\eta_b\gamma(b-3)+\eta_d\gamma_p(d-0.5)\\ &= 110+0\times16.42(4.79-3)+1.1\times12.4(14.67-0.5)\\ &= 110+193.28=303.28\text{kPa}\end{aligned}$$

因此，下卧层承载力为：

$$p_w=p_z+p_{cz}=70.8+37.98=108.78\text{kPa}<f=303.28\text{kPa} \quad \text{满足条件。}$$

10.1.7 基础沉降计算

总压缩变形量计算公式为：

$$s=s_1+s_2$$

式中 s_1——实体基础的压缩变形量；

s_2——实体基础以下土层的压缩变形量。

（一）处理加固土层 s_1 的计算

采用公式：

$$s_1=\frac{(p_o+p_{oz})l}{2E_{ps}}$$

p_o——实体基础顶面处的压力，公式为：

$$p_o=\frac{f_{ck}A-f_u(A-A_z)}{A_z};$$

f_{ck}——要求的复合地基承载力，取基底压力值 190kPa；

f_u——桩顶处土层的天然承载力，取 105kPa；

A——基础底面积，1.8m²；

A_z——实体基础面积，1.5m²。

将上述各数值代入公式，有：

$$p_o=\frac{f_{ck}A-f_u(A-A_z)}{A_z}=\frac{190\times1.8-105\times(1.8-1.5)}{1.5}$$

$$=\frac{342-32}{1.5}=206.666\approx207\text{kPa}$$

p_{oz}是实体基础底面的附加压力，计算公式为：

$$p_{oz}=p_a-\gamma_{ps}l$$

式中 p_a——实体基础底面压力，即桩端持力层的压力，前已计算为 202.72kPa；

γ_{ps}——实体基础平均重度，加权平均计算后得 $\gamma_{ps}=19.49\text{kN/m}^3$，扣除水重度得 $\gamma_{ps}=9.49\text{kN/m}^3$；

l——实体基础厚度，即桩长 9m。

因此有：$p_{oz}=p_a-\gamma_{ps}l=202.72-9.49\times9=117.31\text{kPa}$

E_{ps}是实体基础压缩模量，计算公式为：

$$E_{ps}=mE_p+(1-m)E_s$$

式中 m——灰土置换率，0.168；

E_p——搅拌桩的压缩模量，无试验资料，取 $E_p=110q_u$；

q_u——桩的无侧限抗压强度，前已计算为 1559.5kPa。

则：$E_p=110q_u=110\times1559.5=171545\text{kPa}$；

因此有 $E_{ps}=mE_p+(1-m)E_s=0.168\times171545+(1-0.168)\times7800$

$=28819.56+6489.6=35309.16\text{kPa}$

则 $s_1=\dfrac{(p_o+p_{oz})l}{2E_{ps}}=\dfrac{(207+117.31)\times9}{2\times35309.16}=\dfrac{2918.79}{70618.32}=0.0413\text{m}=41.3\text{mm}$

（二）桩下未处理土层 s_2 的计算（图 10.1-4）

$$s_2 = \psi_s s' = \psi_s \sum_{i=1}^{n} \Delta s_i = \psi_s \sum_{i=1}^{n} \frac{p_{oz}}{E_{si}} (Z_i \overline{\alpha}_i - Z_{i-1} \overline{\alpha}_{i-1})$$

式中 ψ_s——沉降计算系数，按表 8.6-2 取用；

s'——实体基础以下土层的计算沉降量，

$$s' = \sum_{i=1}^{n} \Delta s_i;$$

Δs_i——压缩层内某一土层的计算沉降量（亦称计算压缩量），按下式计算：

$$\Delta s_i = \frac{p_{oz}}{E_{si}} (Z_i \overline{\alpha}_i - Z_{i-1} \overline{\alpha}_{i-1});$$

p_{oz}——实体基础底面处的附加应力，前已计算为 117.31kPa；

E_{si}——计算土层的压缩模量，见图 10.1-4；

Z_i——实体基础底面至计算土层底面的深度，见图 10.1-4；

Z_{i-1}——实体基础底面至计算土层顶面的深度，见图 10.1-4；

n——实体基础以下压缩层范围内的土层数；

$\overline{\alpha}_i$——实体基础底面至计算土层底面范围内的平均附加应力系数，由附录 B 查得；

$\overline{\alpha}_{i-1}$——实体基础底面至计算土层顶面范围内的附加应力系数，由附录 B 查得。

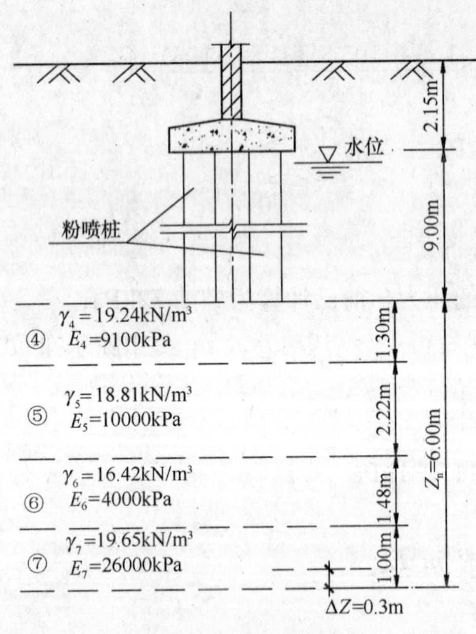

图 10.1-4 沉降计算

为了计算 s_2，必须逐步求出各土层的压缩量 Δs_i、压缩总厚度 Z_n、沉降计算系数 ψ_s，现分述如后。

应说明的是，本例中压缩层厚度先取附加应力与自重应力的比值为 0.2 时的深度作为总压缩层厚，其应力比值为 0.2 时的深度计算方法如下：

先假设压缩层厚度（桩底以下至假定压缩层底）Z'_n 为 3m，已知桩底处的压力为 202.72kPa（持力层承载力）；建筑物基底埋深 2.15m，实体基础深（建筑物基底至桩底）为 9m；建筑物基底以上土的天然重度 γ 为 19.5kN/m³，建筑物基底以下土的平均浮重度经计算 γ'为 9.64kN/m³，则：

桩底处的土重压力为：

$$p_{at} = \gamma d + \gamma' l = 19.5 \times 2.15 + 9.64 \times 9 = 128.69\text{kPa}$$

桩底处的附加压力为： $p_{at} = p_a - p_{at} = 202.72 - 128.69 = 74.03\text{kPa}$

压缩层底的土重压力为： $p_{yt} = p_{at} + \gamma' Z'_n = 128.69 + 9.64 \times 3 = 157.61\text{kPa}$

压缩层底的附加压力为： $p_{yf} = \dfrac{p_{af} b_0}{b_w} = \dfrac{p_{af} b_0}{b_0 + 2Z_w \tan\theta} = \dfrac{74.03 \times 1.8}{1.8 + 2 \times 3 \times \tan 23^\circ}$

$$=\frac{133.254}{4.35}=30.63\text{kPa}$$

所以，压缩层底处的压力比为：$i=\frac{p_{yf}}{p_{yt}}=\frac{30.63}{157.61}=0.194\approx0.2$

因此，所假定的 3m 厚压缩层底处压力比等于 0.2 的规定，此深度属于第 5 土层范围，经计算不能满足要求，其下第 6 土层为软弱土层，经计算仍不能满足要求。再往下第 7 土层为高压缩性土，压缩模量达 26MPa，可作压缩层的底部，不需再进行总压缩层计算。但为便于示例，仍在第 7 土层中取 1m 厚作压缩层范围，这些计算过程均省略，最后试算确定的总压缩层 $Z_n=6$m 见图 10.1-4，故以此作计算示例。

1）计算各土层的压缩量 Δs_i

已知：

(a) 基础长度 l 很大（条形基础）；

(b) 基础宽度 $b=1.8$m；

(c) $l/b>10$（形条）；

(d) 实体基础底面附加压力，前已计算为 $p_{oz}=117.31$kPa；

(e) 土层的重度、厚度及压缩模量见图 10.1-4；

(f) 总压缩层厚度 $Z_n=6$m；

(g) 上部荷载性质：矩形面积上的均布力；

(h) 沉降计算部位：基础板中心点。

第 4 层土：

$Z_0=0$，$Z_4=1.3$

$\frac{Z_0}{b}=\frac{0}{1.8}=0$，由附录 B 附表 B.1-1 查得附加应力系数为 $\bar{\alpha}_0=1.000$。

$\frac{Z_4}{\text{b}}=\frac{1.3}{1.8}=0.72$，由附录 B 附表 B.1-1 查得附加应力系数(以下省略此句)为 $\bar{\alpha}_4=0.883$。

所以 $$\Delta s_4=\frac{p_{oz}}{E_4}(\bar{\alpha}_4Z_4-\bar{\alpha}_0Z_0)=\frac{117.31}{9100}\times(0.883\times1.3-1.00\times0)$$

$$=0.0128912\times1.1479=0.0147978\text{m}=14.8\text{mm}$$

第 5 层土：

$Z_5=Z_4+2.22=1.3+2.22=3.52$m

$\frac{Z_5}{b}=\frac{3.52}{1.8}=1.96$ 查表得 $\bar{\alpha}_5=0.612$

所以 $$\Delta s_5=\frac{p_{oz}}{E_5}(\bar{\alpha}_5Z_5-\bar{\alpha}_4Z_4)=\frac{117.31}{1000}\times(0.612\times3.52-0.883\times1.3)$$

$$=\frac{117.31}{10000}\times(2.15424-1.1479)=0.01181\text{m}=11.81\text{mm}$$

第 6 层土：

$Z_6=Z_5+1.48=3.52+1.48=5$m

$\frac{Z_6}{b}=\frac{5}{1.8}=2.78$ 查表得 $\bar{\alpha}_6=0.508$

所以 $\Delta s_6=\dfrac{p_{oz}}{E_6}(\bar{\alpha}_6 Z_6-\bar{\alpha}_5 Z_5)=\dfrac{117.31}{4000}\times(0.508\times5-0.612\times3.52)$

$$=\frac{117.31}{4000}\times(2.54-2.15424)=0.01131\text{m}=11.31\text{mm}$$

第7层土：

取1m厚度计算，即 $Z_7=Z_6+1=5+1=6\text{m}$

$\dfrac{Z_7}{b}=\dfrac{6}{1.8}=3.33$　查表得 $\bar{\alpha}_7=0.458$

所以 $\Delta s_7=\dfrac{p_{oz}}{E_7}(\bar{\alpha}_7 Z_7-\bar{\alpha}_6 Z_6)=\dfrac{117.31}{26000}\times(0.458\times6-0.508\times5)$

$$=\frac{117.31}{26000}\times(2.748-2.54)=0.00094\text{m}=0.94\text{mm}$$

2）确定压缩层总厚度 Z_n

按式（8.6-15）确定压缩层总厚度，即：

$$\frac{\Delta s_n}{\sum_{i=4}^{7}\Delta s_i}\leqslant 0.025$$

式中 $\sum_{i=4}^{7}\Delta s_i$ ——压缩范围内各土层压缩量之和；

$$\sum_{i=4}^{7}\Delta s_i=14.8+11.81+11.31+0.94=38.86\text{mm};$$

Δs_n ——由压缩层底向上取厚度为 ΔZ 的压缩量，ΔZ 由表8.6-3查得。因基础宽 $B=1.8\text{m}$，小于2，故查表 $\Delta Z=0.3\text{m}$。

$$Z'=Z_n-\Delta Z=6-0.3=5.7\text{m}$$

$\dfrac{Z'}{b}=\dfrac{5.7}{1.8}=3.17$，查表得 $\bar{\alpha}_n=0.471$

所以 $\Delta S_n=\dfrac{p_{oz}}{E_7}(\bar{\alpha}_7 Z_7-\bar{\alpha}_n Z')=\dfrac{117.31}{26000}\times(0.458\times6-0.471\times5.7)$

$$=\frac{117.31}{26000}\times(2.748-2.685)=0.000285\text{m}=0.285\text{mm}$$

$$\frac{\Delta s_n}{\sum_{i=4}^{7}\Delta s_i}=\frac{0.285}{38.86}=0.0074<0.025\text{（满足条件）}$$

3）计算压缩模量当量值 $\bar{E}_s$

各土层的附加应力系数积分值按式（8.6-14）计算。

第4层土：

$$A_4=p_{oz}(\bar{\alpha}_4 Z_4-\bar{\alpha}_0 Z_0)=117.31\times(0.883\times1.3-1.00\times0)$$
$$=117.31\times1.1479=134.66$$

第5层土：

$$A_5=p_{oz}(\bar{\alpha}_5 Z_5-\bar{\alpha}_4 Z_4)=117.31\times(0.612\times3.52-0.883\times1.3)$$
$$=117.31\times1.00634=118.05$$

第 6 层土：

$$A_6=p_{oz}(\bar{\alpha}_6Z_6-\bar{\alpha}_5Z_5)=117.31\times(0.508\times5-0.612\times3.52)$$
$$=117.31\times0.38576=45.25$$

第 7 层土：

$$A_7=p_{oz}(\bar{\alpha}_7Z_7-\bar{\alpha}_6Z_6)=117.31\times(0.458\times6-0.508\times5)=117.31\times0.208=24.4$$

则　压缩模量当量值按式（8.6-11）计算：

$$\overline{E}_s=\frac{\Sigma A_i}{\Sigma\dfrac{A_i}{E_{si}}}=\frac{A_4+A_5+A_6+A_7}{\dfrac{A_4}{E_4}+\dfrac{A_5}{E_5}+\dfrac{A_6}{E_6}+\dfrac{A_7}{E_7}}=\frac{134.66+118.05+45.25+24.4}{\dfrac{134.66}{9110}+\dfrac{118.05}{10000}+\dfrac{45.25}{4000}+\dfrac{24.4}{26000}}$$

$$=\frac{322.36}{0.0148+0.01181+0.01131+0.00094}=\frac{322.36}{0.03886}=8295.42\text{kPa}$$

4）计算沉降系数 ψ_s

已知条件：

（a）压缩模量当量值 $\overline{E}_s=8295.42\text{kPa}=8.3\text{MPa}$；

（b）实体基底附加应力 $p_{oz}=117.31\text{kPa}$；

（c）基底下土层天然承载力平均值，即第 4、5、6、7 土层的承载力加权平均值；

$$f_k=\frac{h_4f_4+h_5f_5+h_6f_6+h_7f_7}{h_4+h_5+h_6+h_7}=\frac{1.3\times120+2.22\times140+1.48\times110+1\times200}{1.3+2.22+1.48+1}$$

$$=\frac{829.6}{6}=138.3\text{kPa}$$

（d）$0.75f_k=0.75\times138.3=103.7\text{kPa}<p_{oz}=117.31\text{kPa}$。

这里认为 $0.75f_k=p_{oz}$

根据以上条件，由 $\overline{E}_s=8.3\text{MPa}$ 和 $p_{oz}=0.75f_k$ 查表 8.6-2 得 $\psi_s=0.651$。

5）基底以下沉降量计算值 s'

$$s'=\sum_{i=4}^{7}\Delta s_i=38.86\text{mm（前已计算）}$$

6）基底以下未处理土层沉降量 s_2

$$S_2=\psi_s s'=0.651\times38.86=25.3\text{mm}$$

（三）住宅楼基础总沉降量 s 的计算

$$s=s_1+s_2=41.3+25.30=66.6\text{mm}$$

由上可知，基础总沉降量为 66.6mm，沉降值较小，符合要求。

10.2　水泥粉煤灰碎石桩加固地基设计

10.2.1　基本资料

（一）工程概况

某住宅小区 3 号住宅楼工程，共 28 层，其中地下 2 层，地上 26 层，钢筋混凝土框架结构，箱形基础，基础总长度 54.8m，总宽度 23.4m，地面以上总高度为 83.2m，地面以下基础埋深 9.3m。

楼房底层地面高于室外地面 60cm，现设定首层室内地面标高为±0.00，基础底标高为－9.9m，±0.00 以上为 240mm 轻型砌块墙，层高均为 3.2m，现浇钢筋混凝土楼板。室外地坪标高－0.6m，地下水位埋深－7.40m。

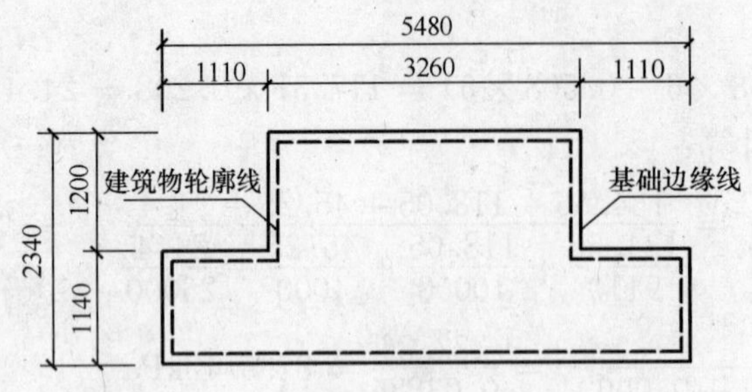

图 10.2-1　基础平面布置图（单位：cm）

地基土为以黏性土层为主，天然土层的承载力不能满足上部荷载的要求，经方案比较，决定采用水泥粉煤灰碎石桩（CFG 桩）进行地基加固处理。

楼房基础平面布置见图 10.2-1。

（二）主要设计参数

（1）地质资料：根据工程地质报告，地面以下各土层的主要物理力学性能指标参见表 10.2-1，承载力指标参见表 10.2-2。

土层物理力学指标表　　**表 10.2-1**

层次	土壤名称	层厚（m）	含水量（%）	重度（kN/m³）	压缩模量（MPa）	抗剪指标 φ（°）	抗剪指标 c（kPa）
1	杂填土	1.4	—	19.30	—	—	—
2	黄土	3.3	—	19.21	10	11.5	23
3	粉土	4.5	5.7	19.23	14.5	15.2	26
4	粉质黏土	4.0	10.4	19.26	17.0	21.2	28
5	黏土	5.2	15.3	19.74	18.2	23.8	34
6	黏土	6.4	17.2	19.65	21.3	23.6	30
7	粉质黏土	5.7	17.5	19.45	22.0	27.3	28
8	粉细砂	未揭穿	18.2	19.56	23.3	29.4	42

土层承载力指标表　　**表 10.2-2**

层　次	土壤名称	承载力特征值 f_k（kPa）	侧阻力特征值 f_c（kPa）	端阻力特征值 f_d（kPa）
1	杂填土	180	39	—
2	耕植土	220	27	—
3	粉土	270	35	—
4	粉质黏土	350	41	800
5	黏土	320	46	620
6	黏土	405	50	670
7	粉质黏土	470	59	700
8	粉细砂	546	76	950

（2）地震设防烈度为 7 度。

（3）地下水位埋深，现地面以下 6.8m，稳定水位标高－7.40m。

（4）水泥粉煤灰碎石桩：桩径采用 50cm，用 42.5 级水泥作掺合料，拌制 C30 强度的混合料，桩距及桩长计算决定，以第 4 土层做基础底。

（5）最大基础宽度为 23.4m，最大基础长度为 54.8m。

（6）基础占地范围面积 $A'=B\times L=23.4\times 54.8=1282.32\text{m}^2$。

（7）基础底板实有面积 $A=1015.92\text{m}^2$

（8）楼房轮廓面积 $A_f=893.9\text{m}^2$

（9）计算荷载总重：

上部结构重　$F=618132\text{kN}$

基础结构重　$G=38097\text{kN}$

基础上的土重　$N=18083\text{kN}$

合　　计　674312kN

10.2.2 需要的复合地基承载力

（一）地基承载力计算

本工程为整体箱形基础，基础受上部结构荷载作用比较均匀，按整体底板进行计算。因此，要求的地基设计压力为：

$$p=\frac{F+G+N}{A}=\frac{618132+38097+18083}{1015.92}=\frac{674312}{1015.92}=663.7\ \text{kN/m}^2$$

基础放在第 4 土层中，该土层承载力特征值为 350kPa，下面第 5 土层承载力特征值为 320kPa，为了计算的准确性，可把第 4 土层的承载力按 320kPa 考虑。所以，持力层地基承载力不能满足要求，必须用水泥粉煤灰碎石桩加固处理，使复合地基承载力达到 663.7kPa。

（二）基础底面的附加应力 p_e

$$p_e=p-\gamma h$$

式中　p——基础应力，即要求的复合地基承载力 663.7kPa；

γ——基础埋深范围内土层的加权平均重度，经计算为 19.24kN/m^3；

h——现地面基础埋深 9.3m。

所以　$p_e=p-\gamma h=663.7\text{kPa}-19.24\times 9.3=663.7\text{kPa}-178.9=484.8\text{kPa}$。

10.2.3 水泥粉煤灰碎石桩计算

（一）复合桩设计

（1）桩径：按设备确定为 $d=50\text{cm}$。

（2）桩长：根据地层情况，选用第 4 土层作为基础持力层，桩顶位于持力层中，初定有效桩长为 $l=16\text{m}$。

（3）桩距：桩距和桩排距均取 4 倍桩径做桩距，即 $4\times 0.5=2.0\text{m}$，即取 $a=2\text{m}$。

（4）一根桩分担的处理面积：等边三角形布桩，按三角形计算等效圆直径，即 $d_e=1.05a=1.05\times 2=2.1\text{m}$，则一根桩分担的处理面积为：

$$A_c=\frac{\pi d_e^2}{4}=\frac{3.1416\times 2.1^2}{4}=3.46\text{m}^2$$

（5）桩位布置：根据桩距画出桩位平面布位置图（图 10.2-2）。

（6）桩体结构：桩体混合材料强度等级采用 C30，桩体结构布置如图 10.2-3 所示。

（7）总桩数：从图 10.2-2 中知，总计水泥粉煤灰碎石桩 468 根，其中基础外 192 根，基础内 276 根，总桩长 16×468=7488m。

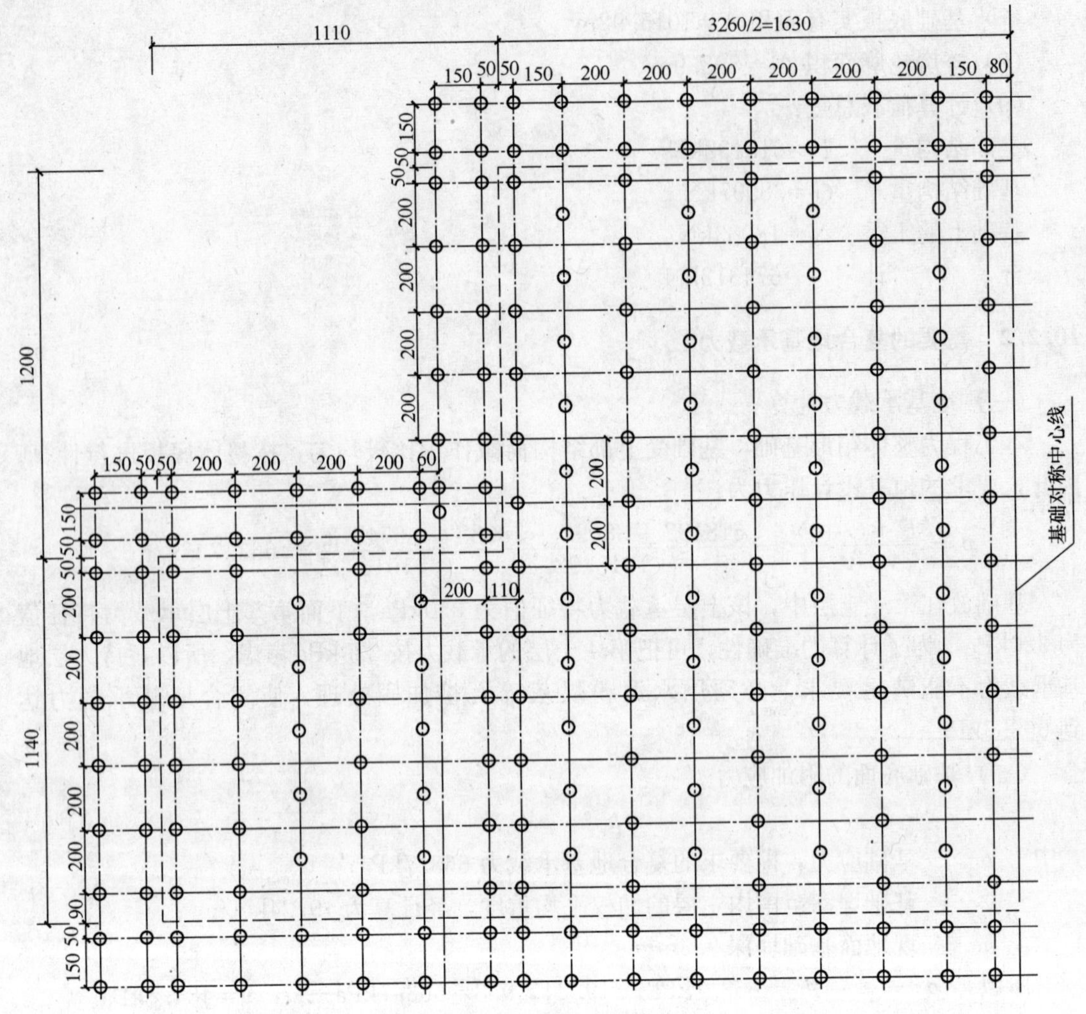

图 10.2-2　桩位平面布置图

说明：

(1) 图中尺寸单位以 cm 计。

(2) 梅花形布桩，桩距见图。

(3) 单桩长 16m，总桩长 7488m。

（二）单桩承载力计算

以公式（6.1-3）按桩周及桩间土共同承载计算：

$$R_{\mathrm{a}} = u_{\mathrm{p}} \sum_{i=1}^{n} q_{\mathrm{s}i} l_i + q_{\mathrm{p}} A_{\mathrm{p}}$$

为方便计算，上式亦可改写为：

$$R_{\mathrm{a}} = u_{\mathrm{p}} q_{\mathrm{s}} l + q_{\mathrm{p}} A_{\mathrm{p}}$$

式中　R_a ——单桩竖向承载力计算值（kN）；

u_p ——桩的周长为：3.1416×0.5=1.57m；

n ——桩长范围内所划分的土层数；

l_i ——第 i 层土的厚度（m）；

q_{si} ——桩周第 i 层土的侧阻力特征值（kPa）；

q_s ——桩周土的平均侧阻力特征值，经计算为 48.4kPa；

l ——桩长 16m；

q_p ——天然土层桩的端阻力特征值，第 7 层为 700kPa；

A_p ——单桩截面积，0.19635m²。

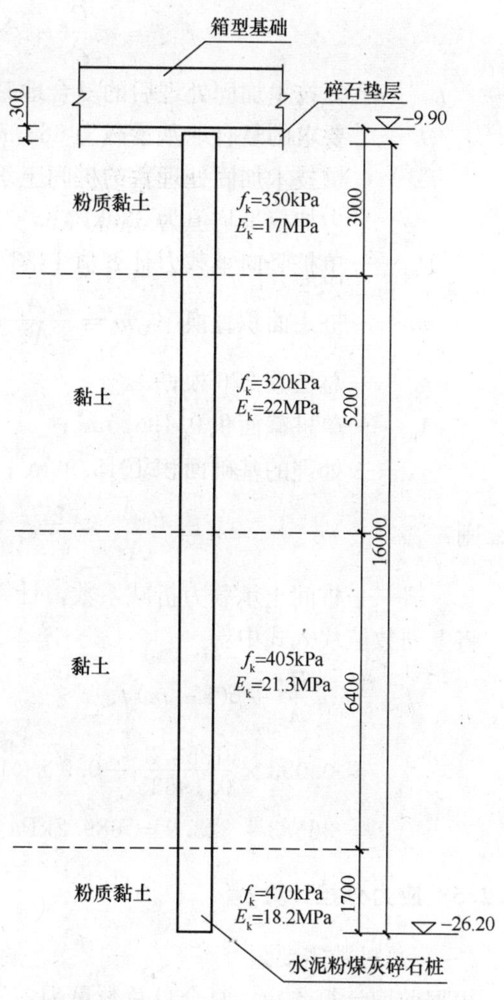

（图中高程以 m 计，尺寸以 mm 计）

图 10.2-3　桩体结构布置图

则单桩承载力：

$$\begin{aligned} R_a &= u_p q_s l + q_p A_p \\ &= 1.57 \times 48.4 \times 16 + 700 \times 0.19635 \\ &= 1215.8 + 137.4 = 1353.2\text{kN} \end{aligned}$$

（三）桩体强度计算

1）CFG 桩的实际工作强度

已知：单桩的实际竖向承载 R_a = 1353.2kN，桩的截面积 A_p=0.19635m²。

则桩体的实际承载强度为：

$$q_c = \frac{R_a}{A_p} = \frac{1353.2}{0.19635} = 6891.8\text{kPa}$$

2）要求的桩体材料试验强度，见式（8.3-3）：

$$q_c = \frac{2R_a}{A_p} = \frac{2 \times 1353.2}{0.19635} = 13783.5\text{kPa}$$

式中　R_a ——单桩竖向承载力计算值 1353.2kN；

A_p ——单桩截面积 0.19635m²；

2——单桩承载力安全系数。

因此，必须使桩体混合料的无侧限抗压强度值达到 13783.5kPa 以上，应采用 42.5 级水泥进行桩体配合比试验，以 $q_c \geqslant 13783.5$kPa 作为设计值。C30 混凝土的轴心抗压强度为 14.3MPa=14300kPa，故采用 C30 混凝土的桩体材料符合要求。

10.2.4　复合地基承载力验算

复合地基的承载力设计值用式（6.1-1）进行计算：

$$f_{spk} = m\frac{R_a}{A_p} + \beta(1-m)f_{sk} > P$$

式中　f_{spk}——桩技术加固处理后的复合地基承载力计算值（kPa）；

P——要求的复合地基承载力 663.7kPa；

f_{sk}——桩技术加固处理后的桩间土承载力特征值 kPa，经计算，其天然地基承载力加权平均值为 380kPa；

R_a——单桩竖向承载力计算值 1353.2kN；

m——桩土面积置换率，$m=\frac{n_p A_p}{A}$；

n_p——总桩数 276 根；

A_p——单桩截面积 0.19635m^2；

A——处理的基础面积 1015.92m^2；

则
$$m = \frac{n_p A_p}{A} = \frac{276 \times 0.19635}{1015.92} = 0.053$$

β——桩间土承载力折减系数，计算取 0.9。

将上列数值代入式中：

$$\begin{aligned} f_{spk} &= m\frac{R_a}{A_p} + \beta(1-m)f_{sk} \\ &= 0.053 \times \frac{1353.2}{0.19635} + 0.9 \times (1-0.053) \times 380 \\ &= 365.3 + 323.9 = 689.2\text{kPa} > 663.7\text{kPa} \end{aligned}$$
满足要求。

10.2.5　应力分担计算

（一）总桩数需要量

根据前面计算参数，复合桩总数量为：

$$n_p = \frac{mA}{A_p}$$

式中　m——面积置换率，取 0.053；

A——建筑物基底实有面积，1015.92m^2；

A_p——单桩截面积，0.19635m^2。

故　$n_p = \frac{mA}{A_p} = \frac{0.053 \times 1015.92}{0.19635} = 275$ 根，实际布桩 276 根　符合要求。

（二）应力分担比

采用公式：

$$n_0 = \frac{q_c}{f_s}$$

式中　q_c——单桩竖向承载力的实际抗压强度，为 6891.8kPa；

f_s——桩间土天然承载力特征值，加权平均为 380kPa。

所以
$$n_0 = \frac{q_c}{f_s} = \frac{6891.8}{380} = 18.14$$

（三）应力系数

应力集中系数为：

$$\xi=\frac{n_0}{1+(n_0-1)m}=\frac{18.14}{1+(18.14-1)\times 0.053}=\frac{18.14}{1.91}=9.45>1 \quad \text{满足要求。}$$

应力减小系数为：

$$\lambda=\frac{1}{1+(n_0-1)m}=\frac{1}{1+(18.14-1)\times 0.053}=\frac{1}{1.91}=0.52<1 \quad \text{满足要求。}$$

（四）应力分担

（1）桩体承担的应力为：

$$p_c=\xi p$$

式中 p_c——桩体自身分担的应力；

ξ——应力集中系数为 9.45；

p——建筑物基底计算压力 663.7kPa。

所以 $p_c=\xi p=9.45\times 663.7=6272.0\text{kPa}<q_c=6891.8\text{kPa}$ 满足要求。

（2）桩间土承担的应力为：

$p_s=\lambda p=0.52\times 663.7=345.1\text{kPa}<f_s=380\text{kPa}$ 满足要求。

10.2.6 地基承载能力验算

（一）复合地基的实际承载能力

$$f_{zk}=\frac{n_p R_a+(A-n_p A_p)f_s}{A}>p$$

式中 n_p——总桩数 276 根；

R_a——单桩承载力 1353.2kN；

f_s——桩间土承载力 380kPa；

A_p——桩截面积 0.19635m^2；

A——计算基础总面积 1015.92m^2；

p——要求的复合地基承载力 663.7kPa。

则

$$\begin{aligned} f_{zk}&=\frac{n_p R_a+(A-n_p A_p)f_s}{A}\\ &=\frac{276\times 1353.2+(1015.92-276\times 0.19635)\times 380}{1015.92}\\ &=\frac{373483.2+365456.4}{1015.92}=\frac{738939.6}{1015.92}=727.4>663.7\text{kPa} \end{aligned}$$ 条件满足。

（二）桩底持力层承载能力

根据本工程实际，桩底持力层承载能力按式（8.5-3）进行计算：

$$p_a=\frac{(Q+V_z)-(\Sigma U q_{su}/K)}{A_z}\leqslant f$$

式中 A_z——实体基础底面积 1015.92m^2；

ΣU——土层的实体基础侧表面积，$\Sigma U=l_0\times h_0=156.4\times 16=2502.4\text{m}^2$；

l_0——桩群的总长度 156.4m；

h_0 ——桩群高度 16m；

q_{su} ——土层的极限侧摩阻力加权平均值，经计算为 49.7kPa；

K ——安全系数，一般对刚性桩取 $K=2.5$；

Q ——实体基础以上的总荷载 674312kN；

V_z ——实体基础自重，V_z =实体基础面积×高度×重度=1015.92×16×19.54 =317617.2kN；

f ——桩端土层的承载力设计值，即：

$$f=f_k+\eta_b\gamma(b-3)+\eta_b\gamma(d-0.5)$$
$$=470+0+1\times19.54(25.3-0.5)=964.46\text{kPa。}$$

则
$$p_a=\frac{(Q+V_z)-(\Sigma Uq_{su}/K)}{A_z}$$
$$=\frac{(674312+317617.2)-2502.4\times49.7/2.5}{1015.92}$$
$$=\frac{991929.2-49747.7}{1015.92}=\frac{942181.5}{1015.92}=927.4\leqslant f=964.46\text{kPa}\qquad\text{条件满足。}$$

（三）软弱下卧土层承载力 p_w 复核

实体基础的持力层为第 7 层土，其天然承载力为 470kPa，其下第 8 土层天然承载力为 546kPa，故不存在软弱下卧土层，无需进行软弱下卧土层承载能力复核。

10.2.7 基础沉降计算

总压缩变形量计算公式为：

$$s=s_1+s_2$$

式中 s——基础的总压缩变形量；

s_1——实体基础的压缩变形量；

s_2——实体基础以下土层的压缩变形量。

（一）处理加固土层 s_1 的计算

采用公式（8.6-2）进行计算如下：

$$s_1=\frac{(p_z+p_{zl})L}{2E_{cp}}$$

式中 s_1 ——复合地基的加固实体下沉量；

p_z ——复合土层顶面的附加应力（kPa），按式（8.6-4）计算；

p_{zl} ——复合土层底面的附加应力（kPa），按式（8.6-5）计算；

E_{cp} ——复合土层的压缩模量（MPa），按式（5.3-5）计算；

L——有效桩长 16m。

（1）实体基础顶面处的附加应力为：

$$p_z=\frac{f_{ck}A-f_u(A-A_z)}{A_z}$$
$$=\frac{689.2\times1015.92-350\times(1015.92-1015.92)}{1015.92}$$

$$=\frac{689.2\times1015.92-0}{1015.92}=689.2\text{ kPa}$$

式中 f_{ck}——复合地基承载力设计值 689.2kPa；

f_u——桩顶处土层天然承载力特征值 350kPa；

A——基础底面积 1015.92m²；

A_z——实体基础面积 1015.92m²。

(2) 实体基础底面处的附加应力为：

$$p_{zl}=p_a-\gamma_{ps}L=927.4-19.54\times16=614.8\text{kPa}$$

式中 p_a——桩底持力层承载能力，前已计算为 927.4kPa；

γ_{ps}——实体基础（桩和桩间土）的平均重度 19.54kN/m³；

L——有效桩长 16m。

(3) 实体基础压缩模量为：

$$E_{cp}=\zeta E_c=\frac{f_{spk}}{f_k}E_c$$

式中 E_c——桩间土的压缩模量，取天然土层的加权平均值 19.92MPa；

ζ——压缩模量系数；

f_{spk}——复合土层的承载力 689.2kPa；

f_k——复合土层的原有天然土层承载力加权平均值 391kPa。

所以 $$E_{cp}=\frac{f_{spk}}{f_k}E_c=\frac{689.2}{391}\times19.92=35.11\text{MPa}$$

将上列参数带入式（8.6-2）中：

$$s_1=\frac{(p_z+p_{zl})L}{2E_{cp}}=\frac{(689.2-614.8)\times16}{2\times35.11\times1000}=\frac{1190.4}{70.22\times1000}=0.01695\text{m}=16.95\text{mm}$$

（二）桩下未处理土层 s_2 的计算

由于桩端以下没有软弱土层，且桩端以下的土层比加固部分土层密实度大，沉降量很小，所以不需计算。现假定 s_2 与 s_1 相同，即 $s_2=s_1$。

（三）复合地基总沉降量

复合地基总沉降量为：$s=s_1+s_2=16.95+16.95=33.9\text{mm}$ 沉降量很小，符合规定。

10.3 深埋式粉喷桩护岸墙设计

由于粉喷桩护岸墙是在地下施工完成的，难度较大，再加上场地条件限制，所以在某些情况下不得不将护岸墙较深地打入地下，使埋入地下的长度几乎与外露的长度相等，以获得较大的被动土压力来维持护岸墙的稳定。称这种护岸墙为深埋式护岸墙。

深埋式护岸墙一般都较薄，常由 1～3 排桩互相连接而成，总厚度 0.5～1.3m。现举例计算如下。

10.3.1 基本情况

某银行大厦，地下一层，深 4.8m，地上 16 层，高 58.3m，占地面积 2200m²，基础为承台式预制混凝土基桩，总计 415 根，方形断面 40cm×40cm，桩长 16～18m。现地面标高为 1.5m，承台底标高为－6.2m，承台底有 10cm 厚的素混凝土垫层。地下水稳定水位为－3.2m（即现地面以下 1.7m）。

基础施工需开挖至垫层底，探深 4.8m，地面以下施工期间采用轻型井点排水，使基坑水位降至基底以下 0.7m 处，以确保施工作业正常进行。由于施工区周边已有建筑物，无法放坡开挖，经方案比较，决定采用直立式粉喷桩护岸墙。护岸墙由双排粉喷桩构成，桩径 0.5m，墙的有效厚度 0.9m，墙深 8.5m（自地面算起），护岸墙结构断面见图 10.3-1。

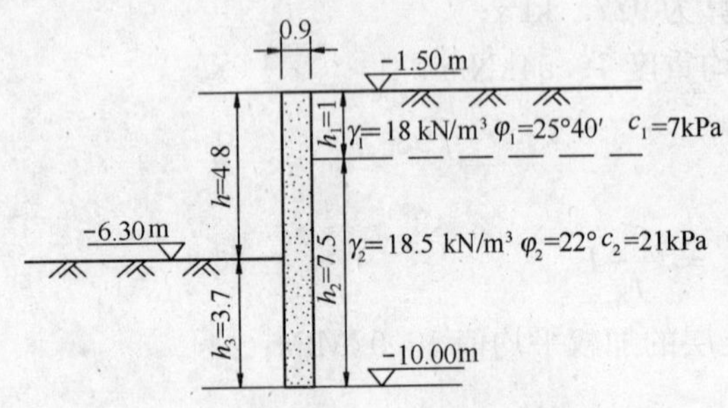

图 10.3-1　护岸墙结构剖面图

桩身穿越 2 层土，顶层为粉砂质土，厚 1m，内摩擦角 $\varphi_1=25°40'$，凝聚力 $c_1=7$kPa，重度 $\gamma_1=18$kN/m³。其下为粉质黏土，内摩擦角 $\varphi_2=22°$，凝聚力 $c_2=21$kPa，重度 $\gamma_2=18.5$kN/m³，承载力特征值 90kPa。

施工期间水位降至基底以下 0.7m，对护岸墙不产生影响，故不考虑水压力。同时，护岸墙为临时结构，也无须考虑地震作用。

桩体采用 42.5 级水泥作固化料，掺入量为 15%，桩体平均重度按 19kN/m³ 计。墙总高 8.5m（其中外露长 4.8m，埋入地下 3.7m），墙底与地基土之间的摩擦系数 $\mu=0.3$，墙身灰土的 30d 抗压强度 $q_u=1560$kPa，抗剪强度 $c=180$kPa。

10.3.2　土压力计算

（一）第 1 土层产生的主动土压力 E_{a1}，用下式计算：

$$E_{a1}=\frac{1}{2}\gamma_1 h_1^2 K_{a1}$$

式中　γ_1——第 1 层土重度 18kN/m³；

h_1——第 1 层土厚，1m；

K_{a1}——第 1 层土的土压力系数，取第 1 层土的内摩擦角 $\varphi_1=25°41'$计算如下：

$$K_{a1}=\tan^2\left(45°-\frac{\varphi_1}{2}\right)=\tan^2\left(45°-\frac{25°40'}{2}\right)=\tan^2 33°50'=0.67032=0.45$$

所以　$$E_{a1}=\frac{1}{2}\gamma_1 h_1^2 K_{a1}=\frac{1}{2}\times18\times12\times0.45=4.05\text{kN}$$

对墙底的作用力臂：

$$Z_1=\frac{h_1}{3}+h_2=\frac{1}{3}+7.5=7.83\text{m}$$

（二）第 2 土层产生的主动土压力

（1）第 1 层土引起的土压力 E_{a2}。采用换算高度法计算如下：

$$h_0=\frac{\gamma_1 h_1}{\gamma_2}$$

式中　h_0——第 1 层土作为均布力产生的换算高度（相当于第 2 层土的增加厚度）；

γ_1——第 1 层土的重度 18kN/m³；

γ_2——第 2 层土的重度 18.5kN/m³；

h_1——第 1 层土的厚度 1m。

所以
$$h_0=\frac{\gamma_1 h_1}{\gamma_2}=\frac{18\times 1}{18.5}=0.973\text{m}$$

h_0 在第 2 层土中产生的土压力强度：
$$q_0=\gamma_2 h_0 K_{a2}$$

式中　K_{a2}——第 2 层土的土压力系数，取第 2 层土的内摩擦角 $\varphi_2=22°$计算如下：
$$K_{a2}=\tan^2\left(45°-\frac{\varphi_2}{2}\right)=\tan^2\left(45°-\frac{22°}{2}\right)=\tan^2 34°=0.455$$

所以
$$q_0=\gamma_2 h_0 K_{a2}=18.5\times 0.973\times 0.455=8.20\text{kN/m}^2$$

假定 q_0 沿第 2 层土均匀分布，则：
$$E_{a2}=h_2 q_0=7.5\times 8.20=61.5\text{kN}$$
$$Z_2=\frac{1}{2}h_2=\frac{1}{2}\times 7.5=3.75\text{m}$$

当然，q_0 在第 2 层土中产生土压力时，应克服黏性土的凝聚力所引起的阻滑作用，这里为安全其见，在设计护岸墙时不予考虑，即不计入由凝聚力所产生的与主动土压力相反方向的拉力。

(2) 第 2 层土自身产生的主动土压力 E_a。第 2 层土产生的土压力按下式计算：
$$E_a=E_{a3}+E_{a4}=\frac{1}{2}\gamma_2 h_2^2\tan^2\left(45°-\frac{\varphi_2}{2}\right)+\left[-2c_2 h_2\tan\left(45°-\frac{\varphi_2}{2}\right)+\frac{2c_2^2}{\gamma_2}\right]$$

式中　γ_2　第 2 层上的容重 18.5kN/m²；

h_2——第 2 层土的厚度 7.5m；

c_2——第 2 层的凝聚力 21kPa；

φ_2——第 2 层土的内擦角 22°。

因
$$K_{a2}=\tan^2\left(45°-\frac{\varphi_2}{2}\right)=0.455\text{（前已计算）}$$
$$\tan\left(45°-\frac{\varphi_2}{2}\right)=\tan\left(45°-\frac{22°}{2}\right)=\tan 34°=0.6745$$
$$E_a=E_{a3}+E_{a4}=\frac{1}{2}\times 18.5\times 7.52\times 0.455+\left[-2\times 21\times 7.5\times 0.6745+\frac{2\times 21^2}{18.5}\right]$$
$$=236.74+[-212.47+47.68]=236.74-164.79=71.95\text{kN}$$

即
$$E_{a3}=236.74\text{kN}$$

对墙底的作用力臂：
$$Z_3=\frac{1}{2}h_2=\frac{1}{2}\times 7.5=2.5\text{m}$$
$$E_{a4}=-164.79\text{kN}$$

对墙底的作用力臂：

$$Z_4=\frac{1}{2}h_2=\frac{1}{2}\times 7.5=3.75\text{m}$$

（三）被动土压力计算

埋入基底以下的护岸墙的前侧所受到的被动土压力按下式计算：

$$E_{\text{b}}=E_{\text{b1}}+E_{\text{b2}}=\frac{1}{2}\gamma_2 h_3^2\tan^2\left(45^\circ+\frac{\varphi_2}{2}\right)+2c_2h_2\tan\left(45^\circ+\frac{\varphi_2}{2}\right)$$

式中　h_3——埋入地下的护岸上墙长度，3.7m；

γ_2,φ_2,c_2——第 2 层土的指标，数据同前。

故　$E_{\text{b}}=E_{\text{b1}}+E_{\text{b2}}$

$$=\frac{1}{2}\times 18.5\times 3.72\times\tan^2\left(45^\circ+\frac{22^\circ}{2}\right)+2\times 21\times 3.7\times\tan\left(45^\circ+\frac{22^\circ}{2}\right)$$

$$=\frac{1}{2}\times 18.5\times 3.72\times\tan^2 56^\circ+2\times 21\times 3.7\times\tan 56^\circ$$

$$=\frac{1}{2}\times 18.5\times 3.72\times 2.198+2\times 21\times 3.7\times 1.482$$

$$=278.34\text{kN}+230.0\text{kN}$$

即　$E_{\text{b1}}=278.3\text{kN}$

对墙底的作用力臂 Z_5 为：

$$Z_5=\frac{1}{3}h_3=\frac{1}{3}\times 3.7=1.23\text{m}$$

$$E_{\text{b2}}=230.3\text{kN}$$

对墙底的作用力臂 Z_6 为：

$$Z_6=\frac{1}{2}h_3=\frac{1}{2}\times 3.7=1.85\text{m}$$

土压力汇总如下（图 10.3-2）：

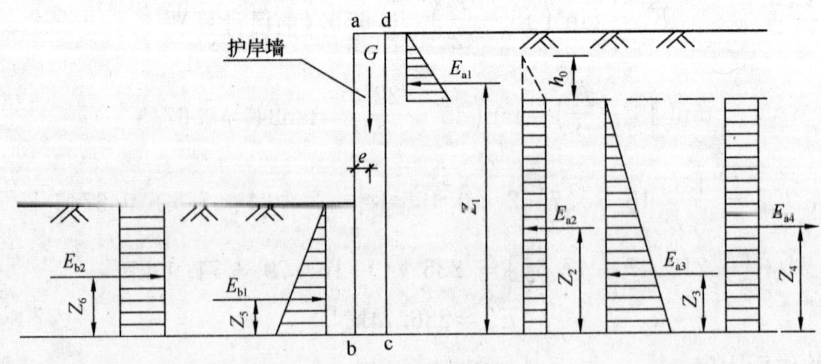

图 10.3-2　墙上土压力作用

主动土压力：$E_{\text{a1}}=4.05\text{kN}$　　$Z_1=7.83\text{m}$

$E_{\text{a2}}=61.43\text{kN}$　　$Z_2=3.75\text{m}$

$E_{a3}=236.74\text{kN}$　　$Z_3=2.50\text{m}$

$E_{a4}=-164.79\text{kN}$　　$Z_4=3.75\text{m}$

被动土力：$E_{b1}=278.34\text{kN}$　　$Z_5=1.23\text{m}$

$E_{b2}=230.30\text{kN}$　　$Z_6=1.85\text{m}$

10.3.3 护岸墙稳定性验算

（一）抗滑稳定性

$$K_s=\frac{\Sigma V\mu}{\Sigma H}=\frac{G\mu}{E_{a1}+E_{a2}+E_{a3}-E_{a4}-E_{b1}-E_{b2}}\geqslant 1.3$$

式中　K_s——抗滑动稳定系数；

ΣV——作用在墙体上的竖直力总和，此例中仅有墙重；

ΣH——作用在墙体上的水平力总和，此例中仅为各土压力之代数和；

μ——墙沿基底土的滑动摩擦系数，取 0.3；

G——墙的自重，已知墙体材料重度为 19kN/m³，则：

$$G=\gamma_0 hb=19\times 8.5\times 0.9=145.35\text{kN};$$

$E_{a1},E_{a2},E_{a3},E_{a4}$——主动土压力，分别为 4.05kN、61.43kN、236.74kN、164.79kN；

E_{b1},E_{b2}——被动土压力，分别为 278.34kN、230.30kN。

将上列各数值代入公式中：

$$K_s=\frac{G\mu}{E_{a1}+E_{a2}+E_{a3}-E_{a4}-E_{b1}-E_{b2}}$$

$$=\frac{145.35\times 0.3}{4.05+61.43+236.74-164.79-278.34-230.30}=\frac{43.605}{-371.21}$$

从上式可知，分母为负值，说明抗滑水平力大于滑动水平力，故墙不会向前滑动，抗滑稳定性满足要求。

（二）抗倾稳定性

$$K_t=\frac{\Sigma M_b}{\Sigma M'_b}=\frac{Ge+E_{a4}Z_4+E_{b1}Z_5+E_{b2}Z_6}{E_{a1}Z_1+E_{a2}Z_2+E_{a3}Z_3}\geqslant 1.5$$

式中　K_t——抗倾覆稳定系数；

ΣM_b——对墙趾 b 点的稳定力矩之和；

$\Sigma M'_b$——对墙趾 b 点的倾覆力矩之和；

G——墙体自重 145.35kN；

e——G 对 b 点的力臂，$e=\frac{0.9}{2}=0.45\text{m}$；

Z_1——E_{a1}对 b 点的力臂 7.83m；

Z_2——E_{a2}对 b 点的力臂 3.75m；

Z_3——E_{a3}对 b 点的力臂 2.50m；

Z_4——E_{a4}对 b 点的力臂 3.75m；

Z_5——E_{b1}对 b 点的力臂 1.23m；

Z_6——E_{b2}对 b 点的力臂 1.85m；

其他符号意义和数值见抗滑计算部分。

$$K_t = \frac{Ge + E_{a4}Z_4 + E_{b1}Z_5 + E_{b2}Z_6}{E_{a1}Z_1 + E_{a2}Z_2 + E_{a3}Z_3}$$

$$= \frac{145.35 \times 0.45 + 164.79 \times 3.75 + 278.34 \times 1.23 + 230.30 \times 1.85}{4.05 \times 7.83 + 61.43 \times 3.75 + 236.74 \times 2.50}$$

$$= \frac{65.41 + 617.96 + 342.36 + 426.06}{31.71 + 230.36 + 591.85} = \frac{1451.79}{853.92} = 1.7 > 1.5 \quad \text{条件满足。}$$

10.3.4 应力验算

（一）基础应力

本例因墙前水平力大于墙后水平力，护岸墙不可能向前滑动，而向后滑动也无可能。同时，深埋式挡土墙又没有较大的竖向力，此处仅有墙体自重，并且墙与土壤之间还存在较大的摩阻力可以抵消一部分墙重。所以，地基承载力不会有问题，无须进行基础应力验算。

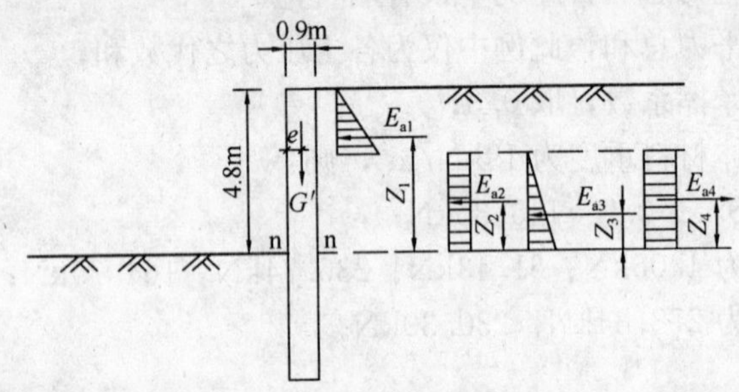

图 10.3-3　墙身截面土压力作用

（二）墙身应力

本例墙的危险断面是地面以下4.8m处的基坑底部，这里处于抗剪的薄弱处，故选择 n-n 截面进行墙身法向应力和剪切应力计算（图 10.3-3）。

现对 n-n 截面以上作荷载计算如下：

(1) 墙体自身。

$$G' = \gamma_0 hb = 19 \times 4.8 \times 0.9 = 82.08\text{kN}$$

(2) 第 1 层土压力。计算同前，即 $E_{a1} = 4.05\text{kN}$。

对 n-n 截面的力臂：

$$Z_1 = \frac{1}{3}h_1 + (h - h_1) = \frac{1}{3} \times 1 + (4.8 - 1) = 4.13\text{m}$$

(3) 第 1 层土引起的土压力（不考虑凝聚力的影响）。

$$E_{a2} = q_0 h_n$$

式中　q_0——第 1 层土引起的土压力强度，同前面计算，$q_0 = 8.2\text{kN/m}^2$；

h_n——第 2 层土计算厚度，$h_n = h - h_1 = 4.8 - 1 = 3.8\text{m}$。

$$E_{a2} = q_0 h_n = 8.2 \times 3.8 = 31.16\text{kN}$$

对 n-n 截面的力臂：

$$Z_2 = \frac{1}{2}h_n = \frac{1}{2} \times 3.8 = 1.9\text{m}$$

(4) 第 2 层土自身产生的土压力。

$$E_a = \frac{1}{2}\gamma_2 h_n^2 \tan^2\left(45° - \frac{\varphi^2}{2}\right) - 2ch_n \tan\left(45° - \frac{\varphi^2}{2}\right) + \frac{2c_2^2}{\gamma_2}$$

$$=\frac{1}{2}\times 18.5\times 3.8^2\times \tan^2\left(45°-\frac{22°}{2}\right)-2\times 21\times 3.8$$

$$\times \tan\left(45°-\frac{22°}{2}\right)+\frac{2\times 21^2}{18.5}$$

$$=60.77-107.65+47.68=60.77-59.97$$

令　$E_{a3}=60.77\text{kN}$　　力臂：$Z_3=\frac{1}{3}h_n=\frac{1}{3}\times 3.8=1.27\text{m}$

$E_{a4}=-59.97\text{kN}$　　力臂：$Z_4=\frac{1}{2}h_n=\frac{1}{2}\times 3.8=1.9\text{m}$

则 n-n 截面上的法向应力为：

$$\sigma=\frac{G'}{b}=\frac{82.08}{0.9}=91.2\text{kPa}<q_u=1560\text{kPa}\quad \text{条件满足。}$$

n-n 截面上的抗剪应力为：

$$\tau=\frac{\Sigma H-\mu'\Sigma V}{b}$$

式中　b——n-n 截面处墙厚 0.9m；

ΣH——作用于 n-n 截面以上墙体上水平力之和，此处为各土压力的代数和，即：$\Sigma H=E_{a1}+E_{a2}+E_{a3}-E_{a4}=4.05+31.16+66.77-59.97=42.01\text{kN}$；

ΣV——n-n 截面以上竖直力，仅有墙重 G'，$G'=82.08\text{kN}$；

μ'——墙身灰土的摩擦系数，取 $\mu'=0.65$。

所以　$\tau=\frac{\Sigma V-\mu'\Sigma V}{b}=\frac{42.01-0.65\times 82.08}{0.9}=\frac{42.01-53.35}{0.9}=-12.6\text{kPa}$

负值说明剪切力小于抗剪力，满足要求。

10.4 深基坑开挖支护设计

深基坑开挖多发生在城市中，常常由于空间不够而无法放坡开挖施工，一般需要采取综合方法进行支护设计，以获得较大的抗拉结构体，这就造成较大的岸坡支护工程。深基坑支护体系，通常结构较复杂，投资所占比例较大，工程设计中应引以注意。

10.4.1 一般情况

1）基本资料

某住宅楼工程，共 31 层，其中地下 2 层，地上 29 层，楼房为钢筋混凝土框架结构，箱形基础，基础总长度 74.6m，总宽度 26.4m，地面以上总高度为 92.8m，地面以下总高 10.8m，地面以下基础埋深 10.2m。

楼房底层地面高于室外地面 60cm，现设定首层室内地面标高为±0.00，基础底标高为−10.8m，±0.00 以上为 240mm 轻型砌块墙，层高均为 3.2m，现浇钢筋混凝土楼板。

室外地坪标高－0.6m，地下水位埋深－11.8m（在第7土层中）。

根据工程地质报告，地面以下各土层的主要物理力学性能指标见表10.4-1。

土层物理力学指标表　　表10.4-1

土层编号	土类名称	层厚 (m)	重度 (kN/m^3)	黏聚力 (kPa)	内摩擦角 (°)	与锚固体摩擦阻力 (kPa)	水下黏聚力 (kPa)	水下内摩擦角 (°)
1	杂填土	1.13	17.9	8.4	16.0	30.0	—	—
2	粉砂	1.43	18.4	16.2	20.0	60.2	—	—
3	黏性土	2.11	18.6	17.8	14.0	48.1	—	—
4	粉土	2.32	18.9	16.0	22.0	57.0	—	—
5	粉土	2.21	18.8	14.0	18.0	47.2	—	—
6	粉土	2.35	19.2	13.0	24.0	45.6	—	—
7	黏性土	3.48	18.9	24.1	26.0	32.8	10.0	10.0
8	粉砂	3.26	19.3	00.0	28.0	87.5	6.0	16.0

2）基坑支护方案及计算参数

本工程基坑开挖深度为10.2m，地下水在基底以下，开挖施工不考虑地下水的影响。但是，周边场地较小，不能放坡开挖，必须采用竖直边坡开挖，因此应考虑支护措施。经认真研究，决定采用开挖支护方案为：1m直径混凝土灌注桩＋锚杆＋喷面支护方式，见图10.4-1。

钢筋混凝土灌注桩直径100cm，桩长14.5m（其中支护高度10.2m，入土深度4.3m），桩间距2.0m，配筋通过计算确定。

桩间土用喷面支护保护，即用ϕ16土钉，ϕ12钢筋挂网，300mm×300mm网孔，喷80mm厚C20素混凝土。

钢筋混凝土灌注桩桩顶设钢筋混凝土连续帽梁（冠梁），锚杆端部设槽钢作腰梁。

支护设计主要计算参数如下：

1～6土层的加权平均重度，经计算为18.73kN/m^3；

1～6土层的加权平均黏聚力，经计算为14.6kPa；

1～6土层的加权平均内摩擦角，经计算为19.33°；

1～6土层的加权平均锚固摩擦阻力，经计算为48.93kPa；

基坑开挖边坡1∶0（竖直），支护高度10.2m；

基坑四周边沿活荷载按15kN/m^2计；

锚杆入土角16°；

不考虑水压力的影响。

经计算，滑裂面与水平面的夹角$\theta=45°+\varphi/2=45°+19.33°/2=54.67°$；

经计算，滑裂面与竖直线的夹角$\alpha=90°-\theta=90°-54.67°=35.33°$；

经计算，滑裂体上口宽度$ac=\tan\alpha\times10.2=\tan35.33°\times10.2=7.23m$（见图10.4-2）。

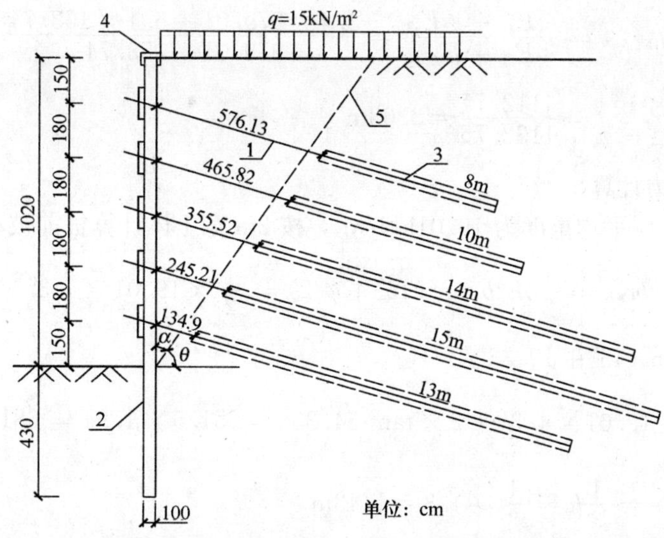

图 10.4-1　护岸结构布置图

1—锚杆；2—钢筋混凝土桩；3—锚固段；4—冠梁；5—滑裂面

10.4.2　土压力计算

1）主动土压力计算

桩间距为 2m，按 2m 宽土体计算桩后主动土压力。

（1）墙后土压力

公式：

$$E_{a1}=\frac{1}{2}\gamma H^{2}b\tan^{2}(45^{\circ}-\varphi/2)$$

式中　γ——各土层的平均重度 18.73kN/m³；

H——基坑高度 10.2m；

b——挡土宽度 2m；

φ——各土层的平均内摩擦角 19.33°。

故　$E_{a1}=\frac{1}{2}\gamma H^{2}b\tan^{2}(45^{\circ}-\varphi/2)=\frac{1}{2}\times18.73\times10.2^{2}\times2\tan^{2}(45^{\circ}-19.33^{\circ}/2)$

$=1948.67\times\tan^{2}35.33^{\circ}=1948.67\times0.5024=979.01\text{kN}$

距底边力臂：$e_1=\frac{1}{3}H=\frac{1}{3}\times10.2=3.4\text{m}$

（2）地面活载土压力

地面活荷载：$q=15\text{kN/m}^2$

公式：$E_{a2}=Hq_{b}\tan^{2}(45^{\circ}-\varphi/2)=Hq_{b}\tan^{2}35.33^{\circ}=10.2\times15\times2\times0.5024$

$=153.74\text{kN}$

距底边力臂：$e_2=\frac{1}{2}H=\frac{1}{2}\times10.2=5.1\text{m}$

（3）总主动土压力

$$E_{a}=E_{a1}+E_{a2}=979.01+153.74=1132.75\text{kN}$$

对底边综合力臂：$e=\dfrac{e_1E_{a1}+e_2E_{a2}}{E_{a1}+E_{a2}}=\dfrac{3.4\times979.01+5.1\times153.74}{979.01+153.74}$

$$=\frac{4112.71}{1132.75}=3.63\text{m}$$

2）被动土压力计算

经计算桩前土层平均重度为19.01kN/m³，按2m宽土体计算桩前被动土压力：

$$E_b=\frac{1}{2}\gamma h^2bK_b=\frac{1}{2}\gamma h^2b\tan^2(45°+\varphi/2)=\frac{1}{2}\times19.01\times4.3^2\times2$$

$$\times\tan^2(45°+19.33°/2)$$

$$=\frac{1}{2}\times19.01\times4.3^2\times2\times\tan^2 54.33°=351.5\times1.94=681.91\text{kN}$$

对底边力臂：$e=\dfrac{1}{3}h=\dfrac{1}{3}\times4.3=1.43\text{m}$

10.4.3 锚固力计算

1）锚固力计算

按锚杆自身抗拉强度、锚杆与周边介质的握裹力、周边介质与土层的摩擦阻力三种情况进行计算，并取其最小值作为设计依据。

(1) 锚杆自身抗拉强度

$$p_1=\beta Af_y$$

式中 β——力的单位N换算成kN的折换系数，1/1000=0.001；

A——锚杆截面积，选用1ϕ32mm螺纹钢筋，$A=804.2\text{mm}^2$；

f_y——钢筋抗力强度设计值300N/mm²。

所以 $p_1=\beta Af_y=0.001\times804.2\times300=241.26\text{kN}$

(2) 锚杆与周边介质握裹力

$$p_2=\pi dl\mu$$

式中 d——锚杆直径，32mm钢筋为0.032m；

l——锚杆的有效锚固长度，平均取12m；

μ——锚杆与周边介质粘着力，按M30水泥砂浆2400kN/m²。

则 $p_2=\pi dl\mu=3.1416\times0.032\times12\times2400=2895.3\text{kN}$

(3) 孔壁与周边介质的抗剪力

$$p_3=\pi Dl\tau$$

式中 D——锚杆孔直径，取150mm；

l——锚孔的有效锚固长度，平均取12m；

τ——锚固段与孔壁之间的平均摩擦阻力，地质资料平均为48.93kN/m²。

则 $p_3=\pi Dl\tau=3.1416\times0.15\times12\times48.93=276.70\text{kN}$

以上三种计算结果，以第一种情况为最低，因此按第一种情况计算结果241.26kN作设计依据。

2）锚杆抗力计算

单根锚杆抗拉能力 $p=241.26\text{kN}$，锚杆与水平面夹角为 16°，故单根锚杆抗拉能力的水平和竖直分力各为：

水平分力　$p_h=\cos16°\times p=0.96126\times241.26=231.91\text{kN}$

竖直分力　$p_v=\sin16°\times p=0.27563\times241.26=66.5\text{kN}$

3）所需锚杆量计算

已知：单根锚杆水平抗拉能力 241.26kN；2m 宽土条的总水平土压力 1132.75kN；取安全系数 1.6。

条件：如果取锚杆水平间距为 2.0m，则上下 1 列锚杆负担 2m 宽的土压力 1132.75kN；考虑安全系数 1.6 后，负担总土压力 $E_a=1132.75\times1.6=1812.4\text{kN}$。

所需锚杆数量：共设 5 根锚杆，其中 2 根 ϕ32 预应力精轧螺纹钢筋，3 根Φ 32 普通 HRB335 级螺纹钢筋，锚杆实际总拉力为：

$$p=(804.2\times770\times2)+(804.2\times300\times3)=1238468+723780$$
$$=1962248\text{N}=1962.25\text{kN}>1812.4\text{kN}$$　满足条件。

锚杆总水平分力　$R=\cos16°\times p=0.96126\times1962.25=1886.23\text{kN}$

锚杆总竖直分力　$V=\sin16°\times p=0.27563\times1962.25=540.85\text{kN}$

锚杆上下一列设 5 根，一列锚杆总有效长度 5×12(平均)=60m，锚杆水平间距 2.0m，竖直间距均为 1.8m。

由于土压力由上而下逐渐增大，为适应土压力的变化，锚杆有效长度应取不等值，其每根锚杆有效长度值由上而下分别定为：8m、10m、14m、15m、13m，锚杆初定长度图 10.4-1。

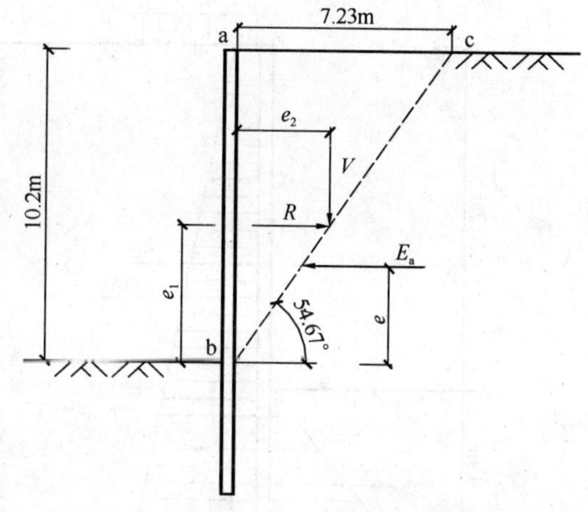

图 10.4-2　内部倾覆稳定计算

10.4.4　支护结构稳定计算

1）内部倾覆稳定计算

作用在结构体上的力有：锚杆水平拉力 R、锚杆竖直拉力 V、主动土压力 E_a，这些力的作用点均在破裂面上，采用各力对桩与基底交点 b 求力矩，见图 10.4-2。

抗倾覆稳定计算公式（计算单元为 2m 宽）：

$$K=\frac{M_d}{M_q}=\frac{Re_1+Ve_2}{E_a e}\geqslant1.2$$

式中　R——锚杆水平拉力 1886.23kN；

V——锚杆竖直拉力 540.85kN；

E_a——总主动土压力 1132.75kN；

e——主动土压力对点 b 之综合力臂 3.63m；

e_1——锚杆水平拉力对点 b 之综合力臂，经计算 3.91m；

e_2——锚杆竖直拉力对点 b 之力臂，经计算 2.77m。

所以 $K=\dfrac{Re_1+Ve_2}{E_a e}=\dfrac{1886.23\times 3.91+540.85\times 2.77}{1132.75\times 3.63}$

$=\dfrac{7375.16+1498.15}{4111.88}=2.1>1.2$ 满足条件。

2）整体倾覆稳定计算

采用《建筑地基基础设计规范》GB 50007—2002 的公式进行抗倾覆稳定计算，即：

$$K=\frac{E_b e_b+\sum T_i a_i}{E_{a1}z_1+E_{a2}z_2}\geqslant 1.3$$

在图 10.4-3(a)中，被动土压力 E_b 由桩前土层产生，主动土压力 E_{a1} 由桩后土层产生，主动土压力 E_{a2} 由地面活载产生，其底边土压力强度分别为 q_b、q_a、q_0，已知：

被动土压力系数：$K_b=\tan^2(45°+\varphi_b/2)=\tan^2(45°+26.97°/2)=2.66$

主动土压力系数：$K_a=\tan^2(45°-\varphi_a/2)=\tan^2(45°-22.37°/2)=0.4487$

底边土压力强度：$q_b=\gamma_b hK_b=19.01\times 4.3\times 2.66=217.44\text{kPa}$

底边土压力强度：$q_a=\gamma_a(H+h)K_a=18.91\times(10.2+4.3)\times 0.4487=123.03\text{kPa}$

底边土压力强度：$q_0=qK_a=15\times 0.4487=6.73\text{kPa}$

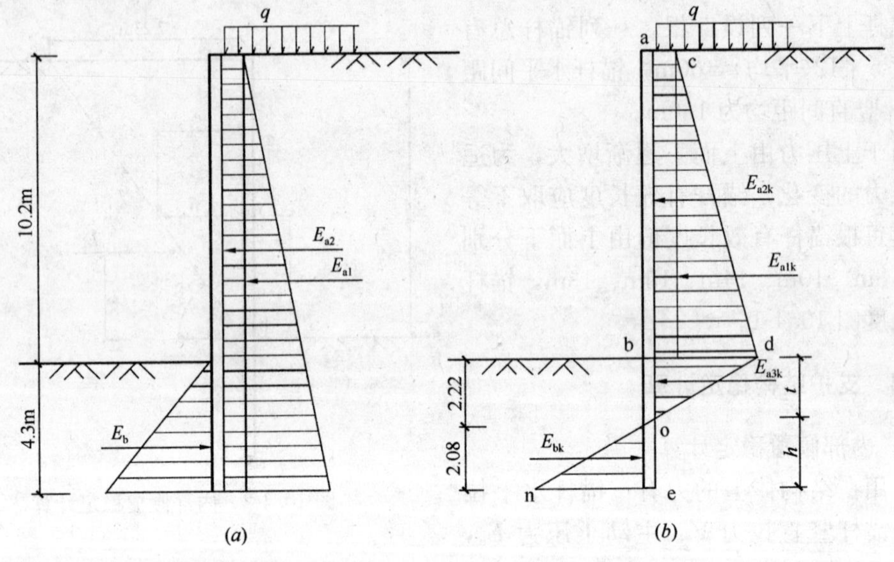

图 10.4-3 是支护结构的土压力作用

(a) 土压力分布图；(b) 土压力叠加图

土压力叠加前，首先找出被动土压力强度与主动土压力强度相等的点 o（铰点），此点剪切力为零，寻找 o 点方法如下：

假设 o 点距基坑底的距离为 t，则 o 点处主、被动土压力强度相等的条件是：

被动土压力强度＝主动土压力强度

$$\gamma_b tK_b=\gamma_a(H+t)K_a+qK_a$$

$$19.01\times t\times 2.66=18.91\times(10.2+t)\times 0.4487+15\times 0.4487$$

$$50.57t=86.55+8.48t+6.73$$

$$50.57t-8.48t=86.55+6.73$$

$$42.09t=93.28$$

所以 $t=93.28\div42.09=2.22\text{m}$

被动土压力 oen 的底边强度 $q'=q_b-q_a-q_0=217.44-123.03-6.73=87.68\text{kPa}$

考虑 2m 宽的净土压力如下：

叠加后的净被动土压力：$E_{bk}=\frac{1}{2}q'hb=\frac{1}{2}87.68\times2.08\times2=182.38\text{kN}$

叠加后的净主动土压力：$E_{a1k}=E_{a1}=979.01\text{kN}$

$$E_{a2k}=E_{a2}=153.74\text{kN}$$

$$\begin{aligned}E_{a3k}&=\frac{1}{2}tq_kb=\frac{1}{2}\times2.22\times(\gamma HK_a+qK_a)\times2.0\\&=\frac{1}{2}\times2.22\times(18.73\times10.2\times0.5024\\&\quad+15\times0.5024)\times2\\&=1.11\times(95.98+7.54)\times2=229.81\text{ kN}\end{aligned}$$

整体倾覆稳定计算的作用力见图 10.4-4。

根据图 10.4-4 可列出整体倾覆稳定计算式为：

$$K=\frac{Re_1+E_{bk}e_2}{E_{a1k}z_1+E_{a2k}z_2+E_{a3k}z_3}$$

式中 R——锚杆总水平抗力，$R=\Sigma T_i=1886.23\text{kN}$；

其他各土压力符号含义同前。

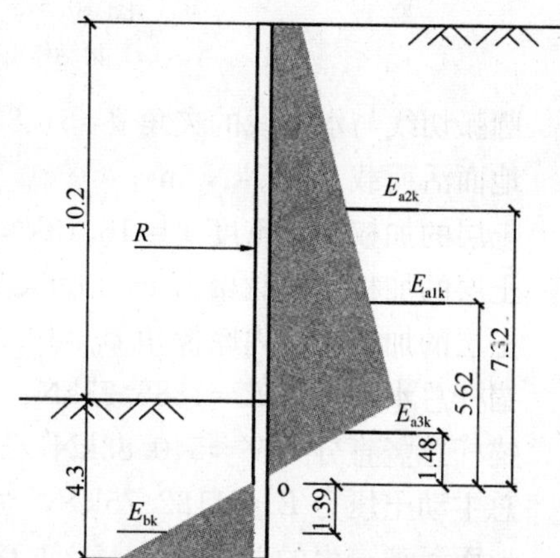

图 10.4-4 整体倾覆稳定计算

则

$$\begin{aligned}K&=\frac{Re_1+E_{bk}e_2}{E_{a1k}z_1+E_{a2k}z_2+E_{a3k}z_3}\\&=\frac{1886.23\times6.13+182.38\times1.39}{979.01\times5.62+153.74\times7.32+229.81\times1.48}\\&=\frac{11562.59+253.51}{5502.09+1125.38+340.12}=\frac{11816.10}{6967.59}=1.7>1.3\end{aligned}$$

条件满足。

3）抗滑稳定计算

假设以 o 点为圆心，以 $r=31.8\text{m}$ 的半径画出一条接近土体滑裂面的圆弧，为了计算简单，我们把滑动圆弧近似当做斜直线，以 θ 表示圆弧切线（近似当做斜直线）与水平线的夹角。这时，作用在滑动体上的力有地面活荷载 q、主动土压力 E_a、滑动体自重 G、滑裂面摩擦力 τ、桩体斜截面抗剪力 N、锚杆水平分力 R、锚杆竖直分力 V，见图 10.4-5(a)，同时把锚杆分力 R 和 V 进行分解，见图 10.4-5(b)。

已知条件：

滑动圆弧半径 $r=31.8\text{m}$；

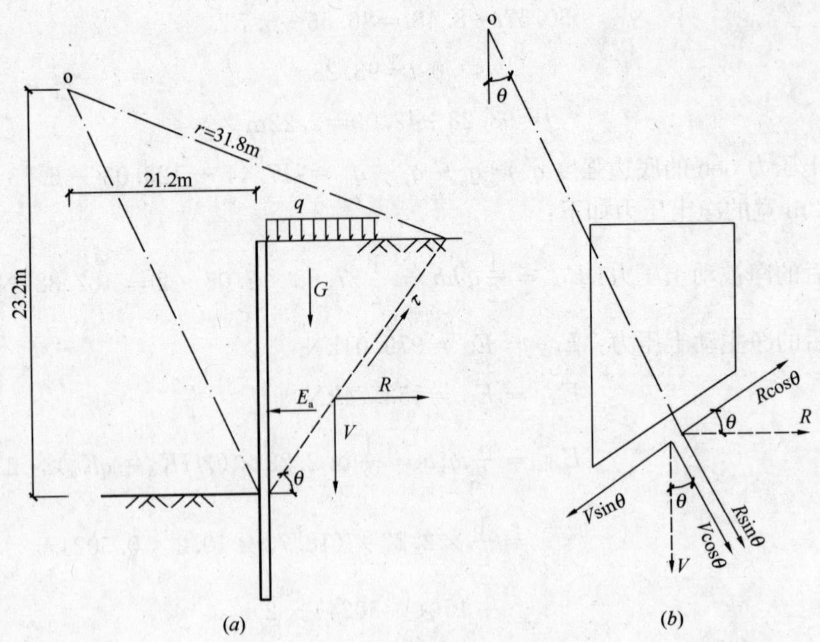

图 10.4-5 滑动圆弧抗滑稳定计算

(a) 滑动体上作用力系；(b) 锚杆拉力分解

圆弧切线与水平线的夹角 $\theta=51.89°$；

地面活荷载 $q=15\text{kN/m}^2$；

土层的加权平均重度 $\gamma=18.73\text{kN/m}^3$；

土层的加权平均黏聚力 $\tau=14.6\text{kPa}$；

土层的加权平均内摩擦角 $\varphi=19.33°$；

锚杆总水平分力 $R=1886.23\text{kN}$；

锚杆总竖直分力 $V=540.85\text{kN}$；

总主动土压力 $E_a=1132.75\text{kN}$，对基坑底的距离 3.63m；

地面活载产生的总力 $qz=15\times1.0=15\text{kN}$，对圆心 23.86m；

滑动体自重 $G=\dfrac{1}{2}\gamma bHac=\dfrac{1}{2}\times2.0\times18.73\times10.2\times8.0=1528.37\text{kN}$；

基底以上的桩体重量 $W=\gamma H\dfrac{\pi d^2}{4}=25\times10.2\times\dfrac{3.1416\times1^2}{4}=200.28\text{ kN}$；

桩体斜截面抗剪力 $N=954.77\text{kN}$（见 10.4.5 节的“桩体抗剪计算”）；

滑裂面长度 $L=12.96\text{m}$。

按照公式（9.4-16），对圆心 o 点建立滑动稳定安全系数的计算式如下：

$$K=\frac{M_k+r(R\cos\theta+R\sin\theta\tan\varphi)-r(V\sin\theta-V\cos\theta\tan\varphi)}{M_h}$$

$$=\frac{M_k+rR(\cos\theta+\sin\theta\tan\varphi)-rV\sin\theta+rV\cos\theta\tan\varphi}{M_h}\geqslant1.2$$

式中 锚杆总水平分力产生的力矩——$rR(\cos\theta+\sin\theta\tan\varphi)=31.8\times1886.23(\cos51.89°+$

$\sin 51.89^\circ \tan 19.33^\circ) = 59982.11 \times (0.6172 + 0.2760) = 53576.02$

锚杆总竖直分力产生的力矩——$-rV\sin\theta + rV\cos\theta\tan\varphi = -31.8 \times 540.85 \times \sin 51.89^\circ + 31.8 \times 540.85 \times \cos 51.89^\circ \tan 19.33^\circ = -13532.67 + 3723.48 = -9809.19$

M_k——抗滑动力矩：

$$M_k = \tau r + Nz = cLr + NZ$$
$$= (14.6 \times 12.96 \times 31.8) + (954.77 \times 23.2)$$
$$= 6017.07 + 22150.7 = 28167.77\text{kN}\cdot\text{m};$$

M_h——滑动力矩：

$$M_h = Ge_1 + q_z e_2 + E_a e_3 = 1528.37 \times 23.87 + 15 \times 25.2 + 1132.75 \times 19.57$$
$$= 36482.19 + 378.00 + 22167.92$$
$$= 59028.11\text{kN}\cdot\text{m};$$

故 $$K = \frac{M_k + rR(\cos\theta + \sin\theta\tan\varphi) - rV\sin\theta + rV\cos\theta\tan\varphi}{M_h}$$

$$= \frac{28167.77 + 53576.02 - 9809.19}{59028.11} = \frac{71934.6}{59028.11} = 1.22 > 1.2$$ 满足要求。

经过稳定校核，原定每排5根锚杆是能够满足结构要求的，每根锚杆有效长度值由上而下分别为8m、10m、14m、15m、13m，其中2根ϕ32预应力精轧螺纹钢筋，长14m、15m，其余3根是ϕ32普通Ⅱ级热轧螺纹钢筋，长度分别为8m、10m、13m。最终锚杆结构布置见图10.4-6。

10.4.5 立柱结构计算

1）桩体内力计算

桩体与基坑底接触处可看作嵌固端(简支)，这样，桩体以锚杆为支点，可形成5跨连续梁，梁上作用土压力见图10.4-7(a)。为了避免解方程的麻烦，减少计算工作量，充分利用查表计算，将梁上荷载改变为图10.4-7(b)的形式。

在图10.4-7中：

q_1为地面荷载土压力强度，$q_1 = qK_a = 15 \times 0.5024 = 7.54\text{kN/m}^2$

q_2为墙后最大土压力强度，$q_2 = \gamma HK_a = 18.73 \times 10.2 \times 0.5024 = 95.98\text{kN/m}^2$

q_3为墙后平均土压力强度，$q_3 = q_1 + \gamma hK_a = 7.54 + 18.73 \times 6.1 \times 0.5024 = 57.4\text{kN/m}^2$

M_0为悬臂跨荷载弯矩，$$M_0 = -\left[\frac{q_1 l^2}{2} + \frac{q_x l^2}{12}\right] = -\left(\frac{7.54 \times 1.5^2}{2} + \frac{14.11 \times 1.5^2}{12}\right)$$

$$= -(8.48 + 2.65) = -11.13\text{kN}\cdot\text{m}$$

按图10.4-7(b)所示5跨连续梁查表进行计算，查表知：跨中最大弯矩系数为0.078，支座最大弯矩系数为-0.105，最大剪力系数为-0.606及0.606。

跨中最大弯矩：$M = 0.078 q_3 l^2 = 0.078 \times 57.4 \times 1.82 = 14.651\text{kN}\cdot\text{m}$

支座最大弯矩：$M' = 0.105 q_3 l^2 = 0.105 \times 57.4 \times 1.82 = 19.53\text{kN}\cdot\text{m}$

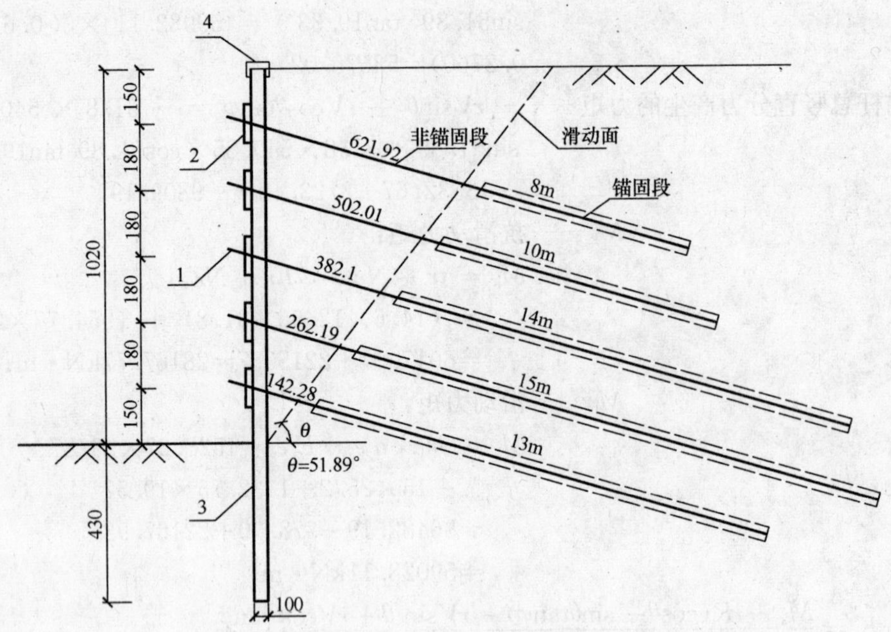

图 10.4-6　锚杆结构布置图

1—锚杆；2—锚头；3—钢筋混凝土桩；4—冠梁

注：1　图中 14m 及 15m 锚固长的锚杆各用 1 根 φ32 的预应力精轧螺纹钢筋，其余均用Φ 32 普通 HRB335 热轧螺纹钢筋，锚杆水平距离均为 2m，竖直间距均为 1.8m。

2　图中所示锚杆的非锚固段长度不包括岸坡以外的 1.5m 工作长度。

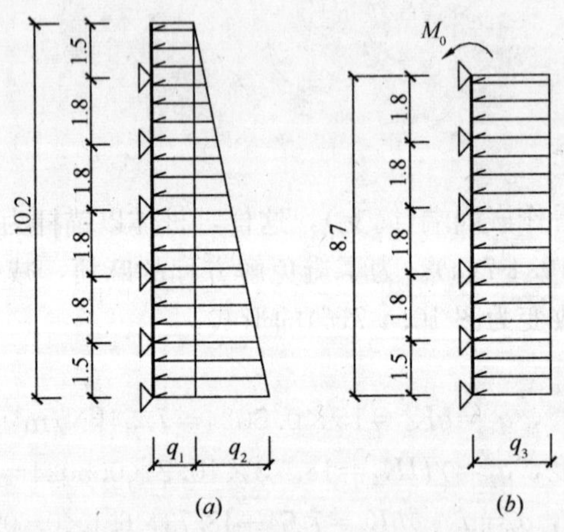

图 10.4-7　桩体计算图（单位：m）

(a) 原始图；(b) 简化图

最大剪力值：　　$Q=0.606q_3l=\pm0.606\times57.4\times1.8=62.61\text{kN}$

2）桩体抗剪计算

按《混凝土结构设计规范》GB 50010—2002 的规定计算。

要求：　　　　　　　　　　$V\leqslant V_{cs}+V_p$

式中　V——构件斜截面上的最大剪力设计值 62.61kN；

V_p——构件中预加力所提高的受剪承载力值，无预加力，即 $V_p=0$；

V_{cs}——构件斜截面上混凝土和箍筋受剪承载力值，

$$V_{cs}=0.7f_tbh_0+1.25f_{yv}\frac{A_{sv}}{s}h_0$$

f_t——混凝土轴心抗拉强度设计值，采用 C35 混凝土，f_t 为 1.57N/mm²；

b——截面宽度，已知桩的半径为 500mm，$b=1.76r=1.76\times500=880$mm；

h_0——截面有效高度，$h_0=1.6r=1.6\times500=800$mm；

f_{yv}——箍筋抗拉强度设计值，300N/mm²；

A_{sv}——配制在同一截面内 ϕ8 箍筋的全部面积，$A_{sv}=nA_V=3\times50.3=150.9\text{mm}^2$；

s——沿构件长度方向的箍筋间距 250mm。

则

$$\begin{aligned}V_{cs}&=0.7f_tbh_0+1.25f_{yv}\frac{A_{sv}}{s}h_0\\&=0.7\times1.57\times880\times800+1.25\times300\times(150.9/250)\times800\\&=773696+181080=954770\text{N}=954.77\text{kN}\end{aligned}$$

所以 $V=62.61\text{kN}<V_{cs}+V_p=954.77+0=954.77\text{kN}$ 满足抗剪要求。

3）桩体抗弯配筋计算

设计弯矩按最大弯矩 $M_s=1.2M=1.2\times19.53=23.44\text{kN}\cdot\text{m}$ 考虑。

按照《混凝土结构设计规范》GB 50010—2002 计算

令

$$M_s=N\eta e_i$$

则

$$M_s\leqslant\frac{2}{3}\alpha_tf_cAr\frac{\sin^3\pi\alpha}{\pi}+f_yA_sr_s\frac{\sin\pi\alpha+\sin\pi\alpha_t}{\pi}$$

式中 M_s——设计弯矩 $23.44\text{kN}\cdot\text{m}=2344\times10^4\text{N}\cdot\text{mm}$；

f_c——混凝土轴心抗压强度设计值，采用 C35 混凝土，f_c 为 16.7N/mm²；

f_y——钢筋的抗拉强度设计值，采用 HRB335 级钢筋，f_y 为 300N/mm²；

A——立柱截面积，立柱直径 1m，$A=\pi d^2/4=3.1416\times1000^2/4=785400\text{mm}^2$；

A_s——全部纵向钢筋面积，配 17ϕ28 钢筋，总面积 $17\times615.8=10468.6\text{mm}^2$；

r——圆形截面半径 500mm；

r_s——纵向钢筋所在圆周半径 450mm；

α——对应于受压区混凝土截面积的圆心角（rad）与 2π 的比值，取圆心角 $110°\times0.01745329=1.92$ 弧度，则 $\alpha=1.92/2\pi=0.3056$；

α_t——纵向受拉钢筋截面积与全部纵向钢筋截面积的比值，取 $\alpha_t=0.7$；

$\pi\alpha$——$3.1416\times0.3056=0.96$；

$\pi\alpha_t$——$3.1416\times0.7=2.2$。

所以：

$$M_s\leqslant\frac{2}{3}\alpha_tf_cAr\frac{\sin^3\pi\alpha}{\pi}+f_yA_sr_s\frac{\sin\pi\alpha+\sin\pi\alpha_t}{\pi}$$

$$2344\times10^4\leqslant\frac{2}{3}\times0.7\times16.7\times785400\times500\frac{\sin^3 0.96}{3.1416}+300\times10468.6\times450\frac{\sin0.96+\sin2.2}{3.1416}$$

$$2344 \times 10^4 \leqslant 3060442000 \frac{\sin^3 0.96}{3.1416} + 1413261000 \frac{\sin 0.96 + \sin 2.2}{3.1416}$$

$$2344 \times 10^4 \leqslant 3060442000 \times 0.0000015 + 1413261000 \times 0.0176$$

$$2344 \times 10^4 \leqslant 4590.663 + 2486.394 \times 10^4$$

$$2344 \times 10^4 \leqslant 2486.853 \times 10^4$$

故　$M_s = 2344 \times 10^4 \text{N} \cdot \text{mm} < 2486.853 \times 10^4 \text{N} \cdot \text{mm}$　满足要求。

桩体配筋见图 10.4-8。

4）冠梁配筋计算

冠梁按结构配筋，见图 10.4-9。

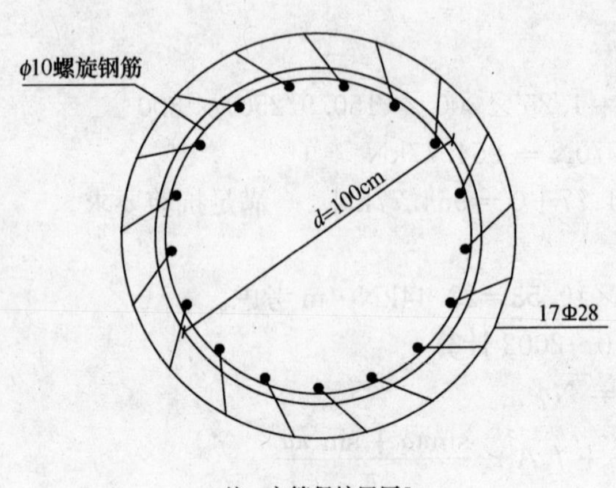

图 10.4-8　桩体配筋

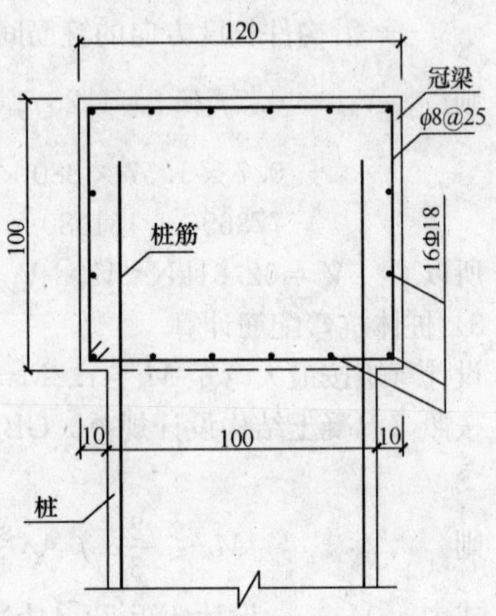

图 10.4-9　冠梁配筋（单位：cm）

5）腰梁计算

为便于回收，腰梁采用 2×22 号槽钢。

附录A　复合地基载荷试验要点

A.1　本试验要点适用于单桩复合地基载荷试验和多桩复合地基载荷试验。

A.2　复合地基载荷试验用于测定承压板下应力主要影响范围内复合土层的承载力和变形参数。复合地基载荷试验承压板应具有足够刚度。单桩复合地基载荷试验的承压板可用圆形或方形，面积为一根桩承担的处理面积；多桩复合地基载荷试验的承压板可用方形或矩形，其尺寸按实际桩数所承担的处理面积确定。桩的中心（或形心）应与承压板中心保持一致，并与荷载作用点相重合。

A.3　承压板底的标高应与桩顶设计标高相适应。承压板底面下宜铺设粗砂或中砂垫层，垫层厚度取50～150mm，桩身强度高时宜取大值。试验标高处的试坑长度和宽度，应不小于承压板尺寸的3倍。基准梁的支点应设在试坑之外。

A.4　试验前应采取措施，防止试验场地地基土含水量变化或地基土扰动，以免影响试验结果。

A.5　加载等级可分为8～12级。最大加载压力不应小于设计要求压力值的2倍。

A.6　每加一级荷载前后均应各读记承压板沉降量一次，以后每半个小时读记一次。当一小时内沉降量小于0.1mm时，即可加下一级荷载。

A.7　当出现下列现象之一时可终止试验：

1）沉降急剧增大，土被挤出或承压板周围出现明显的隆起；

2）承压板的累计沉降量已大于其宽度或直径的6%；

3）当达不到极限荷载，而最大加载压力已大于设计要求压力值的2倍。

A.8　卸载级数可为加载级数的一半，等量进行，每卸一级，间隔半小时，读记回弹量，待卸完全部荷载后间隔三小时读记总回弹量。

A.9　复合地基承载力特征值的确定：

1）当压力—沉降曲线上极限荷载能确定，而其值不小于对应比例界限的2倍时，可取比例界限；当其值小于对应比例界限的2倍时，可取极限荷载的一半。

2）当压力—沉降曲线是平缓的光滑曲线时，可按相对变形值确定；

（1）对砂石桩、振冲桩复合地基或强夯置换墩：当以黏性土为主的地基，可取s/b或s/d等于0.015所对应的压力（s为载荷试验承压板的沉降量；b和d分别为承压板宽度和直径，当其值大于2m时，按2m计算）；当以粉土或砂土为主的地基，可取s/b或s/d等于0.01所对应的压力。

（2）对土挤密桩、石灰桩或柱锤冲扩桩复合地基，可取s/b或s/d等于0.012所对应的压力。对灰土挤密桩复合地基，可取s/b或s/d等于0.008所对应的压力。

（3）对水泥粉煤灰碎石桩或夯实水泥土桩复合地基，当以卵石、圆砾、密实粗中砂为主的地基，可取s/b或s/d等于0.008所对应的压力；当以黏性土、粉土为主的地基，可取s/b或s/d等于0.01所对应的压力。

（4）对水泥土搅拌桩或旋喷桩复合地基，可取 s/b 或 s/d 等于 0.006 所对应的压力。

（5）对有经验的地区，也可按当地经验确定相对变形值。

按相对变形值确定的承载力特征值不应大于最大加载压力的一半。

A.10 试验点的数量不应少于 3 点，当满足其极差不超过平均值的 30%时，可取其平均值为复合地基承载力特征值。

附录B 平均附加应力系数表

B.1 矩形面积上均布荷载作用

表中：b 为矩形的短边；l 为矩形的长边；z 为从荷载作用平面起算的深度。矩形面积上均布荷载作用下通过中心点竖线上的平均附加应力系数 $\bar{\alpha}$ 见表 B.1-1。矩形面积上均布荷载作用下角点的平均附加应力系数 $\bar{\alpha}$ 见表 B.1-2。

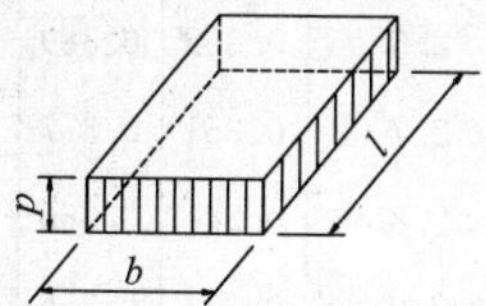

矩形面积上均布荷载作用下通过中心点竖线上的平均附加应力系数 $\bar{\alpha}$　　表 B.1-1

z/b \ l/b	1.0	1.2	1.4	1.6	1.8	2.0	2.4	2.8	3.2	3.6	4.0	5.0	>10（条形）
0.0	1.000	1.000	1.000	1.000	1.000	1.000	1.000	1.000	1.000	1.000	1.000	1.000	1.000
0.1	0.997	0.998	0.998	0.998	0.998	0.998	0.998	0.998	0.998	0.998	0.998	0.998	0.998
0.2	0.987	0.990	0.991	0.992	0.992	0.992	0.993	0.993	0.993	0.993	0.993	0.993	0.993
0.3	0.967	0.973	0.976	0.978	0.979	0.979	0.980	0.980	0.981	0.981	0.981	0.981	0.981
0.4	0.936	0.947	0.953	0.956	0.958	0.965	0.961	0.962	0.962	0.963	0.963	0.963	0.963
0.5	0.900	0.915	0.924	0.929	0.933	0.935	0.937	0.939	0.939	0.940	0.940	0.940	0.940
0.6	0.858	0.878	0.890	0.898	0.903	0.906	0.910	0.912	0.913	0.914	0.914	0.915	0.915
0.7	0.816	0.840	0.855	0.865	0.871	0.876	0.881	0.884	0.885	0.886	0.887	0.887	0.888
0.8	0.775	0.801	0.819	0.831	0.839	0.844	0.851	0.855	0.857	0.858	0.859	0.860	0.860
0.9	0.735	0.764	0.784	0.797	0.806	0.813	0.821	0.826	0.829	0.830	0.831	0.832	0.833
1.0	0.698	0.728	0.749	0.764	0.775	0.783	0.792	0.798	0.801	0.803	0.804	0.806	0.807
1.1	0.663	0.694	0.717	0.733	0.744	0.753	0.764	0.771	0.775	0.777	0.779	0.780	0.782
1.2	0.631	0.663	0.686	0.703	0.715	0.725	0.737	0.744	0.749	0.752	0.754	0.756	0.758
1.3	0.601	0.633	0.657	0.674	0.688	0.698	0.711	0.719	0.725	0.728	0.730	0.733	0.735
1.4	0.573	0.605	0.629	0.648	0.661	0.672	0.687	0.696	0.701	0.705	0.708	0.711	0.714
1.5	0.548	0.580	0.604	0.622	0.637	0.648	0.664	0.673	0.679	0.683	0.686	0.690	0.693
1.6	0.524	0.556	0.580	0.599	0.613	0.625	0.641	0.651	0.658	0.663	0.666	0.670	0.675
1.7	0.502	0.533	0.558	0.577	0.591	0.603	0.620	0.631	0.638	0.643	0.646	0.651	0.656

续表

$\frac{l}{b}$ $\frac{z}{b}$	1.0	1.2	1.4	1.6	1.8	2.0	2.4	2.8	3.2	3.6	4.0	5.0	>10 (条形)
1.8	0.482	0.513	0.537	0.556	0.571	0.583	0.600	0.611	0.619	0.624	0.629	0.633	0.638
1.9	0.463	0.493	0.517	0.536	0.551	0.563	0.581	0.593	0.601	0.606	0.610	0.616	0.622
2.0	0.446	0.475	0.499	0.518	0.533	0.545	0.563	0.575	0.584	0.590	0.594	0.600	0.606
2.1	0.429	0.459	0.482	0.500	0.515	0.528	0.546	0.559	0.567	0.574	0.578	0.585	0.591
2.2	0.414	0.443	0.466	0.484	0.499	0.511	0.530	0.543	0.552	0.558	0.563	0.570	0.577
2.3	0.400	0.428	0.451	0.469	0.484	0.496	0.515	0.528	0.537	0.544	0.548	0.556	0.564
2.4	0.387	0.414	0.436	0.454	0.469	0.481	0.500	0.513	0.523	0.530	0.535	0.548	0.551
2.5	0.374	0.401	0.423	0.441	0.455	0.468	0.486	0.500	0.509	0.516	0.522	0.530	0.539
2.6	0.362	0.389	0.410	0.428	0.442	0.455	0.473	0.487	0.496	0.504	0.509	0.518	0.528
2.7	0.351	0.377	0.398	0.416	0.430	0.442	0.461	0.474	0.484	0.492	0.497	0.506	0.517
2.8	0.341	0.366	0.387	0.404	0.418	0.430	0.449	0.463	0.472	0.480	0.486	0.495	0.506
2.9	0.331	0.356	0.377	0.393	0.407	0.419	0.438	0.451	0.461	0.469	0.475	0.485	0.496
3.0	0.322	0.346	0.366	0.383	0.397	0.409	0.427	0.441	0.451	0.459	0.465	0.474	0.487
3.1	0.313	0.337	0.357	0.373	0.387	0.398	0.417	0.430	0.440	0.448	0.454	0.464	0.477
3.2	0.305	0.328	0.348	0.364	0.377	0.389	0.407	0.420	0.431	0.439	0.445	0.455	0.468
3.3	0.297	0.320	0.339	0.355	0.368	0.379	0.397	0.411	0.421	0.429	0.436	0.446	0.460
3.4	0.289	0.312	0.331	0.346	0.359	0.371	0.388	0.402	0.412	0.420	0.427	0.437	0.452
3.5	0.282	0.304	0.323	0.338	0.351	0.362	0.380	0.393	0.403	0.412	0.418	0.429	0.444
3.6	0.276	0.297	0.315	0.330	0.343	0.354	0.372	0.385	0.395	0.403	0.410	0.421	0.436
3.7	0.269	0.290	0.308	0.323	0.335	0.346	0.364	0.377	0.387	0.395	0.402	0.413	0.420
3.8	0.263	0.284	0.301	0.316	0.328	0.339	0.356	0.369	0.379	0.388	0.394	0.405	0.422
3.9	0.257	0.277	0.294	0.309	0.321	0.332	0.349	0.362	0.372	0.380	0.387	0.398	0.415
4.0	0.251	0.271	0.288	0.302	0.314	0.325	0.342	0.355	0.365	0.373	0.379	0.391	0.408
4.1	0.246	0.265	0.282	0.296	0.308	0.318	0.335	0.348	0.358	0.366	0.372	0.384	0.402
4.2	0.241	0.260	0.276	0.290	0.302	0.312	0.328	0.341	0.352	0.359	0.366	0.377	0.396
4.3	0.236	0.255	0.270	0.284	0.296	0.306	0.322	0.335	0.345	0.353	0.359	0.371	0.390
4.4	0.231	0.250	0.265	0.278	0.290	0.300	0.316	0.329	0.339	0.347	0.353	0.365	0.384
4.5	0.226	0.245	0.260	0.273	0.285	0.294	0.310	0.323	0.333	0.341	0.347	0.359	0.378
4.6	0.222	0.240	0.255	0.268	0.279	0.289	0.305	0.317	0.327	0.335	0.341	0.353	0.373
4.7	0.218	0.235	0.250	0.263	0.274	0.284	0.299	0.312	0.321	0.329	0.336	0.347	0.367
4.8	0.214	0.231	0.245	0.258	0.269	0.279	0.294	0.306	0.316	0.324	0.330	0.342	0.362
4.9	0.210	0.227	0.241	0.253	0.265	0.274	0.289	0.301	0.311	0.319	0.325	0.337	0.357
5.0	0.206	0.223	0.237	0.249	0.260	0.269	0.284	0.296	0.306	0.313	0.320	0.332	0.352

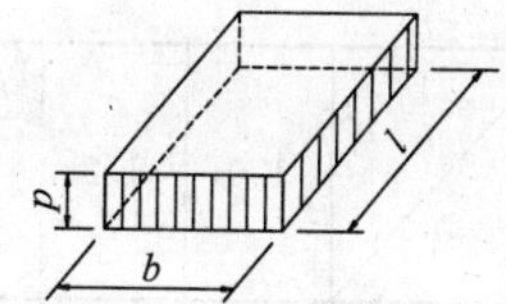

矩形面积上均布荷载作用下角点的平均附加应力系数 $\bar{\alpha}$ 表 B.1-2

z/b \ l/b	1.0	1.2	1.4	1.6	1.8	2.0	2.4	2.8	3.2	3.6	4.0	5.0	10
0.0	0.2500	0.2500	0.2500	0.2500	0.2500	0.2500	0.2500	0.2500	0.2500	0.2500	0.2500	0.2500	0.2500
0.2	0.2496	0.2497	0.2497	0.2498	0.2498	0.2498	0.2498	0.2498	0.2498	0.2498	0.2498	0.2498	0.2498
0.4	0.2474	0.2479	0.2481	0.2483	0.2483	0.2484	0.2485	0.2485	0.2485	0.2485	0.2485	0.2485	0.2485
0.6	0.2423	0.2437	0.2444	0.2448	0.2451	0.2452	0.2454	0.2455	0.2455	0.2455	0.2455	0.2455	0.2456
0.8	0.2346	0.2372	0.2387	0.2395	0.2400	0.2403	0.2407	0.2408	0.2409	0.2409	0.2410	0.2410	0.2410
1.0	0.2252	0.2291	0.2313	0.2326	0.2335	0.2340	0.2346	0.2349	0.2351	0.2352	0.2352	0.2353	0.2353
1.2	0.2149	0.2199	0.2229	0.2248	0.2260	0.2268	0.2278	0.2282	0.2285	0.2286	0.2287	0.2288	0.2289
1.4	0.2043	0.2102	0.2140	0.2164	0.2180	0.2191	0.2204	0.2211	0.2215	0.2217	0.2218	0.2220	0.2221
1.6	0.1939	0.2006	0.2049	0.2079	0.2099	0.2113	0.2130	0.2138	0.2143	0.2146	0.2148	0.2150	0.2152
1.8	0.1840	0.1912	0.1960	0.1994	0.2018	0.2034	0.2055	0.2066	0.2073	0.2077	0.2079	0.2082	0.2084
2.0	0.1746	0.1822	0.1875	0.1912	0.1938	0.1958	0.1982	0.1996	0.2004	0.2009	0.2012	0.2015	0.2018
2.2	0.1659	0.1737	0.1793	0.1833	0.1862	0.1883	0.1911	0.1927	0.1937	0.1943	0.1947	0.1952	0.1955
2.4	0.1578	0.1657	0.1715	0.1757	0.1789	0.1812	0.1843	0.1862	0.1873	0.1880	0.1885	0.1890	0.1895
2.6	0.1503	0.1583	0.1642	0.1686	0.1719	0.1745	0.1779	0.1799	0.1812	0.1820	0.1825	0.1832	0.1838
2.8	0.1433	0.1514	0.1574	0.1619	0.1654	0.1680	0.1717	0.1739	0.1753	0.1763	0.1769	0.1777	0.1784
3.0	0.1369	0.1449	0.1510	0.1556	0.1592	0.1619	0.1658	0.1682	0.1698	0.1708	0.1715	0.1725	0.1733
3.2	0.1310	0.1390	0.1450	0.1497	0.1533	0.1562	0.1602	0.1628	0.1645	0.1657	0.1664	0.1675	0.1685
3.4	0.1256	0.1334	0.1394	0.1441	0.1478	0.1508	0.1550	0.1577	0.1595	0.1607	0.1616	0.1628	0.1639
3.6	0.1205	0.1282	0.1342	0.1389	0.1427	0.1456	0.1500	0.1528	0.1548	0.1561	0.1570	0.1583	0.1595
3.8	0.1158	0.1234	0.1293	0.1340	0.1378	0.1408	0.1452	0.1482	0.1502	0.1516	0.1526	0.1541	0.1554
4.0	0.1114	0.1189	0.1248	0.1294	0.1332	0.1362	0.1408	0.1438	0.1459	0.1474	0.1485	0.1500	0.1516
4.2	0.1073	0.1147	0.1205	0.1251	0.1289	0.1319	0.1365	0.1396	0.1418	0.1434	0.1445	0.1462	0.1479
4.4	0.1035	0.1107	0.1164	0.1210	0.1248	0.1279	0.1325	0.1357	0.1379	0.1396	0.1407	0.1425	0.1444
4.6	0.1000	0.1070	0.1127	0.1172	0.1209	0.1240	0.1287	0.1319	0.1342	0.1359	0.1371	0.1390	0.1410
4.8	0.0967	0.1036	0.1091	0.1136	0.1173	0.1204	0.1250	0.1283	0.1307	0.1324	0.1337	0.1357	0.1379
5.0	0.0935	0.1003	0.1057	0.1102	0.1139	0.1169	0.1216	0.1249	0.1273	0.1291	0.1304	0.1325	0.1348
5.2	0.0906	0.0972	0.1026	0.1070	0.1106	0.1136	0.1183	0.1217	0.1241	0.1259	0.1273	0.1295	0.1320
5.4	0.0878	0.0943	0.0996	0.1039	0.1075	0.1105	0.1152	0.1186	0.1211	0.1229	0.1243	0.1265	0.1292
5.6	0.0852	0.0916	0.0968	0.1010	0.1046	0.1076	0.1122	0.1156	0.1181	0.1200	0.1215	0.1238	0.1266
5.8	0.0828	0.0890	0.0941	0.0983	0.1018	0.1047	0.1094	0.1128	0.1153	0.1172	0.1187	0.1211	0.1240

续表

$\frac{z}{b}$ \ $\frac{l}{b}$	1.0	1.2	1.4	1.6	1.8	2.0	2.4	2.8	3.2	3.6	4.0	5.0	10
6.0	0.0805	0.0866	0.0916	0.0957	0.0991	0.1021	0.1067	0.1101	0.1126	0.1146	0.1161	0.1185	0.1216
6.2	0.0783	0.0842	0.0891	0.0932	0.0966	0.0995	0.1041	0.1075	0.1101	0.1120	0.1136	0.1161	0.1193
6.4	0.0762	0.0820	0.0869	0.0909	0.0942	0.0971	0.1016	0.1050	0.1076	0.1096	0.1111	0.1137	0.1171
6.6	0.0742	0.0799	0.0847	0.0886	0.0919	0.0948	0.0993	0.1027	0.1053	0.1073	0.1088	0.1114	0.1149
6.8	0.0723	0.0779	0.0826	0.0865	0.0898	0.0926	0.0970	0.1004	0.1030	0.1050	0.1066	0.1092	0.1129
7	0.0705	0.0761	0.0806	0.0844	0.0877	0.0904	0.0949	0.0982	0.1008	0.1028	0.1044	0.1071	0.1109
7.2	0.0688	0.0742	0.0787	0.0825	0.0857	0.0884	0.0928	0.0962	0.0987	0.1008	0.1023	0.1051	0.1090
7.4	0.0672	0.0725	0.0769	0.0806	0.0838	0.0865	0.0908	0.0942	0.0967	0.0988	0.1004	0.1031	0.1071
7.6	0.0656	0.0709	0.0752	0.0789	0.0820	0.0846	0.0889	0.0922	0.0948	0.0968	0.0984	0.1012	0.1054
7.8	0.0642	0.0693	0.0736	0.0771	0.0802	0.0828	0.0871	0.0904	0.0929	0.0950	0.0966	0.0994	0.1036
8	0.0627	0.0678	0.0720	0.0755	0.0785	0.0811	0.0853	0.0886	0.0912	0.0932	0.0948	0.0976	0.1020
8.2	0.0614	0.0663	0.0705	0.0739	0.0769	0.0795	0.0837	0.0869	0.0894	0.0914	0.0931	0.0959	0.1004
8.4	0.0601	0.0649	0.069	0.0724	0.0754	0.0779	0.0820	0.0852	0.0878	0.0898	0.0914	0.0943	0.0988
8.6	0.0588	0.0636	0.0676	0.0710	0.0739	0.0764	0.0805	0.0836	0.0862	0.0882	0.0898	0.0927	0.0973
8.8	0.0576	0.0623	0.0663	0.0696	0.0724	0.0749	0.0790	0.0821	0.0846	0.0866	0.0882	0.0912	0.0959
9.2	0.0554	0.0599	0.0637	0.0670	0.0697	0.0721	0.0761	0.0792	0.0817	0.0837	0.0853	0.0882	0.0931
9.6	0.0533	0.0577	0.0614	0.0645	0.0672	0.0696	0.0734	0.0765	0.0789	0.0809	0.0825	0.0855	0.0905
10.0	0.0514	0.0556	0.0592	0.0622	0.0649	0.0672	0.0710	0.0739	0.0763	0.0783	0.0799	0.0829	0.0880
10.4	0.0496	0.0537	0.0572	0.0601	0.0627	0.0649	0.0686	0.0716	0.0739	0.0759	0.0775	0.0804	0.0857
10.8	0.0479	0.0519	0.0553	0.0581	0.0606	0.0628	0.0664	0.0693	0.0717	0.0736	0.0751	0.0781	0.0834
11.2	0.0463	0.0502	0.0535	0.0563	0.0587	0.0609	0.0644	0.0672	0.0695	0.0714	0.0730	0.0759	0.0813
11.6	0.0448	0.0486	0.0518	0.0545	0.0569	0.0590	0.0625	0.0652	0.0675	0.0694	0.0709	0.0738	0.0793
12.0	0.0435	0.0471	0.0502	0.0529	0.0552	0.0573	0.0606	0.0634	0.0656	0.0674	0.0690	0.0719	0.0774
12.8	0.0409	0.0444	0.0474	0.0499	0.0521	0.0541	0.0573	0.0599	0.0621	0.0639	0.0654	0.0682	0.0739
13.6	0.0387	0.0420	0.0448	0.0472	0.0493	0.0512	0.0543	0.0568	0.0589	0.0607	0.0621	0.0649	0.0707
14.4	0.0367	0.0398	0.0425	0.0448	0.0468	0.0486	0.0516	0.0540	0.0561	0.0577	0.0592	0.0619	0.0677
15.2	0.0349	0.0379	0.0404	0.0426	0.0446	0.0463	0.0492	0.0515	0.0535	0.0551	0.0565	0.0592	0.0650
16.0	0.0332	0.0361	0.0385	0.0407	0.0425	0.0442	0.0469	0.0492	0.0511	0.0527	0.0540	0.0567	0.0625
18.0	0.0297	0.0323	0.0345	0.0364	0.0381	0.0396	0.0422	0.0442	0.0460	0.0475	0.0487	0.0512	0.0570
20.0	0.0269	0.0292	0.0312	0.0330	0.0345	0.0359	0.0383	0.0402	0.0418	0.0432	0.0444	0.0468	0.0524

B.2 矩形面积上三角形荷载作用

表中：b 为矩形的短边；l 为矩形的长边；z 为从荷载作用平面起算的深度。矩形面积上三角形分布荷载作用下角点的平均附加应力系数 $\bar{\alpha}$ 见表 B.2-1。

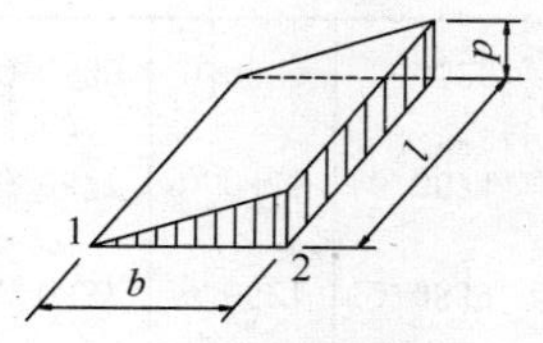

矩形面积上三角形分布荷载作用下角点的平均附加应力系数 $\overline{\alpha}$　　表 B.2-1

z/b \ l/b	0.2		0.4		0.6		0.8		1.0		1.2		1.4	
点	1	2	1	2	1	2	1	2	1	2	1	2	1	2
0.0	0.0000	0.2500	0.0000	0.2500	0.0000	0.2500	0.0000	0.2500	0.0000	0.2500	0.0000	0.2500	0.0000	0.2500
0.2	0.0112	0.2161	0.0140	0.2308	0.0148	0.2333	0.0151	0.2339	0.0152	0.2341	0.0153	0.2342	0.0153	0.2343
0.4	0.0179	0.1810	0.0245	0.2084	0.0270	0.2153	0.0280	0.2125	0.0285	0.2184	0.0288	0.2187	0.0289	0.2189
0.6	0.0207	0.1505	0.0308	0.1851	0.0355	0.1966	0.0376	0.2011	0.0388	0.2030	0.0394	0.2039	0.0397	0.2043
0.8	0.0217	0.1277	0.0340	0.1640	0.0405	0.1787	0.0440	0.1852	0.0459	0.1883	0.0470	0.1899	0.0476	0.1907
1.0	0.0217	0.1104	0.0351	0.1461	0.0430	0.1624	0.0476	0.1704	0.0502	0.1746	0.0518	0.1769	0.0528	0.1781
1.2	0.0212	0.0970	0.0351	0.1312	0.0439	0.1480	0.0492	0.1571	0.0525	0.1621	0.0546	0.1649	0.0560	0.1666
1.4	0.0204	0.0865	0.0344	0.1187	0.0436	0.1356	0.0495	0.1451	0.0534	0.1507	0.0559	0.1541	0.0575	0.1562
1.6	0.0195	0.0779	0.0333	0.1082	0.0427	0.1247	0.0490	0.1345	0.0533	0.1405	0.0561	0.1443	0.0580	0.1467
1.8	0.0186	0.0709	0.0321	0.0993	0.0415	0.1153	0.0480	0.1252	0.0525	0.1313	0.0556	0.1354	0.0578	0.1381
2.0	0.0178	0.0650	0.0308	0.0917	0.0401	0.1071	0.0467	0.1169	0.0513	0.1232	0.0547	0.1274	0.0570	0.1303
2.5	0.0157	0.0538	0.0276	0.0769	0.0365	0.0908	0.0429	0.1000	0.0478	0.1063	0.0513	0.1107	0.0540	0.1139
3.0	0.0140	0.0458	0.0248	0.0661	0.033	0.0786	0.0392	0.0871	0.0439	0.0931	0.0476	0.0976	0.0503	0.1008
5.0	0.0097	0.0289	0.0175	0.0424	0.0236	0.0476	0.0285	0.0576	0.0324	0.0624	0.0356	0.0661	0.0382	0.0690
7.0	0.0073	0.0211	0.0133	0.0311	0.0180	0.0352	0.0219	0.0427	0.0251	0.0465	0.0277	0.0496	0.0299	0.0520
10.0	0.0053	0.0150	0.0097	0.0222	0.0133	0.0253	0.0162	0.0308	0.0186	0.0336	0.0207	0.0359	0.0224	0.0376

续表

$\frac{z}{b}$ \ $\frac{l}{b}$	1.6		1.8		2.0		3.0		4.0		6.0		8.0		10.0	
点	1	2	1	2	1	2	1	2	1	2	1	2	1	2	1	2
0.0	0.0000	0.2500	0.0000	0.2500	0.0000	0.2500	0.0000	0.2500	0.0000	0.2500	00.0000	0.2500	0.0000	0.2500	0.0000	0.2500
0.2	0.0153	0.2343	0.0153	0.2343	0.0153	0.2343	0.0153	0.2343	0.0153	0.2343	0.0153	0.2343	0.0153	0.2343	0.0153	0.2343
0.4	0.0290	0.2190	0.0290	0.2190	0.0290	0.2191	0.0290	0.2192	0.0291	0.2192	0.0291	0.2192	0.0291	0.2192	0.0291	0.2192
0.6	0.0399	0.2046	0.0400	0.2047	0.0401	0.2048	0.0402	0.2050	0.0402	0.2050	0.0402	0.2050	0.0402	0.2050	0.0402	0.2050
0.8	0.0480	0.1912	0.0482	0.1915	0.0483	0.1917	0.0486	0.1920	0.0487	0.1920	0.0487	0.1921	0.0487	0.1921	0.0487	0.1921
1.0	0.0534	0.1789	0.0538	0.1794	0.0540	0.1797	0.0545	0.1803	0.0546	0.1803	0.0546	0.1804	0.0546	0.1804	0.0546	0.1804
1.2	0.0568	0.1678	0.0574	0.1684	0.0577	0.1689	0.0584	0.1697	0.0586	0.1699	0.0587	0.1700	0.0587	0.1700	0.0587	0.1700
1.4	0.0586	0.1576	0.0594	0.1585	0.0596	0.1591	0.0609	0.1603	0.0612	0.1605	0.0613	0.1606	0.0613	0.1606	0.0613	0.1606
1.6	0.0594	0.1484	0.0603	0.1494	0.0609	0.1502	0.0623	0.1517	0.0626	0.1521	0.0628	0.1523	0.0628	0.1523	0.0628	0.1523
1.8	0.0593	0.1400	0.0604	0.1413	0.0611	0.1422	0.0628	0.1441	0.0633	0.1445	0.0635	0.1447	0.0635	0.1448	0.0635	0.1448
2.0	0.0587	0.1324	0.0599	0.1338	0.0608	0.1348	0.0629	0.1371	0.0634	0.1377	0.0637	0.1380	0.0638	0.1380	0.0638	0.1380
2.5	0.0560	0.1163	0.0575	0.1180	0.0586	0.1193	0.0614	0.1223	0.0623	0.1233	0.0627	0.1237	0.0628	0.1238	0.0628	0.1239
3.0	0.0525	0.1033	0.0541	0.1052	0.0554	0.1067	0.0589	0.1104	0.0600	0.1116	0.0607	0.1123	0.0609	0.1124	0.0609	0.1125
5.0	0.0403	0.0714	0.0421	0.0734	0.0435	0.0749	0.0480	0.0797	0.0500	0.0817	0.0515	0.0833	0.0519	0.0837	0.0521	0.0839
7.0	0.0318	0.0541	0.0333	0.0558	0.0347	0.0572	0.0391	0.0619	0.0414	0.0642	0.0435	0.0663	0.0442	0.0671	0.0445	0.0674
10.0	0.0239	0.0395	0.0252	0.0409	0.0263	0.0403	0.0302	0.0462	0.0325	0.0485	0.0349	0.0509	0.0359	0.0520	0.0364	0.0526

B.3 圆形面积上荷载作用

表中：R 为圆形面积半径；z 为从荷载作用平面起算的深度。圆形面积上均布荷载作用下中点的平均附加应力系数 $\bar{\alpha}$ 见表 B.3-1。圆形面积上三角形分布荷载作用下边点的平均附加应力系数 $\bar{\alpha}$ 见表 B.3-2。

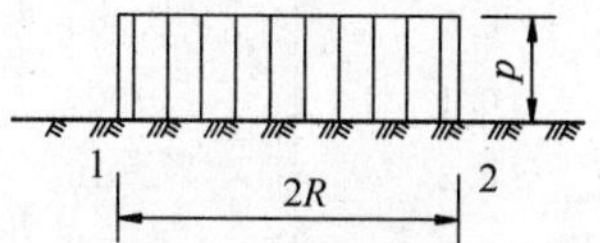

圆形面积上均布荷载作用下中点的平均附加应力系数 $\bar{\alpha}$　　表 B.3-1

点位 / z/R	中点	点位 / z/R	中点
0.0	1.000	2.6	0.560
0.1	1.000	2.7	0.546
0.2	0.998	2.8	0.532
0.3	0.993	2.9	0.519
0.4	0.986	3.0	0.507
0.5	0.974	3.1	0.495
0.6	0.960	3.2	0.484
0.7	0.942	3.3	0.473
0.8	0.923	3.4	0.463
0.9	0.901	3.5	0.453
1.0	0.878	3.6	0.443
1.1	0.855	3.7	0.434
1.2	0.831	3.8	0.425
1.3	0.808	3.9	0.417
1.4	0.784	4.0	0.409
1.5	0.762	4.1	0.401
1.6	0.739	4.2	0.393
1.7	0.718	4.3	0.386
1.8	0.697	4.4	0.379
1.9	0.677	4.5	0.372
2.0	0.658	4.6	0.365
2.1	0.640	4.7	0.359
2.2	0.623	4.8	0.353
2.3	0.606	4.9	0.347
2.4	0.590	5.0	0.341
2.5	0.574		

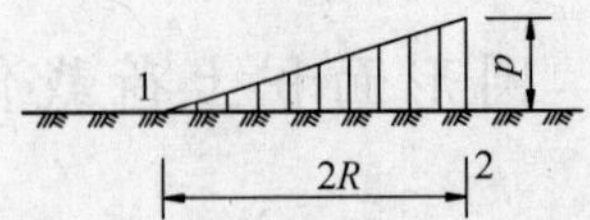

圆形面积上三角形分布荷载作用下边点的平均附加应力系数 $\bar{\alpha}$ 表 B.3-2

z/R \ 点位	1	2	z/R \ 点位	1	2
0.0	0.000	0.500	0.500	0.073	0.242
0.1	0.008	0.483	0.483	0.073	0.236
0.2	0.016	0.466	0.466	0.072	0.230
0.3	0.023	0.450	0.450	0.072	0.225
0.4	0.030	0.435	0.435	0.071	0.219
0.5	0.035	0.420	0.420	0.071	0.214
0.6	0.041	0.406	0.406	0.070	0.209
0.7	0.045	0.393	0.393	0.070	0.204
0.8	0.050	0.380	0.380	0.069	0.200
0.9	0.054	0.368	0.368	0.069	0.196
1.0	0.057	0.356	0.356	0.068	0.192
1.1	0.061	0.344	0.344	0.067	0.188
1.2	0.063	0.333	0.333	0.067	0.184
1.3	0.065	0.323	0.323	0.066	0.180
1.4	0.067	0.313	0.313	0.065	0.177
1.5	0.069	0.303	0.303	0.065	0.173
1.6	0.070	0.294	0.294	0.064	0.170
1.7	0.071	0.286	0.286	0.063	0.167
1.8	0.072	0.278	0.278	0.062	0.161
1.9	0.072	0.270	0.270	0.061	0.155
2.0	0.073	0.263	0.263	0.059	0.150
2.1	0.073	0.255	0.255	0.058	0.145
2.2	0.073	0.249	0.249	0.057	0.140

附录C 主动土压力系数 K_a

表C.0-1中，δ为墙背与填土间的外摩擦角，α为墙背与竖直线的夹角，β为墙后填土表面与水平线的夹角，φ为墙后填土料的内摩擦角。

主动土压力系数 **表C.0-1**

α	β \ φ	15°	20°	25°	30°	35°	40°	45°	50°
$\delta=0°$									
0°	0°	0.589	0.490	0.406	0.333	0.271	0.217	0.172	0.132
	5°	0.635	0.524	0.431	0.352	0.284	0.227	0.178	0.137
	10°	0.704	0.569	0.462	0.374	0.300	0.238	0.186	0.142
	15°	0.933	0.639	0.505	0.402	0.319	0.251	0.194	0.147
	20°		0.883	0.573	0.441	0.344	0.267	0.204	0.154
	25°			0.821	0.505	0.379	0.288	0.217	0.162
	30°				0.750	0.436	0.318	0.235	0.172
	35°					0.671	0.369	0.260	0.186
	40°						0.587	0.303	0.206
	45°							0.500	0.242
	50°								0.413
10°	0°	0.652	0.560	0.478	0.407	0.343	0.288	0.238	0.194
	5°	0.705	0.601	0.510	0.431	0.362	0.302	0.249	0.202
	10°	0.784	0.655	0.550	0.461	0.384	0.318	0.261	0.211
	15°	1.039	0.737	0.603	0.498	0.411	0.337	0.274	0.221
	20°		1.015	0.685	0.548	0.444	0.360	0.291	0.231
	25°			0.977	0.628	0.491	0.391	0.311	0.245
	30°				0.925	0.566	0.433	0.337	0.262
	35°					0.860	0.502	0.374	0.284
	40°						0.785	0.437	0.316
	45°							0.708	0.371
	50°								0.614
20°	0°	0.736	0.648	0.569	0.498	0.434	0.375	0.322	0.274
	5°	0.801	0.700	0.611	0.532	0.461	0.397	0.340	0.288
	10°	0.896	0.768	0.663	0.572	0.492	0.421	0.358	0.302
	15°	1.196	0.868	0.730	0.621	0.529	0.450	0.380	0.318
	20°		1.205	0.834	0.688	0.576	0.484	0.405	0.337
	25°			1.196	0.791	0.639	0.527	0.435	0.358
	30°				1.196	0.740	0.586	0.474	0.385
	35°					1.124	0.683	0.529	0.420
	40°						1.064	0.620	0.469
	45°							0.990	0.552
	50°								0.904

续表

α	β \ φ	15°	20°	25°	30°	35°	40°	45°	50°
δ=0°									
−10°	0°	0.540	0.430	0.344	0.270	0.209	0.158	0.117	0.083
	5°	0.581	0.461	0.364	0.284	0.218	0.164	0.120	0.085
	10°	0.644	0.500	0.389	0.301	0.229	0.171	0.125	0.088
	15°	0.860	0.562	0.425	0.322	0.243	0.180	0.130	0.090
	20°		0.785	0.482	0.353	0.261	0.190	0.136	0.094
	25°			0.703	0.405	0.287	0.205	0.144	0.098
	30°				0.614	0.331	0.226	0.155	0.104
	35°					0.523	0.263	0.171	0.111
	40°						0.433	0.200	0.123
	45°							0.344	0.145
	50°								0.262
−20°	0°	0.497	0.380	0.287	0.212	0.153	0.106	0.070	0.043
	5°	0.535	0.405	0.302	0.222	0.159	0.110	0.072	0.044
	10°	0.595	0.439	0.323	0.234	0.166	0.114	0.074	0.045
	15°	0.809	0.494	0.352	0.250	0.175	0.119	0.076	0.046
	20°		0.707	0.401	0.274	0.188	0.125	0.080	0.047
	25°			0.603	0.316	0.206	0.134	0.084	0.049
	30°				0.498	0.239	0.147	0.090	0.051
	35°					0.396	0.172	0.099	0.055
	40°						0.301	0.116	0.060
	45°							0.215	0.071
	50°								0.141
δ=5°									
0°	0°	0.556	0.465	0.387	0.319	0.260	0.210	0.166	0.129
	5°	0.605	0.500	0.412	0.337	0.274	0.219	0.173	0.133
	10°	0.680	0.547	0.444	0.360	0.289	0.230	0.180	0.138
	15°	0.937	0.620	0.488	0.388	0.308	0.243	0.189	0.144
	20°		0.886	0.558	0.428	0.333	0.259	0.199	0.150
	25°			0.825	0.493	0.369	0.280	0.212	0.158
	30°				0.753	0.428	0.311	0.229	0.168
	35°					0.674	0.363	0.255	0.182
	40°						0.589	0.299	0.202
	45°							0.502	0.388
	50°								0.415

续表

α	β \ φ	15°	20°	25°	30°	35°	40°	45°	50°
δ=5°									
10°	0°	0.622	0.536	0.460	0.393	0.333	0.280	0.233	0.191
	5°	0.680	0.579	0.493	0.418	0.352	0.294	0.243	0.199
	10°	0.767	0.636	0.534	0.448	0.374	0.311	0.255	0.207
	15°	1.060	0.725	0.589	0.486	0.401	0.330	0.269	0.217
	20°		1.035	0.676	0.538	0.436	0.354	0.286	0.228
	25°			0.996	0.622	0.484	0.385	0.306	0.242
	30°				0.943	0.563	0.428	0.333	0.259
	35°					0.877	0.500	0.371	0.281
	40°						0.801	0.436	0.314
	45°							0.716	0.371
	50°								0.626
20°	0°	0.709	0.627	0.553	0.485	0.424	0.368	0.318	0.271
	5°	0.781	0.682	0.597	0.520	0.452	0.391	0.335	0.285
	10°	0.887	0.755	0.650	0.562	0.484	0.416	0.355	0.300
	15°	1.240	0.866	0.723	0.614	0.523	0.445	0.376	0.316
	20°		1.250	0.835	0.684	0.571	0.480	0.402	0.335
	25°			1.240	0.794	0.639	0.525	0.434	0.357
	30°				1.212	0.746	0.587	0.474	0.385
	35°					1.166	0.689	0.532	0.421
	40°						1.103	0.627	0.472
	45°							1.026	0.559
	50°								0.937
−10°	0°	0.503	0.406	0.324	0.256	0.199	0.151	0.112	0.080
	5°	0.546	0.434	0.344	0.269	0.208	0.157	0.116	0.082
	10°	0.612	0.474	0.369	0.286	0.219	0.164	0.120	0.085
	15°	0.850	0.537	0.405	0.308	0.232	0.172	0.125	0.087
	20°		0.776	0.463	0.339	0.250	0.183	0.131	0.091
	25°			0.695	0.390	0.276	0.197	0.139	0.095
	30°				0.607	0.321	0.218	0.149	0.100
	35°					0.518	0.255	0.166	0.108
	40°						0.428	0.195	0.120
	45°							0.341	0.141
	50°								0.259

续表

α	φ / β	15°	20°	25°	30°	35°	40°	45°	50°
δ=5°									
−20°	0°	0.457	0.352	0.267	0.199	0.144	0.101	0.067	0.041
	5°	0.496	0.376	0.282	0.208	0.150	0.104	0.068	0.042
	10°	0.557	0.410	0.302	0.220	0.157	0.108	0.070	0.043
	15°	0.787	0.466	0.331	0.236	0.165	0.112	0.073	0.044
	20°		0.688	0.380	0.259	0.178	0.119	0.076	0.045
	25°			0.586	0.300	0.196	0.127	0.080	0.047
	30°				0.484	0.228	0.140	0.085	0.049
	35°					0.386	0.165	0.094	0.052
	40°						0.293	0.111	0.058
	45°							0.209	0.068
	50°								0.137
δ=10°									
0°	0°	0.533	0.447	0.373	0.309	0.253	0.204	0.163	0.127
	5°	0.585	0.483	0.398	0.327	0.266	0.214	0.169	0.131
	10°	0.664	0.531	0.431	0.350	0.282	0.225	0.177	0.136
	15°	0.947	0.609	0.476	0.379	0.301	0.238	0.185	0.141
	20°		0.897	0.549	0.420	0.326	0.254	0.195	0.148
	25°			0.834	0.487	0.363	0.275	0.209	0.156
	30°				0.762	0.423	0.306	0.226	0.166
	35°					0.681	0.359	0.252	0.180
	40°						0.596	0.297	0.201
	45°							0.508	0.238
	50°								0.420
10°	0°	0.603	0.520	0.448	0.384	0.326	0.275	0.230	0.189
	5°	0.665	0.566	0.482	0.409	0.346	0.290	0.240	0.197
	10°	0.759	0.626	0.524	0.440	0.369	0.307	0.253	0.206
	15°	1.089	0.721	0.582	0.480	0.396	0.326	0.267	0.216
	20°		1.064	0.674	0.534	0.432	0.351	0.284	0.227
	25°			1.024	0.622	0.482	0.382	0.304	0.241
	30°				0.969	0.564	0.427	0.332	0.258
	35°					0.901	0.503	0.371	0.281
	40°						0.823	0.438	0.315
	45°							0.736	0.374
	50°								0.644

续表

α	β \ φ	15°	20°	25°	30°	35°	40°	45°	50°
δ=10°									
20°	0°	0.695	0.615	0.543	0.478	0.419	0.365	0.316	0.271
	5°	0.773	0.674	0.589	0.515	0.448	0.388	0.334	0.285
	10°	0.890	0.752	0.646	0.558	0.482	0.414	0.354	0.300
	15°	1.298	0.872	0.723	0.613	0.522	0.444	0.377	0.317
	20°		1.308	0.844	0.687	0.573	0.481	0.403	0.337
	25°			1.298	0.806	0.643	0.528	0.436	0.360
	30°				1.268	0.758	0.594	0.478	0.388
	35°					1.220	0.702	0.539	0.426
	40°						1.155	0.640	0.480
	45°							1.074	0.572
	50°								0.981
−10°	0°	0.477	0.385	0.309	0.245	0.191	0.146	0.109	0.078
	5°	0.521	0.414	0.329	0.258	0.200	0.152	0.112	0.080
	10°	0.590	0.455	0.354	0.275	0.211	0.159	0.116	0.082
	15°	0.847	0.520	0.390	0.297	0.224	0.167	0.121	0.085
	20°		0.773	0.450	0.328	0.242	0.177	0.127	0.088
	25°			0.692	0.380	0.268	0.191	0.135	0.093
	30°				0.605	0.318	0.212	0.146	0.098
	35°					0.516	0.249	0.162	0.106
	40°						0.426	0.191	0.117
	45°							0.339	0.139
	50°								0.258
−20°	0°	0.427	0.330	0.252	0.188	0.137	0.096	0.064	0.039
	5°	0.466	0.354	0.267	0.197	0.143	0.099	0.066	0.040
	10°	0.529	0.388	0.286	0.209	0.149	0.103	0.068	0.041
	15°	0.772	0.445	0.315	0.225	0.158	0.108	0.070	0.042
	20°		0.675	0.364	0.248	0.170	0.114	0.073	0.044
	25°			0.575	0.288	0.188	0.122	0.077	0.045
	30°				0.475	0.220	0.135	0.082	0.047
	35°					0.378	0.159	0.091	0.051
	40°						0.288	0.108	0.056
	45°							0.205	0.066
	50°								0.135

续表

α	β \ φ	15°	20°	25°	30°	35°	40°	45°	50°
δ=15°									
0°	0°	0.518	0.434	0.363	0.301	0.248	0.201	0.160	0.125
	5°	0.571	0.471	0.389	0.320	0.261	0.211	0.167	0.130
	10°	0.656	0.522	0.423	0.343	0.277	0.222	0.174	0.135
	15°	0.966	0.603	0.470	0.373	0.297	0.235	0.183	0.140
	20°		0.914	0.546	0.415	0.323	0.251	0.194	0.147
	25°			0.850	0.485	0.360	0.273	0.207	0.155
	30°				0.777	0.422	0.305	0.225	0.165
	35°					0.695	0.359	0.251	0.179
	40°						0.608	0.298	0.200
	45°							0.518	0.238
	50°								0.428
10°	0°	0.592	0.511	0.441	0.378	0.323	0.273	0.228	0.189
	5°	0.658	0.559	0.476	0.405	0.343	0.288	0.240	0.197
	10°	0.760	0.623	0.520	0.437	0.366	0.305	0.252	0.206
	15°	1.129	0.723	0.581	0.478	0.395	0.325	0.267	0.216
	20°		1.103	0.679	0.535	0.432	0.351	0.284	0.228
	25°			1.062	0.628	0.484	0.383	0.305	0.242
	30°				1.005	0.571	0.430	0.334	0.260
	35°					0.935	0.509	0.375	0.284
	40°						0.853	0.445	0.319
	45°							0.763	0.380
	50°								0.668
20°	0°	0.690	0.611	0.540	0.476	0.419	0.366	0.317	0.273
	5°	0.774	0.673	0.588	0.514	0.449	0.389	0.336	0.287
	10°	0.904	0.757	0.649	0.560	0.484	0.416	0.357	0.303
	15°	1.372	0.889	0.731	0.618	0.526	0.448	0.380	0.321
	20°		1.383	0.862	0.697	0.579	0.486	0.408	0.341
	25°			1.372	0.825	0.655	0.536	0.442	0.365
	30°				1.341	0.778	0.606	0.487	0.395
	35°					1.290	0.722	0.551	0.435
	40°						1.221	0.659	0.492
	45°							1.136	0.590
	50°								1.037

续表

α	β \ φ	15°	20°	25°	30°	35°	40°	45°	50°
δ=15°									
−10°	0°	0.458	0.371	0.298	0.237	0.186	0.142	0.106	0.076
	5°	0.503	0.400	0.318	0.251	0.195	0.148	0.110	0.078
	10°	0.576	0.442	0.344	0.267	0.205	0.155	0.114	0.081
	15°	0.850	0.509	0.380	0.289	0.219	0.163	0.119	0.084
	20°		0.776	0.441	0.320	0.237	0.174	0.125	0.087
	25°			0.695	0.374	0.263	0.188	0.133	0.091
	30°				0.607	0.308	0.209	0.143	0.097
	35°					0.518	0.246	0.159	0.104
	40°						0.428	0.189	0.116
	45°							0.341	0.137
	50°								0.259
−20°	0°	0.405	0.314	0.240	0.180	0.132	0.093	0.062	0.038
	5°	0.445	0.338	0.255	0.189	0.137	0.096	0.064	0.039
	10°	0.509	0.372	0.275	0.201	0.144	0.100	0.066	0.040
	15°	0.763	0.429	0.303	0.216	0.152	0.104	0.068	0.041
	20°		0.667	0.352	0.239	0.164	0.110	0.071	0.042
	25°			0.568	0.280	0.182	0.119	0.075	0.044
	30°				0.470	0.214	0.131	0.080	0.046
	35°					0.374	0.155	0.089	0.049
	40°						0.284	0.105	0.055
	45°							0.203	0.065
	50°								0.133
δ=20°									
0°	0°			0.357	0.297	0.245	0.199	0.160	0.125
	5°			0.384	0.317	0.259	0.209	0.166	0.130
	10°			0.419	0.340	0.275	0.220	0.174	0.135
	15°			0.467	0.371	0.295	0.234	0.183	0.140
	20°			0.547	0.414	0.322	0.251	0.193	0.147
	25°			0.874	0.487	0.360	0.273	0.207	0.155
	30°				0.798	0.425	0.306	0.225	0.166
	35°					0.714	0.362	0.252	0.180
	40°						0.625	0.300	0.202
	45°							0.532	0.241
	50°								0.440

续表

α	β \ φ	15°	20°	25°	30°	35°	40°	45°	50°
δ=20°									
10°	0°			0.438	0.377	0.322	0.273	0.229	0.190
	5°			0.475	0.404	0.343	0.289	0.241	0.198
	10°			0.521	0.438	0.367	0.306	0.254	0.208
	15°			0.586	0.480	0.397	0.328	0.269	0.218
	20°			0.690	0.540	0.436	0.354	0.286	0.230
	25°			1.111	0.639	0.490	0.388	0.309	0.245
	30°				1.051	0.582	0.437	0.338	0.264
	35°					0.978	0.520	0.381	0.288
	40°						0.893	0.456	0.325
	45°							0.799	0.389
	50°								0.699
20°	0°			0.543	0.479	0.422	0.370	0.321	0.277
	5°			0.594	0.520	0.454	0.395	0.341	0.292
	10°			0.659	0.568	0.490	0.423	0.363	0.309
	15°			0.747	0.629	0.535	0.456	0.387	0.327
	20°			0.891	0.715	0.592	0.496	0.417	0.349
	25°			1.467	0.854	0.673	0.549	0.453	0.374
	30°				1.434	0.807	0.624	0.501	0.406
	35°					1.379	0.750	0.569	0.448
	40°						1.305	0.685	0.509
	45°							1.214	0.615
	50°								1.109
−10°	0°			0.291	0.232	0.182	0.140	0.105	0.076
	5°			0.311	0.245	0.191	0.146	0.108	0.078
	10°			0.337	0.262	0.202	0.153	0.113	0.080
	15°			0.374	0.284	0.215	0.161	0.117	0.083
	20°			0.437	0.316	0.233	0.171	0.124	0.086
	25°			0.703	0.371	0.260	0.186	0.131	0.090
	30°				0.614	0.306	0.207	0.142	0.096
	35°					0.524	0.245	0.158	0.103
	40°						0.433	0.188	0.115
	45°							0.344	0.137
	50°								0.262

续表

α	β \ φ	15°	20°	25°	30°	35°	40°	45°	50°
					δ=20°				
−20°	0°			0.231	0.174	0.128	0.090	0.061	0.038
	5°			0.246	0.183	0.133	0.094	0.062	0.038
	10°			0.266	0.195	0.140	0.097	0.064	0.039
	15°			0.294	0.210	0.148	0.102	0.067	0.040
	20°			0.344	0.233	0.160	0.108	0.069	0.042
	25°			0.566	0.274	0.178	0.116	0.073	0.043
	30°				0.468	0.210	0.129	0.079	0.045
	35°					0.373	0.153	0.087	0.049
	40°						0.283	0.104	0.054
	45°							0.202	0.064
	50°								0.133
					δ=25°				
0°	0°				0.296	0.245	0.199	0.160	0.126
	5°				0.316	0.259	0.209	0.167	0.130
	10°				0.340	0.275	0.221	0.175	0.136
	15°				0.372	0.296	0.235	0.184	0.141
	20°				0.417	0.324	0.252	0.195	0.148
	25°				0.494	0.363	0.275	0.209	0.157
	30°				0.828	0.432	0.309	0.228	0.168
	35°					0.741	0.368	0.256	0.183
	40°						0.647	0.306	0.205
	45°							0.552	0.246
	50°								0.456
10°	0°				0.379	0.325	0.276	0.232	0.193
	5°				0.408	0.346	0.292	0.244	0.201
	10°				0.443	0.371	0.311	0.258	0.211
	15°				0.488	0.403	0.333	0.273	0.222
	20°				0.551	0.443	0.360	0.292	0.235
	25°				0.658	0.502	0.396	0.315	0.250
	30°				1.112	0.600	0.448	0.346	0.270
	35°					1.034	0.537	0.392	0.295
	40°						0.944	0.471	0.335
	45°							0.845	0.403
	50°								0.739

续表

α	β \ φ	15°	20°	25°	30°	35°	40°	45°	50°
					δ=25°				
20°	0°				0.488	0.430	0.377	0.329	0.284
	5°				0.530	0.463	0.403	0.349	0.300
	10°				0.582	0.502	0.433	0.372	0.318
	15°				0.648	0.550	0.469	0.399	0.337
	20°				0.740	0.612	0.512	0.430	0.360
	25°				0.894	0.699	0.569	0.469	0.387
	30°				1.553	0.846	0.650	0.520	0.421
	35°					1.494	0.788	0.594	0.466
	40°						1.414	0.721	0.532
	45°							1.316	0.647
	50°								1.201
−10°	0°				0.228	0.180	0.139	0.104	0.075
	5°				0.242	0.189	0.145	0.108	0.078
	10°				0.259	0.200	0.151	0.112	0.080
	15°				0.281	0.213	0.160	0.117	0.083
	20°				0.314	0.232	0.170	0.123	0.086
	25°				0.371	0.259	0.185	0.131	0.090
	30°				0.620	0.307	0.207	0.142	0.096
	35°					0.534	0.246	0.159	0.104
	40°						0.441	0.189	0.116
	45°							0.351	0.138
	50°								0.267
−20°	0°				0.170	0.125	0.089	0.060	0.037
	5°				0.179	0.131	0.092	0.061	0.038
	10°				0.191	0.137	0.096	0.063	0.039
	15°				0.206	0.146	0.100	0.066	0.040
	20°				0.229	0.157	0.106	0.069	0.041
	25°				0.270	0.175	0.114	0.072	0.043
	30°				0.470	0.207	0.127	0.078	0.045
	35°					0.374	0.151	0.086	0.048
	40°						0.284	0.103	0.053
	45°							0.203	0.064
	50°								0.133

参 考 文 献

[1] 中国建筑科学研究院. GB 50007—2002 建筑地基基础设计规范[S]. 北京：中国建筑工业出版社，2002.

[2] 中国建筑科学研究院. JGJ 79—2002 建筑地基处理技术规范[S]. 北京：中国建筑工业出版社，2002.

[3] 陕西省建筑科学研究设计院. GB 50025—2004 湿陷性黄土地区建筑规范[S]. 北京：中国建筑工业出版社，2004.

[4] 薛殿基. 粉喷桩设计与施工[M]. 郑州：河南科学技术出版社，1998.

[5] 薛殿基. 挡土墙设计实用手册[M]. 北京：中国建筑工业出版社，2009.

[6] 朱学敏. 简明建筑机械使用手册[M]. 北京：中国建筑工业出版社，1992.

[7] 龚晓南. 地基处理手册[M]. 北京：中国建筑工业出版社，2000.

[8] 冶金工业部建筑研究总院. 地基处理技术[M]. 北京：冶金工业出版社，1989.

[9] 卢肇钧 等. 地基处理新技术[M]. 北京：中国建筑工业出版社，1994.

[10] 顾晓鲁 等. 地基与基础[M]. 北京：中国建筑工业出版社，1993.

[11] 康世荣 等. 水利水电工程施工组织设计手册[M]. 北京：水利水电出版社，1987.

[12] 彭振斌. 地基处理工程设计计算与施工[M]. 武汉：中国地质大学出版社，1997.